Lêmures gregos
em João Guimarães Rosa

APOIO
Programa de Pós-Graduação em Letras: Estudos Literários, Faculdade de Letras da Universidade Federal de Minas Gerais (Pos-Lit — UFMG)
Conselho Nacional de Desenvolvimento Científico e Tecnológico (CNPq)

Lêmures gregos
em João Guimarães Rosa

Tereza Virgínia Ribeiro Barbosa

Relicário

© Relicário Edições
© Tereza Virgínia Ribeiro Barbosa

Dados Internacionais de Catalogação na Publicação (CIP) de acordo com ISBD

B238l
    Barbosa, Tereza Virgínia Ribeiro.
    Lêmures gregos em João Guimarães Rosa / Tereza Virgínia Ribeiro Barbosa. - Belo Horizonte : Relicário, 2022.
    300 p. : il. ; 15cm x 22,5cm.

Inclui bibliografia.
ISBN: 978-65-89889-15-1

1. Literatura. 2. Crítica literária. 3. Grande sertão: veredas. 4. Guimarães Rosa. I. Título.

2021-3630   CDD809
                                                                                CDU8209

CONSELHO EDITORIAL
Eduardo Horta Nassif Veras (UFTM), Ernani Chaves (UFPA), Guilherme Paoliello (UFOP), Gustavo Silveira Ribeiro (UFMG), Luiz Rohden (UNISINOS), Marco Aurélio Werle (USP), Markus Schäffauer (UNIVERSITÄT HAMBURG), Patrícia Lavelle (PUC-RIO), Pedro Süssekind (UFF), Ricardo Barbosa (UERJ), Romero Freitas (UFOP), Virginia Figueiredo (UFMG)

COORDENAÇÃO EDITORIAL Maíra Nassif Passos
EDITOR-ASSISTENTE Thiago Landi
PROJETO GRÁFICO & DIAGRAMAÇÃO Ana C. Bahia
CONCEPÇÃO DE CAPA Maria Cecília Brzezina
PREPARAÇÃO DO MANUSCRITO E 1ª REVISÃO Manuela Ribeiro Barbosa
PREPARAÇÃO Lucas Morais
REVISÃO DE PROVAS Márcia Regina Romano

RELICÁRIO EDIÇÕES
Rua Machado, 155, casa 1, Colégio Batista | Belo Horizonte, MG, 31110-080
contato@relicarioedicoes.com | www.relicarioedicoes.com
@relicarioedicoes   /relicario.edicoes

lêmures m. pl. Nome, que os Romanos davam aos fantasmas dos mortos, dos quaes se dizia que appareciam de noite. Fantasmas; duendes, trasgos.

Zool. Fam. de quadrúmanos, cujo indivíduo é o lêmur, e cujo typo é o maque. (Lat. lemures)

Brinquedo de criança ou aula de teoria literária?

— Gostava de armar alçapões para apanhar sanhaços — e depois soltá-los. Que maravilha! Puxar sabugos e espigas de milho feito boizinhos de carro, brinquedo saudoso: atrelar um sabugo branco com outro vermelho, e mais uma junta de bois pretos — sabugos enegrecidos ao fogo. Prender formiguinhas em ilhas, que eram pedras postas num tanque raso, e unidas por pauzinhos, pontes, para a formiguinha passar. Aproveitar um fiozinho de água, que vinha do posto das lavadeiras, e mudar-lhe duas vezes por dia o curso, fazendo de Danúbio ou de São Francisco, ou de Sapakral-lal (velho nome inventado), com todas as curvas dos ditos, com cidades marginais marcadas por grupos de pedrinhas, tudo isso sob o vôo matinal das maitacas de Nhô Augusto Matraga, no quintal.

— Um dia ainda hei de escrever um pequeno tratado de brinquedos para meninos quietos.

João Guimarães Rosa
"O homem Guimarães Rosa segundo Renard Perez",
Jornal do Brasil, Rio de Janeiro, 21 nov. 1967.

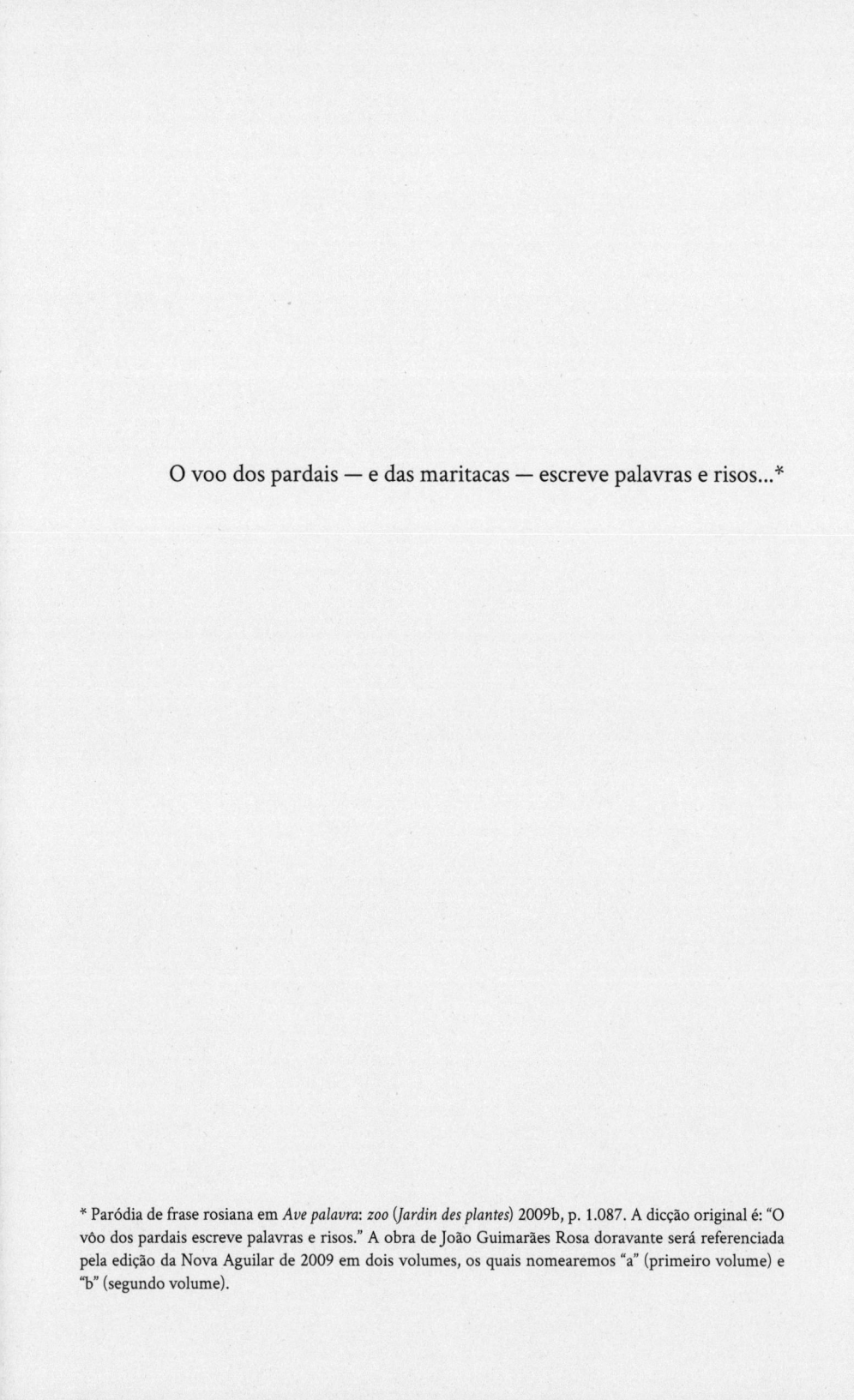

O voo dos pardais — e das maritacas — escreve palavras e risos...*

---

* Paródia de frase rosiana em *Ave palavra: zoo (Jardin des plantes)* 2009b, p. 1.087. A dicção original é: "O vôo dos pardais escreve palavras e risos." A obra de João Guimarães Rosa doravante será referenciada pela edição da Nova Aguilar de 2009 em dois volumes, os quais nomearemos "a" (primeiro volume) e "b" (segundo volume).

AGRADECIMENTOS

À querida Universidade Federal de Minas Gerais (UFMG), sua Faculdade de Letras (Fale) e ao Programa de Pós-Graduação em Letras: Estudos Literários, ponto de origem, crescimento e chegada profissional;

Ao Conselho Nacional de Desenvolvimento Científico e Tecnológico (CNPq) pela bolsa recebida;

À equipe do IEB — Elisabete Ribas, Silvana Bonifácio, Flávio Ribeiro Mariano, Daniela Piantola — que me recebeu e auxiliou durante o período de pesquisa;

Aos amigos solícitos da biblioteca Prof. Rubens Costa Romanelli, da Fale/UFMG; a Wellington Batista, da biblioteca do Mosteiro de São Bento (SP); a Jordan Costa de Oliveira, da Biblioteca da Faculdade Jesuíta de Filosofia e Teologia (Faje); a Marcelo Paolinelli de Souza Novaes, do Acervo dos Escritores Mineiros da UFMG; a Rita C. Higa do Nascimento, do Núcleo de Biblioteca e Hemeroteca do Arquivo Público do Estado de São Paulo; e ao ex-aluno e querido Hugo Domínguez Silva, que, além das traduções, me enviou fotos e imagens de livros raros e inacessíveis. Todas essas pessoas me indicaram caminhos, resolveram questões e forneceram, generosamente, imagens solicitadas de seus arquivos.

À minha filha, querida revisora e consultora, Manuela;

À minha *designer* preferida, filha polonesa, Ceci;

Ao padre Pierre Ettien, da Comunidade Caminho Novo, na solução de dúvidas teológicas e nas traduções do francês; a Maria Augusta Fonseca pela disponibilização de seu texto manuscrito esgotado no mercado; a Fabiana Pereira dos Santos, bibliotecária da Biblioteca da Faculdade de Ciências Econômicas (Face) da UFMG;

Aos dois homens de minha vida, Evandro e João Henrique, e à trupe da casa pelo encontro, tarefas ordinárias e extraordinárias e afeto abastecedor de cada dia, Clarice, Fábio, Pedro, Maria, André, Lúcia, Marcin, Isabela;

Ao bom e querido Jesus pelos encontros restauradores nas missas e adorações diárias, banhos de vitamina Deus, fonte de vida saudável!

INTRODUÇÃO   17

CAPÍTULO 1
Lêmures ou Mística?   47

CAPÍTULO 2
Do ouro ao pó   111

CAPÍTULO 3
Deus no meio do redemoinho...   159

CAPÍTULO 4
Chagas abertas, coração ferido   209

CONCLUSÃO   265
REFERÊNCIAS   273

Para Virgílio Ribeiro de Menezes

INTRODUÇÃO

Este livro sistematiza o resultado parcial de uma pesquisa de fôlego, que, parece, levarei pela vida que me resta. A investigação, que se iniciou em outubro de 2017, ganhou regularidade e formalidade em março de 2019, com o apoio do Conselho Nacional de Desenvolvimento Científico e Tecnológico (CNPq) e da Fundação de Amparo à Pesquisa do Estado de Minas Gerais (Fapemig).

Nosso foco retoma, em parte, os estudos de Suzi Frankl Sperber desenvolvidos em *Caos e cosmos* (1979). Tratamos de investigar João Guimarães Rosa na perspectiva do χάος grego: espaço hiante, abertura, apetite, potência; e do κόσμος: ordem, ornamento, construção. Além disso, pusemo-nos a investigar, igualmente — mas em outra visada — a presença dos clássicos greco-latinos no *Grande sertão: veredas* (*GSV*)[1], do mineiro. Olhamos e observamos palavras e cenas em movimento e em projeção imaginária, χάος. Elas foram nossos *lêmures*: fantasmas, duendes e trasgos.[2] Esses seres, criaturas amiúde divertidas, garrulantes e traquinas, outras vezes assustadoras, difusas e imiscuídas — ocultas na cerração — e, vezes mais, tão diáfanas que parecem ilusão e duvidamos de sua existência, são seres feitos de letras, sons e formas linguísticas soltas no ar pela voz de *outr'era* enunciada. De forma precária, tentamos ensacá-los neste livro: odre de ventos.

O leitor, porém, deve estar cogitando — com razão — que pensar e repensar a literatura do mineiro sob o viés dos clássicos é prática recorrente, não restando dúvidas, entre os pesquisadores, acerca da simbiose entre Homero e Rosa, com a *Ilíada* e a *Odisseia* (e outros gregos pós-homéricos), sobretudo no romance citado, e que isso já foi demasiadamente comprovado.

....
1. A partir desse ponto, vamos nos referir, no corpo do texto, ao *Grande sertão: veredas* pela abreviação *GSV*, hábito recorrente entre os pesquisadores de Rosa. Evidentemente, ao adotá-lo, não reproduzimos o ritmo do sertão, lugar das expressões alongadas e do "tempo crescendo, parado" (Rosa, 2009b, p. 472). A edição utilizada do *GSV* para citação será sempre a de 2009 (2009b).
2. "**trasgo** m. Apparicão phantástica; diabrete; duende. *Pessôa traquinas. (Do gr. *tragos?*)": Figueiredo. *Novo diccionário da língua portuguesa*, 1913. **trasgo**.

De fato, para além das numerosas obras de quarenta ou trinta anos atrás sobre o tema, outras bem recentes e de grande qualidade, publicadas entre 2004 e 2019,[3] reafirmam o interesse incendido na associação dessas duas tradições, tão distanciadas, e, sobretudo, desses dois monumentos, o conjunto helênico e o brasileiro mineiro de Hamburgo, ou, se preferirem, dessas obras mestras de duas culturas aparentemente tão distantes uma da outra.

Em toda essa produção, encontram-se consensos, divergências, intuições, deslizes e provocações, com algumas pesquisas crescendo, se fundamentando e se consolidando sobre tentativas anteriores ou em confronto com outras. Sem imaginar que o assunto já está esgotado ou que possamos, isoladamente, nos transformar num farol iluminado para um viajante em busca de novas aventuras, inserimo-nos nesse fluxo, mas navegamos outros rios bem caudalosos também.

Nossa abordagem pauta-se por uma averiguação que ousa enfrentar — além do campo bem conhecido dos estudos clássicos — o impalpável volátil de minúcias materiais que avultam, saindo da área física e fixa do texto para chegar à ordem do dia da língua corrente e não escrita do Brasil. Daí talvez alguns pensem (por causa do termo "impalpável", quiçá): mais debate sobre metafísica em Guimarães Rosa, que cansativo! Bem... O livro é e não é sobre isso. É que lidamos com o não grave da matéria escrita pulverizada, melhor dizendo, com as poeiras da metafísica da língua, com as corporificações "lemurosas".

O inconteste eterno, aqui, não nos preocupa tanto — a contrapelo do que dizia "o fabulista fabuloso", recordando Drummond, e do que perquirem críticos que assim leem o escritor de Cordisburgo, tendo como referência sobretudo Suzi Frankl Sperber e Francis Utéza[4]. A questão fundamental da fé não nos parece cabível na lida e no ofício das letras, servo por demais da estética. E, mesmo que o escritor aparentasse alheamento aos movimentos

....
3. Cf. Hoisel, *Grande sertão: veredas — genealogias*, 2004; Abreu, *Do Sertão ao Ílion: uma comparação entre* Grande sertão: veredas *e* Ilíada (tese), 2006; Roncari, *Buriti do Brasil e da Grécia: patriarcalismo e dionisismo no sertão de Guimarães Rosa*, 2013. Dois bons exemplos: Roncari, *Lutas e auroras: os avessos do* Grande sertão: veredas, 2018; Lopes da Costa, "Du héros épique au guerrier du *sertão*: les anciens chez João Guimarães Rosa", 2019. Outro artigo que vale mencionar: "O diário de Guimarães Rosa: estudo e diálogo autoral", de Mônica Gama (2019), o qual mostra, de forma mais pontual (p. 14-15), o apreço e a diligência do Rosa para com os gregos.

4. Em 2016 surgiu nova edição do *Metafísica do Grande sertão* pela Edusp. Francis Utéza aprofunda sua pesquisa, enxuga capítulos, elimina e acrescenta trechos, desenvolve raciocínios antes pouco amadurecidos. Utilizaremos os dois trabalhos, assinalando a data da edição utilizada.

estéticos e políticos de sua época, julgamos que não esteve livre dessas regências e contigências.

No entanto, sobre o assunto, parece haver uma variedade de posições que nos "obrigam a não interpretar a relação entre literatura e religião como um casamento forçado entre incompatíveis, nem a ver a própria literatura como um substituto para a religião ou como um propedêutico para a fé" (Gunn, 1971, p. 3-4).[5] Entendemos, ademais, que não há como negar a interferência do metáfisico neste livro e, particularmente, em Rosa (já que ele próprio testemunhou interesse no tema em inúmeras ocasiões). Como afirmou Ana Paula Pacheco, nesse caminho Rosa foi exageradamente estudado: "Essa aura ficou em alta nos encontros rosianos, especialmente durante este centenário" (Pacheco, 2008, p. 25).[6]

Não pretendemos, insistimos, entrar no rol de tais investigadores, por um motivo simples o qual repetimos: cremos que Rosa colocou seu afeto na linguagem (e na filosofia da linguagem), marcando bem sua *concretude abstrata*, antes do que em qualquer outra coisa. Trata-se de metafísica confundida, sem doutrina escolhida. Metafísica diluída, instrumentalizada para a literatura e regida pela beleza. Ou, em outros termos, literatura elevada ao ato de fé. A mística, a teologia e até a teosofia, aqui no livro abrangidas pelo nome geral de "metafísica", são no mineiro interesse sub-rogatório. Vale recordar o que ponderou Sperber:

> No cotejo de cada sistema de per si [a filosofia, incluindo doutrinas religiosas e metafísicas] com a obra [de Guimarães Rosa], verificamos que nehum se adequava integralmente à obra como um todo, nem a cada livro, senão apenas a partes,

....
5. ["[...] there are a variety of positions which oblige one neither to construe the relationship between literature and religion as a forced marriage between incompatibles nor to view literature itself either as a substitute for religion or as a propaedeutic for faith."] Todas as traduções, salvo menção expressa, são nossas.

6. Não se pode negar que os estudiosos que enveredaram por este caminho ofereceram contribuição efetiva. Aprofundaram a propedêutica poética, filosófica e metafísica além de Francis Utéza — já mencionado — e de muitos outros, dos quais elencamos Benedito Nunes (*O dorso do tigre*, 1969), Pedro Xisto ("À busca da poesia", 1970), Suzi Frankl Sperber (*Caos e cosmos*, 1976), Michael Harland ("Plotino e Jung na obra de Guimarães Rosa, 1978 e 1979"), Maria Amália Johnson ("A paixão de Diadorim segundo Riobaldo", 1983), Sônia Viegas Andrade (*A vereda trágica do GSV*, 1985), Consuelo Albergaria (*O evangelho de Rosa*, 1987), Ernildo Stein ("Uma teodiceia épica", [s/d]), Antonio Roberval Miketen (*Travessia de Grande sertão veredas*, 1982), Heloísa Vilhena de Araújo (*O roteiro de Deus*, 1996), José Carlos Garbuglio ("Guimarães Rosa, o demiurgo da linguagem", 2002), Márcia Valéria Martinez de Aguiar ("Metafísica e poética na correspondência de João Guimarães Rosa com seus tradutores", 2013). Todos esses estudiosos abordaram o bardo do sertão "objetivando tornar claro o liame real que une o substrato metafísico ao método sobre o qual o escritor se baseou para forjar o instrumento que ele considerava o melhor adaptado a sua ambição" (Utéza, 1994, p. 20). Como se pode ver, não passou uma década sem que alguém retornasse ao tema.

a trechos de cada livro. Apenas alguns temas e algumas ideias refletiam de fato tais leituras. É claro que já a sobreposição de filosofias e doutrinas diferentes determinaria fatalmente a transformação de cada uma delas. A sobreposição revelava um dinamismo que o cotejo do todo filosófico ao todo da obra estatizava. E não atualizava (Sperber, 1976, p. 16).

Ao fim das contas, levamos muito a sério o que a pesquisadora paulista percebeu, prosseguimos com sua conclusão e hipotetizamos que, para Rosa, a verdade não importa, a beleza da linguagem é suficientemente capaz de criar uma espécie de *pragmaticismo pseudometafísico meio ajagunçado*[7] potente e com sobrevida.

Nessa metafísica pragmaticista, a ênfase é dada ao mundo reconstruído em suas possibilidades esperançosas e não ao mundo real; em outros termos, a realidade não se limita somente ao mundo atual, mas também aos mundos possíveis e imaginados. A lida com o — e confinamento no — mundo virtual é um indicativo positivo nessa crença.

É o que se verá neste livro. Investigaremos algumas virtualidades quase inesgotáveis, semelhantes a eternidades, porque, dentro do sistema literário,

....
7. A expressão está, de certa forma, comprometida com a segunda fase de Charles Sanders Peirce (1839-1914). Todavia, não vamos investir na pragmática e no pragmaticismo. Tampouco estamos afirmando que Rosa adotava e praticava o pensamento peirciano. Estamos sugerindo que sua *prática* no labor literário alude à de Peirce na labuta filosófica. Peirce teoriza o "ideal-realismo", uma fusão do pragmatismo (de sua primeira fase) com metafísica (incorporada em sua segunda fase, a do pragmaticismo). O resultado "é 'uma doutrina metafísica que combina os princípios do idealismo e realismo', que significa o seguinte: a 'opinião de que a natureza e a mente têm uma comunhão entre si capaz de dar aos nossos palpites uma tendência em direção à verdade, ao mesmo tempo em que eles requerem a confirmação da ciência empírica'" (Viana, 2014, p. 60). O pragmaticismo americano explica o pluralismo religioso de Rosa — atribuído por alguns ao sincretismo típico brasileiro, por outros à via da autoajuda que remonta à Grécia do século I d.C. e a Plutarco — e mesmo a inserção do escritor no modernismo, que quebra o dogmatismo e absolutismo da metafísica clássica tradicional a qual, segundo muitos, submete a diversidade a um princípio unificador absoluto e arbitrário. Tais caminhos, que, pode-se dizer, inauguram o princípio do século XX, são contemporâneos, portanto, de João Guimarães Rosa, quando, "[n]a luta contra o 'fundacionalismo' apareceu o 'anti-fundacionalismo' para dizer que não existem 'donos da verdade' na ciência, nem mesmo 'uma só verdade' sobre o mundo. A verdade é um fenômeno diversificado e faz-se mister respeitar este pluralismo. (...) Apesar de ter contribuído para enfraquecer posições absolutistas, o anti-fundamentalismo trouxe consigo outro problema tão sério quanto o absolutismo medieval: o relativismo puro. Este pretende eliminar qualquer traço de objetividade em relação à verdade, levando não somente a ciência, mas também a ética, ao total enfraquecimento de seus princípios." Peirce, "embora arruíne" com "a ingênua pretensão de se chegar à (sic) 'toda verdade sobre tudo' (...) [,] é um bom exemplo de como se pode ser ao mesmo tempo democrático e não-cético, respeitoso da diversidade sem perder a objetividade. Ele realiza um interessante diálogo entre pragmatismo e metafísica, inaugurando, assim, seu Pragmaticismo" (Viana, 2014, p. 56). Neste sentido vemos a convergência de métodos: Rosa percebe, intui e pratica o pragmaticismo metafísico sertanejo, que é modernista apesar de arcaico; brasileiro, mas muito influenciado pelos EUA; e peirciano sem o saber.

há imortais milenares que vivem e são vivazes, os que permanecem sempre mortos perambulando entre os pósteros como os lêmures, em uma ou outra situação, e aqueles que jamais envelhecem. De fato, eles são inesgotáveis; nunca absolutos, pois que sempre dependentes do tempo e do espaço do leitor e das coisas, constituem-se mutantes, resilientes.

Neste sentido, tanto Reinaldo Diadorim quanto Alexandre Páris, Agamêmnon megachefe, Heitor e Aquiles (e vários outros que nem se sabe mesmo se existiram e aqueles que estão ainda por vir), enquanto houver o literário, ficarão existindo no literário, "mundo fantasma",[8] ainda que seu suporte de respiro seja tão somente um livro embolorado no fundo de uma prateleira fria, tumba de não se ver (ἄδης[9]), cenotáfio de lêmures extraordinários que podem invadir o cotidiano num rasgo de eternidade.

Sob essa premissa, com as devidas sutilezas, a literatura se encaixa na categoria dos lêmures, e até o próprio Rosa — construído em nosso imaginário quase como mito —, se existiu como o concebemos, nunca saberemos. Aliás, a crítica mais recente, sobre esse vate imortal[10] que queria ser eterno, é mais fria e ponderada que a de antes:

> Sobre a vida de Guimarães Rosa, não tenho muito a dizer. O que me parece curioso é que o caráter mítico da obra esteja presente já no modo de estudiosos e leitores se aproximarem dela, inclusive no que diz respeito à vida do autor. Uma espécie de contaminação mágica faz tudo o que cerca Guimarães Rosa parecer tocado pelo dedo de Midas: do nome da cidade natal, Cordisburgo, "burgo do coração", ao nome do pai, Florduardo. Tudo parece envolto por uma aura mítica, que está na ficção rosiana, mas como dado de leitura da realidade e não como sentido último. A linguagem, cujo grau de invenção foi considerado espantoso desde a estréia, é outro elemento a considerar nesse sentido (Pacheco, 2008, p. 25).

E poderíamos afirmar o mesmo de Homero, o qual tampouco se sabe se um dia foi, sob o sol, carne e osso. E se, até mesmo entre críticos literários, entre poetas e acadêmicos, Homero é quase divino — "quase" porque, com

....
8. Expressão de Rosa, 2009b, p. 376.
9. A etimologia dessa palavra é interessante. Ela é formada de um prefixo de negação, "α", e da raiz de aoristo do verbo ver/conhecer, "ἰδεῖν". A palavra "Hades" significa isto: "deus do mundo subterrâneo", "o invisível", e "lugar do não ver/do não conhecer". Cf. Frisk em: <http://ieed.ullet.net/friskL.html>.
10. A imortalidade é irônica. A eternidade não. Para perceber a questão basta ler os contos "Perfeição", de Eça de Queiroz, ou "Ahasverus", de Machado de Assis.

humor e senso crítico, felizmente, alguns, a exemplo de Horácio, mais céticos (assim como Ana Pacheco em relação a Rosa), indignam-se ao vê-lo dormir,[11] tachando-o de *uinosus*[12], Rosa provavelmente será chamado, um dia, de *uerbosus et ebriosus* por uns tantos e *succinctus et pragmaticus* por outros. Trabalharemos aqui nas fronteiras do excesso da poesia e do pragmático do senso comum que anseia pela verdade e pela ciência enquanto experimenta — na prática — os incontornáveis limites do conhecimento humano.

Seguimos, portanto, com a ideia de que os lêmures, uma espécie de realidade virtual primitiva contida pela palavra, são factíveis em letras, sopros e fonemas; têm existência liquefeita, porosa, volátil, metamórfica, pseudo-perene, e, para vê-los, basta abrir o pensamento. Na sua pequenez esmerada, apontam para o desejo metafísico. São bons e maus, e estão por aí, por toda parte onde se possa fazer hermenêutica literária. Também se acham e se despregam em voo nas grandes obras e naquilo que seus autores leram, guardaram para si e contaram — de modo cifrado — para nós.

Mas, paradoxal ou logicamente, muito de nossa investigação se deve ao concreto: a visita e a consulta das anotações marginais dos livros de metafísica e religião alocados na biblioteca do diplomata de Cordisburgo. A ideia nos chegou graças à sugestão de Elisabete Ribas, que dissolveu brilhantemente uma aporia com que nos deparamos inicialmente.[13]

Nessa encruzilhada, encontramos a pesquisa de Sperber, que fichou "mais de 1.000 livros. Os restantes [dos 2.477 conservados pelo Rosa em sua biblioteca] foram todos compulsados: houve o exame dos trechos neles marcados e, finalmente, foi feita a lista completa dos livros existentes na biblioteca" (Sperber, 1976, p. 17). Continuamos o percurso dela no recorte mínimo — ainda não esgotado — dos livros de espiritualidade com viés grego (a.C. e também d.C.) e outros com as reverberações (pró e anti) helênicas.

Sperber comparou "à obra [rosiana] só os livros efetivamente encontrados na biblioteca" e tomou "como ponto de partida os trechos marcados" (Sperber, 1976, p. 17). Seguimos os passos da mestra sem a preocupação da arquivista. Elegemos os livros e glosas que nos interpelavam. O mais fascinante de tudo,

....
11. *quandoque bonus dormitat Homerus,* Horácio, *Arte poética,* 359: "me indigno quando o bom Homero dormita" (tradução de Alexandre Prudente Piccolo, em sua dissertação intitulada *O Homero de Horácio,* 2009, p. 352)..
12. A expressão aparece em *Epístola* I, 19, 6, e significa "encharcado de vinho, vinhado, chapado".
13. Na ocasião de arrematar este livro, em junho de 2019, solicitei um horário de pesquisa no Instituto de Estudos Brasileiros da Universidade de São Paulo (IEB/USP), mas a agenda estava lotada. A decepção, entretanto, se mudou em grande alegria. Por sugestão da bibliotecária, fui pesquisar o acervo de João Guimarães Rosa. Um mundo novo se abriu; obrigada, Elisabete! A aporia gera invenções. O livro tomou novos rumos e o percurso durou *mais de ano.*

na pesquisa, é que essas anotações — ou escólios — nunca foram assinadas e não saberemos jamais com certeza se foi a mão rosiana que traçou os grifos coloridos (a lápis de cor, lápis preto ou caneta), as interrogações e exclamações, as anotações caprichosas, glosas emocionadas e a contrapartida de manifestações de desprezo em relação a algumas passagens sequer lidas e a páginas nunca descoladas uma da outra pelo fio cego da lâmina.[14]

De qualquer modo, é possível afirmar que alguns livros foram, naturalmente, manuseados (mesmo que haja, entre eles, os que, com algumas marcas de leitura iniciais, parecem ter sido abandonados, com folhas ainda fechadas clamando por espátulas). Há, preservados no acervo do escritor mineiro, exemplares que se sabe terem sido por ele manipulados e, ademais, contêm assinatura, data e local de aquisição em certos casos. Mas são vestígios do passado de uma pessoa que mudou ao longo do tempo — como qualquer ser humano; em si, os escólios nada provam, ainda que haja testemunho escrito ou gravado que os reforce, porque o bicho homem aprendeu a mentir até para si mesmo... Aí, avultam as neblinas da gente, lugares onde habitam os lêmures.

Temos consciência do limite e da altura do voo dessa pesquisa — voamos baixo — em rasante com literatura, linguística e metafísica, com *efeitos práticos linguístico-literários* e potencialidades fecundas, a nosso juízo. Almejamos, com o malabarismo de circunstâncias ordinárias, a excitação e a desordem necessárias para a experiência criativa.

Sabemos, todavia, que a perseguição do que seja *truth truthfulness and trust*[15] é um grande conforto existencial, coletivo e ético. Jogamos o jogo

....
14. Suzi Frankl Sperber confirma o que, hoje, é bastante difundido e que nos serviu de objeto de investigação: "Guimarães Rosa tinha uma série de sinais característicos para marcar os trechos de seu interesse. Talvez correspondessem a um código, que, contudo, não conseguimos desvendar em sua totalidade. As poucas anotações marginais vinham frequentemente acompanhadas pelo símbolo 'm%', que significaria, segundo informações de Da. Maria Augusta Rocha, 'meu próprio'. Muitos trechos estão sublinhados ou assinalados por duas linhas, em vez de uma só. Há pontos de exclamação, que, as mais das vezes, revelam concordância e não discordância" (Sperber, 1976, p. 17-18).

15. Aludimos ao jargão e o associamos aos seguintes conceitos: *truth* (verdade transcendental) *truthfulness* (verdade ética) e *trust* (correspondência entre as nossas proposições e a realidade textual). Vale conferir a proposta de Viana (2014, p. 62). Sobre a questão da verdade como pesquisa científica, cf. Glanzberg (2018, p. 1 e 2): "Truth is a property, that has been of great interest to philosophy and beyond for about as long as we have a history for philosophy. It is a topic of active research in many branches of philosophy, notably metaphysics and logic. (...) From as far back as we have records, truth has from time to time been a topic of intense philosophical investigation. Important thinking about truth occurred in the medieval period, for instance. Metaphysics and logic were both lively topics in that time, and the study of truth flourished. In a somewhat different way, it also flourished in the post-Kantian period, though with concerns about idealism more in the forefront than logic. Not every historical period has seen truth as a primary philosophical subject, however. It is often said that the early modern period did not focus much on the theory of truth, as epistemology was of paramount concern." ["A verdade é uma propriedade que

da criação que o próprio Rosa curtiu: *verdadeiro* X *falso* em nuanças sutis.[16] Vamos, então, da alta metafísica, busca da verdade transcendental, às teorias linguísticas, sempre passíveis de superação, e à literatura, ficção do ato criador *ex nihilo*, ilusão da verdade.

Críticos mais recentes, como afirmamos, veem com reticências o tema metafísico ou da verdade com "v" maiúsculo. Mas se a tendência predominou em nossa época pré-covid-19, durante a pandemia, porém, algo mudou. Sem distanciamento histórico, é difícil detectar com exatidão o que mudou; ao que parece, Ana Paula Pacheco, há pouco mencionada como exemplo dessa nova visada, indicou profeticamente esse claro e certo desconforto pré-pandêmico. São palavras suas, em citação que repetimos em parte e ampliamos:

> O que me parece curioso é que o caráter mítico da obra esteja presente já no modo de estudiosos e leitores se aproximarem dela, inclusive no que diz respeito à vida do autor. Uma espécie de contaminação mágica faz tudo o que cerca Guimarães Rosa parecer tocado pelo dedo de Midas: do nome da cidade natal, Cordisburgo, "burgo do coração", ao nome do pai, Florduardo. Tudo parece envolto por uma aura mítica, que está na ficção rosiana, mas como dado de leitura da realidade e não como sentido último. A linguagem, cujo grau de invenção foi considerado espantoso desde a estréia, é outro elemento a considerar nesse sentido. Entretanto a "aura" mágico-mítica é meramente reposta por parte da crítica, e a vida do autor entra como um anúncio retrospectivo da obra. Ambos acabam "eternizados", "encantados", acima da história e das contradições, que são, de resto, foco de atualidade da mimese rosiana (Pacheco, 2008, p. 25).

....

tem sido de grande interesse para a filosofia e para além dela, por mais ou menos tanto tempo quanto aquele em que temos uma história da filosofia. É um tópico de pesquisa ativa em muitos ramos da filosofia, particularmente na metafísica e lógica. (...) Desde que temos registros, a verdade tem sido, de tempos em tempos, objeto de intensa investigação filosófica. Uma reflexão importante sobre a verdade, por exemplo, ocorreu no período medieval. Metafísica e lógica eram ambos tópicos palpitantes naquele tempo, e o estudo da verdade floresceu. De maneira um pouco diferente, ela também floresceu no período pós-kantiano, embora com preocupações sobre o idealismo mais na vanguarda do que na lógica. Contudo, nem todo período histórico viu a verdade como um assunto filosófico primário. Costuma-se dizer que o início do período moderno não se concentrou muito na teoria da verdade, pois a epistemologia era uma preocupação primordial."]. Podemos ajuntar que, à medida que o desinteresse pela verdade cresceu, ela chegou a ser reduzida a um valor pragmático, o que, se pode constatar, teve consequências desastrosas no período marcado pela pandemia da covid-19, que assolou o mundo a partir do início de 2019 e que, até o momento da publicação deste livro, ainda continua.

16. A literatura, ao fim e ao cabo, é uma relação particular com a *experiência* (termo que entendemos dentro das hipóteses de Peirce). A literatura oscila no intervalo do real: tangencia a mentira absoluta e seus vários graus e a verdade em seus muitos outros graus.

Acho que parte da crítica, interessada no universalismo de Guimarães Rosa, troca os pés pelas mãos (tomando o céu por abismo, como dizia um autor alemão). A obra acaba virando um acessório, um enfeite. *Grande sertão* é ocasião para o taoísmo, para a clínica psicanalítica de personagens, para a auto-ajuda... (Pacheco, 2008, p. 27).

É verdade. O *Grande sertão* é ocasião para entrarmos no mundo da fantasia, do incerto, do suposto, e dele passar para a clínica psicanalítica de personagens, para autoajuda, *lobby* e *marketing*. Enfrentemos, pois, essa dura realidade e perguntemos: por que aconteceu assim entre pesquisadores de tão qualificada competência? Há mais coisas entre o céu e a terra do que sonha nossa chã filosofia.

Agora, mesmo depois do período dos picos e ondas pandêmicas, com o ressurgimento do valor de verdade científica e da importância da ciência, com a aversão ao negacionismo e o receio em relação ao relativismo, a opinião da pesquisadora continua pertinente: fazer-se meio mito foi projeto do autor, pois "[s]uas poucas intervenções públicas como escritor sempre foram automistificadoras" (Pacheco, 2008, p. 25). E isso aí ele logrou. Mas a empreitada acabou se tornando — de alguma forma — uma camisa de sete varas. Rosa se fixou tanto como hermético, dono de um idioma idiossincrático, "difícil", arcaico-vanguardeiro-indefinido demais, mítico-místico, erudito, denso e impenetrável, quanto como sublime e rude. É sublime e rude, para não dizer "inculto e belo"[17] (porque inculto ele não era, e belo há controvérsias...), o suficiente para exportação, e, a despeito da enorme dificuldade (pelo menos para se traduzir), continua a ser traduzido e conhecido por toda parte.

Por causa da metafísica barata e da autoajuda? Cremos que não... Livros do gênero são curtinhos e fáceis, o mineiro os tinha aos montes em sua biblioteca (já já veremos). A visada, porém, deve vir de outra janela, é preciso encarar sua crespa realidade no contexto linguístico, literário, metafísico e jagunceiro...

Pretendemos observar e apresentar variações de leituras calcadas no terreno firme de passagens mínimas, seja do ponto de vista interpretativo, seja do ponto de vista linguístico-performativo. A definição de escopo e caminhos na pesquisa veio a serviço da busca pela verdade (transcendental, ética e lógica), que, para nós, consiste em estabelecer, em pontos bem definidos, limites largos. Estamos apenas aplicando às literaturas rosiana, homérica e

....
17. Gostamos de Bilac e o parodiamos: Guimarães, mandacaru sublime e rude, última flor-sertão, és, a um tempo, esplendor e sepultura: ouro nativo, que na ganga impura a bruta Minas entre os cascalhos revela.

pós-homérica a prática e o exercício da escuta, aquela que se dá por meio dos labirintos do ouvido e da potência da auditividade.

Mas, como apontamos, a metafísica nunca pode ser separada da comezinha vida prática. Assim, o que nos ajudará a compreender como se construiu a aparência de sublimidade é a matéria-prima verbal, analisada não só como texto, mas como som.

Seguimos uma intuição de Antonio Candido em *Literatura e sociedade: estudos de teoria e história literária*: brasileiros gostam de ouvir. Em 1965, nove anos depois da publicação do *GSV* (e na 9ª edição revista pelo autor, datada de 2006), o sociólogo e crítico literário realçou, com alguma reserva, que, ainda naqueles tempos, a continuidade da "tradição de auditório" no panorama literário brasileiro se mantinha. É seu parecer que o sistema literário do nosso país

> tende a mantê-la nos caminhos tradicionais da facilidade e da comunicabilidade imediata, de literatura que tem muitas características de produção falada para ser ouvida. Daí a voga da oratória, da melodia verbal, da imagem colorida. Em nossos dias, quando as mudanças assinaladas indicavam um possível enriquecimento da leitura e da escrita feita para ser lida, — como é a de Machado de Assis, — outras mudanças no campo tecnológico e político vieram trazer elementos contrários a isto. O rádio, por exemplo, reinstalou a literatura oral, e a melhoria eventual dos programas pode alargar perspectivas neste sentido. A ascensão das massas trabalhadoras propiciou, de outro lado, não apenas maior envergadura coletiva à oratória, mas um sentimento de missão social nos romancistas, poetas e ensaístas, que não raro escrevem como quem fala para convencer ou comover (Candido, 2006, p. 98).

Cremos, sem prevenções, que o raciocínio do professor carioca radicado em São Paulo vale ainda para o panorama atual, pois a internet, o uso de mensagens de voz pelo celular, a febre recente dos *podcasts* só acentuaram essa tendência entre nós.

Nessa vereda de pesquisa, as pontes do passado que, em ruínas, pensávamos terem caído se erigem, vigorosamente. *Holograma linguístico* sem igual. Sem dúvida, é fácil observar — nesse 2º milênio pós-coronavírus —, ressalvadas as diferenças inequívocas de mídias, que estamos nos aproximando, cada vez mais, da oralidade da Antiguidade,[18] no sentido de que a letra grafada

....
18. Pioneira nesse recorte de investigação, Teresinha Souto Ward, com a obra *O discurso oral em* Grande sertão: veredas (1984), apresentou o resultado de tese defendida em 1981 na Universidade de Stanford, Califórnia. Segundo a autora, "[d]uas são as formas principais de pesquisa: uma análise linguística do

vem sendo sobrepujada pela voz (e pela imagem) em fluxo congelado, voz gravada e mesmo filmada, ou transmitida instantaneamente pelo telefone. Desse modo, dispomos de um instrumental excepcional para compreender os mecanismos e as potências da auditividade.

De forma bem sistemática, sobre a tradição auditiva da literatura brasileira e seu desenvolvimento no pensamento de Luiz Costa Lima, particularmente acerca do conto rosiano "Cara de bronze", indicamos o artigo de Regina Lúcia de Faria intitulado "Tradição auditiva e mímesis: uma possível aproximação da linguagem de Guimarães Rosa", publicado na *Escritos* n. 11. Segundo a autora, Lima prepara o terreno para pensarmos o Rosa:

> Ao lado da teorização acerca da mímesis, do controle do imaginário, do estatuto da ficção, a reflexão sobre a tradição auditiva, traço caracterizante da cultura e do sistema intelectual brasileiros, surge de forma menos sistemática [que em Candido] na obra teórico-crítica de Luiz Costa Lima. De caráter mais operacional, acredito que essa questão apareça pela primeira vez em "Quem tem medo de Teoria?", publicado em 22/11/1975 no jornal *Opinião*, artigo que provocou, naquela ocasião, o que se costumou chamar entre nós de "a primeira polêmica da teoria" ou "a polêmica do estruturalismo". (...) Porém, se nos escritos das décadas de 1970 e 1980, Costa Lima considerava apenas negativa a predominância da tradição auditiva, anos depois, ao resenhar as crônicas machadianas reunidas por John Gledson, verifica que essa singularidade de nossa cultura podia assumir uma feição positiva. Típico de um estágio da oralidade, dentro de um molde de aparência escritural (...) (Faria, 2017, p. 73 e 75 respectivamente).

Vê-se, portanto, a pertinência dos estudos dos poemas homéricos associados à nossa tradição auditiva. O nosso recorte, no entanto, se aproxima mais dos estudos de Teresinha Ward e do trabalho específico com os metaplasmos. Deste modo, limitamo-nos à indicação do excelente artigo.

Isso significa também que estamos mais aptos a estudar, analisar e sistematizar a flutuação oral e vocal, a auditividade criativa da recepção, a polimorfia lexical, os metaplasmos e a poliperformance sintática dos textos literários. Faremos — limitadas à escritura e a suas possibilidades imaginadas — percurso metodológico semelhante ao de Ward, comentado assim:

....
texto que, focalizando nas áreas de sintaxe e discurso, apoia-se nos trabalhos de Noam Chomsky, M. A. K. Halliday, Dell Hymes, William Labov, Roger Fowler, Charles Fillmore e outros; e a análise de uma amostra de discurso oral, recolhida em pesquisa de campo no norte de Minas Gerais" (Ward, 1984, p. 17). Embora devedores e herdeiros de sua teorização, nossa via percorre outros veios, à cata das pedras preciosas ancestrais, ouro em pó, vínculos antigos e clássicos na oralidade, em voo e liberdade crônicos.

Viajando pela região da Jaíba várias pessoas me recomendaram entrevistar um tal de Toquato, Toquatro, Torquatro e Tocato. Só quando o conheci e perguntei-lhe qual o seu nome verdadeiro soube que era Torquato. O mesmo se passou com Seu Solamão, Solomão, Solmão, Salomão e outros. Certa ocasião fui apresentada a Seu Raimundo, um dos vaqueiros que havia viajado com Guimarães Rosa pelo sertão, o qual me contou que o João Rosa tinha gostado muito das quadras que ele cantava. Estávamos em um grupo de pessoas e notei que quando conversavam entre si seu Raimundo era chamado por outro nome. Ao transcrever a entrevista não conseguia distinguir se era *Gibóia*, *Lindóia* ou *Bidóia* e usei as três diferentes grafias. Mais tarde, relendo um dos prefácios de *Tutaméia* em que Guimarães Rosa comenta a sua viagem pelo sertão encontro: "Só não recitava trovas. Aquiles, *Bindoia*, o Próprio Manoelzão, outros faziam isso, nômades da monotonia."

Os exemplos acima demonstram como os estudos sobre *Grande sertão: veredas* tendem a passar por alto pelos aspectos da tradição cultural, preferindo focalizar nos elementos eruditos/literários. A mimese da situação oral em nada diminui o valor do livro. Representa, ao contrário, outro nível conotativo que está sendo explorado. Às vezes torna-se mais fácil para o crítico identificar elementos simbólicos e implicações intertextuais literárias do que reconhecer e documentar que o autor está também explorando a "coexistência do real e do fantástico" e obliterando os limites entre a ficção e a realidade, fenômeno comum entre autores modernos como assinala Walter Ong (Ward, 1984, p. 22-23).

Fá-lo-emos, entretanto, diante de um espectro largo e hipotético; vamos — sem a performance da pesquisa de campo no sertão mineiro e a partir da escritura, somente — tentar capturar o voo da palavra dita fixada pela escrita. Conjecturá-la, *lemurizá*-la.

Novamente o leitor poderá nos questionar, imaginando que vamos trilhar um terreno muito mais batido e sem novidades que os da metafísica e da recepção clássica em Rosa, e que existem bastantes trabalhos consagrados aos aspectos formais da língua na literatura do mineiro. A

exploração deste "filão linguístico" possibilitou, em particular, a abordagem de criação lexical — dentre outros, é o caso de Oswaldino Marques, Mary Lou Daniel, Eduardo Faria Coutinho, Roberto Schwarz, Donaldo Schüller, William Miron Davis, Ivana Versiani e, mais perto de nós, de Edna dos Santos

Nascimento e Maria Célia Leonel. A antroponímia foi igualmente objeto de pesquisas específicas — citemos as publicações de Julia Conceição Fonseca Santos e de Ana Maria Machado. As marcas da oralidade regionalista foram estudadas por Teresinha Souto Ward, enquanto Ivana Versiani analisou o emprego do subjuntivo em *Grande sertão: veredas* (Utéza, 1994, p. 19-20).

E mais: se 26 anos atrás já se constatava a abundância de estudos linguísticos sobre a obra de Guimarães Rosa — que continuaram sem dúvida a proliferar —, é temerário batermos no ferro já frio da formalidade por demais decifrada.
Nossa expectativa, porém, é que este percurso terá novidades.
Buscamos os corpos sutis das palavras. Pensamos que há surpresas a oferecer e que nem tudo foi explorado. Consideramos que, passados séculos e séculos, Rosa há de ser como Homero, um autor que atravessa o tempo e não se distingue somente pelo papel histórico na tradição literária brasileira, nem pela inovação linguística que propôs, nem pela gravidade dos assuntos que tangencia; ele avança para além da nossa história, seguindo o curso feito de muitos que se fizeram "clássicos" para se transformar em bruta mitificação, poeira solta de metafísica sem nunca ser metafísica completa. O escritor se insere, na consolidação de nossa literatura nacional, como marca de um povo *pragmaticista e metafisiquista*. Ousamos até afirmar que Rosa retomou o estilo de criar do jônio, na *Ilíada* e na *Odisseia*, e "costurou" as múltiplas identidades e falares locais do seu mundo contemporâneo (não só brasileiro, indígena e latino-americano, mas também europeu, norte-americano, asiático...) para gerar um "brasil.org", recuperando e imitando a intuição de Willi Bolle em *Grandesertão.br: o romance de formação do Brasil* (2004).

João Guimarães Rosa, tal como o helênico seu predecessor em relação à região de origem, forjou um Brasil a modo de um pandemônio lexical, que se realiza através do encontro, quase natural, de formas dialetais anacrônicas:[19] no grego, com predominância do jônico; no português, prevalecendo o mineirês. Essas formas variantes e variáveis atuam em harmonia, atingindo alta temperatura poética-filosófica e fazendo ressurgirem novas formas de ouvir, pensar e expressar, tudo isso sem negligenciar e recuperar uns tantos significados acumulados num longo curso temporal nas línguas. "Em Guimarães Rosa, não há (...) discrepância nem em termos lingüísticos nem em termos de perspectiva; pelo contrário, a linguagem (...)

....
19. Desenvolvemos o assunto em Barbosa, 2020, p. 1-16.

mistura tudo, quer apagar ou diminuir as diferenças, sobretudo as culturais" (Pacheco, 2008, p. 27).

Assim, se se pode voar tão alto e chegar à paridade com o criador absoluto, não sabemos; conhecemos, porém, que Rosa empreendia uma grande obra alquímica do verbo e que "[a] pseudo linguagem do interior de Minas que ele parece utilizar é apenas um engodo elementar que oculta a 'sobre-coisa'. Mas para 'aqueles que têm ouvidos para escutar', é também um convite (...)" (Utéza, 1994, p. 410). Nesse ponto anuímos com Utéza — Rosa entra

> (...) na linha direta dos diálogos de Platão sobre a origem das palavras e dos nomes de pessoas — o *Crátilo* em primeiro lugar, onde, curiosa "coincidência", o interlocutor de Sócrates se chama Hermógenes, filho de Hipônico, ou "o vencedor dos cavalos", que não está distante do nosso Hermógenes Rodrigue Felipes (Utéza, 1994, p. 410).

Não queremos descurar do fato de que ao cordisburguense interessava muito a investigação a "respeito do caráter sagrado da origem das línguas, a que se pretende remontar pelo jogo das analogias sonoras até o Verbo primordial" (Utéza, 1994, p. 410), e que, segundo sua teoria, declarada a Günter Lorenz e relembrada por Utéza além de inúmeros outros, os quais (per)seguimos,[20] "o idioma é a única porta para o infinito" (Rosa, 2009a, p. LI). Realçamos, no entanto, que a palavra "idioma" é bastante delicada no contexto da metafísica e é igualmente curioso seu uso por Rosa, assunto que comentaremos devagar. Sperber aponta para o esoterismo paulista do Círculo Esotérico da Comunhão do Pensamento,

> uma doutrina eclética, constituída por elementos díspares, provindos de doutrinas orientais e ocidentais: cristianismo, judaísmo e hinduísmo estão aglutinados na doutrina da Comunhão do Pensamento. O Karma, por exemplo, de difícil acesso ao yogui, é buscado também pelos esoteristas. Seu acesso será possível graças a meios práticos de vida — os pensamentos positivos — que ao mesmo tempo servirão para que o indivíduo que os pratica tenha sucesso na vida quotidiana. Notamos, por estes traços, que os esoteristas empregam mediações para a transcendência, que são ilícitas para o real hinduísta, porque simplificadoras. Rebaixam o panteão divino, sob a ilusão de uma pretensa ascese (Sperber, 1976, p. 24).

....
20. O termo é utilizado em dois de seus sentidos, "ir ao encalço" e "atormentar".

(...)
Sem dúvida trata-se de uma doutrina de baixa categoria, de uma leitura pobre. Não é este o único caso de um grande nome da literatura cujo nível de interesse, nas leituras opõe-se diametralmente à qualidade de sua criação. A biblioteca roseana contém também obras de grande valor, tanto de cunho espiritual como literário. Curioso, porém, é que certas obras parecem, pela quantidade de trechos sublinhados, ter exercido um atrativo maior (Sperber, 1976, p. 25).

Nosso intento é, pois, trabalhar — se isso existe (se não existe, passou a existir, pois agora o inventamos) — com a metafísica da letra e do som. Ficaremos entre fonemas, diacríticos, sinais, metafísicas perdidas e achadas, pois há um caminho outro que pensamos inaugurar nesta introdução: fazemos um trabalho de "caça-fantasmas", tiramos "tretas" de escritos e manuscritos, entrelaçamos os fios aurais do português e as margens da metafísica, e comemos a matéria escrita pelas beiradas. Precisamos de um exemplo mais pontual para explicar a nossa meta e a abrangência de nossa exploração. Vamos a ele.

Nel mezzo del cammin di nostra vita
Mi ritrovai per una selva oscura
(Alighieri, *Dell'Inferno*, v. 1-3)

Che la diritta via era smarrita...

No princípio de um novo caminho, após dispersão dos goanhá, como Dante preferiu, não como Drummond decidiu, não havia pedra nem selva, mas uma serra "oscura", inteira, um morrão cheio de neblina. Sim, o trecho a que nos referimos se inicia com a expressão *Serra Escura*[21] — grafada em itálico, seguida de ponto final, num tom quase absoluto.

Riobaldo, retomando a estrutura da abertura do romance,[22] "fala" isto: "*Serra Escura*. Nem munição nem de-comer não sobravam. De forma que a
....
21. Este trecho de *GSV*, na edição de 2009 (2009b) da Editora Nova Aguilar, vai — sem limite fixo, claro — da página 46 à página 53.
22. O romance *GSV* (p. 7) começa com uma palavra seguida de ponto: "Nonada. Tiros que o senhor ouviu foram de briga de homem não, Deus esteja". O termo de abertura vem absoluto, pleno, total, sem mistura, sem acessórios, sem regentes, sem subordinados e expressa — exatamente — o seu contrário: limite, vazio, incerteza, "noves fora". A expressão "Serra escura", constituída de substantivo e adjetivo, difere em potência da primeira, a que faz uso do vocábulo "nonada", mas se lhe equivale no valor semântico e

gente carecia de se separar, cada um por seu risco, como pudesse caçar escape" (Rosa, 2009b, p. 46). Daí para frente cresce uma aparição inusitada no meio do garimpo dos grotões, revelada na narrativa do protagonista, que relata como se deu o enfrentamento de um grupo inimigo, os soldados do Estado.

Para o contexto da narrativa em que somos transportados a um ambiente inóspito e sem iluminação — *in the middle of nowhere*, no meio do nada — e na iminência de uma desintegração — "(...) a gente carecia de se separar, cada um por seu risco, como pudesse caçar escape. Se esparramavam os goanhás. (...) O ar todo do campo cheirava a pólvora e soldados" (Rosa, 2009b, p. 46-47) — é urgente a separação das coisas em isto/este, de um lado, e aquilo/aquele, do outro, e enquanto isso lá vai poeira para todo lado.

E a história, com o ar cheirando enxofre, prossegue repleta de dúvidas, vai-não-vai, e pontuada por marcadores de oscilação. Destacamos um comentário do jagunço-narrador que evidencia a imprecisão declarada: "Escorregando sem rumo, eu fui, vim (...)." A frase abre caminho para o narrador descrever certo desalojamento do grupo; somente dois deles, Riobaldo e Sesfredo, se ajeitam "no meio do pessoal daquele doutor, que estava na mineração,[23] que eu já disse e o senhor sabe" (Rosa, 2009b, p. 47).

O doutor que estava na mineração é, por inferência, um comerciante alemão meio fáustico, que negocia de tudo (compraria almas?) no sertão, pauta, pactua contratos de compra e venda com os garimpeiros e fazendeiros locais; Riobaldo considera-se seu devedor (Rosa, 2009b, p. 48: "Com as graças, dele aprendi, muito.").

Lêmure fabuloso, Vupes, em sua relação com Riobaldo e Fausto, renderia um livro inteiro. Seu nome duplo, Emílio Vupes[24] [*Vulpes?*]; [Wolf / Wulf?], significa, na via latina, "adversário raposa"; na via alemã, "adversário lobo", em leituras etimológicas e especulativas que enriquecem a personagem. Pensar que

....
dramático. No fluxo contínuo da fala, se aplicarmos, aqui, a ideia de eco, é possível escutar o reverberar da negação repetidamente registrada: "Serr'iscura. Nem (...) nem (...) não (...)." O ambiente sonoro permite igualmente a escuta em eco de "cerração da visão": *serr'escura'nem'unição'nem dicomer não...* Ou, quiçá: Ser *is* cura, ou, interpretando, *to be is [the] cure...*

23. A questão da mineração na obra de Rosa é recorrente. De imediato, citamos, além da passagem comentada, o conto "O dar das pedras brilhantes" que integra *Estas histórias* (1969). A oportunidade nos permite aplaudir a "denúncia" literária, feita na década de 1960, e, também, tangenciar a política atual ao fazer vênia† pelos mortos de †Bento Rodrigues, distrito de Mariana (5 de novembro de 2015), e de †Brumadinho (25 de janeiro de 2019). A mineração inescrupulosa continuou mesmo após o alerta rosiano.

24. Consideramos *Vupes* um metaplasmo de *Vulpes*, já que se trata de nome estrangeiro pronunciado com dificuldade, neste caso, frequentemente, a consoante líquida "l" é vocalizada em Minas Gerais. *Vulpes vulpes* é o nome científico da raposa vermelha. O substantivo simples designa uma pessoa astuta, matreira, ladina, qualificação dada, por exemplo, a Odisseu.

ele seria emulação do *Fausto* de Goethe no negócio da vida é tentador, curioso e tem pertinência com a leitura acumulada nos sentidos, recurso típico rosiano.

Assim, nesse viés, pode-se ler: lobo, raposa rival ou gentil, êmulo malino. As características de Vupes (as várias formas de dizer seu nome, sua frieza e estrangeiridade, sua beleza atilada, sua permanência por todos os caminhos, sua versatilidade inesgotável) coadunam com tal interpretação. Vupes aparece e some dissimuladamente, pelo romance inteiro, até o fim final, com Quelemém (Rosa, 2009b, p. 394).

Mais instigante, contudo, é imaginar que o pacto mencionado por Riobaldo possa ser pista falsa e que o "adversário", que percorre todo o sertão e pode encarnar o diabo bonitão, "esporte alto" e atraente, é outro. "Vupes era profeta?" (Rosa, 2009b, p. 107); ele era "doutor rapaz, que explorava as pedras turmalinas[25] no vale do Arassuaí" e defendia "que a vida da gente encarna e reencarna, por progresso próprio, mas que Deus não há" (Rosa, 2009b, p. 40). No entanto, o que mais chama nossa atenção na personagem é o gozo pela riqueza e lucro, pelo "modernismo" que descrê, pelo modelo "*self-made man*" que angaria admiração sem limite:

> Seo Assis Wababa oxente se prazia, aquela noite, com o que o Vupes noticiava: que em breves tempos os trilhos do trem-de-ferro se armavam de chegar até lá, o Curralinho então se destinava ser lugar comercial de todo valor. Seo Assis Wababa se engordava concordando, trouxe canjirão de vinho. Me alembro: eu entrei no que imaginei — na ilusãozinha de que para mim também estava tudo assim resolvido, o progresso moderno: e que eu me representava ali rico, estabelecido. Mesmo vi como seria bom, se fosse verdade" (Rosa, 2009b, p. 82-83).

Enfim, há muito para discorrer sobre Vupes e o pacto frustrado de Riobaldo (Riobaldo, aliás, pede emprego ao comerciante e é rejeitado: "Níquites" ou, em alemão, *nichts*, nada, ou seria νύξ, νύκτί = noite).[26] Desse modo, macia, obscura e ladinamente, ele percorre o romance inteiro sem ser

....
25. A turmalina é "the most interesting of all the gems, when we come to consider the beauty and diversity of its color, the complexity of its composition, and the wonders of its physical properties. [...] The tourmaline has as great a variety of names and synonyms as the sapphire; and in both minerals they arise from the great diversity of colors displayed by them" (Hamlin, 1873, p. 12 e 23, respectivamente). ["a mais interessante de todas as gemas, quando considerarmos sua beleza e diversidade de cores, a complexidade de sua composição e suas esplêndidas propriedades físicas. A turmalina tem grande variedade de nomes e tantos sinônimos como a safira, e ambos surgem com a grande diversidade de cores exibidas por elas"]. Em análise feita grosso modo, a turmalina tem em suas letras formadoras a palavra "malina".

26. "Noite" é termo análogo a "nada", se considerarmos o ditado "À noite todos os gatos são pardos".

demasiadamente notado; desconhecemos estudos sobre ele. Vamos observar o dito, sem enveredar por tais caminhos, do diabo não glosaremos. Vupes será nosso foco nas próximas páginas por seu viés *lemúrico*.

O acomodar-se na mineração, ainda que restrito ao grupo do "doutor" mascate, não é ação para Riobaldo, que se justifica assim: "Por que não ficamos lá? Sei e não sei. Sesfredo[27] esperava de mim toda decisão" (Rosa, 2009b, p. 47). Justificativa simples e complicada a um só tempo, pois "sei e não sei" é arrazoado sem exatidão, um dos muitos lêmures presentes na obra.

E é a partir desse incerto motivo que Riobaldo começa a falar outra vez do doutor "que estava mineração" (Rosa, 2009b, p. 47) e que afirmara que "Deus não há" (Rosa, 2009b, p. 40). Este é o dito Emílio Vupes: "Pois ia me esquecendo: o Vupes! (...) estranja, alemão, o senhor sabe: clareado, constituído forte, com os olhos azuis, esporte de alto, leandrado, rosalgar — indivíduo, mesmo." Um mascate de alto estilo, esporte alto (cf. Barbosa, 2019, p. 222).

> Pessoa boa. Homem sistemático, salutar na alegria séria. Hê, hê, com toda a confusão de política e brigas, por aí, e ele não somava com nenhuma coisa: viajava sensato, e ia desempenhando seu negócio dele no sertão — que era o de trazer e vender de tudo para os fazendeiros: arados, enxadas, debulhadora, facão de aço, ferramentas rógers e roscofes, latas de formicida, arsênico e creolinas; e até papa-vento, desses moinhos-de-vento de sungar água, com torre, ele tomava empreitada de armar. Conservava em si um estatuto tão diverso de proceder, que todos a ele respeitavam. Diz-se que vive até hoje, mas abastado, na capital — e que é dono de venda grande, loja, conforme prosperou (Rosa, 2009b, p. 47).

Pois é com o Vupes, o de "estatuto tão diverso", que Riobaldo escapa do garimpo.

> "Para que banda o senhor tora?" E o Vupes respondeu: — "Eu, direto, cidade São Francisco, vou forte." Para falar, nem com uma pontinha de dedo ele não bulia gesticulado. Então, era mesmo meu rumo — aceitei — o destinar! Daí, falei com o Sesfredo, que quis também; o Sesfredo não presumia nada, ele naquilo não tinha próprio destaque. Mas os caminhos não acabam. Tal por essas demarcas

....
27. Não queremos estender análises nesta introdução, contudo, vale indicar uma pérola: segundo *O livro dos nomes*, de Regina Obata (2002, p. 176), Sezefredo é nome germânico — *Sisifridus* ou *Siegfried*, e significa, apropriadamente para o trecho em pauta, "o que deseja a paz, a proteção", ou "o que traz a paz através da vitória", o vitorioso, o pacificador. Sigefredo, Sigfrido e Sigifrido — como, subsequentemente, Sesfredo — são variações deste nome.

de Grão-Mogol, Brejo das Almas e Brasília, sem confrontos de perturbação, trouxemos o seu Vupes. Com as graças, dele aprendi, muito. O Vupes vivia o regulado miúdo, e para tudo tinha sangue-frio. O senhor imagine: parecia que não se mealhava nada, mas ele pegava uma coisa aqui, outra coisinha ali, outra acolá — uma moranga, uns ovos, grelos de bambu, umas ervas — e, depois, quando se topava com uma casa mais melhorzinha, ele encomendava pago um jantar ou almoço, pratos diversos, farto real, ele mesmo ensinava o guisar, tudo virava iguarias! Assim no sertão, e ele formava conforto, o que queria. Saiba-se! Deixamos o homem no final, e eu cuidei bem dele, que tinha demonstrado a confiança minha... (Rosa, 2009b, p. 48).

A lembrança que motiva o parágrafo de descrição de Emílio Vupes, porém, ressumbra estranheza na escritura também. Ela começa com um "Pois ia me esquecendo", o que, com base na auralidade, poderia ser escrito da seguinte forma: "*Poisia* m'squecendo: o Vupes!".

Lida dessa forma mais auditiva, a palavra "poisia/poesia" é marcador forte, indica uma transição para outra esfera: saímos da *metafísica pragmaticista jagunça*, do cheiro *enxofroso* da pólvora, das pedras esotéricas que mudam de cor, da vendição e *compração* e entramos na esfera do mito, do poético.

E a narrativa continua: "ele era um estranja...", "não somava", ou melhor, não agregava, pelo contrário, separava, comerciava armas e venenos etc. e tal. Ele, no seu "estatuto tão diverso", parece ser imortal, "Diz-se que vive até hoje", ou mesmo até "não ser". Acaso Rosa fala, nas entrelinhas e especificamente para o Vulpes, "Ah, eh e não, alto-lá comigo, que assim falseio, o mesmo é".

Iluminamos o trecho:

> "Ah, eh e não..."

Frase preciosa que passa desapercebida no meio de tantas letras e casos e que pode ser lida sem qualquer atenção, sem prejuízo da leitura, funcionando como expressão sinônima de "sei e não sei", mas que desnuda uma constituição polissêmica peculiar, obtida através do uso de interjeições, vírgula e reticências. Pensemos um pouco: como pode ser lida a passagem?

Objetivamente, digamos, ela é construída com uma interjeição (ah) + outra interjeição (eh) + uma conjunção aditiva (e) + um advérbio de negação (não). Pois bem, se a interjeição é uma categoria de marcador linguístico da instabilidade afetiva do enunciador, na frase temos a intensificação da potência interjectiva da língua, e não só pela reduplicação de seu uso. A agregação simultânea do advérbio negativo "não" e da conjunção aditiva "e" às interjeições "ah" e "eh"— ao fim das contas — reequilibra a interjeição "eh", que sai de sua forma escrita e passa a fazer fronteira com o verbo "ser", na 3ª pessoa do singular ("é"). Desse modo, lemos o texto escrito assim: Ah... é e não (é). Para uma escritura focada no sentido, a expressão diz e desdiz; emparelha-se, como afirmamos, com aquela anterior ("sei e não sei"), pois, na sintaxe proposta, a conjunção aditiva anula o advérbio de negação. Pareia, igualmente, com outra decerto arcaica, mas propícia: "Ah, ei não", alternativa para dizer "não tenho não, não haverei de ter não". Pode ser lida ademais como forma de "sei não", uma entre outras possibilidades, que determinam leituras por vezes não cumulativas.

Todavia e de outro modo, podemos também ler a frase menos objetivamente, assim: interjeição que exprime decepção ou admiração, ou alegria, ou tristeza, compaixão, surpresa, insatisfação etc. = **ah** + interjeição que exprime reflexão, indecisão, dúvida, protesto, pausa, admiração etc. = **eh** + conjunção que indica conexão e que eventualmente pode ter valor adversativo, mas que também pode soar como o substantivo comum que é nome da quinta letra do alfabeto = **e** + advérbio de negação de verbos ou frases inteiras = **não**.

E, ainda, por último, num palpite quase derradeiro que não é palavra final e não pretende fechar a questão, mas somente com o intuito de mostrar que a frase pode ser lida perscrutando as letras de tinta no papel, que indicam a forma movente, volátil, diversa e em trânsito, de uma verbalização prevendo elipses (que colocaremos nos colchetes para evidenciar o que apontamos como possível). Eis uma leitura factível sob a forma de charada a ser decifrada:

> A "h" é e não é!

Ou seja: a *letra h é e não é*.
Como assim?
A [letra] /h/ é [eh = forma como se escreve o "é" nas conversas informais hoje correntes no *WhatsApp*] e [conjunção aditiva utilizada com sentido duplo, ou seja, somatório e igualmente divergente] não [é]. Para essa leitura "virtual", que gera um enigma, a resposta é simples: no português a letra "h" é grafia não pronunciada, por isso, enquanto som, ela não é, não existe. Ouvimos

sempre: *Omero, Omem, Erói, A: de aver*. Eis que, portanto, na frase, Homero se esconde, como a poesia se esconde e como o Vupes se esconde.

No percurso, então, dessa apresentação, oferecemos, além das leituras arroladas, um arremate, espectro mítico fantasmático e portentoso que vem, favoravelmente, pousar na nossa pesquisa como que num bate-som soletrante: *Agá*... eh... não: ἄναξ ἀνδῶν! Para vê-lo, poderoso, em sua máscara dourada micênica, há que se soletrar também as reticências:

> *Aga mmm ehmm* não!

O mundo dos mortos se abre e o leandrado[28] general da guerra de Troia, à cata do tesouro roubado por Páris e da tomada do maior porto comercial do mundo antigo, emerge entre as sombras da serra escura.

....
28. Leandrado tem leitura evidente e associada com "leão": Leandro = λέων + ἄνδρος = homem "leão". Há, todavia, um lêmure que paira sobre este vocábulo iluminando-o narcisicamente com o nome de seu inventor na narrativa, Rosa, pois "Leandra"— em *leandra*do — é nome de um gênero de planta, as melastomáceas, da subclasse "rosidae" (informação do United States Departament of Agriculture: <https://plants.usda.gov/java/ClassificationServlet?source=display&classid=MEMA>). As plantas melastomáceas são comuns no Brasil. Segundo Maria Leonor Souza e José Fernando Baumgratz, o gênero "está constituído por cerca de 200 espécies, distribuídas pelas regiões tropicais e subtropicais das Américas" (Baumgratz; Souza, 2004, p. 90). O mesmos autores afirmam, anos mais tarde, no *Catálogo de plantas e fungos do Brasil*, vol. 2 (2010, p. 1245) que o gênero tem "213 espécies (167 endêmicas), 2 subespécies (nenhuma endêmica), 10 variedades (10 endêmicas)". Em 1921, época de vida de Guimarães Rosa, Visconde de Taunay já dava testemunho da presença das melastomáceas na região do cerrado: "Dia 22: Os cerrados que atravessámos hoje contêm *melastomaceas*, muitos jatobás, quinas do campo, paratudo, *myrtaceas*, poucas *apoeyneas* e raras *anonaceas*. (...) Dia 23: Depois entrámos em cerrado ralo, em que continuam a apparecer malastomaceas [sic] de folhas pequenas, lustrosas e glabras, inflorescencia racemosa e flores miúdas e brancas; jatobás, auranciaceas muito cheirosas, algumas ilicineas, ternstremiaceas, bombaceas etc. (...) Na mattinha das margens vimos três géneros de melastomaceas: um com folhas tomentosas, grandes, tendo na base um par de glândulas que distillam um liquido nectarino muito procurado das formigas. Este género existe junto a córregos da província de Goyaz, onde os observámos com alguma frequência. O outro pertence á tribu das bellas *rhexias* tão vistosas pelo tamanho das folhas; o terceiro não tinha nem flor nem frucío. As aguas do córrego da Pontinha dirigem-se para OSO, o único das correntes d'agua d'esta parte que não toma para o quadrante de SE. a procurar a bacia do Paraná. (...) Dia 29: Transpondo o Rio Verde a nado, seguimos para o Ranchinho por entre cerrados fechados, onde apparecem muitas melastomaceas, e chegámos ao pouso depois de seis léguas de viagem monótona e incommoda, não só pelo ardente calor do dia, senão pelos contínuos zig-zags de caprichosa estrada que alongam as distancias sem razão da procura de declives. (...) Cercando-nos de todos os lados, víamos as bellas melastomaceas casando suas grandes flores roxas, ás das amarellas cássias, de gradil em gradil irem perder-se no extenso valle onde os rios Cubatão e Branco serpeando por verdes campinas como que a custo levam o seu tributo ao Oceano. (...) E quando tudo aquillo se cobre de pendões roxos, côr de rosa, brancos e amarellos, casando as floridas comas das melastomaceas, que o vulgo chama paus de quaresma, ás elevadas cássias, então o espectáculo toma visos de deslumbramento" (Taunay, 1921, p. 45, 46, 52-53, 91 e 112, respectivamente).

Sim, Agamenão, ou, talvez, o *lêmure* de Agamêmnon, o senhor dos varões, ou Ἀγαμέμνων, ἄναξ ἀνδρῶν! E tudo, em sentido acumulativo, pois a palavra "agá", dicionarizada como boa parte dos achados de Rosa, denota, igualmente, dignidade militar entre os turcos (região da Anatólia, antiga Jônia, terra de onde teriam brotado os poemas homéricos). Eis que se alargam os horizontes de beleza na leitura do trecho. Então, que potência existe no mundo virtual que se abriu?

Se a pista "Agamenão" procede, é fácil explicar este Wusp-Wuspes-Wupsis-Vupses; até em Homero o nome do Atrida Agamêmnon é mutante segundo os dialetos: Ἀτρείδης e Ἀτρείωνας; Ἀτρεύς e Ἀτρέος (Barbosa, 2019, p. 222). Some-se que esse *vultūs vulpēs* é leandrado, e, afinal, é sabido por muitos, o leão, desde o portal de Micenas, remete à imagem cultural do soberano! É inequívoco vê-lo estrangeiro e rosalgar.[29]

Assim, mesmo que o Wusp, Wuspes, Wúpsis, Vupses, Vupes (em oscilação oral forjada por escrito pelo próprio Rosa como em "Abrão" e "Habão" e em "Toquato, Toquatro, Torquatro e Tocato", comentados por Teresinha Ward),[30] "que apareceu lá", seja, tão somente, um mascate dado a minerador no meio do sertão que não tem ideia de quem seja o Agamêmnon micênico, o general homérico que esperamos, esse sujeito virtualiza um outro que pode ser um Agamêmnon restaurado em letras, "reencarnação" de um avoengo distante, um risco vermelho gritante num dicionário de raízes indo-europeias guardado na coleção do Instituto de Estudos Brasileiros (IEB) de obras da biblioteca particular de João Guimarães Rosa.

Em alguns casos oferecemos as fotos originais alteradas (nas cores, no plano da página e no limite do recorte) e, em outros, reproduzimos as páginas das mesmas edições utilizadas por Guimarães Rosa. Neste segundo caso, manteremos o leitor informado.

....

29. O termo "rosalgar" é também um "achado" poético. De acordo com o *Aulete* on-line (http://www.aulete.com.br/rosalgar) e o *Diccionario da lingua portugueza* (1813), de Antonio de Moraes Silva, o léxico tem sentido duplo. É nome comum do óxido de arsênio: "veneno, um semi-metal de várias cores, branco, negro, amarelo. Mui quebradiço, volátil" (Silva, 1813, p. 199: **arsênico**) e, tomado como adjetivo, significa "indivíduo louro ou muito ruivo". Antenor Nascentes, no *Dicionário etimológico da língua portuguesa*, 1955, informa: "ROSALGAR — Do ár. *rahj al-gar*, pó das cavernas, sulfeto de arsênico, porque se obtinha o arsênico de minas (Dozy, Eguilaz, *RL.* XIII, 374, Lokotsch). É vermelho e cristaliza no sistema do prisma oblíquo romboidal, apresentando-se muito facetado. Exposto à luz e ao ar, altera-se e reduz-se a pó. Deve ter havido influência de *rosa*, por etimologia popular (Nunes, Gram. Hist., 184)." Guerra Junqueiro emprega o termo no sentido de "veneno": "Só dos goivos, Senhor, brotaram goivos/destilando loucura e rosalgar" (Junqueiro, 1896, p. 82). Rosa, penso, emprega-o para acumular sentidos.

30. Com a variação na forma de escrever o nome do rei de Micenas pretendemos espelhar a variação forjada por Guimarães Rosa para a pronúncia oscilante do nome do minerador estrangeiro. Cf. Rosa, 2009b, p. 48.

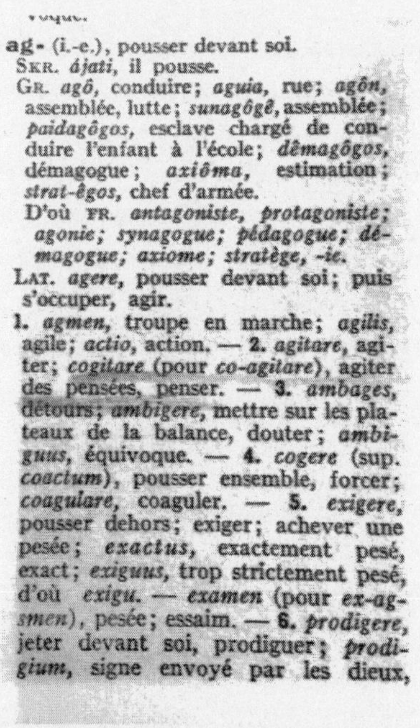
ag- (i.-e.), pousser devant soi.
SKR. *ájati*, il pousse.
GR. *agô*, conduire; *aguia*, rue; *agôn*, assemblée, lutte; *sunagôgê*, assemblée; *paidagôgos*, esclave chargé de conduire l'enfant à l'école; *dêmagôgos*, démagogue; *axiôma*, estimation; *strat-êgos*, chef d'armée.
D'où FR. *antagoniste*, *protagoniste*; *agonie*; *synagogue*; *pédagogue*; *démagogue*; *axiome*; *stratège*, *-ie*.
LAT. *agere*, pousser devant soi; puis s'occuper, agir.
1. *agmen*, troupe en marche; *agilis*, agile; *actio*, action. — 2. *agitare*, agiter; *cogitare* (pour *co-agitare*), agiter des pensées, penser. — 3. *ambages*, détours; *ambigere*, mettre sur les plateaux de la balance, douter; *ambiguus*, équivoque. — 4. *cogere* (sup. *coactum*), pousser ensemble, forcer; *coagulare*, coaguler. — 5. *exigere*, pousser dehors; exiger; achever une pesée; *exactus*, exactement pesé, exact; *exiguus*, trop strictement pesé, d'où *exigu*. — *examen* (pour *ex-agsmen*), pesée; essaim. — 6. *prodigere*, jeter devant soi, prodiguer; *prodigium*, signe envoyé par les dieux,

Foto 1. Grandsaignes, *Dictionnaire des racines des langues européennes*, p. 1.

Certezas nenhumas; apenas *escondição* e *excondição*. Certo é que Vupes é diverso: é e não é muita coisa. Tresdobrado homem fáustico, como a poesia que é e não é, como o diabo que existe e não existe (Rosa, 2009b, p. 8); "Conservava em si um estatuto tão diverso de proceder, que todos a ele respeitavam. Diz-se que vive até hoje, mas abastado, na capital — e que é dono de venda grande, loja, conforme prosperou" (Rosa, 2009b, p. 47-48). Então Agamenão é apenas a ponta do iceberg, lá no fundo existe a coisa que "é e não é" e que não é a metafísica, mas Vupes: quiçá a ilusão, a poesia, o ouro dos pobres poetas que não alcançam ser santos nem sábios. É como escreve Meyer:

> a polissemia é o ouro dos pobres, é esse ouro de fino quilate chamado qualidade, que não respeita as burras atulhadas de libras da bestial quantidade. A riqueza de matizes na modulação dos significados, a flexibilidade combinatória, a "cálida juntura" de Horácio continua a valer muito mais que todas as cornucópias da abundância, como instrumento de estilo. É a concentração expressiva, a agilidade da magreza, que sabe aproveitar no momento oportuno a sua vantagem sobre as enxúndias verbais. A seu lado, parecem balofa, todas as formas abertas, oferecidas e femininas do barroquismo, com seu relaxamento perdulário (Meyer, 1963, p. 2).

E, nas palavras do próprio Rosa, ao pai...

Estou escrevendo outros livros. Lembro-me de muitas coisas interessantes, tenho muitas notas tomadas, e muitas outras coisas eu crio ou invento, por imaginação. Mas uma expressão, cantiga ou frase, legítima, original, com a força de verdade e autenticidade, que vem da origem, é como *uma pedrinha de ouro*, com valor enorme. Desde já, muito agradeço o que o senhor conseguir. Mas, não conte a outras pessôas, para que eu possa usá-las em primeira mão. (Rosa, 1983, p. 163, grifo nosso).

Nossa hipótese, portanto, pode ser, resumidamente falando, ensaiar capturas de voos fantasmáticos e garimpar ouro, como o que acabamos de mostrar. E, porque acreditamos que esses exercícios possibilitam novas intertextualidades e hermenêuticas, no texto homérico, no rosiano, em Platão, até mesmo em Safo, oferecemos a obra aqui escrita.

A (in)capacidade de pegar a palavra em pleno voo, sem fixá-la, cria um pacto entre leitor, texto e escritor, ainda que este pacto seja permanentemente posto em questão. O próprio Guimarães Rosa dá testemunho do método:

Quando escrevo, não penso na literatura: penso em capturar coisas vivas. Foi a necessidade de capturar coisas vivas, junta à minha repulsa física pelo lugar--comum (e o lugar-comum nunca se confunde com a simplicidade), que me levou à outra necessidade íntima de enriquecer e embelezar a língua, tornando-a mais plástica, mais flexível, mais viva. Daí que eu não tenha nenhum processo em relação à criação linguística: eu quero aproveitar tudo o que há de bom na língua portuguesa, seja do Brasil, seja de Portugal, de Angola ou Moçambique, e até de outras línguas: pela mesma razão, recorro tanto às esferas populares como às eruditas, tanto à cidade como ao campo. Se certas palavras belíssimas como "gramado", "aloprar", pertencem à gíria brasileira, ou como "malga", "azinhaga", "azenha" *só correm em Portugal* — será essa razão suficiente para que eu as não empregue, no devido contexto? Porque eu nunca substituo as palavras a esmo. Há muitas palavras que rejeito por inexpressivas, e isso é o que me leva a buscar ou a criar outras. E faço-o sempre com o maior respeito, e com alma. Respeito muito a língua. Escrever, para mim, é como um ato religioso. E prova está em que tenho montes de cadernos com relações de palavras, de expressões. Acompanhei muitas boiadas, a cavalo, e levei sempre um caderninho e um lápis preso ao bolso da camisa, para anotar tudo o que de bom fosse ouvido — até o cantar de pássaros. Talvez o meu trabalho seja um pouco arbitrário, mas, se pegar, pegou. A verdade é que a tarefa que me impus não pode ser só realizada por mim (Rosa *apud* Saraiva, 2000, p. 30-31).

Estes estudos seguem o mesmo caminho, e não pensamos em cumpri-lo sozinhos; queremos "capturar coisas vivas", se é que é possível capturar a vida sem torná-la morte. Talvez seja, mas para isso é urgente criar um pragmaticismo metafisicista jagunço à sombra e à moda de Peirce. No desejo de anotar e comentar a possibilidade de plenitude capturada pela matéria corruptível, o campo aberto do possível, escrevemos coletando *insights*, ensaiando propostas e resgatando certezas fátuas.

Buscamos as coisas boas para o ouvido, os traçados ótimos para a vista, a "disposição peculiar das palavras que, em suas combinações, ganham significância" (Aguiar, 2013, p. 28), os fantasmas hermenêuticos. Talvez sejamos meio arbitrários, mas acreditamos que os lêmures nos pegaram de vez. Com eles damos vazão a nosso desejo natural de *hýbris*[31], de voo, de criação. À ciência, todavia, cumpre o papel de bedel. Em favor do limite da razão, somos malhados a ferro e martelo: πάθει μάθος.[32]

Esse mesmo limite nos impele a referendar — ou grifar, como fez talvez um dia Guimarães Rosa — as palavras de Scheeben no livro *Les merveilles de la grace divine*.

Se Guimarães Rosa adotou ou não a crença na graça divina, não nos interessa tanto, isso é de foro íntimo e particular que fica lá nos escuros do seu coração. Advertimos inclusive que não vamos enveredar fundo na filosofia, na teologia, na semiótica peirciana da segunda fase e nem em superstições, crendices ou espiritualidades adentro. Contentamo-nos com vestígios, traços tênues de temas metafísicos que se limitam pela palavra (que já é muito para nosso fôlego) e reforçam o inconformismo com o lugar-comum, a leitura de frontaria.

....
31. *Hýbris* (ὕβρις) é uma palavra importante para os gregos, sobretudo para os trágicos. Ela significa, entre vários sentidos, "desmedida, atrevimento, ousadia".
32. *Páthei máthos* é expressão utilizada por Ésquilo na tragédia *Agamêmnon*, v. 177, e significa: "vivendo e aprendendo", "sofrendo e aprendendo" ou, mais literalmente, "na provação, a instrução". Sófocles também faz uso dessa forma de pensar, congelada na tragédia *Édipo Rei*, v. 403. Outras manifestações da fórmula de percepção do sofrimento/experiência como meio de adquirir conhecimento aparecem, por exemplo, na *Fábula* 204 (Rainer Nickel: Πλούσιος καὶ βυρσοδέψης, O rico e o curtidor) de Esopo; na *Ilíada* de Homero, canto 17, v. 32; no poema didático *Trabalhos e dias*, de Hesíodo, v. 218. A melhor tradução desse γνώμη grego, cremos, está na forma, como a diz Guimarães Rosa (Rosa, 2009b, p. 269): "vivendo, se aprende", máxima frequente entre nós, brasileiros.

> INTRODUCTION XIX
>
> *distinction n'est pas moins vraie au point de vue ontologique, c'est-à-dire qu'il existe, en soi, un monde surnaturel:* Dieu qui aime et connaît son essence infinie et qui veut la communiquer à son image.
>
> Toute la création est une image de la beauté de Dieu. Cette image est plus ou moins parfaite. « Dans les choses sensibles nous ne rencontrons qu'une faible empreinte de la grâce de Dieu, un vestige de son image. » « Notre âme au contraire, ainsi que les purs esprits, est une véritable image de la divinité; les créatures spirituelles sont, comme Dieu, immatérielles, raisonnables et libres¹. » Cette ressemblance divine ne se retrouve pas seulement dans la nature des êtres spirituels, elle se retrouve encore dans leur vie. La vie de l'esprit, la connaissance et l'amour sont une image de la vie intérieure de la Trinité².

Foto 2. Mattias Joseph Scheeben, *Les merveilles de la grace divine*, 1940, p. XIX da introdução de Augustin Kerkvoorde. Na foto vê-se, a lápis, marca no trecho em que Kerkvoorde cita Scheeben: "Dans les choses sensibles nous ne rencontrons q'une faible empreinte de la grâce de Dieu, un vestige de son image."[33]

Não cremos na frase alardeada pelo pretenso religiosíssimo, "o idioma é a única porta para o infinito" (Rosa, 2009a, p. LI), sobretudo porque supomos que o "idioma" aqui é entendido como "um falar próprio" (ἴδιος), pessoal, um modo de ser, tal como o mesmo Rosa afirma.

Repito minha opinião: o trabalho é importantíssimo! Mas ainda mais importante para mim é o outro aspecto, o aspecto metafísico da língua, que faz com que a minha linguagem antes de tudo seja minha. (...) Quem não fizer do idioma o espelho de sua personalidade não vive; e como a vida é uma corrente contínua, a linguagem também deve evoluir constantemente (Rosa, 2009a, p. LI).

Neste sentido, Pacheco (2008) tem razão, mas os pesquisadores que ela censura também: não há como separar obra e vida de Rosa, falaremos sobre isso adiante.

Uma coisa podemos ponderar: acreditamos que Rosa não foi ingênuo ao usar o termo "idioma" na entrevista com Lorenz; quando o fez, sabia bem que ἴδιος é, em grego, "tudo que é da esfera do particular, do privado"; e que -μα

....
33. ["Entre as coisas sensíveis encontramos tão somente um traço tênue da graça de Deus, um vestígio de sua imagem."]

é sufixo formador de substantivo concreto, ou seja, sua obra e seu linguajar estão todos, como ele disse: "oculto[s] sob montanhas de cinzas" (Rosa, 2009a, p. LI), isto é, estão na esfera do privado.

Nesses conformes lemos a introdução da obra de Scheeben; entendemos que ela pode ser compreendida como manifestação de perplexidade e vertigem diante da plenitude e da ausência de plenitude da própria linguagem (do idioma?) ou, ainda, da constatação da ausência (do silêncio) e do sentimento humano de carência e insatisfação. Este é nosso percurso, que, de resto, julgamos, é a indagação de Riobaldo, aquele que antes de tudo é um *post scriptum* rosiano.

Queremos lidar com a carência. Recusamo-nos a mergulhar fundo nas águas da filosofia e da metafísica. Basta-nos iluminar a corajosa constatação rosiana (confirmação e averiguação que é também nossa) de que magnificar os clássicos não passa de puerilidade. Os clássicos são obras imperfeitas aguardando a perfeição acumulativa de seus pósteros ou, evidentemente, a graça divina do entendimento pleno acerca do mundo. Aliás, remonta aos antigos gregos — não só a Homero, mas a Píndaro, Platão, Plotino e muitos outros — a certeza de que as coisas sensíveis, as obras criadas, são sombras, ideias caducas de uma ideia plena. O problema é que não podemos falar disso sem passar por caminhos filosóficos, quiçá, teológicos... Faremos a pesquisa de forma indireta: sempre observando as anotações de Rosa na seção filosofia-teologia de seu acervo.

A introdução que indicamos de Kerkvoorde para a obra de Scheeben, no exemplar da biblioteca pessoal de Guimarães Rosa, está quase inteiramente grifada. Os demais capítulos parecem ter tido uma leitura entusiasmada, durante a qual foram salpicados pontos de exclamação, grifos simples, duplos, a lápis, a caneta etc.

O livro continua sendo publicado e lido, é um "clássico" no assunto, e debate a carência e a plenitude na perspectiva cristã. Ao Cristianismo conjugamos, neste livro, certos desvios, veredas que se contrapõem, e utilizamos, mais uma vez, palavras de Utéza, que reflete, em contexto diferente, sobre assunto análogo:

> [f]alar aqui de sincretismo não teria validade. Não se trata de assimilação de elementos diversos tomados de doutrinas diferentes. Trata-se da afirmação de que o conhecimento é uno, embora se oculte embaixo de múltiplas máscaras herdadas da história. A sabedoria, o Satori, a iluminação, o acordar são o fruto de uma alquimia interna que concilia os contrários e livra do "mal", do encadeamento das causas e das consequências, do carma e da nêmesis (Utéza, 2016, p. 22).

Neste sentido, Guimarães Rosa possibilita entender os autores do passado não como ideal a ser perseguido, mas como aparições fugazes de um mundo guardado em sons, letras, traços e formas, fogos-fátuos, malassombros, fantasias fantásticas fantasmagóricas, diabretes arteiros, δαίμονες bem-sucedidos. Na contramão, o passado avança e penetra Rosa de modo a iluminá-lo com fogo e brilho fátuos.

A pesquisa tem o mesmo caráter; visa à recolha de ausências e à abertura de veredas; aliás, o primeiro nome da obra teria sido *As escritas palavras aladas de João Guimarães Rosa: um povoador de ausências*. Isso se os lêmures não nos tivessem perseguido e arrebatado...

Finalmente, neste livro buscamos recursos orais flutuantes, prováveis pronúncias oscilantes, espécies de palavras e pensamentos em voo, τὰ ἔπεα πτερόεντα³⁴, palavras voadoras, de mundos antigos e já impalpáveis, mas que pousam nos fólios do autor de *Ave, palavra*³⁵ e retornam para o cantador de Troia. Rosa será um sítio arqueológico tal como antigos monumentos como Homero, Eurípides, Safo e tantos outros são. Os gregos e Rosa: procuramos fragmentos, cacos, tijolos e pedras para projetar o espaço virtual da totalidade de suas fortalezas — e fraquezas — quase infinitas, quase atemporais, quase míticas e metafísicas — quase, não mais que isso.

Encerrando esta seção, carece reafirmar o nosso repúdio por qualquer glorificação seja dos clássicos, seja de Rosa. Grande é só Deus, Ele é. E, como um exemplo cabal, apresentamos o vocábulo ἔπος (com forma dialetal Ϝεπος = palavra), origem do adjetivo português "épico".³⁶ Pela raiz επ /-οπ- (*ὄψ = 1. voz; 2. olho), a família se insere, sobretudo, na semântica da oralidade, e não da escritura e da fixação (a menos que a fixação se dê no suporte virtual

....

34. A expressão ἔπεα πτερόεντα é uma fórmula utilizada nos poemas homéricos. O substantivo neutro ἔπος [palavra, canto] vem associado ao adjetivo neutro πτερόν [asa] e forma um coletivo que pode ser traduzido como "palavrório voador", "prosa alada". Chantraine informa que o plural do termo ἔπος nomeia, já no mundo antigo, o gênero épico. Chantraine, *Dictionnaire étymologique de la langue grecque: histoire des mots*. Vol. II, 1970, ἔπος.

35. Que modo inusitado de nomear um livro! A expressão pode ser lida de muitas formas: "primeiro, uma saudação de origem latina, uma interjeição que se dirige à palavra (...). Ela nos envia, além disso, à preocupação do autor com o fazer literário, com sua poética" (Oliveira, 2008, p. 139-140). Acrescentamos outra forma de lê-la, proposta referendada por uma frase poética do próprio Guimarães Rosa: "as palavras têm canto e plumagem" (Rosa, "São Marcos", 2009a, p. 177); assim, pode-se ler "ave" como substantivo comum seguido de aposto (o substantivo "palavra"), e, cá para nós, o título é uma tradução bastante engenhosa de ἔπεα πτερόεντα: "palavra ave" ou, para evitar um neologismo pouco sonoro e indesejado (*palave*), "Ave, palavra".

36. Consideramos o romance *GSV* um épico brasileiro, ainda que ele venha muito misturado com o lírico e o dramático; isso de carregar gérmens de outros gêneros muito se assemelha ao estilo de Homero. Cf. Aristóteles, *Poética*, 1462b.

da voz, a língua, e da imagem, o olho), como se dá com o termo latino *littera* ou igualmente com o termo grego γραφή. Trata-se também de uma raiz utilizada no grego para formar o aoristo do verbo λέγω, "eu falo".[37]

Contudo, relevante ainda é não esquecer que ἔπος (substantivo formador do termo "épica", como afirmamos no parágrafo anterior, cujo sentido abrange os espaços de significado relacionados com a palavra, o canto declamado, o hino, o oráculo etc.) é gerador linguístico de um metaplasmo irreverente: πέος (termo chulo para o membro sexual viril), e, por meio deste "trasgo", se somos abertos para jogos linguísticos, é possível conjugarmos "palavra" e "falo" num único par, o da *palavra fálica*, da expressão fecundante e criadora. Isso já acontece de forma evidente em português, "idioma" em que a 1ª pessoa do verbo "falar" coincide com o substantivo inseminador.

E se, nas palavras de Pacheco recuperadas pela terceira vez, "[u]ma espécie de contaminação mágica faz tudo o que cerca Guimarães Rosa parecer tocado pelo dedo de Midas: do nome da cidade natal, Cordisburgo, 'burgo do coração', ao nome do pai, Florduardo". Não vamos nos esquecer, também que o nome do pai do Rosa, Florduardo Pinto Rosa, pode até ser mágico no começo, mas é de filistria inaudita no fim e lirismo arrematado, se elevado à terceira potência [Flor + *uard* (rosa em árabe) + Rosa].[38]

....
37. O aoristo é uma forma verbal que apresenta a situação da ação de modo absoluto, sem duração; ele faz oposição ao presente (ação incompleta) e ao perfeito (ação completa e acabada) e pode expressar a "atemporalidade".

38. Vale conferir Galvão, 2002, p. 21-22: "Enquanto Guimarães Rosa saíra da pia batismal como um corriqueiro João, sendo em criança chamado de Joãozito e Zito, seu pai, bem à maneira brasileira dos miríficos prenomes até então inéditos no registro civil, chamava-se Florduardo Rosa. Podemos presumir que a ruminação imaginosa de um tal nome contribuiu para deflagrar os processos lexicogênicos de que o escritor é mestre. Qualquer um — não é mesmo? — juraria que um nome como esse só pode ser invenção de um grande criador vocabular. Pois não é. Tão germânico em sua vetusta origem quanto Eduardo, Hermengarda, Luitgarde, etc, apresenta uma corruptela de Flodoardo (frod + hard = prudente e forte), que também resultou nos sobrenomes franceses de Frouard e Froard. O mais célebre portador do nome foi um dos *chroniqueurs*, sacerdote da catedral de Reims e historiador francês do século X. Só que, nestas plagas, Flo-, perdida a carga semântica original, foi assimilado a Flor-. Tomados juntos, prenome mais sobrenome telescopados (Flor + Rosa) ressoam na armação do nome da menina 'turca' filha de Seu Assis Wababa, Rosa'uarda, que duplica 'rosa' em português e árabe, em *Grande sertão: veredas*. Mas a homenagem maior ficaria por conta de 'Recado do morro', em *Corpo de baile*, que assim batiza um dos dois padres missionários, pertencentes à ordem franciscana e conhecidos como capuchinhos, desses que andam aos pares em missões de reavivamento pelo sertão, como no episódio de Maria Mutema, naquele romance. Costumavam ser alemães ou provindos dos estados do sul do país, onde predominavam os daquela origem, já que eram louros, fortes, corados, falando com sotaque e entendendo a língua de Seu Olquiste. O que, se não se coaduna com o biótipo do pai, combina com a cepa germânica do onomástico: '...vinham chegando os frades — frei Sinfrão e frei Florduardo — evinham enérgicos'. Sendo que o parceiro de Florduardo era '...um frade louro — frei Sinfrão — desses de sandália sem meia e túnica marrom, que têm casa de convento em Pirapora e Cordisburgo'."

Foi, pois, no cruzamento de todas essas rotas que, ao compor o presente volume, reunimos textos parcialmente publicados, artigos retrabalhados e ampliados sob uma perspectiva traçada a partir de uma frase que o próprio Rosa utiliza para descrever o amigo William Agel de Mello, "um grande homem povoador de presenças e ausências".[39] Se, como alertamos, *Povoador de ausências* era o nome inicial do livro, a pesquisa me pareceu mais bem representada pelo título *Lêmures*, afinal, são muitos os povoadores, muitas as ausências e presenças que percebemos em Rosa.

Em quatro capítulos, todo o livro se deixa reger por essa cláusula (ou seria um avantesma?), na qual sugerimos haver no *GSV* uma estratégia proposital de, tecnicamente, afirmar e negar tanto a presença quanto a ausência das coisas (e isso vale igualmente para a presença e ausência de autores clássicos, medievais e contemporâneos retomados na escrita da obra rosiana). Constatamos a estratégia romance afora e demonstraremos a técnica paulatinamente. Andrea Lombardi nos sugere o passo necessário para começar a leitura, quando formula: "O deslocamento é essencial para a literatura".[40]

Além da preocupação com a refutação do lugar-comum, faremos uso, o mais possível, da bibliografia reunida na biblioteca rosiana do IEB; pode ser que fantasminhas poderosos venham de lá, a começar pelo Rosa, que **é e não é** arcaico, inovador, neologista, filologista, pesquisador, religioso, blasfemo, regional, universal, minimalista, acumulativo e volumoso, arisco e avesso a entrevistas, mas obcecado em difundir — como nós — o genial João Guimarães Rosa...

....
39. Rosa, *Cartas a William Agel de Mello*, 2003, p. 13: "Você é um grande homem, povoador de presenças e ausências."

40. Disponível em: <https://www.youtube.com/watch?v=JBReJXazNp8&feature=youtu.be&fbclid=IwAR0O0N7Kp-tVj-xqGfQ1SHStZbGdHEaGIQA2KYQkGorKiR9cwXehEgbk2_bQ>. Acesso em: 14 set. 2019.

CAPÍTULO 1

Lêmures ou Mística?

...meus olhos viam só o alto tremer da poeira.[1]

A varejo

Falemos primeiro do miudinho, *pulvis*, do pó, da poeira. E não se trata de mera anagramação enfeitada — Vupes/Pulvis — nem de um lêmure banal. Nosso tema será a oposição entre dispersão e concentração, varejo e atacado.

A aparição do *seo* lobo-raposa-rival Vupes — estrangeiro alemão **rosalgar** varejista [ou "estrangeiro **Rosa** γάρ (partícula grega = então, com efeito etc.) varejista"?][2] — assomou por detrás da Serra Escura no meio da poeira da mineração e do cheiro sulfúreo de uma guerra entre o bando de João Goanhá e os soldados do governo. Desde então, bradicardíaco, o Vupes bateu em ritmos diferentes por todo o *GSV*.

O homem foi apresentado antes, na página 40 de nossa edição do *GSV*, mas chegou de vez somente depois da dura peleja que desencadeou a dispersão dos goanhás, na página 47. De nossa parte, cremos, ele chegou e ficou insidiosamente em todo o percurso narrativo — antes fora só mencionado e, de pouquinho em pouquinho, continuou assim, sugerido, cogitado, mussitado. Ajudou Riobaldo a se esconder, durante um tempo, para "ter algum serviço reconhecido", perto de Araçuaí, "no meio do pessoal daquele doutor..." (Rosa, 2009b, p. 47), o leitor já leu, falamos dele na introdução.

A passagem é importante, pois, na ocasião, Riobaldo tentou sair da vida jagunça, pediu emprego para Vupes na mascatagem e recebeu um "níquites, *nicht*, νύξ" de resposta.

....
1. Rosa, 2009b, p. 92.
2. Em outros termos, Rosa, então, um varejista estrangeiro... Rosa como a personagem de um varejista estrangeiro.

— "Seo Vupes, o senhor não quererá me ajustar, em seu serviço?" Minha bestice. "Níquites!" — conforme que o Vupes constante exclamava. Ali nem acabei de falar, e em mim eu já estava arrependido, com toda a velocidade. Idéia nova que imaginei: que, mesmo pessoa amiga e cortês, virando patrão da gente, vira mais rude e reprovante. Mordi boca, já tinha falado. Ainda quis emendar, garantindo que era por gracejo; mas seo Assis Wababa e o Vupes me olhavam a menos, com desconfianças, me senti rebaixado demais. A contra mim tudo contra, o só ensejo das coisas me sisava. Dali logo saí, me despedindo bem. Aonde? Só se fosse ver o Mestre Lucas. Assim vim andando, mediante desespero. Me alembro, vinha andando e agora era que eu pegava a pensar livre e solto na Rosa'uarda, lindas pernas as lindas grossas, ela no vestido de nanzuque, nunca havia de ser para meu regalo (Rosa, 2009b, p. 83).

Para nosso interesse, vale realçar, depois da negativa de Vulpes diante do pedido de emprego feito por Riobaldo, a frase: "agora era que eu pegava a pensar livre e solto na Rosa'uarda". Iluminamos no momento o "pensar livre e solto" e a fantasia erótica com Rosa'uarda. Pensar livre, espairecer — marca inequívoca do Rosa, apontada por Sperber (1976, p. 23-37) — e pensar e desejar a Rosa-*uarda*. Não vamos entrar nos devaneios galhardos de Riobaldo, mas podemos deter o olhar na mão que datilografa um nome misto inventado, híbrido de português e árabe já mencionado em citação de Galvão. Tomemos agora o próprio Guimarães Rosa em carta a Meyer-Clason (Meyer-Clason; Rosa, 2003, p. 167), quando revela a origem do vocábulo que no fundo é um narcisismo sopitado: "*uârd* é 'rosa', mesmo, em árabe". Não utilizamos o termo de modo psicanalítico, pensamos no lêmure grego a se olhar no espelho d'água; Riobaldo começa a pensar no seu criador, que genial esse nosso Guimarães Rosa! Ao pensar nele, Riobaldo Tatarana cantarola e na cantiga modula seus arroubos por riqueza, comércio e prazer. Vai-se o Riobaldo, Riovaldo, valdevino tunante a correr seu mundo paginado e encher-se de fausto e glória...

Recordando, também Vupes vivia de varejo, "o regulado miúdo, e para tudo tinha sangue-frio" (Rosa, 2009b, p. 48). Depois alcançou o graúdo, tornou-se atacadista, fixou-se. "Conservava em si um estatuto tão diverso de proceder, que todos a ele respeitavam. Diz-se que vive até hoje, mas abastado, na capital — e que é dono de venda grande, loja, conforme prosperou" (Rosa, 2009b, p. 47-48).

O comércio e os termos correlatos à profissão são profusos no romance. Nada de se admirar, Zito foi criado na venda do pai. Some-se a isso, inclusive, a questão crucial da narrativa que é entendida como uma mercancia vital, pauto de vida e morte: ou se vive para Deus ou a gente se vende para o Demo. E Riobaldo se pergunta reiteradamente sobre esse assunto extremo.

> Tudo isso posso vender? Se vendo minha alma, estou vendendo também os outros. (...)
> Nem sei explicar estas coisas. Um sentir é o do sentente, mas outro é o do sentidor. O que eu quero, é na palma da minha mão. Igual aquela pedra que eu trouxe do Jequitinhonha. Ah, pacto não houve. Pacto? Imagine o senhor que eu fosse sacerdote, e um dia tivesse de ouvir os horrores do Hermógenes em confissão. O pacto de um morrer em vez do outro — e o de um viver em vez do outro, então?! Arrenego (Rosa, 2009b, p. 202 e 203).
> "O pacto nenhum — negócio não feito" (Rosa, 2009b, p. 305).

Ou seja, pacto **é (e não é)** sinônimo de negócio.

Riobaldo não entrou no ramo, não foi aceito; no entanto, existiu com ele a pedra vicissitudinária e diversa de Araçuaí. E ele disse (escreveu?) também a frase: "O que era para haver, se houvesse, mas que não houve: esse negócio. Se pois o Cujo nem não me apareceu, quando esperei, chamei por ele? Vendi minha alma algum? Vendi minha alma a quem não existe?" (Rosa, 2009b, p. 314) ou "Digo ao senhor: meu medo é esse. Todos não vendem? Digo ao senhor: o diabo não existe, não há, e a ele eu vendi a alma... Meu medo é este. A quem vendi? Medo meu é este, meu senhor: então, a alma, a gente vende, só, é sem nenhum comprador..." (Rosa, 2009b, p. 315).

No entanto, sem magia nem fantasmagoria, sem clichê de escuridão, pé de bode, chifres e tudo o mais, o Vupes alemão vistoso e moço, rapaz bem-sucedido, se estabeleceu na cidade, depois de ter percorrido e ter estado presente em toda a narrativa.

Bem, **esteve e não esteve** presente (na hora do ritual pactário não estava, mas costurava negócios em toda parte) e isso justifica a variação de um tema precioso para Rosa, a incerteza sofista do "é e não é", a impossibilidade de decisão definitiva, de resposta certa, a variação, a suspensão de significados que ficam brincando no ar como poeirinhas dispersas e soltas. "Donde é que decorre a peste? Até o ver o ar. A poeira e miséria"[3] (Rosa, 2009b, p. 254).

Com essa técnica varejista, Guimarães Rosa vai do gosto pelo dilema, trilema, tetralema etc. e tal, até a cominuição da verdade. Ficamos na

....
3. A frase "até o ver o ar", sem as restrições e amarras da escrita, pode ser airosamente ouvida assim: "ateu vero há" ou assim: *at ove(r)oar (num rugir extraordinário)*, importante, no entanto é que esses sentidos coadunam bem com o todo do parágrafo.

estranha situação de quem possuiu pedacinhos de verdade misturados com fantasmagorias imaginadas e isso tudo, perspectivado, anula a possibilidade da tenção, do voto, da escolha. Criança no *self-service* não sabe escolher.

Mas o definitivo, de início, parece estar colocado por Vupes: "dizendo que a gente encarna e reencarna, por progresso próprio, mas que Deus não há". A essa assertiva Riobaldo treme e, protestativo, se manifesta:

> Estremeço. Como não ter Deus?! Com Deus existindo, tudo dá esperança: sempre um milagre é possível, o mundo se resolve. Mas, se não tem Deus, há-de a gente perdidos no vai-vem, e a vida é burra. É o aberto perigo das grandes e pequenas horas, não se podendo facilitar — é todos contra os acasos. Tendo Deus, é menos grave se descuidar um pouquinho, pois no fim dá certo. Mas, se não tem Deus, então, a gente não tem licença de coisa nenhuma! Porque existe dôr. E a vida do homem está presa encantoada — erra rumo, dá aleijões como esses, dos meninos sem pernas e sem braços (Rosa, 2009b, p. 40-41).

À primeira vista podemos supô-lo refutando; contudo, o jogo sofístico, o impasse, permanece. Vejamos. Vupes propõe a solução (progresso) em sucessivas reencarnações, sem Deus. Riobaldo fica suspenso à espera de um milagre. Coloquemos de outra forma: a vida ou depende só do esforço do homem ou só do milagre de Deus. Estamos em dois extremos: **ser e não ser** de Deus. "O que não é Deus, é estado do demônio. Deus existe mesmo quando não há" (Rosa, 2009b, p. 41). Então podemos deduzir que Deus **é**[4], o diabo **não é** ("Eu sei: nôjo é invenção do Que-Não-Há" — Rosa, 2009b, p. 40), mas aquele "que **é e não é**", ao mesmo tempo, o que é? — *Ah... mmm... e não*, Vupes! Sim. O homem suspenso pelo tremor da poeiragem que se levanta da guerra ou da travessia entre o ser e não ser. O homem no meio do redemunho solto e entregue a si mesmo?

Além da suspensão — que se dá do homem, que paira no ar (um Tântalo qualquer?), nas duas instâncias, a de Vupes e a de Riobaldo —, há o perigo da situação arquitetada no jogo: a de se perder no "vaivém" da vida burra.[5] Ora,

....
4. Cf. Êxodo, 3:14.

5. A palavra "burra" é cheia de fantasmas, não se define exatamente. Perguntamos: há um significado definitivo nesta frase? Como pode algo tão simples ser tão complicado? No *Aulete Digital* vê-se: "burra (bur.ra) sf. 1. A fêmea do burro; JUMENTA; ASNA || 2. Arca ou cofre para guardar objetos de valor e dinheiro. || 3. Cavalete em que os serradores sustêm a madeira que estão serrando; BURRO || 4. Pequena escada us. em adegas, lojas etc. || 5. Engenho para tirar água dos poços." Causa surpresa ler a frase com os sentidos 2 e 3, a vida é contêiner para se guardar valores e a vida é cavalete para se serrar os vivos. Do mesmo modo, se buscarmos o significado de "burro" com flexão masculina, temos "(bur.ro) sm. 1.

com tais colocações, a vida do homem está, de fato, encant[o]ada, dito mais claramente: é um beco sem saída (frente ao horror de ter que voltar sempre, para pagar dívidas passadas — até quando, meu Deus?) ou, recuperando Calderón, *la vida es sueño*, mergulhada no encanto.

Isto é metafísica? É metafísica essa coisa de os homens ficarem encant[o]ados?

Para alguns sim; para nós, porém, não. Pensamos que isso é puro jogo de linguagem, mimese e sofística. De duas, devemos escolher uma e não saímos do lugar. A metafísica, pelo contrário, é lúcida, sofrida, incita à tomada de decisões e ao abandono de possíveis amores. Na situação colocada, ou escolhemos a reencarnação apregoada por Vupes, condicionada ao esforço humano, teoria cruel e justiceira que sai da cabeça humana (de Pitágoras? Platão?), ou a hipótese de Riobaldo, a mágica colorida com mais de cinquenta tons de Rosa, nas palavras dele, o milagre.

A mágica é boa transação: "Os espertos, teve quem pôs a jogo até bentinho de pescoço, sem dizer desrespeito. E faziam negócio desses breves, contado que alguns arrumavam até escapulários falsos. Deus perdoa?" (Rosa, 2009b, p. 153). E os negócios, já vimos, são coisas relacionadas com Vupes... Então estamos — literalmente — entre a cruz e a caldeirinha.

Sabendo, entretanto, do pendor de Rosa pela doutrina kardecista, que é, de alguma forma, aproximada à defesa feita por Vupes, e do estado de pacificação de Compadre Quelemém, poderíamos conjecturar o sentido da frase "a vida é burra" tomando, no varejo, os muitos significados de "burra" e, de modo particular, aquele que pressupõem "burra" como "ramo de videira com que se enterra para criar raízes e dele brotar nova vide". Tal interpretação leva ao raciocínio de Vupes: "dizendo que a gente encarna e reencarna, por progresso próprio, mas que Deus não há".[6]

....
Zool. Mamífero equídeo (Equus asinus), menor que o cavalo, orelhas muito grandes, us. como animal de tração e carga; JUMENTO 2. Zool. Mamífero híbrido, estéril resultante do cruzamento de jumento com égua, ou de cavalo com jumenta.; BESTA; MULO 3. Pej. Pop. Pessoa pouco inteligente. 4. Em carro de tração animal, pontalete que sustenta na horizontal o cabeçalho 5. Espécie de cavalete no qual se apoia madeira que se quer serrar; BURRA 6. Lud. Certo jogo de cartas cujo objetivo é livrar-se o jogador de todas as cartas, perdendo o que fica no fim com carta, do qual se diz que 'ficou com o burro'; MICO 7. O perdedor desse jogo 8. Tradução literal de um clássico, palavra por palavra, us. como referência de estudo para estudantes de línguas antigas 9. Ramo de videira com que se enterra para criar raízes e dele brotar nova vide 10. SP Espécie de prensa para mandioca 11. Bras. Aparelho com que se torce fumo em corda 12. Lus. Nome comum a vários tipos de banquinhos rústicos 13. Ferramenta com a qual corticeiro apara arestas de placas de cortiça 14. Engenho para tirar água de poço a. 15. Pej. Pop. Que é pouco inteligente; ESTÚPIDO; BRONCO (2) [F.: Do lat. burrus]." Surpreendentemente, todos os sentidos são pertinentes no contexto rosiano estudado.

6. Sobre o kardecismo em Rosa registramos citação de Frederico Antonio Camillo Camargo, que, por sua vez, cita o próprio escritor em comentários à obra *Amor imortal*, um romance de José Antonio Nogueira.

Esta proposta é bem modernista (e positivista): ordem e progresso ou mudança da antiga ordem (e progresso) para um novo progresso e ordem. A vida depende do *self-made man*, a ética (sã ou insana) é premiada e o mundo é salvo com isso. Trata-se de uma lemniscata fechada, circulante, que não se abre para o infinito nem para o meta-físico-infinito. Fecha-se o mundo no aqui e no agora. Portanto, repetindo e circulando, entre o esforço humano e a expectativa do milagre, em Rosa, o rumo não é solução e não é metafísica, é movimento de reação, reorganização do caos em narrativas.

Rosa sabe disso e, articulando bem o discurso da dúvida para Riobaldo, insere no meio do caminho da narrativa uma pedra: o sofrimento (razão de fuga ou de enfrentamento). Essa pedra, sim, abriria a porta para a metafísica, todavia, a questão não segue. Como se explica o padecer? Ficamos nisso: Vupes explica isso como aperfeiçoamento, Riobaldo espera um milagre... E Rosa? Foge da dor?

Difícil dizer, eles parecem (Rosa e Riobaldo) perdidos no vaivém do **ser e não ser**, não se posicionam. Rosa, aliás, inventa a "Terceira margem do rio"... Receamos ter que afirmar que Riobaldo está mais próximo de Vupes, o que é lamentável. A metafísica de Vupes, se considerarmos a crueldade de um ciclo infindável de reencarnações purgativas, não avança para a serenidade; comercializa com as carências e fraquezas próprias e dos outros: quem fez

....
Segundo críticos, Nogueira tem como foco a disseminação da doutrina de uma vida após a morte que depende de nossos esforços e condutas. Camargo afirma: "A primeira vez que o livro *Amor imortal* aparece relacionado a Guimarães Rosa é no estudo de Suzi Frankl Sperber, 'Caos e cosmos: leituras de Guimarães Rosa'. Nele, a autora transcreve uma lista de 'melhores livros de literatura brasileira', segundo a compôs Guimarães Rosa. O primeiro livro da lista é *Amor imortal*. Em 'Liquidificador', Rosa deixa ainda mais clara essa opção: 'Há um livro brasileiro que considero como eminentemente importante e se chama 'Amor imortal', de José Antonio Nogueira. Tendo de escolher entre ele e toda a obra de Machado de Assis, para a ilha deserta, eu havia de (sem nenhum desrespeito ao mestre) preferi-lo. É um livro de forma fosca, chata e cheia de lugares comuns; mas — deixem-me ser profeta amador — um dia ele será traduzido, e verão que (sem desrespeito a ninguém) havia uma literatura brasileira [p. 7].' A primeira maneira de entender essa declaração de Guimarães Rosa é lembrar como ele foi sempre um grande estudioso e, muitas vezes, seguidor, de várias doutrinas religiosas e teorias esotéricas. A própria Suzi Sperber mostra isso em sua pesquisa, a partir dos livros que Rosa tinha na sua biblioteca (Camargo, 2012, p. 199). Camargo afirma ainda que "Alaor Barbosa, sem, evidentemente, ter tido acesso ao parágrafo anterior, oferece um esboço de explicação: '*Amor imortal* é uma novela platoniana. Nela, o autor expressa uma visão platoniana do mundo e da vida. Reside aí, provavelmente, a causa principal da grande consideração de Guimarães Rosa por esse livro.' Se o próprio Rosa aponta defeitos de fatura da obra ('forma fosca, chata e cheia de lugares comuns'), e nem mesmo louva uma suposta originalidade do livro, como o fizera com outros já mencionados, resta, de fato, especular que a qualidade que faz de *Amor imortal* melhor do que toda a obra de Machado de Assis é a sua teoria metafísica. Guimarães Rosa acreditava que esta vida era, tal como Platão ensina, sombras de uma verdade superior (lembremos de 'Sobre a escova e a dúvida': 'Meu duvidar é da realidade sensível aparente — talvez só um escamoteio das percepções', p. 165), e cria na vida após a morte. Essa teoria, habilmente ficcionalizada em *Amor imortal*, parece bastar para consagrar o livro" (Camargo, 2012, p. 200).

errado deve voltar e pagar, ou, em outros termos, "a gente não tem licença de coisa nenhuma!", e, por isso, a rebeldia jagunça, a evasão para os milagres.

Decerto, a pressuposição dele se estabelece pelo "não" e seus correlatos e, consequentemente, desfaz o *sertão*. No nada do *GSV* há metafísica ou niilismo? Ousamos dizer que esse nada rosiano pende para o niilismo moderno positivado no fazer-se criador; não há nele nem μετά (depois), nem φυσικά (*natura* e matéria) junto, só no varejo.[7] É lemniscata fechada, controlada, dominada. Arremate em laço bem dado.

A metafísica canônica (para nós, ocidental e cristã) se alicerça no "sim", no real, no histórico encarnado e no sofrimento assumido, não encanta nem encantoa. Não fantasia, não *lemuriza*. Para o Cristianismo, existiu um único homem que juntou o ser provisório com o definitivo, que morreu vexado e que voltou, por si mesmo (porque é Deus), à vida — não para pagar erros passados, mas para trazer o definitivo para o provisório.

Sêo Emílio Vupes (sêo *aemulus Vupes*) está ligado, como se viu, ao comércio itinerante, à mudança, à permuta e, sobretudo, à carência, ao desejo e à beleza. Ficou rico. E quem era ele? Em parte anunciamos na introdução. Vamos vê-lo agora apenas por seu primeiro nome, Emílio, *aemulus*,[8] o que instiga a emulação, a rivalidade, a competição e, pelo menos, o emparelhamento com os maiorais. De fato, o que dissemos, repetimos: só Vupes daria um livro. Não chegaremos a tanto, seguimos no varejo. "Ele pitava era charutos" (Rosa, 2009b, p. 48) e falava "níquites" (Rosa, 2009b, p. 82). Facilitou o escondimento de Riobaldo, mercantilizou as gemas do fundo da terra e não só, seu negócio era

> trazer e vender de tudo para os fazendeiros: arados, enxadas, debulhadora, facão de aço, ferramentas rógers e roscofes, latas de formicida, arsênico e creolinas; e até papa-vento, desses moinhos-de-vento de sungar água, com torre, ele tomava empreitada de armar. Conservava em si um estatuto tão diverso de proceder, que todos a ele respeitavam (Rosa, 2009b, p. 47).

....
7. Sobre isso passaremos rapidamente pela teologia negativa de Dionísio Areopagita, em alguns momentos entraremos também *Na nuvem do não saber*. Colocamos a doutrina de Juan de la Cruz, o doutor do tudo e nada, à parte, veremos mais à frente.

8. De Ernesto Faria (1962, p. 42): "*aemúlor, -āris, -āri, -ātus sum*, v. tr. e intr. dep. I — Sent. próprio: 1) Igualar imitando, ser êmulo, procurar igualar, imitar (T. Lív. 26, 36, 8). Daí: 2) Rivalizar, competir, ser rival (tr. e intr.) (Prop. 2, 34, 19). 3) Invejar, ter inveja (intr.) (Cíc. *Tusc.* 1, 44). Obs.: Constrói-se com acus. e com o dat. e, às vezes, com acus. ou abl. com a prep. cum, ou com oração infinitiva. *aemúlus, -a, -um*, adj. I — Sent. próprio: 1) Que imita, que procura igualar (no bom e mau sentido), comparável, êmulo (Tác. *An.* 13, 3). Daí: 2) Rival, adversário (Tác. An. 15, 13). 3) Ciumento, invejoso, inimigo (Verg. *En.* 5, 415). 4) Rival (em amor) (Cíc. Verr. 5, 133). Obs.: Geralmente substantivado no masculino, *aemúlus, -i*; ou no feminino, *aemula, -ae*."

Foi do tempo em que conviveu com Vupes que Riobaldo carregou de Araçuaí para Diadorim uma pedrinha que muda no transcorrer da narrativa: turmalina, safira, topázio, ametista... Segundo Willi Bolle, a gema configura "um objeto mágico, cujas propriedades são a cristalinidade, o caráter cambiante e o poder de concentração. Trata-se de uma pedra preciosa (topázio-safira-ametista), simbolizando a ideia de Beleza (...)" (Bolle, 2004, p. 204).

Será que Vupes, que afirmava "Deus não há", acreditava (como Guimarães Rosa) nos poderes alquímicos e mágicos das pedras?! Das letras? Das palavras? Que pergunta boba. Ele é adepto do *Modernismo Sofista* do "ser e não ser", do negar afirmando e afirmar negando. Clarice Nadir von Borstel, observando os empréstimos linguísticos utilizados por Rosa através da mera transliteração, comenta que

> [o]s críticos literários e os estudiosos que analisaram *Grande sertão: veredas* mostraram a força e a riqueza do uso de expressões linguísticas de negação que Guimarães Rosa apresenta na obra. Isso, também, se deu quando usou empréstimos linguísticos hibridizados com o falar alemão e o português: "Níquites", este elemento lexical apresenta informações semânticas que quer dizer nada, coisa nenhuma, que não usa nada, está desarmado por completo. Esta mesma expressão é utilizada no enunciado do narrador: "Seo, Vupes, o senhor não quererá me ajustar, em seu serviço? Minha bestice. '*Níquites!*' — conforme que o Vupes constante exclamava." (Rosa, 1980, p. 98). O empréstimo linguístico "Níquites" está incorporado a traços fonológicos, morfossintáticos e semânticos do português e na língua alemã no advérbio de negação *nichts* (Borstel, 2009, on-line, [s/p]).

E do grego também, já vimos, νύξ, νύκτα, νύκτί, νύκτες: breu de origem. Talvez o espírito de contestação tão afeito ao Modernismo, no *GSV*, seja maior do que a própria metafísica, ou, em termos menos filosóficos e mais religiosos, a simples mística dos devotos e santos comuns do passado torna-se, agora, negócio de breves e santinhos de pescoço — e de literatura. Implodiu-se o sistema metafísico pela comercialização. Retornemos a Borstel, que, citando Eduardo Coutinho, mais uma vez, indica:

> Sobre o uso semântico do advérbio de negação, Coutinho reforça os recursos prosódicos de aliteração, dado por Guimarães Rosa, "(...) a relação entre a aliteração do fonema [n] e o significado do texto só pode ser percebida após o leitor apreender o sentido do eixo semântico de negatividade que constitui uma das linhas mestras da estrutura narrativa do romance... está relacionada

com um dos significados básicos de toda a narrativa. (Coutinho, 1983, p. 222).″ Como pode se observar no enunciado a seguir: "Num nu, nisto, nesse repente, desinterno de mim um nego forte se saltou. Não. Diadorim, não. Nunca que eu podia consentir. Nanje pelo tanto que eu dele era louco amigo... por mesmo isso nimpes nada, era que eu podia aceitar aquela transformação: negócio de para sempre receber mando dele... nhem, hem? Nulo que eu ia estuchar. Não, hem, clamei. (Rosa, 1980, p. 79.)" Guimarães Rosa, também, faz uso da expressão de empréstimo linguístico "nimpes", este provém do advérbio de negação nie (nunca) da língua alemã. O autor criou vários neologismos de negação para reforçar os traços fonéticos e prosódicos para dar uma forma estilística que cristaliza a negação no enunciado e na obra (Borstel, 2009, on-line, [s/p]).

Nananinanão! Vulpes, lêmure do demo ou do δαίμων Agamêmnon (tanto faz), e Emílio, trasgo de Rosa, é possível? Só se for "no toma lá, dá cá", no varejo das ideias e palavras e no espírito de contestação. Ah, além disso, o fato de que ambos pitavam charutos e falavam alemão. E de uma nuvem de fumaça (e poeira de *sert*ão), de um trago (ou trasgo?) bem puxado, o modernista mineiro faz entrar nos pulmões de todo mundo a fumaça aspirada de um charuto metafísico, para soltá-la no ar e dizer: faça-se, pelo sim e pelo não, o *sert*ão! "Eu falando, fica sendo" (Rosa, 2009b, p. 310).

Pois eh, com um travessão e uma expressão fecunda começa a obra-prima de Rosa. No nada é que o tudo é. Eis uma verdade para o *GSV*. O travessão, decerto, é uma linha no horizonte da linha. Linha elevada à potência linha, fio narrativo na risca. Sobre este início de narrativa, profusamente já se falou; todavia, porque estamos entre o *nada poeiral* e o tudo absoluto adquirido de atacado, encetemos com um voo rasante sobre a matéria, sem pretensão de focalizá-la de modo abrangente. Pincemos os detalhes, os quais serão distribuídos no percurso. Pelo vínculo metafísico, principiemos por Francis Utéza.

> Começado *in media res*, portanto, sem nenhum ponto de partida explícito, o que não deixa de ser mais uma maneira de escapar da linearidade do tempo dos homens, o discurso manter-se-á nesta unidade até a lemniscata do infinito, cuja chancela, impressa no fim da obra, reúne a última palavra (*travessia*) ao primeiro signo (o *travessão*), que abre a fala do Riobaldo. Ou, também, do último signo — o Infinito — à primeira palavra — *nonada*. O visitante não se despediu, o círculo mágico não se desfez (Utéza, 2016, p. 27).

Na sequência deste raciocínio, podemos reafirmar: o texto rosiano fecha-se em si mesmo, pura *autotelia*. Infinito enfeitado com as fitas da ficção?[9] Magia e encantamento feito de fórmulas? É isso mesmo?!

No princípio, um travessão: porteira aberta, ponte, pinguela, minhoteira para atravessar de uma banda para outra. Um diálogo entre o nada criador e o abismo da obra. Nos conformes, o nada da criatura-narratário vai detonar a potência do ouvinte calado para explodir-se em criação. Faísca para todo lado. Buraco negro. É assim que o todo-poderoso João Guimarães Rosa, quase como um deus, coloca a expressão "nonada", seguida, por sua vez, de um ponto final. Estamos soltos no vazio e presos pelo ponto final, mais nada. E o *GSV* mal começou... Maria Augusta Fonseca relata a mesma impressão:

> De intento dramático, já que antecedido por um travessão (grafismo relevante), o termo incisivo e solitário, que irrompe de modo abrupto no pórtico do relato, é "nonada", sedimento arcaizante da língua usada por um contador ainda anônimo. O isolamento do vocábulo, imposto pela pontuação, é indicativo de ruptura sintática, que uma fração mínima suspende a continuidade da fala. A sequência, porém, imprimirá força ao movimento assimétrico, gerador de instabilidades. Se tomarmos o segmento derradeiro, como mais um detalhe microscópico singular, veremos que o vocábulo "nonada" impede a possibilidade de simetria em relação ao início, uma vez que firmado antes do termo "travessia". Este último, sim, é a expressão derradeira que abona e dá cabo aos vãos e desvãos da fala espichada de Riobaldo, fala antecipada na abertura pela marca do travessão. (...) Nessa passagem inicial, a marca do travessão (indicativa de registro escrito) cria de pronto um artifício narrativo de dupla feição, como um monólogo dialogizado que se abrirá para muitos campos de incerteza, mostrando o relato pelo movimento oscilante do "é e não é" que percorre todas as camadas significativas da obra (Fonseca, 2017, p. 14 e 15, respectivamente).

Esta estratégia — soprar sons misteriosos (ou encantatórios) para leitor ou ouvinte, com eles interagir e fazê-lo no meio de um nada — será retomada na perspectiva do ato criador divinal, no desenrolar deste capítulo. Desenvolvemos parte de um trecho citado na introdução — recorte do diálogo

....
9. A lemniscata, ∞, etimologicamente falando e segundo Cunha (1982, p. 469), é palavra que vem do substantivo masculino "lemnisco", que é "um critério de marcação gráfica que se usava nos manuscritos (das passagens da Bíblia) para indicar se foram transpostas (˙) ou traduzidas não literalmente (÷)". Cunha acrescenta ainda: "Do lat. *Leminiscus* 'fita', deriv. do gr. Lemnískos 'pequena fita ou faixa' || lemniscata sf. (geom.) curva plana em forma de oito."

entre Günter Lorenz e Rosa em entrevista de 1965 — em que, resoluto, o mineiro declara: "Isto provém do que eu denomino a metafísica de *minha linguagem*, pois esta deve ser *a língua da metafísica*. No fundo é um conceito blasfemo já que assim se coloca o homem no papel de amo da criação" (Rosa, 2009a, p. LII, grifos nossos). Declarações desse teor foram, talvez, a motivação por detrás de um caudaloso rio de ensaios e, mais particularmente, da obra de Utéza (insuperada, em nossa opinião, sobretudo se levamos em conta a 2ª edição) na bibliografia vimaranense sobre o tema.

Propulsivo, Rosa sabe do que fala: constrói sua imagem futura. Para os padrões tradicionais da metafísica, é arrojado em demasia — vanguardeiro — quando fala da "metafísica" de "sua" linguagem, a qual "deve ser a língua da metafísica". Volta a questão: sofística ou metafísica? Lêmures ou mística? Sperber (1976, p. 32) entende que o interesse de Guimarães Rosa nas leituras espirituais respondia a duas necessidades: a pessoal, na busca da transcendência, e a profissional, "i.é. literária, na conversão das características doutrinárias em processos narrativos". Julgamos que essas necessidades se resumem a uma só: a busca da transcendência pessoal literária, o que nomeamos como infinito fechado, lemniscata.

A metafísica é uma plataforma organizada de investigação acerca de um objeto específico que, como qualquer outro sistema de conhecimento, exige submissão e método. Rosa, porém, nunca se agrega; ponto fora da curva, ele se pretende "homem no papel de amo da criação" e visa à metafísica que se constrói pela engenhosidade ambígua,[10] material e corruptível da literatura. Solitário, regra-se pelo mesmo estatuto pelo qual é, por vezes, criticado no sistema literário: seu caminho é *sui generis*, não se encaixa. Estudar Rosa exige dedicação exclusiva pelos padrões literários e teológicos. O mineiro foi um inventor, devorou o tradicional, criou-se de modo a não ser percebido como filiado ao que quer que fosse. Vamos apostar neste negócio: "jogar" com a impossibilidade de se categorizar o escritor, encarando sua pretensão de ser único e demonstrando que da literatura dele nasceram, senão deuses, visonhas esmeradas e sucintas[11] de língua em potência. A questão nos vai atormentar o livro todo. Resistiremos, podem confiar; o ludo divertido vai até o fim.

Para nós, os pequenos trocadilhos, os metaplasmos e os jogos linguísticos miúdos são brilhantinos, preciosos e úteis. No limiar da descoberta

....
10. Vale conferir a tese de Saddi (2006), intitulada: *Simultaneidade: arte e metafísica em Guimarães Rosa*.
11. A expressão "esmerado sucinto" é de Rosa (2009b, p. 881), no conto "O dar das pedras brilhantes". A frase que a acolhe é a seguinte: "Deduz-se que o diamante perfaz esquisita invenção: o esmerado sucinto. Dele a gente não vê é a nenhuma necessidade!". A analogia que propomos é: literatura = diamante.

amplificadora, eles dão a impressão de conquistas quase metafísicas; do quartzo translúcido feito de vogais e consoantes amalgamadas parecem surgir brilhantes de puro quilate. Como dito na introdução, não temos fôlego para diamantes, afreguesamo-nos de zircônios e ametistas. Colocamo-nos, paradoxalmente, ante os propósitos colossais e atacadistas do diplomata de Cordisburgo e olhamos para o "alto tremer da poeira" que se eleva da mineração da língua. Queremos estar no chão. Nas pedras polidas. Vemos brilho até nos seixos molhados de água.

E, ainda que um pouco assustado pelo fantasma da "metafísica no Rosa", este capítulo enfrenta o desafio da mística colocando-a como moldura, entorno, pois não há como abordar Rosa eliminando radicalmente esse seu caráter. Nossa referência de base, Utéza, com seus precursores e sucessores[12] e, ainda, a companhia dos místicos cristãos, será acrescida de alguns outros comentários, os quais interessam apenas para o nosso miudinho: mostrar que malabarismos de linguagem não são metafísica.

Mas, por agora, deixamo-nos voltar a nos entreter com o abalo da expressão, "nonada", "arranca-palma" na abertura do *GSV*, que, pelo que se depreende das palavras do filólogo e tradutor alemão Berthold Zilly, em entrevista dada a Luiz Rebinski Junior[13]

> (...) é uma palavra-chave, com seis ocorrências no total em *Grande sertão: veredas*, a primeira abrindo o romance e a última, de certa maneira, fechando-o, já que ocorre na penúltima linha da última página. Esta palavra constitui, além disso, o antônimo ao último sinal gráfico do livro, que é o símbolo do infinito. Assim, o movimento da trama e das ideias de certa maneira vai do quase nada ao infinito. Assim como muitas outras palavras e frases do livro, esta é por um lado coloquial e quase banal, tão banal quanto o sentido dela, ou seja: "coisa sem importância, um quase nada", sendo por outro lado palavra estranha, rara, enigmática, principalmente no início, sendo esclarecida depois, parcialmente, pelo contexto. Esta tensão entre o corriqueiro, o popular, o cotidiano por um lado e o estranho, o enigmático, o hermético, por outro lado, é também uma característica do romance todo. Aliás, diferentemente de muitas outras palavras do livro, esta não é um neologismo rosiano, pois é uma palavra popular e meio antiquada, caída em desuso hoje, que se encontra em vários autores do século

....
12. Mencionados na introdução quando citamos a primeira edição do *Metafísica do Grande sertão*.
13. *Jornal da Biblioteca Pública do Paraná*, Especial de Capa. Edição 105. Abril de 2020.

XIX e do início do século XX, inclusive em *Os sertões*, de Euclides da Cunha (Zilly, entrevista, abril de 2020).

Pelo comentário acima, vê-se que Zilly não faz *close reading*, não se fecha no romance, sua leitura é aberta, propõe o infinito simbólico da lemniscata. O estudioso tem leitura acumulada para a palavra "nonada" e nela enxerga uma largueza que atravessa dois séculos e se acha num texto capital de nossas letras. E, na fresta que se abre de seu trabalho tradutório, deve-se incluir evidentemente o século XXI, o tempo motivador da nova tradução alemã que ele empreende. Imaginamos que — depois da covid-19, da luta desleal com o mal oculto que grassa de todos os lados — Rosa, com o *GSV*, estará na crista da onda, é o coronavírus no meio do redemoinho.

Nonada! Três séculos de vida, para João Adolfo Hansen, porém, não bastam, e o pesquisador ajunta mais dois séculos ao vocábulo. São comentários instigantes. Para ele, o termo dialoga em forma e sentido com uma "passagem do capítulo XXV do segundo livro do *Dom Quixote*, em que Sancho Pança e Dom Quixote conversam sobre o diabo 'que no duerme'. Sancho diz que ele passa 'levantando caramillos en el viento y grandes quimeras de *nonada*'".[14]

A língua espanhola dá oportunidade para recuperarmos seu uso também em outros autores dos séculos XVI e XVII. Neste ponto, seremos conduzidos por Suzi Frankl Sperber (2006, p. 98-99) em outra obra ainda não mencionada:

> Em várias obras de Santa Teresa de Jesús (1956), e especialmente no livro presente na biblioteca de João Guimarães Rosa, ela emprega a palavra "nonada" diversas vezes. Foi palavra usada no mundo hispânico por alguns autores, nos séculos XVI e XVII, talvez a começar por um romance de cavalaria catalão, de Joanot Martorell — *Tirant lo Blanc* — depois em Cervantes; no *Lazarillo de Tormes*. Nei Leandro de Castro cita estudos em que se relaciona "nonada" com a preocupação ontológica de *Grande sertão*. E mostra alguns textos prévios, da literatura brasileira, em que a mesma palavra é usada. Cita Gonçalves Dias: "Hoje leigos de nonada / (He lhes o demo caudel), / Praguejão a meza escaça / e as arestas do burel", e Godofredo Rangel: "Gostava das conversações científicas, não admitindo que se perdesse tempo em prosas de nonada" (Rangel, 2000). Segundo Heloísa Vilhena de Araújo (1996, p. 337): "a palavra 'nonada', iniciando o livro, indicaria que o mundo de *Grande sertão: veredas* imitaria a Criação, sendo a narrativa

....
14. Hansen. "Guimarães Rosa e a crítica literária", 2012, p. 123. Cf. também Cervantes. *El ingenioso hidalgo Don Quixote de La Mancha* (Cervantes, 2004, p. 88, 591, 802 e 1.033).

criada ex-nihilo". Rosa abre com essa palavra o grande romance: "nonada". Como Guimarães Rosa leu Santa Teresa de Jesús e como o aspecto espiritual e propriamente religioso contava muito para ele, podemos apreender o sentido de "Nonada" a partir do contexto da obra de Santa Teresa. Nonada quer dizer, para Santa Teresa, menos que nada. "¡Oh, válgame Dios, y qué nonada son nuestros deseos para llegar a vuestras grandezas, Señor! ¡Qué bajos quedaríamos, si conforme a nuestro pedir fuese vuestro dar!". A palavra serve para criar um contraponto mais radical entre o ser humano e deus. Corresponde ao enaltecimento de Deus e ao reconhecimento da miséria humana. Saber que o homem é nonada serve para encarecer a sua busca de tudo. Portanto, Guimarães Rosa já indicia no início do romance a sua busca — e a da personagem principal e narrador — do sagrado, de Deus. Poderia parecer uma ilação abusiva, se logo depois, nesse começo da narrativa, não aparecesse o forte tema rosiano: Deus e o diabo, e ele espera que Deus esteja: "tiros que o senhor ouviu foram de briga de homem não. Deus esteja". A palavra também indicia a abertura para o virtual. Relacionando "nonada" a Santa Teresa de Jesús, a partir do trecho citado, essa virtualidade se descerra para a noção de devir.

Ao que parece, Rosa, modestamente, pretendeu criar sua obra magna da bagatela de um "no nada" ou "nonada" (entre uma opção ou outra, não há diferença fatal para os ouvidos, pois não lhes importa se o termo é um locativo, se um substantivo em nominativo sujeito, se se está em língua portuguesa ou espanhola do século XVII etc.) repertoriado nos seus muitos séculos e que de "nada" nada tem. Mas cria-se uma aparente tutameia[15], um tostão furado que, como indicou Sperber, poderia ser a constatação e a assunção da miséria humana mergulhada em privação abissal perante Deus.

Para Paulo Rónai, "nonada" integra uma série de vocábulos usados por superstição (talvez modéstia preventiva) ou como "antífrase carinhosa"[16] do que se pretendeu. A afirmativa de Rónai percebe e desmascara o embuste do amigo. Nica é coisa que nonada não é. Cremos, aliás, que, na verdade, Rosa é um *hybristés*[17] da mais pura cepa, capaz de destilar a *hýbris* mais eficaz,

....
15. Para os termos preciosos a Rosa, adotamos a ortografia do mineiro.
16. Expressão de Paulo Rónai no apêndice a *Tutameia* (1976, p. 193) ou em estudo crítico: Rosa, 2009a, p. CCXXX.
17. A noção de *hybristés*, adjetivo formado a partir de *hýbris* (ὕβρις), é cara para a literatura grega. Ela aponta para o desejo humano de se equiparar aos deuses, de exceder a condição mortal. A noção aponta consequentemente para a obsessão por autonomia e perfeição, o apreço pela competição e a consciência do próprio valor.

pareada com os gênios notáveis que representamos por Ésquilo, Sófocles e Eurípides. Ele tem ciência da própria condição e pratica o gosto pelo excesso dos trágicos gregos.[18] Ao comentar o título de *Tutameia*, livro-chave, como se sabe, para a interpretação do *corpus* rosiano, Rónai escreve:

> Como entender o título do livro? No *Pequeno Dicionário Brasileiro da Língua Portuguesa* encontramos tuta-e-meia definida por Mestre Aurélio como "ninharia, quase nada, preço vil, pouco dinheiro". Numa glosa da coletânea o próprio contista [Guimarães Rosa] confirma a identidade dos dois termos, juntando-lhe outros equivalentes pitorescos, tais como "*nonada*, baga, ninha, inânias, ossos de borboletas, quiquiriqui, mexinflório, chorumela, nica".
> Atribuiria ele realmente tão pouco valor ao volume? ou terá adotado a fórmula como *antífrase carinhosa* e, talvez até supersticiosa? Inclino-me para esta última suposição. Em conversa comigo (numa daquelas conversas esfuziantes, estonteantes, enriquecedoras e provocadoras que tanta falta me hão de fazer pela vida fora), deixando de lado o recato da despretensão, ele me segredou que dava *a maior importância* a este livro, surgido em seu espírito como todo perfeito não obstante o que os contos necessariamente tivessem de fragmentário (Rónai, "Apêndice". *In*: Rosa, 1976, p. 193-194, grifos nossos).

Haverá o leitor de dizer que, no trecho, Rónai sequer alude ao termo *hýbris*. Sem dúvida, mas observem, por favor, a expressão que afirma que *Tutameia* teria "surgido em seu espírito como todo perfeito" e a outra que manifesta sua impressão face ao interlocutor, "deixando de lado o recato da despretensão, ele me segredou que..."; assim, perguntamos: "perfeição" não lhes parece um tanto quanto desmedido para o "homem humano"? Poderia, acaso, *Tutameia* ser lido, como afirmou o próprio Rosa, como *mea omnia* (Rosa, 2009a, p. 665), tudo meu; ou, quem sabe, *tuta et mea*, isto é, "todas e minhas coisas"! Ou, ainda, "todas as coisas e mais a metade"?

Da breve associação, permitam-nos afirmar que seja tutameia, mexinflório ou nica, seja até blasfêmia ou mera camuflagem — para não despertar a inveja dos deuses —, Rosa escamoteia a arrogância de quem se sabe criador de arte

....
18. Sobre esse aspecto, há um estudo interessante, o qual devemos à Evelina Hoisel (2004, p. 89) e do qual damos aqui um aperitivo: "A escritura de *Grande sertão: veredas*, ao reconstituir sua linhagem, fundamenta-se na *hybris*, na desmedida instauradora do trágico, elemento constitutivo do drama desde os primórdios da sua história no Ocidente. A *hybris*, que faz explodir o substrato linguístico, espalha-se na constelação de signos, onde se observa um excesso de significantes e de significados, transbordamento que instala a transgressão — força dionisíaca geradora da tragédia — no próprio corpo da linguagem."

genuína, autêntica e inimitável.[19] Minimizando o talento — mas cioso de seu mérito —, o autor, postulamos, dirá tanto "nonada" como "tutameia" por superstição, receio que esconde, em falsa modéstia, o próprio valor de que se está convicto e, por antífrase carinhosa, um desejo de se equiparar à divindade que cria o mundo do nada, mesmo que isso tudo não passe de brincadeira de mineiro ressabiado, εἴρων.[20]

David Lopes da Silva (2020) segue a mesma direção e desvela um Rosa em tons mais sombrios. Nesse sentido, o filósofo percorre e coleta depoimentos do romancista, de amigos, entrevistadores e contemporâneos seus. O pesquisador, enquanto analisa o conto rosiano "Os chapéus transeuntes" sob a regência da Soberba, propõe a leitura conjugada do conto com um pequeno recorte de biografemas de Guimarães Rosa. No conjunto, ele observa a performance autoficcional do mineiro, a quem classifica como alguém que se toma regularmente como personagem cruzando vida e obra o tempo todo e de modo bem pouco modesto. Silva cita Vilém Flusser e Alaor Barbosa, entre outros. Segundo Silva, Flusser declara:

> Nos diálogos com Rosa havia um único tema: Rosa. (...) é preciso confessar que o autocentrismo de Rosa exigia grande esforço de autodenegação — tarefa difícil, dada a própria tendência para se tomar por centro do universo. Com efeito: tal livro [*Língua e realidade*, de Flusser] era o constante pretexto dos diálogos com Rosa: falava-se aparentemente no livro, quando na realidade se falava sempre em Rosa (Flusser *apud* Silva, 2020, p. 558).

Alaor Barbosa, por sua vez (também segundo Silva), confessa:

> Durante os nossos diálogos, ele nada ficou sabendo — eis um exemplo — sobre minha família: meus pais, meus irmãos, minha gente. (...) Nunca me indagou sobre meus projetos de vida e mesmo de criação literária. Nunca me perguntou se eu estava escrevendo ou que livros eu andava lendo (Ele pouco falou comigo de livros e de escritores). Quanto a leitura de livros, aliás, as únicas perguntas que eu ouvi dele foram nesses termos: "Você tem lido Guimarães Rosa?" "Sente-se

....
19. Nisso fazemos coro com, por exemplo, Milton Hatoum (2002, p. 397): "Rosa, como Proust, James Joyce e alguns outros, são no limite, inimitáveis, e me parecem ter alcançado o extremo das possibilidades da linguagem e suas invenções. Tampouco devemos endeusá-los, o que seria injusto para esses escritores que, como todos nós, inventam uma outra realidade, sempre a partir da nossa frágil condição humana."
20. Tipo de personagem cômico que "subtrai" suas qualidades (ou o que realmente tem de valor) e que se opõe, em comportamento, ao fanfarrão, o ἀλαζών.

aqui e me diga se você tem lido João Guimarães Rosa!" Eu lhe julgava a vaidade natural, meio infantil, meio brincalhona, como se ele estivesse mais posando de vaidoso do que sendo vaidoso: como se ele estivesse mais representando do que sendo (Barbosa *apud* Silva, 2020, p. 558).

Essas revelações se confirmam, mais uma vez, em depoimento de Antonio Callado, que soa até ingênuo, se não subserviente:

> Rosa era um homem muito misterioso, não afetadamente misterioso, não, ele era realmente um sujeito complicado. Ele não tem nenhuma influência de nenhum grande escritor anterior a ele. (...) A escritura regional dele é completamente diferente de uma escritura de nível muito bom como a de Graciliano Ramos. (...) Ele não era um escritor popular como Graciliano (...).
> Era muito religioso. E era muito firme nas ideias mais filosóficas dele, platônicas — e o neoplatonismo também. Ele lia e isso era uma preocupação constante dele, sem falar na religiosidade brasileira, do interior do Brasil, que ele também captava muito. Sabia que ia fundo e ligava muito isso a essa ideia religiosa que tinha do homem e dele próprio. Ele achava que devia muito a Deus por esse excepcional talento que possuía, ele sabia que possuía, não tenho nenhuma dúvida a respeito.
> *Ele não procurava outros caminhos que não fossem o dele (...). Ele não facilitava a vida de ninguém não. Ele queria o contrário, que você se dedicasse a entendê-lo, ele exigia esse esforço de você. (...) [achava que quando o sujeito não entendia, o defeito não era do livro, era do outro]*[21] (Callado *in* Callado et al, 2011, p. 12-13, grifo nosso).

Afinal, o que é o nada para um criador senão a oportunidade de fazer o tudo? A complicação, o esforço para leitura, a religiosidade afundada, interior e *grutesca*, a ironia de quem "come quieto" e escondido, é verdade crua no romance e não o desmerece, mas cria colisão. Causa inquietação sua presunção... Com ela entende-se que o nada, ou, antes, o simulacro do nada — ou do suspense, ou mesmo da pausa banal para um riso discreto e sutil — é necessário para que a palavra surja e se faça tudo no simulacro do tudo. Decorrente: o tudo da palavra surgida acaba por ser um nada que, de repente, aconteceu, trovejou, abalou o ouvido e se foi no ar, na poeira da criação. Depois disso,

....
21. O trecho da citação entre colchetes não está na publicação, mas na gravação em vídeo. Nosso acesso à gravação de *Antonio Callado sobre Guimarães Rosa* foi através de: <https://blogs.opovo.com.br/leiturasdabel/2017/11/19/guimaraes-rosa-recriador-da-linguagem-literaria-morria-ha-50-anos/>. Acesso em: 23 set. 2020.

suspende rarefeita nuvem de *metafísica jagunça pragmaticista modernista*. E, de novo, insistimos, não estamos fazendo jogos linguísticos.

Compra de atacado

Tudo isso reunido, em grosso e volumoso aspecto, aponta de início para a leitura moderna das coisas da alta filosofia transracional plotiniana, a daquele filósofo grego antigo que foi "um homem capaz de conciliar atividades hoje pensadas como opostas" (Brandão, 2007, p. 152)[22] e cuja influência Michael Harland, 22 e 23 anos depois do lançamento do romance, detectou e apurou:

> (...) estudei a influência de Plotino na obra de Guimarães Rosa e indiquei como *o aparente dualismo* de sua obra oculta uma fusão de opostos e um esquema paradoxal que contém a sua própria solução no "duplo negativo", representado especialmente nas ações do protagonista, Riobaldo (Harland, 1979, p. 20, grifo nosso).

E ainda:

> As citações de Plotino que encabeçam várias das novelas de Guimarães Rosa podem causar alguma perplexidade, sobretudo tendo em vista a sua significação paradoxal: é, no entanto, evidente que têm alguma função, quanto mais não seja a de assinalar *a importância da ambiguidade* na obra do escritor brasileiro. Porque é a esse ermo entre-as-duas-extremidades da existência que Guimarães Rosa nos leva constantemente, e é ali, nesse território por explorar, que se mostra um mestre não só do estilo e da técnica narrativa, mas também da linguística e da psicologia e da filosofia. Em todos os campos retira-se um mesmo tema: a batalha eterna entre duas forças opostas que forcejam para o equilíbrio, *até*

....

22. Mesmo convictos de que não entraremos nos estudos filosóficos, julgamos necessário citar quem sabe mais quando discute a contemplação mística suprarracional, isto é, "a experiência da alma humana unida ao Intelecto divino e a experiência da alma humana unida ao Um, o princípio supremo da realidade de acordo com a filosofia plotiniana" (Brandão, 2007, p. 151). Bernardo Brandão explica assim a união com o Intelecto: "conhecemos o Intelecto como a nós mesmos. Mas como isso é possível? A resposta é simples: transformando-se naquilo que é conhecido. Conhecemos a totalidade das formas inteligíveis, o Intelecto total, como a nós mesmos, porque nos tornamos semelhantes a ele e a ele nos unimos" (Brandão, 2007, p. 155). Assim é possível conhecer de tal forma o nada e que ele se torne plenitude em nós, e, transformados em nada, sejamos ao mesmo tempo plenitude. Mais à frente Brandão esclarece o que se pode entender por união com o Um, a saber, "um repouso e uma permanência total". É "[a]lém disso, a supressão de toda a alteridade [que] impede que exista qualquer movimento na alma" (Brandão, 2007, p. 156).

ao ponto de uma usurpar a identidade da outra para se redefinir (Harland, 1978, p. 28, grifos nossos).

O paradoxo da coincidência dos opostos (do tudo e do nada) — que pode ser lido na refutação da ideia de sincretismo (Utéza, 2016, p. 22) — é, para Harland, aparente e não se ajusta plenamente à teologia negativa de Dionísio Areopagita (o qual não se fez, em nossa pesquisa parcial, representar no arquivo IEB-USP de João Guimarães Rosa), nem dos místicos cristãos mais proeminentes presentes no acervo IEB-USP-Rosa: Angelus Silesius (isto é, J. Scheffler),[23] Thomas von Kempen[24] e, muito menos, Juan de Yepes y Álvarez, o frei João da Cruz, "doutor do tudo e do nada".[25] Sperber coloca-o dentro do "esoterismo paulista", como já adiantamos.

Tomados em seus escritos como paradigma, os citados parecem ser linha de sustentação de Rosa em dois pontos: na busca pelo "Nada" por oposição ao "Tudo" e na inserção num sistema de conhecimento já consagrado. Por tal podemos afirmar que, decerto, o nonada do *GSV* oculta uma enorme tradição por detrás, que reforça a versão de que Rosa tenha bebido de muitas

....
23. Na coleção do Guimarães Rosa (IEB, nº de registro 000259097 e 000273199 respectivamente): Angelus Silesius (*1624-†1677): *Pèlerin chérubinique* (*Cherubinischer Wandersmann*); traduit, préfacé et commenté par Henri Plard. Paris: Aubier Editions Montaigne, 1946; *Aus dem cherubinischen wandersmann und anderen geistlichen dichtungen*. Auswahl und einleitung von Erich Haring. Stuttgart: Reclam, 1950.

24. Embora Utéza (1994, p. 32) afirme não ter encontrado Kempis na coleção, estivemos com a obra em mãos, em bela edição alemã. (IEB, nº de registro 000551997): Thomas von Kempen (*1380-†1471): *Das Buch von der Nachfolge Christi*. Übersetzt von Bischof Joh. Mich. Sailer. Freiburg Im Breisgau: Herder & Co, 1938. O texto da seção "A biblioteca do escritor" da edição de 1994 de JGR. *Metafísica do Grande Sertão* não aparece na de 2016.

25. Um inventário bastante completo dos livros sobre esses assuntos (filosofia, teologia e metafísica) pode ser consultado na obra de Utéza (1994, p. 32-39), seção "A biblioteca do escritor". Sobre os autores que nos interessam neste ponto da pesquisa: Dionísio Areopagita, cuja *Teologia negativa*, em tradução de Bernardo Lins Brandão, é de acesso fácil. Alguns aforismos de Angelus Silesius podem ser lidos em Silesius. *Il viandante cherubico*, 1942. Um exemplo, p. 17: "Chi nulla brama, nulla possiede, nulla sa, nulla ama, nulla vuole; possiede, sa, brama ed ama ancora troppo." ["Quem nada visa, nada possui, nada sabe, nada ama, nada deseja, possui, sabe, visa e ama ainda muito mais" (tradução nossa)]. Sobre a presença de Silesius e Kempen na biblioteca de Rosa, cf. Bonomo, 2010, e, especificamente, a obra *La sainteté aujourd'hui* (Pierre Blanchard, 1953) que indicaremos mais à frente. Teresa de Ávila e João da Cruz aparecem nos dois volumes da *Patrologie et histoire de la theologie* de Fulbert Cayré (Paris, Desclée, 1933- nº de registro C385p, v. 2). João da Cruz é o Santo do "Tudo e do Nada". A coleção de Rosa tem o volume *Oeuvres spirituelles du bienheureux pere Jean de la Croix* — que contém marginália e leva o número 000275551 de registo no sistema. No "Dicionário São-Joanino" (Cruz, 2000, p. 1.147-1.149), verbete "nada", lê-se: "*Nada*: usada até a saciedade pelo Santo, a ponto de ser ele chamado o *Santo do Nada*. Tem dois significados: privação de toda a realidade; valorização: nada e menos que nada. Encontramo-la muitas vezes em contraposição ao tudo. Neste caso assume um significado mais forte. Realidade teológica de despojamento e pobreza. Personificação de todas as criaturas que diante do Criador que é tudo são nada. Manifesta a busca da totalidade."

fontes teológicas para escrever. Beber, bebeu, mas devemos indagar antes como foi que bebeu.

Os autores arrolados com suas obras não são sujeitos de religiosidade de pouca monta, superstição barata, novena de santinho ou verônicas que se compram na esquina. Eles compõem um conjunto organizado ou sistema que avança harmônico, como religião ou como ciência (teologia, e não ciência da religião) que busca o conhecimento da divindade na prática do tornar-se um nada.

Poderíamos supor que Rosa segue a corrente dos místicos citados, todavia, mais certo seria afirmar que **segue e não segue**, melhor, usa, recusa e abusa. De fato, nonada é, para Rosa, cremos, somente ficção orquestrada que nada tem a ver com o "nada prático vivencial" que se prega na mística por ele lida. A mística que paira sobre o *GSV*, cremos, tem a ver com a fusão provocada, planejada e executada pelo autor entre vida e obra. Trata-se, no modo rosiano de fazer-se personagem, de inventar um *lemuroso "nada místico" obstupefato*.

Da poeira que subiu alto da explosão da metafísica canônica, o escritor, parece, optou por concentrar e recolher — no atacado — tudo o que pôde através da ficção. Isso se pode inferir pelo depoimento dado a Dora Ferreira da Silva, que nos leva a conjecturar que Guimarães Rosa — no que tange ao conhecimento da divindade — percorreu história semelhante à da busca solitária de Riobaldo e fez carreira *solo* para a sua própria "vereda de salvação". A poeta, rememorando uma conversa com o escritor, afirma ter ele dito que

> *Grande sertão:* veredas é de fato um romance teológico. O pitoresco de buritis e capim, o raso do Sussuarão, camuflam a ida infinita de Platão a Cristo, e a frase forte e impressionante daquele escritor consagrado ressoou na sala, no Mundo: 'Sou só religião, alheio a qualquer associação ou organização religiosa', e completou falando de sua tentativa de manter um diálogo sem mediações com o infinito (Silva, 2006, p. 60).

A questão é: ser só religião e permanecer alheio a qualquer associação ou organização religiosa em que se possa amparar e sustentar (numa espécie de "escola" ou "corrente de conhecimento"), mantendo-se em diálogo direto, autônomo, com o infinito é colocar-se no mesmo nível do infinito, falar de igual para igual com ele, é, portanto, fazer-se par dele na dança cósmica da vida.

Citamos páginas atrás trecho de Suzi Sperber citando Teresa de Ávila, que, localmente, não dá o devido peso à sua própria citação. Sperber, para destacar o termo "nonada", menciona a frase *"¡Oh, válgame Dios, y qué nonada son nuestros deseos para llegar a vuestras grandezas, Señor! ¡Qué bajos quedaríamos, si conforme a nuestro pedir fuese vuestro dar!*", mas descura do conteúdo.

Perguntamos, conforme alerta a santa, pode mesmo o homem, em sua baixeza, chegar à grandeza do Criador de tudo sem intermediações? Aquele que pretende tal coisa não nos parece um autêntico metafísico do tudo e do nada dos carmelitanos Teresa de Ávila e João da Cruz, por exemplo, senão um sonhador e ilusionista das letras, que negligencia sua fisicalidade biológica, psíquica e afetiva, ou pelo menos esquece seus limites de mortalidade e mergulha na ficcionalidade imortal do sistema literário. Relativamente à mesma postura, há registro de declaração do mineiro a Günter Lorenz (Rosa, 2009a, p. LII) defendendo que ele próprio cavou, bateu e aplainou sua vereda de salvação na linguagem, como mencionamos anteriormente.

Deste modo, embora não queiramos mergulhar no tema, dele tampouco vamos fugir, pois, como mencionamos, isso emoldura nossa pesquisa. Exercitamos a cabotagem e, citando e discutindo a questão, contornamo-la sem negá-la. Como exemplificamos na apresentação, nas coisas de Guimarães Rosa, tudo **é e não é**. Tudo **é e não é** religião, **é e não é** moderno, fáustico e vu[l]pino, tudo fica e ultrapassa os arredores da tradição, da inovação e da invenção. Um caso à parte, este escritor entra nos sistemas literário e religioso explodindo os dois, levantando poeira, abolindo parâmetros.

Seguindo seus passos, partindo do poeiral pueril varejista queremos chegar ao sistema atacadista tal qual fez Vupes, do miudinho vamos à mercancia graúda. Não vamos fundo, costeamos o assunto e abeiramo-nos das letras e dos sons na insustentável leveza dos mutáveis "fonemas proferidos" como nada no ar. Ficamos nas estratégias, método pelo qual Rosa pretendeu chegar aos astros e chegou, tornando-se Imortal da Academia Brasileira de Letras (ABL) por 76 horas.[26] Mas para reflexão dura, cruel e real, ao modo do *Qohelet*, vale reler, do *Correio da Manhã*, 4ª feira, 22 de novembro de 1967, as notícias de sucessão na ABL dadas por José Condé.[27] A vida continua: rei morto, rei posto.

....
26. As poucas horas de imortalidade lhe renderam benefícios imediatos, pois, segundo Marcelo Marinho e David Lopes da Silva, um acadêmico da ABL tem direito a um "mausoléu gratuitamente ocupado pelo feliz eleito, quando um jazigo perpétuo no Cemitério São João Batista, no Rio de Janeiro, supera a bagatela de meio milhão de reais, em preços de 2019! Note-se também o belo velório na sede do grêmio poético, com suas perfumadas guirlandas de flores naturais e delicadas bandejas de bons-bocados funéreos — serviços que estão pela hora da morte, ora, direis!" (Marinho; Silva, 2019, p. 804-805).
27. Palavras de José Condé transcritas da foto do *Correio da Manhã* três dias após sua morte: "Embora não esteja ainda aberta oficialmente a vaga de João Guimarães Rosa na Academia Brasileira de Letras — o que deverá ocorrer amanhã — já há rumores de possíveis candidatos à sucessão daquele escritor na Casa de

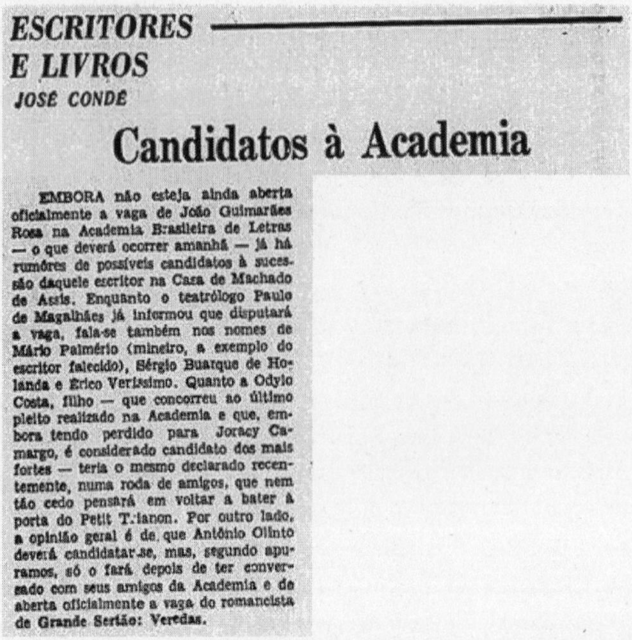

> **ESCRITORES E LIVROS**
> *JOSÉ CONDÉ*
> ## Candidatos à Academia
>
> EMBORA não esteja ainda aberta oficialmente a vaga de João Guimarães Rosa na Academia Brasileira de Letras — o que deverá ocorrer amanhã — já há rumores de possíveis candidatos à sucessão daquele escritor na Casa de Machado de Assis. Enquanto o teatrólogo Paulo de Magalhães já informou que disputará a vaga, fala-se também nos nomes de Mário Palmério (mineiro, a exemplo do escritor falecido), Sérgio Buarque de Holanda e Erico Verissimo. Quanto a Odylo Costa, filho — que concorreu ao último pleito realizado na Academia e que, embora tendo perdido para Joracy Camargo, é considerado candidato dos mais fortes — teria o mesmo declarado recentemente, numa roda de amigos, que nem tão cedo pensará em voltar a bater à porta do Petit Trianon. Por outro lado, a opinião geral é de que Antônio Olinto deverá candidatar-se, mas, segundo apuramos, só o fará depois de ter conversado com seus amigos da Academia e de aberta oficialmente a vaga do romancista de Grande Sertão: Veredas.

Foto 3. Texto de José Condé, "Candidatos à Academia", *Correio da Manhã*, 4ª feira, 22 de novembro de 1967, caderno 2, p. 4.

Apesar da imortalidade, Rosa não conseguiu se fazer deus, embora seja venerado, exaltado e execrado por muitos; fez-se encantado para alguns. Para nós, como criador de simulacros, de mimese, ele é, efetivamente, um dos maiores do Brasil, insuperável no jogo das palavras. Indecifrável no seu itinerário espiritual e religioso. Evidentemente, não se pode saber o que anda pelo interior dos seres; mas, da perspectiva de alguém que crê, a postura do escritor como alguém que buscou o divino não parece convincente. Será certamente mais evidente o seu empenho nos reinos deste mundo.

Não intentando o mesmo fim, divertimo-nos com seus meios. Aliás, ele — diferentemente de nós — almejou altas coisas literárias e com não pouca ousadia, recordemos. Vamos descer nesse terreno:

....
Machado de Assis. Enquanto o teatrólogo Paulo de Magalhães já informou que disputará a vaga, fala-se também nos nomes de Mário Palmério (mineiro, a exemplo do escritor falecido), Sérgio Buarque de Holanda e Erico Verissimo. Quanto a Odylo Costa Filho — que concorreu ao último pleito realizado na Academia e que, embora tendo perdido para Joracy Camargo, é considerado candidato dos mais fortes — teria o mesmo declarado recentemente, numa roda de amigos, que nem tão cedo pensará em voltar a bater à porta do *Petit Trianon*. Por outro lado, a opinião geral é de que Antônio Olinto deverá candidatar-se, mas, segundo apuramos, só o fará depois de ter conversado com seus amigos da Academia e de aberta oficialmente a vaga do romancista de *Grande sertão: veredas.*"

Isto provém do que eu denomino a metafísica de minha linguagem, pois esta deve ser a língua da metafísica. No fundo é um conceito blasfemo, já que assim se coloca o homem no papel de amo da criação. O homem ao dizer: *eu quero, eu posso, eu devo*, ao se impor isso a si mesmo, domina a realidade da criação. Eu procedo assim, como um cientista que também não avança simplesmente com a fé e com pensamentos agradáveis a Deus. Nós, o cientista e eu, *devemos encarar a Deus e o infinito, pedir-lhes contas, e, quando necessário, corrigi-los também*, se quisermos ajudar o homem. Seu método é meu método. O bem-estar do homem depende do descobrimento do soro contra a varíola e as picadas de cobras, mas também depende de que ele devolva à palavra seu sentido original. *Meditando sobre a palavra, se descobre a si mesmo. Com isto repete o processo da criação.* Disseram-me que isto era blasfemo, mas eu sustento o contrário. Sim! *a língua dá ao escritor a possibilidade de servir a Deus corrigindo-o*, de servir ao homem e *de vencer o diabo*, inimigo de Deus e do homem. A impiedade e a desumanidade podem ser reconhecidas na língua. Quem se sente responsável pela palavra ajuda o homem a vencer o mal (Rosa, 2009a, p. LII, grifos nossos).

Δεινός! Espantosa convicção e segurança. Por ora, fiquemos com o reporte de Silva (2006): "Sou só religião...", mas acrescentemos uma reminiscência de Haroldo de Campos. De acordo com o paulistano, Rosa, ao comentar um sucesso na descrição de um belo pôr do sol, teria dito ser o tal crepúsculo "omelete ecumênico" (Campos *in* Callado *et al*, 2011, p. 55), um poente holandês misturado com um de Hamburgo e com outro de Minas. E, segundo Campos, ainda disse de si, na terceira pessoa: "O Rosa é como uma ostra, projeta o estômago para fora, pega tudo que tem a pegar de todas as fontes possíveis, reintrojeta de novo aquele estômago, mastiga tudo aquilo e produz o texto."[28] E, acrescentamos, a ostra produz o texto e chega nesse resultado com um

....
28. Campos *in* Callado *et al* (2011, p. 43-69) relata, entre muitas passagens pitorescas, um evento de 1966 e sua aproximação com João Guimarães Rosa durante a confraternização do evento. Segundo o poeta e crítico paulista, Rosa o chamou à parte e confidenciou, comentando *Galáxias*: " 'Você me deu aquelas revistas, você não sabe o que tem na mão.' (...) 'Aquele texto é o demo'. (...) ele falou assim para mim, 'aquele texto é o demo'. Eu falei: 'Mas por quê? (...) Mas tem uma coisa, não provoque demais o demo, não faça o livro de folha solta, faça um livro comum, já basta, o demo já está lá, não precisa criar mais nada...' etc. (Campos, 2011, p. 45). Haroldo de Campos respondeu em seguida, "eu vou fazer isso porque eu sou um *kamicaze* da literatura..." e Campos continua, "Ele ficou meio assim e ficou assim, não fez outro comentário, daí começou a me falar sobre o demo, parecia que aquele dia ele estava particularmente endemoniado. E me disse várias coisas, lamento não ter tomado um apontamento. Ele estava me falando do processo de composição dos textos dele, em particular do *Grande Sertão*. Ele me disse assim: 'Quando me vem o texto, eu fico nu, rolo no chão, luto com o demo de madrugada no meu escritório e depois, naquele contexto, e naquele impacto, naquele impulso, eu escrevo, naquele impacto, eu escrevo, naquele impulso, eu escrevo'. Eu já comecei a ver que o homem, aquela coisa que ele falava do demo, não era uma

nada daqui, outro dali, mais um de cá, e, de repente, fez-se, pelos dedos de Rosa, o tudo, a pérola.

Advogamos, no entanto, que, embora a religiosidade desse homem "no papel de amo da criação" tenha alicerces sólidos, pois formatou-se como religiosidade culta, sofisticada, intelectualizada e interiorizada, ela não lhe foi suficiente.[29] Supomos que seja, talvez, porque não foi conquistada no conjunto, no confronto e na convivência com "qualquer associação ou organização religiosa" que o levasse ao exercício do diálogo e da submissão. Rosa não se "agrupou", regeu-se pela poética, foi servo da estética.[30] Na prática, ela nunca se curvou a dogmas e coisas do tipo, fez carreira *solo*.[31]

....
metáfora, era uma coisa que ele trazia realmente, presencialmente, quase que encarnada. Ele suscitava um demo, e, enfim, sei lá. Eu sou uma pessoa agnóstica, não estou vendo o demo como figura, mas ele colocava uma negatividade, que, para Mallarmé, poderia ser o horror da página branca, com a qual ele dialogava dialeticamente para daí resgatar o texto. Essa personalidade que para o Mallarmé poderia ser o acaso, para ele era o demo, que está presente no *Grande sertão: veredas*, atravessa o livro inteiro. Ele continuou falando (...). Ele daí começou a dizer uma coisa que me espantou muito, porque as pessoas diziam que o Rosa era muito conservador, que era bem um embaixador itamaratiano. Começou a falar do fascismo. Disse assim de supetão: 'O fascismo você não sabe, o fascismo é o demo'. Eu sei, porque eu estive lá e eu sei que é o demo'..." (Campos, 2011, p. 46-47). Continua ainda mais Haroldo de Campos (2011, p. 47): "Depois daquela luta que ele disse que fez com o demo, acho que tudo que ele faz é meio autobiográfico." O depoimento pode ser assistido igualmente em <https://www.youtube.com/watch?v=tVTSZbWiyZA>.

29. O particípio "interiorizada" pretende ser ambíguo. Trata-se da religião sedimentada no interior (domínio mental, afetivo e psíquico) do homem e, também, daquela outra arraigada em certos representantes-personagens do povo brasileiro. Evitamos falar "religião popular" — expressão que consideramos demasiadamente preconceituosa — comentaremos o porquê em tempo oportuno. Antecipando, rapidamente, a *contemplação infusa* que atribuímos à dita "religião popular" que Rosa, em alguns de seus textos, representa é muito diferente do que se entende por uma "religião popular" afeita a crendices e ritos folclóricos.

30. Gama confirma isso de modo inquestionável ao recuperar um trecho do Diário de Paris. Ela comenta: "Em uma das muitas deliberações do diário escrito em Paris, Guimarães Rosa (1951, p. 58, grifos meus) projeta alinhar-se a Katherine Mansfield: 'Quero orar, hoje, o mais possível. Minha oração é muda, sem palavras e *sem imagens*. É um contacto (ou tentativa de) com o INF. Sem misticismo, sem fraquezas, sem devaneio. Talvez sejam os momentos únicos em que não pratico a evasão. Nada mais real mais prático e mais útil que a oração. Se for capaz de orar uma hora cada dia, pelo menos, sei que serei igualmente capaz de quaisquer realizações. *Se não a própria literatura minha degenerará num brinquedo desvalioso*. A necessidade de purificação e dinamização espiritual prévia é em mim muitíssimo forte. (Li, em qualquer parte (no Prefácio do 'jornal' dela) que o mesmo passou a se dar, a certa altura da vida, com Katherine Mansfield).' Repare-se que a identificação aqui é relativa ao exercício literário, envolvendo a reflexão sobre a necessidade de um processo prévio indissociável da realização. A oração, mais que um acesso à transcendência, é apresentada como uma prática que contribui para o fazer literário e para a manutenção de um padrão artístico. Observe-se também a negativa por imagens até mesmo nas orações: a palavra, a imagem e o devaneio resultam na evasão; a oração, por sua vez, se opõe à evasão, sendo útil para a criação literária" (Gama, 2019, p. 770). Merece visita também nesse ponto a tese de Maria Helena Garrido Saddi, que afirma: "(...) propomos o reconhecimento de uma relação estético-metafísica entre *Grande sertão: veredas* e *Primeiras estórias*" (Saddi, 2006, p. 13).

31. Sobre o alheamento rosiano, Callado, no depoimento já citado, afirma: "Realmente tanto quanto me foi dado conhecer o Guimarães Rosa, eu tenho a impressão de que ele acharia ideal uma sociedade em que os escritores pudessem escrever em paz, sabe? Não viessem aporrinhar o sujeito para saber se ele ia votar ou

Pareado com a divindade, Rosa tinha suas próprias leis, abeirou-se do absoluto, mas nele não imergiu, preferiu a palavra poética e aspirou, nela, a ser um "novo e moderno absoluto", ou melhor, um infinito enfeitado de fitas, ∞.

> A língua e eu somos um casal de amantes que juntos procriam apaixonadamente, mas a quem até hoje foi negada a bênção eclesiástica e científica. Entretanto, como sertanejo, a falta de tais formalidades não me preocupa. Minha amante é mais importante para mim (Rosa, 2009a, p. LI).

Em outros termos, na vida, Rosa não deu, segundo testemunhos próprios e de contemporâneos, passos de devoto para confissão alguma, e nem trilhou a via dos místicos, gurus, ascetas e santos que estudou e que pressupunham o nada, a baixeza e a modéstia em sua mística; finalmente, não usufruiu da catarse coletiva advinda da religiosidade popular do "povo prascóvio";[32] ele foi, antes, um "pactário da língua".[33] Por outro lado, é certo que ele trabalhou e se empenhou para a concretização material de seu trabalho artístico (que, de resto, por se limitar ao esteticamente controlado, está aquém do plano proposto pela mística), com base no que estudou, racionalizou e mentalizou dos escritos teológicos e filosóficos que leu; não mais que isso, é o que pretendemos

....
não votar ou o quê ele achava da reforma agrária. Essa por exemplo é uma pergunta que devem ter feito a ele várias vezes. Ele era homem que conhecia a situação da terra no Brasil. Se perguntassem se ele da reforma agrária, [eu tenho a impressão que] ele não tinha a menor ideia, ou melhor, nunca se preocupou com tal coisa. Ele queria saber era como é que os homens reagiam ao tipo de vida que estavam levando. [Bom, é uma posição extremada, afinal de contas cê tem pena das pessoas, que são pobres, ricas e isso e aquilo... Será que tem mesmo? Até que ponto é importante...] Ele tinha uma coisa a cumprir, a fazer, que era essa obra dele. Essa obra dele é mais importante para o povo brasileiro — não digo do que a reforma agrária, não têm comparação as duas coisas. Mas é tão importante quanto você ter um país realmente ordenado. Ter uma obra como a dele é uma coisa importantíssima. Duas obras como a de Machado de Assis e do Guimarães Rosa fazem um país" (Callado *in* Callado *et al*, 2011, p. 16). O trecho entre colchetes consta apenas na gravação em vídeo em: <https://blogs.opovo.com.br/leiturasdabel/2017/11/19/guimaraes-rosa-recriador-da-linguagem-literaria-morria-ha-50-anos/>. Acesso em: 23 set. 2020.

32. Rosa, 2009b, p. 7: "Mesmo que, por defeito como nasceu, arrebatado de beiços, esse figurava rindo feito pessoa. Cara de gente, cara de cão: determinaram — era o demo. *Povo prascóvio*. Mataram. Dono dele nem sei quem for. Vieram emprestar minhas armas, cedi. Não tenho abusões." Grifo nosso.

33. A expressão é de José Carlos Garbuglio e foi registrada no título de artigo que busca investigar as relações do texto com a língua no âmbito da experimentação, em que Rosa surge com pendor vanguardista: "Embora apresente um caráter pragmático inerente ao objeto que pretende atingir, essa prosa experimental propicia a iluminação do momento, enquanto deflagra o combate às estruturas viciadas dos começos do século, iniciando a escalada renovadora. Paralelamente a esse traço combativo e demolidor de velhos preconceitos, sobreexiste a preocupação com a criação de modelos, ou melhor, com o oferecimento de sugestões para um modo diverso da utilização da língua" (Garbuglio, 1980, p. 167-168).

demonstrar.³⁴ Neste sentido, a opção radical — necessária na vida contemplativa — pelo abandono e pela prática do abandono do mundo, em Rosa, foi "vento rodopiado".³⁵ Sagaz ele foi. Atilado na simulação do metafísico, desde o mais largo até o extremo estreito (nosso objeto de predileção). Se por modéstia, se por *hýbris*, a nós não cabe indagar.

Não carece tampouco esquadrinhar alturas; pelo contrário, basta a matéria língua, o rasteirinho pseudometafísico da locução, tal como em Rosa, isto é, o metafísico idiossincrático a contrapelo do metafísico pleno e coletivo dos arcanos. No particular da medida de um homem só, por muito coletar — entre a modéstia e a *hýbris* — Rosa se deixou acumular e não escolheu um caminho, pelo menos quando se espelhou no Riobaldo do *GSV*.

> Repito minha opinião: o trabalho é importantíssimo! Mas ainda mais importante para mim é o outro aspecto, o aspecto metafísico da língua, que faz com que *minha linguagem antes de tudo seja minha*. Também aqui pode-se determinar meu ponto de partida, que é muito simples. Meu lema é: *a linguagem e a vida são uma coisa só*. Quem não fizer do idioma o espelho de sua personalidade não vive; e como a vida é uma corrente contínua, a linguagem também deve evoluir constantemente. Isto significa que, como escritor, devo me prestar contas de cada palavra e considerar cada palavra o tempo necessário até ela ser novamente vida. O idioma é a única porta para o infinito, mas infelizmente está oculto sob montanhas de cinzas. Daí resulta que tenha de limpá-lo, e como é a expressão da vida, sou eu o responsável por ele, pelo que devo constantemente *umsorgen* [cuidar dele] (Rosa, 2009a, p. LI, grifos nossos).

....
34. Essa não é a opinião de Utéza e de muitos outros. Como afirmamos, estamos limitados à mística cristã, que, por sua vez, pressupõe a humildade como condição inegociável para se alcançar a divindade.
35. Rosa, 2009b, p. 160: "Do vento. Do vento que vinha, rodopiado. Redemoinho: o senhor sabe — a briga de ventos. O quando um esbarra com outro, e se enrolam, o doido espetáculo. A poeira subia, a dar que dava escuro, no alto, o ponto às voltas, folharada, e ramaredo quebrado, no estalar de pios assovios, se torcendo turvo, esgarabulhando. Senti meu cavalo como meu corpo. Aquilo passou, embora, o ró-ró. A gente dava graças a Deus." Trecho primoroso, repleto de lêmures a começar por Homero, *Odisseia*, 5, 328-332, a quem nos basta citar: "ὡς δ᾽ ὅτ᾽ ὀπωρινὸς Βορέης φορέῃσιν ἀκάνθας/ ἀμ πεδίον, πυκιναὶ δὲ πρὸς ἀλλήλῃσιν ἔχονται,/ ὣς τὴν ἂμ πέλαγος ἄνεμοι φέρον ἔνθα καὶ ἔνθα/ ἄλλοτε μέν τε Νότος Βορέῃ προβάλεσκε φέρεσθαι / ἄλλοτε δ᾽ αὖτ᾽ Εὖρος Ζεφύρῳ εἴξασκε διώκειν." ["... tal qual Bóreas outonal acantos pela planura rola/ e eles, embolados entre si, maranhavam; assim, a ela os ventos rodam pelo mar-pleno, pra cá e lá!/ Dum lado Noto joga pra Bóreas rodopiar;/do outro, de volta, Euro larga pra Zéfiro lufar."]; o outro lêmure é a treva que suscita a poeira levantada. Há ainda um duplo significado de "cavalo": animal e "Pessoa que recebe o santo, em rituais afro-brasileiros como o candomblé, esp. de caboclo, a umbanda etc." (*Aulete Digital*).

Marginalia, ou o que dizem os livros do acervo rosiano do IEB...

Sigamos à beira do caminho, nas margens. E, já que lidamos com os pequenos mistérios (i)materiais (lêmures, manes, jogos poéticos que são ensaios para o enfrentamento do grande mistério inatingível), o espectral é bem-vindo, ele é *marginalia* do sublime, vereda colateral do grande ato de ser. Mas as veredas são perigo de ocasião, promoção, venda a varejo do resto que sobrou. Imitamos Rosa que, querendo alcançar o infinito "sem mediações", resignou-se com o literário e residiu — exato — nas veredas.

Assim, se levamos em conta o romance e o protagonista do romance, é possível conjecturar que o autor e sua personagem mor experimentaram e aplicaram perdulária e concretamente o redemoinho religioso do sertão mineiro a partir de seus estudos acerca da diversidade — e da ciência — da religião.

> Hem? Hem? O que mais penso, testo e explico: todo-o-mundo é louco. O senhor, eu, nós, as pessoas todas. Por isso é que se carece principalmente de religião: para se desendoidecer, desdoidar. Reza é que sara da loucura. No geral. Isso é que é a salvação-da-alma... Muita religião, seu moço! Eu cá, não perco ocasião de religião. Aproveito de todas. Bebo água de todo rio... Uma só, para mim é pouca, talvez não me chegue. Rezo cristão, católico, embrenho a certo; e aceito as preces de compadre meu Quelemém, doutrina dele, de Cardéque.[36] Mas, quando posso, vou no Mindubim, onde um Matias é crente, metodista: a gente se acusa de pecador, lê alto a Bíblia, e ora, cantando hinos belos deles. Tudo me quieta, me suspende. Qualquer sombrinha me refresca.[37] Mas é só muito provisório. Eu queria rezar — o tempo todo. Muita gente não me aprova, acham que lei de Deus é privilégios, invariável.
> (...)
> Às vezes eu penso: seria o caso de pessoas de fé e posição se reunirem, em algum apropriado lugar, no meio dos gerais, para se viver só em altas rezas,

....
36. Não gostaríamos de deixar passar a forma abrasileirada, modernista e meio marioandradiana de escrever o nome do codificador do espiritismo francês, Hippolyte Léon Denizard Rivail, que escreveu seus tratados sob o pseudônimo de Allan Kardec.
37. Há um lêmure excruciante nessa sombra: é um profeta que foge de Deus, que disputa com Ele e que não quer — de modo algum — ser desmentido. Jonas, profeta hebreu, depois de se enfurecer por Deus ter poupado os ninivitas, "saiu e instalou-se a leste da cidade. Fez ali uma cabana, *sentou-se à sombra* e ficou esperando para ver o que iria acontecer com a cidade. Então o Senhor fez nascer uma planta que cresceu acima de Jonas, de modo a lhe dar sombra para a cabeça, aliviando-lhe o mal-estar" (*Jonas*, 4, v. 5-6 — tradução TEB).

fortíssimas, louvando a Deus e pedindo glória do perdão do mundo. Todos vinham comparecendo, lá se levantava enorme igreja, não havia mais crimes, nem ambição, e todo sofrimento se espraiava em Deus, dado logo, até à hora de cada um a morte cantar. Raciocinei isso com compadre meu Quelemém, e ele duvidou com a cabeça: — "Riobaldo, a colheita é comum, mas o capinar é sozinho..." — ciente me respondeu (Rosa, 2009b, p. 12 e 39, respectivamente).

Também Rosa, tal qual exortou Quelemém, capinou sozinho, sem credo, sem devoção manifesta; a colheita farta e comum coube a nós, os pósteros. Afirmar-se-á que tomar a fala de Riobaldo por uma postura de vida de seu criador seria um equívoco grave, imperdoável, porque um autor não se representa em suas personagens como um ator que leva para figuras de ficção sua essência profunda, canastrão que carrega tiques. Se autor, ator e personagens são coisas distintas, essa verdade não se aplica plenamente a Rosa.[38]

Todavia, a indecisão e a não escolha de Riobaldo, julgamos, concretiza-se visivelmente na linguagem poética que compõe o relato do *GSV*: são muitas enumerações, listas e catálogos ("rezar cristão, católico, preces espíritas, doutrina de Cardéque, leitura metodista, canto de hinos..."), o uso concomitante de variantes linguísticas de comunidades diversas (fantasêia e fantasia, como vimos anteriormente e, aqui, Quelemém, corruptela de Clemente)[39], de línguas diversas (como se sabe no uso, por exemplo, de esmarte/*smart*; aravia/algaravia) e coisas do tipo que comprovam, tecnicamente, o que hipotetizamos.

A escrita do *GSV* é, a nosso ver, expressão do pandemônio consciente, determinado e provocado que é exibido pela vida de uma religiosidade

....
38. Somos anuentes com Gama (2017, p. 252). Comentando a entrevista de Lorenz a Rosa, ela afirma: "O tempo é um ponto de convergência para a imagem de escritor que Guimarães Rosa sustenta para si: é preciso escrever para o infinito e dedicar seu tempo disponível para a escrita. Depois de igualar religiosidade à poética, Guimarães Rosa aborda outro aspecto de sua concepção de escritor que aparecerá nesta entrevista em formulações que dizem respeito à relação entre vida e obra: 'a literatura tem de ser vida! O escritor deve ser o que ele escreve' (Lorenz, 1983, p. 84); 'A vida deve fazer justiça à obra, e a obra à vida. Um escritor que não se atém a esta regra não vale nada, nem como homem nem como escritor. Ele está face a face com o infinito e é responsável perante o homem e perante a si mesmo. Para ele não existe uma instância superior' (Lorenz, 1983, p. 74). No entanto, esse 'compromisso do coração', com a coerência entre vida e literatura, não abarca as noções correntes de autobiografia, personalidade e intimidade. Günter Lorenz questiona se *Grande Sertão: Veredas* seria um romance autobiográfico, o que é confirmado pelo escritor com uma ressalva paradoxal: 'É, desde que você não considere uma autobiografia como algo excessivamente lógico. É uma 'autobiografia irracional', ou melhor, minha autorreflexão irracional. Naturalmente que me identifico com este livro' (Lorenz, 1983, p. 94)."

39. Cf. Colaço, 2018, p. 67.

vivida sem escolhas.⁴⁰ Recordemos o que Rosa disse a Lorenz: "Meu lema é: a linguagem e a vida são uma coisa só". Por isso, tentaremos equilibrar autor, história, personagem e obra.⁴¹

Se tal procedimento ainda é considerado indevido, diremos: ah, **é e não**! Afirmar que o autor se desdobra em suas personagens é — verdadeiramente — erro, porque cumpre sempre distinguir entre obra, personagem e autor, como soem fazer os estudiosos de teoria literária. Mas em outro sentido, tal procedimento não é — verdadeiramente — erro; não no caso de Rosa e da religiosidade que aqui discutimos. E não o será, efetivamente, por três inequívocos e fortes indícios comprováveis: a temática do GSV e a presença de uma quantidade significativa de livros sobre espiritualidade (desde os mais banais até os mais sofisticados) na biblioteca rosiana conservada e catalogada no IEB — o que, desde a introdução deste livro, estamos comentando — ; depoimentos diversos, aqui arrolados, de pessoas que conviveram com o autor; e, finalmente, a sólida argumentação e comprovação oferecidas em um estudo de Alfredo Bosi que consideramos perspicaz e primoroso, "Céu, inferno" (2003).

Ita est. Em depoimento,⁴² Antonio Callado é objetivo e imediato, admitindo com polidez e sem ressalvas que havia uma intenção incontida, por parte do mineiro, de (con)fundir obra e vida, mistificando-as. O estudo de Bosi, por seu turno, oferta aos leitores especializados uma faceta do escritor que demanda reflexão.⁴³

Do ensaio referido, "Céu, inferno", vamos por ora pinçar o início da discussão a ser desenvolvida pelo sociólogo e crítico literário paulista. O

....
40. Sperber, em comentário ao conto "A hora e vez de Augusto Matraga", atesta: "a escolha do trecho prova que não se trata de mero acaso nem de cristianismo herdado através de conceitos difusos. Pelo contrário, há consciência e conhecimento das matrizes religiosas. Talvez fosse possível esperar encontrar então, dogmatismo, ou opção única, absoluta e definitiva pelo cristianismo" (Sperber, 1976, p. 45). Veremos que essa espera, definitivamente, não se realiza, Rosa opta pela surpresa. O que o leva a isso é difícil de determinar: influências diversas ou simplesmente assumir sua profissão de escritor e o desejo de mudar o rumo das letras e fazer da religião, efetivamente, literatura?

41. Sobre o assunto, vale conferir o trabalho de Júlia Avellar: *Uma teoria ovidiana da literatura: os* Tristia *como epitáfio de um poeta-leitor*, 2019 (ver Referências).

42. O escritor discorre da seguinte maneira: "O Rosa era intensamente autobiográfico. Se você desse a menor chance, numa conversa, ele começava a falar dele mesmo. Era um homem muito voltado para si mesmo. Não era desagradável, não era um homem mal-educado com quem você não pudesse conversar, não, mas se você começasse a perguntar coisas sobre ética, moral, religião, o mundo ele dava um jeito e daqui a pouco estava te contando uma história do Guimarães Rosa em algum lugar. Então, tudo que eu leio dele me dá muito a impressão dele próprio." (Callado, 2011, p. 9)

43. Ampliaremos a discussão ainda no início do capítulo seguinte, recuperando reflexões também de obra do autor datada de 1992.

capítulo que deu nome ao conjunto vai se dedicar a "enformar o realismo crítico" (Bosi, 2003, p. 21) de Graciliano Ramos, comparando-o com e contrapondo-o ao "atalho da cultura popular" (Bosi, 2003, p. 33) em Guimarães Rosa.

Em outras palavras, ao percurso que se dirige ao "inferno" do alagoano opõe-se o encurtado caminho rumo ao "céu" do mineiro. O parágrafo indicado tem abrangências que não vamos discutir em detalhe, mas serve para um começo de conversa. Assim se enceta o estudo de Bosi:

> Sem dúvida, o capital não tem pátria, e é esta uma das vantagens universais que o fazem tão ativo e irradiante. Mas o trabalho que ele *explora* tem mãe, tem pai, tem mulher e filhos, tem língua e costumes, tem música e *religião*. Tem uma fisionomia humana que dura enquanto pode. (Bosi, 2003, p. 19, grifos nossos)

Vê-se que, a princípio, o ponto central é defender que a economia move a sociedade (mãe, pai, mulher e filhos — para não mencionar também patrão e empregados — e os costumes), as artes (literatura, música etc.), a língua, a moral e a ética. Cremos por isso que, talvez, as referências básicas de Bosi, ao falar de economia, sejam devedoras de Adam Smith (1723-1790) e, consequentemente, de Karl Marx (1818-1883).

Smith, o distinguido "pai" da economia científica, vê seu objeto de estudo como parte integrante da sociedade. Ele foi quem, segundo Pedro Ramos,

> propôs que o que cria excedente (ou riqueza) não é a natureza e sim o trabalho humano. E esse é tanto mais criador quanto mais especializado for, ou seja, com a divisão do trabalho, seja em âmbito nacional ou internacional, amplia-se a disponibilidade de bens ou mercadorias. (...) Smith também percebeu o risco para a sociedade da busca dos maiores lucros possíveis. (...) [Foi também Smith quem] lançou mão de uma explicação conciliatória ao afirmar que tal busca era, no final das contas, *benéfica para a sociedade*, pois o ganho contido no valor de troca faz com que os empresários se vejam obrigados a produzir valores de uso, *mercadorias úteis para todos os membros da sociedade. Assim, uma característica negativa para o convívio humano* — a avareza, o desejo de ganho em benefício próprio — *transforma-se em algo positivo*, pois garante o abastecimento, impedindo a insuficiência da oferta de bens. Tal é a metáfora da "mão invisível", que foi extraída de um conto, a fábula das abelhas, mas que pode ser também aplicada à "sociedade das formigas", já que estas utilizam a divisão do trabalho: as guerreiras protegem o formigueiro, as vigias alertam sobre os perigos para que as operárias

possam trabalhar, enquanto outras cultivam os fungos que alimentam as larvas e as futuras rainhas! (Ramos, 2020, p. 18 e 19, grifos nossos)

Passados, porém, tantos anos da teorização de Smith (e mesmo de Bosi), não escondemos o impacto da assertiva do teórico paulista em relação à "pátria" e ao "capital" nos dias de hoje. Há um nó qualquer que nos prende.

Suspeitamos que a economia de que fala Bosi não se aplica ao escritor. Aliás, ele mesmo já indicou que desse modelo Rosa vai a contrapelo. Bosi vislumbra em Guimarães Rosa um "atalho": a religiosidade popular, uma espécie de fuga pela alienação. Por este meio ele termina seu ensaio com o seguinte parágrafo:

Graciliano Ramos, do céu desejado para o inferno real; Guimarães Rosa, o caminho inverso. Céu inferno céu inferno céu inferno... a cantiga de roda sabe o que o povo sofre e o que o povo espera. (Bosi, 2003, p. 50)

Certo. Mas Rosa foi do erudito impenetrável ao popular proverbial de um pequeno burgo cravado no miolo do Brasil. Desse modo, Bosi estranha que o sistema capitalista não surja implacável para o sertanejo na obra do escritor mineiro:

Em Guimarães Rosa, o que o cinge à cultura popular é um fio unido de crenças: não só um conteúdo formado de imagens e afetos, mas, principalmente, um modo de ver os homens e o destino. Muitas personagens das *Primeiras estórias* acham-se privadas de saúde, de recursos materiais, de posição social e até mesmo do pleno uso da razão. Pelos esquemas de uma lógica social moderna, estritamente capitalista, só lhes resta esperar a miséria, a abjeção, o abandono, a morte. (...) Apesar disso, os contos não correm sobre os trilhos de uma história de necessidades, mas relatam como, através de processos de suplência afetiva e simbólica, essas mesmas criaturas conhecerão a passagem para o reino da liberdade. (Bosi, 2003, p. 36-37)

Para ele, a solução vem através de processos de "suplência afetiva e simbólica". Pela citação, afirmamos que Bosi está (e não está) certíssimo. Sua intuição precisa e seu argumento lógico e firme levam-no a vislumbrar homem e obra, cultura, contexto social e político de forma clara.

Contudo, talvez movido por conceitos direcionados por sua própria origem carnal particular de "homem humano e contingente" e por sua conduta filosófica de "homem intelectual que faz escolhas" (a saber, do que vem a ser "religião", "crença" e "cultura popular"),[44] avultam no raciocínio de Bosi sobre as personagens rosianas e sobre o criador delas dois abantesmas enormes: a opção ideológica e a interpretação de uma suposta religião popular presente em Guimarães Rosa (obra e homem) e a afirmação de sua não religiosidade.

Nesse sentido, a ideia nascida de nossas pesquisas — pelas quais sustentamos que Rosa não tinha para si, e nem simulava ter em seus escritos, credo definido, embora trabalhasse de maneira árdua nos estudos metafísicos — aparece contradita neste trecho do crítico paulista, que defende tratar-se de vivência assumida precariamente de um ecletismo ou de uma religião pouco refletida.

Pensemos em economia e liberdade. Como sistema organizacional, a economia visa a criar riqueza no funcionamento amplo da sociedade. Para tanto, carece criar valor de consumo para mover o mercado. O indivíduo deve sentir-se carente de coisas e impelido ao trabalho para comprá-las. Desse modo, o trabalho lhe é "exigido", às vezes até de modo opressivo. Cria-se, então,

> uma disputa entre trabalhadores e capitalistas [patrões] em torno da taxa de exploração, pois quanto maior esta, maior pode ser o lucro do empresário. Mas os trabalhadores lutam por elevar seus salários, ou seja, ambos buscam elevar seus ganhos. Esta elaboração é que dá sentido para a continuidade histórica da "luta de classes", que é fundamental para o processo de acumulação de capital, que ele [Karl Marx] considerava o mais importante fenômeno da economia capitalista. É correto o entendimento de que tal análise deve ser considerada uma simplificação do contexto social, já que outras instituições ou agentes sociais (bancos, comércio, governos, transportadoras, médicos, advogados, professores, funcionários públicos, políticos etc.) participam da distribuição do "valor social criado", ou seja, suas remunerações são partes (maiores ou

....
44. Reforçamos o sentido de cultura popular para Bosi (1992, p. 323): "Mas, se nos ativermos fielmente à concepção antropológica do termo cultura, que é, de longe, a mais fecunda, logo perceberemos que um sem-número de fenômenos simbólicos pelos quais se exprime a vida brasileira tem a sua gênese no coração dessa vida, que é o imaginário do povo formalizado de tantos modos diversos, que vão do rito indígena ao candomblé, do samba-de-roda à festa do Divino, das Assembleias pentecostais à tenda de umbanda, sem esquecer as manifestações de piedade do catolicismo que compreende estilos rústicos e estilos cultos de expressão." — Religião é cultura? — Sim e não. Cremos que quem pratica religião como cultura não é religioso. Parece-nos que esse é o caso de Rosa, mesmo o Rosa supersticioso... Talvez superstição seja um termo que devesse compor o campo semântico do "medo" e da "insegurança" ("juízo falso, errôneo, desfavorável ou parcial" no *Dicionário Analógico da Língua Portuguesa* de Carlos Spitzer, 1962) e não daquele outro alocado em "crendice" (cf. *Dicionário Analógico da Língua Portuguesa* de Francisco Ferreira dos Santos Azevedo, 2010).

menores) do excedente gerado nas mais amplas e diversas produções. (Ramos, 2020, p. 23 e 24)

Nesta concepção, Bosi está certo em relação a Graciliano Ramos, e seu raciocínio com relação a Guimarães Rosa, parcialmente, também procede. Há em Rosa, porém, um oscilar, uma instabilidade — um determinismo pendular de **é não é** — que provoca uma espécie de ricochete como mostra a cantiga popular, citada por Bosi, no mineiro. Só que, no movimento pendular, existe o "meio da coisa", o que não é um lado nem outro.

Aí se ata o nó. O que parece imperar no sistema literário criado por Guimarães Rosa não é a perspectiva da economia que impõe o determinismo, tal como indica Bosi para Graciliano (inferno), nem é, pensamos, a alienação popular (céu) no escritor diplomata. Nele vigora um sistema universal propício para se pensar o fora e o dentro do homem com relação à economia. Falamos em termos que Pedro Ramos destaca ao resumir a teorização de Smith: Rosa realça características negativas do convívio humano — a avareza, o desejo de ganho em benefício próprio (inferno?) — para criar a possibilidade da economia do particular, do individual.

Este sistema pode ser representado por uma teoria marginalista, contemporânea à de Karl Marx, formulada por William Stanley Jevons (1835-1882). Vale, portanto, ainda citando Ramos (2020, p. 40), reproduzir duas assertivas de Jevons que nos parecem adequadas para entender a "economia" na obra rosiana: "[economia] deve ser apresentada como a mecânica da utilidade e do interesse individual"; "o prazer e o sofrimento são indiscutivelmente o objeto último do cálculo da Economia" (Jevons *apud* Ramos, 2020, p. 40).

Em ambas as direções apresentadas por Bosi, no fundo, o capital comanda. Contudo, é preciso que se diga, é possível pensar em uma microeconomia individualizada (que cada personagem resolve a seu bel prazer) e que se chama, nos moldes cristãos, a "economia da salvação". A macroeconomia, nesse sentido, se submete aos interesses privados de alguns. O "capital" sem "pátria" com mão invisível não é o único modo de controlar a sociedade. Se Graciliano olha para o estranho que esmaga do lado de fora, Rosa olha para as entranhas que devoram por dentro, e isso lhe é necessário para pensar suas histórias, visto elas representarem o homem por dentro e por fora, bem como seu entorno, sua origem e sua possibilidade de transcendência.

Vejamos nós em tempos de pandemia ou guerra. Para além de estruturas, sistemas e esquemas formais e teóricos, as gentes, confinadas em seus redutos primários (casas, quartos, quitinetes), se perceberam isoladas, mas irmanadas;

protegidas, mas violentadas; divididas e diferenciadas a um só tempo, senão no mesmo barco, pelo menos sob a mesma tempestade. A crise sanitária e alimentar que se vive concretiza, de uma forma ou de outra, a reconfiguração do mundo, pois somos obrigados a encarar tanto nossas raízes remotas (continente, pátria ou país), quanto nosso núcleo familiar essencial, nossos afetos e desafetos íntimos, nossa crença ou não crença, nosso corpo de nascimento e morte, nosso limite de potência ou transcendência, e tudo isso aterroriza os devotos da macroeconomia.

Bosi desenvolve sua teoria com base em uma economia convencional e conclui — acerca de *Vidas secas*, de Graciliano Ramos, analisando a relação entre Sinhá Vitória, o filho mais velho e Baleia — que "[n]o âmago da condição humilhada e ofendida, os seres que a partilham transmutam em fantasia compensadora as carências do cotidiano" (Bosi, 2003, p. 31), para logo em seguida, no retorno de um mero olhar, a fantasia padecer de "um duro confronto com a cara irredutível do real" (Bosi, 2003, p. 31). Com isso, ele afirma:

> A educação sertaneja, tal como Graciliano a mostra em *Infância* e em *Vidas secas*, não pode prescindir do inferno, pois é um aprendizado brutal de que é preciso temer o outro, a Natureza, o acaso. O cotidiano deve conformar-se com as leis da gravidade, leis de determinação natural e social que cortam as asas à fantasia e constrangem a mente a preparar-se para sofrer o ciclo imperioso da escassez. (Bosi, 2003, p. 33)
> (...)
> A hipótese que me parece mais razoável é esta: *separando* Graciliano da matéria sertaneja está a mediação ideológica do determinismo; *aproximando* Guimarães Rosa do seu mundo mineiro está a mediação da religiosidade popular. (Bosi, 2003, p. 33, grifos do autor)

De Bosi para cá, algo mudou terrivelmente e se aproximou do que, cremos, Rosa intui (e que Bosi supõe realizar-se pela assunção mimética da religião popular). O sociólogo detecta com exatidão uma "mediação ideológica do determinismo" em Graciliano Ramos; entretanto, a "mediação da religiosidade popular" em Rosa é coisa bastante complexa, para além da mera tentativa de reproduzir o real que se idealiza.

De fato, pensamos que a religiosidade no autor mineiro é seu grande problema, virtualidade obrigatória que deveria ser alcançada pela palavra e estudo; que poderia superar a realidade, mas que se limita com a letra perecível, letra em suporte de papel. Um detalhe precioso nos levou a isso: as posturas opostas de Graciliano Ramos e de Guimarães Rosa, que Bosi analisa muito bem. Se Graciliano é distante, indiferente, Rosa é fervoroso com seus personagens. Mas eles lhe causam espanto. Como entender que, na miséria e na ignorância, alguns alcancem a sabedoria e a mística infusa?

Em nosso entender, Rosa cobiça a mística infusa que constata em alguns sertanejos reais nos quais se baseia para construir suas personagens e, por isso, ele busca (re)apresentar — e com "(re)apresentar" queremos dizer "mimetizar" — esta mística que tanto estudou. Há reverência, por exemplo, com Bigrí, a moça do Barreiro-Novo, também com o Joé Cazuzo, o Tio Man'Antônio, Miguelim e Nhinhinha. Estas personagens possuem a coisa difícil de ser alcançada intelectualmente, a qual não é sistematizável, é particular, singular e dada de graça; não há aplicação intelectual que a alcance. São personagens que têm "o nada (...) [como] sua condição": *nihil*, nhinhinha é o que elas têm: nem riqueza, nem saúde, nem futuro e, com isso, são livres de todo. Estas figuras não se encaixam nos sistemas econômicos, porque não sucumbem a barganhas.[45]

A ciência e a virtude infusas se instauram *nonada* e geram seres absolutamente livres — não alienados — da matéria concreta e abstrata, visto terem a plenitude do absoluto. O encantamento de Rosa por esses personagens é notório e se pode depreender pela escrita carregada de bonomia, generosidade, benevolência e mesmo veneração para com elas.[46] A persona de

....

45. Citamos uma situação enfrentada por um pesquisador e narrada por Malcom S. Adiseshiah em *O papel do homem no desenvolvimento* (*apud* Pedro Ramos): "Tendo visitado um estado-membro, um especialista em planejamento do desenvolvimento contou um pequeno fato que se relaciona com o nosso tema. Esse planejador 'fora a uma região agradável e bastante afastada no referido país. Andando à margem de um lago, encontrou um pescador tranquilamente deitado ao sol; verificou-se então a seguinte conversa: — Por que você não está pescando no lago? — Acontece que ontem fiz uma boa pesca e ganhei dinheiro bastante para três dias; nesse caso, por que iria eu pescar hoje? — Porque assim você poderia ficar mais rico. — É verdade. Mas por que eu deveria ficar mais rico? — Porque assim poderia comprar um grande barco de pesca a motor. — É verdade. Mas por que eu precisaria de um grande barco de pesca a motor? — Porque, com um tal barco, poderia pescar dez vezes mais peixes e ganhar dez vezes mais dinheiro. — É verdade. Mas por que deveria eu pescar dez vezes mais peixe e ganhar dez vezes mais dinheiro? — Porque, com esse dinheiro, poderia comprar uma grande casa com piscina. — É verdade. Mas por que deveria eu ter uma grande casa com piscina? — Porque você poderia gozar a vida e se espreguiçar ao sol durante todo o dia. — É verdade. Mas é justamente isso o que estou fazendo agora!'" (Adiseshiah *apud* Ramos, 2020, p. 43 e 44).

46. Pequena prova da admiração do autor de *GSV* por criaturas do nada. Vicente Guimarães, biografando João Guimarães Rosa, relata a situação de um amigo comum entre ele e o sobrinho, um mendigo cego: "Seo Emílio era ferreiro de profissão, trabalhador. Manejava o malho e bigorna. Araponga do lugar parecia. Bigorneava de sol à noite, preparando chapas de ferro e rebites, para cravejar rodas de carro de boi, fixando as partes. Fazia, ajeitado, ferros (...). Benquisto pelo ofício a que se dava, boa reputação gozando, recebia encomendas muitas. (...) Desse bendito trabalho, por destino lhe sobreveio também o acidente, duas pequeninas chispas de ferro candente, uma em cada olho. Daquela anterior, à profissão

si que ele tentou transmitir publicamente, por meio de entrevistas e de uma certa performance pessoal, muitas vezes repete essas figuras. Ao passo que o posicionamento de Graciliano (em consonância com Bosi) é de, na condição de criador, distanciar-se de suas personagens para, no mínimo, denunciar a opressão que pesa sobre elas.

Doutra maneira, como bem formula Bosi, "[o] trançado de sonho, desejo e realidade (que viria a ser a substância de tantas histórias sertanejas de Guimarães Rosa) não alcança aqui [em Graciliano Ramos] modos de sobreviver" (Bosi, 2003, p. 32). Sim, há um trançado de sonho, desejo e realidade presente em Rosa, e ele é autêntico, embora mimetizado. Mas isso vai além, penetra o recôndito do escritor. Com isso queremos afirmar que Rosa ambiciona a liberdade do nada (que ele conheceu após estudo e investigação), mas só alcança fazer mimese do nada reproduzindo o que viu acontecer a alguns sertanejos, sem esforço pessoal deles. Ele percebe a mística infusa grassando no sertão e verifica que — para ele — tudo **é e não é** sonho, desejo e ou realidade, pois pensar, escrever, ver e constatar não é ser.

É tal como estamos a ver em nosso cenário político brasileiro e no enfrentamento à pandemia da covid-19, também no cenário mundial, com a guerra na Ucrânia. Não há verdade (sonho ou realidade), tudo pode ser produzido no pêndulo "céu e inferno", no jogo de palavras, no confronto de ideologias. É a lei do "eu falando, fica sendo" (Rosa, 2009b, p. 310). **Só que não**. Pessoas morrem e palavras não viram coisas, a menos que haja a infusão do sagrado. Parece-nos que o céu da mística infusa é o inferno para Rosa, um criador que, como todos os homens humanos, não alcançou criar do nada e que por isso pode afirmar que só existe o homem humano.

Que o diplomata mimetizasse, à moda aristotélica, religião, superstição ou crendice, por meio de alguns personagens, não negamos; todavia, há no seu mimetizar a potência de quem se alarga através da contemplação infusa sem vivê-la plenamente — porque se queria livre de qualquer credo, nunca se entregou. Em outros termos, Rosa mimetizava o que ardentemente desejava ter ou suscitar. Ele certamente acumulou tanto o pleno domínio de "processos de suplência afetiva e simbólica" quanto aqueloutro de profundo conhecimento intelectual sobre a vida contemplativa, das fontes gregas (platônicas e

....

de cego-pedinte passou, pois. Com vista boa jamais pensou em esmolar. Seu destino mudou-se sem vontade sua. Sempre sido bom, de bem, continuou correto na necessária mendicância, para a qual, assim por assim, as peregrinações começaram. (...) Nem sempre tínhamos o prazer de encontrar seo Emílio em nossas férias. Quando isso, mais uma diversão era, que nos encantava. *Joãozito, de lápis na mão, anotava em seu caderninho os gostosos e esquisitos termos usados pelo cego seo Emílio.* (Guimarães, Vicente de Paulo, 1972, p. 76 e 79, grifo nosso).

neoplatônicas) até as posteriores: hindus, latinas, medievais e subsequentes. Nesse percurso, ele tinha ciência, inclusive, de práticas supersticiosas as quais ele até considerava desempenhar, e, provavelmente, sabia que estas não o levariam — nem mesmo a qualquer um de seus personagens — ao reino da liberdade, nem na vida, nem na literatura. E ele foi um homem de pensar livre e solto, um *Rosa'uard*![47]

As práticas populares do sertanejo (do oprimido?), aos olhos de Bosi, se explicam assim:

> Guimarães Rosa entra em sintonia com essa "alma de um mundo sem alma", como Marx define com o maior dos realismos a religião dos oprimidos. A sua narrativa, que parece a tantos ardidamente moderna e até mesmo experimental pela ousadia das soluções formais, realiza, com as artimanhas da linguagem, uma nova tradução do pensamento arcaico-popular (Bosi, 2003, p. 37).

Não contestamos o que Bosi afirma em relação à perspectiva da obra que leva o subtítulo *Ensaios de crítica literária e ideológica*, tomada em seu escopo restrito, quando restringe o olhar e vê a liberdade conquistada pela religiosidade como fruto de uma artimanha ideológica.

Postulamos, porém, que não é tão incontestável o que ele propõe para uma perspectiva panorâmica da experiência religiosa racionalizada e sistematizada (pois que grega, latina, medieval, hindu, moderna etc.) e ancestralmente acumulada (a qual Bosi restringe à paremiologia) tratando-a como religiosidade de cunho popular.[48] Nem admitimos que a "religião popular" seja religião de sertanejos oprimidos, principalmente se recordarmos que Rosa se apresenta como um sertanejo. Rosa, o diplomata, um oprimido?! Religião, o ópio de Rosa? Não. A liberdade frustrada de Riobaldo (ou de Rosa, talvez) e dos

....
47. Referimo-nos ao episódio comentado antes sobre Rosa'uarda.
48. Bosi indica o que ele chama de "fontes seguras da tradição sapiencial popular". Os títulos são: *História geral dos adágios portugueses* de Ladislau Batalha, *Adágios portugueses reduzidos a lugares-comuns pelo Licenciado António Delicado em 1651*; *Provérbios de Goiás* de Ático Vilas-Boas da Mota; *Rifoneiro Português* de Pedro Chaves; *Provérbios e frases proverbiais do século XVI* e, por fim, os *"preciosos, embora assistemáticos, trabalhos de João Ribeiro e Amadeu Amaral, pioneiros da paremiologia no Brasil"* (Bosi, 2003, p. 39). Dos indicados pelo professor, nenhum título está registrado no Banco de Dados Bibliográficos da USP, coleção especial de Guimarães Rosa/IEB. Há, entretanto, na mesma coleção, sete títulos de Luís da Câmara Cascudo, a saber: *Dicionário do folclore brasileiro* (1954); *Folclore brasileiro* (vol. 1 e 2, 1954); *Trinta "estórias" brasileiras* (1955); *Tradições populares da pecuária nordestina* (1956); *Jangadeiros* (1957); *Rede de dormir: uma pesquisa etnográfica* (vol. 1 e 2, 1959); *Dois ensaios de história...* (1965). Ao que parece, por mais de doze anos, Guimarães Rosa acompanhou, adquiriu e prestigiou as publicações do historiador e folclorista potiguar em detrimento dos outros apontados por Bosi.

personagens airosos parece-nos ser uma tomada de decisão pela não decisão, pelo não pertencimento. A coisa é e não é, já que "infelizmente está oculta sob montanhas de cinzas".

Impossível negar que a religiosidade de Guimarães Rosa esteja crivada da cultura popular, todavia, ver-se-á que o pano de bordadura do crivo é denso, encorpado e resistente. O popular é apenas frincha de vereda, vazado no tecido que se abre para o leitor, respiro na erudição ou talvez camuflagem e disfarce. O tecido que suporta o bordado é bem tramado, de complexidade mística indubitável e intelectualmente articulada para tornar-se negação da mística (pelo menos a que entendemos traçada no catolicismo). Aliás, sua obra, como um todo, tem indícios evidentes de brotar de estudos aprofundados — com tentativas de prática, a confiarmos no depoimento de Haroldo de Campos, na nota 28 deste capítulo — da busca pelo sobrenatural e da ascese mística cristã que se dissolve no meio de outras. A coleção rosiana de livros especializados nessa matéria, repetimos, não é pouco expressiva. Antônio Callado dá igualmente testemunho disso:

> Ele dava a impressão de muita paz, muita alegria, tinha um ar sociável, amável, mas se você se aproximasse mais um pouco dele via logo que era diferente. Não era por convencimento nem nada. Numa ocasião, depois de ler a "Terceira margem do rio", eu disse: "Rosa que conto tão bonito que você escreveu, que coisa estranha, interessante... De onde é que veio? Tem alguma fonte? Alguma ideia?" E ele disse: "Ai, Callado, nem me pergunte, eu cheguei a ficar assustado, parei para rezar." Quer dizer, ele achou a ideia tão bonita que ele rezou antes de começar a escrever. E, realmente, era caso de reza. Você pode dizer: "Será que ele não exagerou?". Eu acho que não, acho que ele não exagerou. Ele teve aquela ideia e ficou tão deslumbrado com a própria ideia que rezou.
> Às vezes ele ficava tão angustiado de noite que ele saía para encontrar uma igreja aberta, sentar lá e rezar. Ele tinha realmente um lado em que eu ignoro que ele tenha deixado grandes confissões a respeito; a não ser na literatura dele, lá dentro você encontra tudo, mas a coisa propriamente autobiográfica, dele não conheço nada dele que ele fale em tais assuntos.[49]

Que seja. Mas *um galo sozinho não faz uma manhã*. Como o próprio Callado, em citação anterior, comentou, Rosa não procurava outros caminhos que não fossem os seus idiomáticos e próprios caminhos, por isso surgiu como

....
49. Callado *in* Callado *et al*, 2011, p. 12.

"uma bomba no meio de escritores que eram interessantes, mas que não eram nem um terço do interesse que ele tinha, isso é sempre desagradável, o Joyce também desagradou..." (Callado *in* Callado *et al*, 2011, p. 13).

É difícil, no correr do dia a dia, lidar com o talento, a erudição, o empenho, a disciplina, a ousadia e o ardor do outro que está sempre à nossa frente. A tese deste capítulo é, portanto, esta: Rosa podia ter sido o que quisesse pela teologia, podia ter sido um contemplativo, afinal teve contato com místicas sérias, densas e consistentes, escrutou-as todas, porém preferiu ser escritor e amar a beleza efêmera fantasiosa e fantasmática da língua, ou melhor, do idioma, o seu.

Em movimento contrário, como escritor, Rosa podia — se tivesse querido — ter sido o mais fervoroso modernista, principiador de novas correntes, afinal teve contato com grupos seletos e praticou a antropofagia solene de tradição neobarroca e irreverente, escreveu prosa pedregosa tipo 'concretista',[50] erudito, inventou e restaurou de modo surpreendente a língua nacional; no entanto, por opção, preferiu "capinar sozinho": modernizou e materializou a coisa metafísica na literatura e difundiu e adensou a corrente modernista dos estudos da religião diluindo dogmas e transgredindo leis.

Dissoluta metafísica e literatura absoluta

Um homem religioso sem credo nem fé exatos. Um inventor da *metafísica lemniscata*, da metafísica galeada, mimetizada. Complicado... Seria fácil dizer que era um exemplo típico do sincretismo brasileiro. Mas isso não seria solução honesta para Rosa.

Distante do popular, imerso no erudito, nasceu talentoso para línguas, percebeu em si a *sabedoria infusa*, isto é, a graça, ou dom, ou talento natural para a linguagem, obtido sem leitura demasiada nem grande esforço.

....
50. Em Pignatari *in* Callado *et al* (2011, p. 33) vê-se que a expressão "prosa pedregosa" é do diplomata de Cordisburgo: "(...) ele dizia uma coisa com a qual eu concordava, e concordava não só naquele tempo, como concordo ainda mais hoje. Ele dizia que a prosa de ficção brasileira era muito frouxa. Eu achei muito engraçado tudo isso e falei: 'O que quer dizer frouxa?' Ele: 'Quer dizer uma coisa assim... uma prosa boca mole, uma prosa que não tem caráter. Eu gosto mais de uma pedra pedregosa, de uma *prosa pedregosa* e a prosa brasileira é muito frouxa, é flácida, quase metade de toda prosa e qualquer prosa escrita no Brasil é feita de vogais. Nós apanhamos os textos do Rosa e fizemos o levantamento. Então chegamos a ele e dissemos: 'É por isso que sua prosa é mais pedregosa. Ela é mais pedregosa porque tem mais consoantes do que o normal. Você usa muitos trigramas tipo 's' e 'tr', enquanto que a tendência brasileira é quase que uma consoante para uma vogal. É por isso que a sua prosa é um pouco mais pedregosa'." Grifos nossos. Vídeo da entrevista pode ser encontrado em <https://www.youtube.com/watch?v=ODQPGaSWdkg>.

Experimentou-a, efusivamente, na e com a literatura. Vimos que ele tinha consciência de sua genialidade inata. Todavia, traçou para si um caminho metafísico dissoluto. Vamos, portanto, em busca do caminho perdido, em veredas metafísicas que se interrompem e não chegam ao pleno.

Segue foto de um exemplar da mesma edição do que se encontra no acervo do IEB, com marcas de recepção por parte de seu leitor igualmente relevantes, as quais reproduzimos manualmente. Note-se que o autor dos escólios se utilizou, inclusive, do símbolo que encerra a obra maior de João Guimarães Rosa. A foto mostra as páginas 26 e 27 da obra, intitulada *Technique et contemplation* (1949), onde se entrevê uma intervenção apaixonada do leitor. Os grifos são distinguidos pela cor e pela força da escrita.

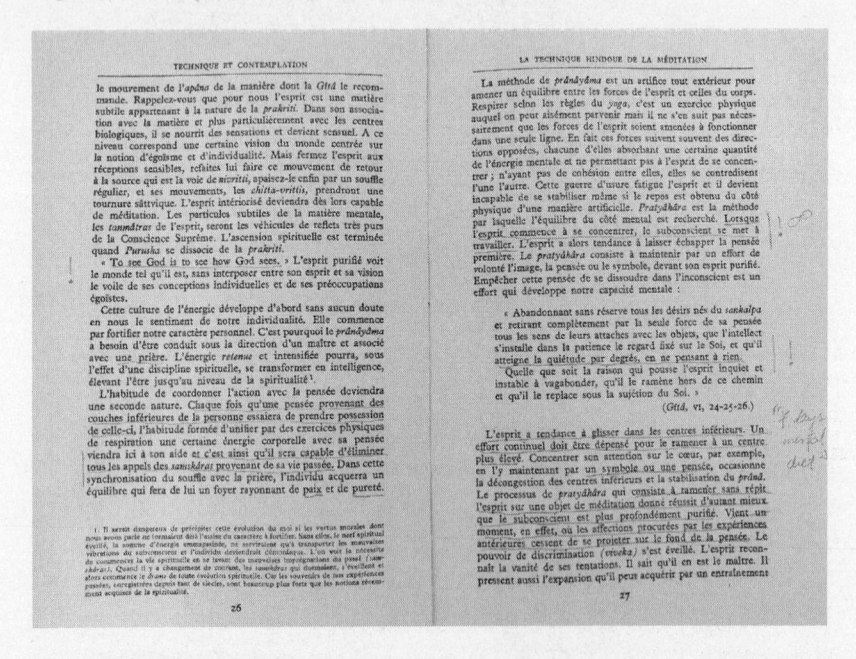

Foto 4. Swâmi Siddheswarânanda, "La technique hindoue de la méditation", In: André Bloom *et alii*, *Technique et contemplation*, 1949, p. 26-27.

Na página 27, em verde,[51] foram grifadas e escritas as frases:

....

51. As cores estão presentes na obra de Rosa, segundo Hugo Pontes, via maçonaria. Cf. Pontes, 1998, p. 15: "A simbologia das cores". O autor informa que para a maçonaria o azul indica amizade, fidelidade, devoção; o vermelho: zelo, fervor, paixão; o amarelo: inteligência, sabedoria, magnificência; o verde: esperança, fraternidade; o violeta: dignidade, majestade, aliança; o preto: solidão, tristeza, circunspecção e morte; o branco: candura, inocência, síntese de virtudes; o pétreo: firmeza e constância; o roxo: afeição, caridade, filantropia. A partir de Camila Rodrigues citamos algumas anotações de Rosa referentes ao uso das cores por ela coletadas (Rodrigues, 2014, p. 152-153): "M% queres me comer ainda verde (fig.) (ROSA,

"Desde que o espírito comece a se concentrar, o subconsciente começa a funcionar." | "! ∞; (...) alcance a quietude gradualmente, sem pensar em nada." | "! Esforço contínuo deve ser gasto para trazê-lo de volta a um centro mais elevado." "7 dias de dieta mental"⁵²

Grifos em caneta azul realçam o trecho:

|| Qualquer que seja a razão que leva o espírito inquieto e instável a divagar, que ele retorne desse caminho e volte sob a sujeição do Eu.
O espírito tem tendência para escorregar para os centros inferiores. [O processo de pratyâhâra], que consiste em resgatar, incansavelmente, o espírito para um determinado objeto de meditação dado, é mais bem-sucedido se o subconsciente está mais profundamente purificado. Chega um momento, de fato, quando os afetos adquiridos por experiências anteriores deixam de ser projetados no fundo do pensamento.⁵³

A hipótese de que a narrativa de João Guimarães Rosa (depoimentos e ficção) se sustenta na busca intelectual empenhada de um estado contemplativo para além do dom literário infuso parece ser tangível. Ela se sustenta igualmente através da comprovação da interação texto-leitor no exemplar da coleção especial do IEB em seu recorte "mística e filosofia transcendental". Acreditamos que, pelo empenho de estudo (registrado nas inúmeras marcas identificadas), supondo que Rosa seja o escoliasta, podemos afirmar que o tema ocupou intensamente o escritor mineiro. Em outros termos, houve atenção especial e investigação efetiva acerca da realidade mística autêntica, a qual, em algum momento, presumimos, foi preterida pela incursão nos labirintos da linguagem ficcional. De outra forma, o autor de *GSV* demonstra

....
IEB JGR-CADERNO 04, p. 57)"; "M% Seu rosto foi do moreno ao verde e ao amarelo, e quase ao puro branco (Medo, susto) (ROSA, IEB JGR-CADERNO 04, p. 15)"; "Tresaventura M% - grande verde com luz (ROSA, IEB JGR-CADERNO 20, p. 71)".

52. ["Losque l'esprit commence à se concentrer, le subconscient se met à travailler. |!∞; (...) atteigne la quiétude par degrés, en ne pensant à rien. " | ! "Un effort continuel doit être dépensé pour le ramener à un centre plus élevé." "7 days mental diet".] A expressão anotada, "7 days mental diet", é título de um capítulo entusiasticamente grifado da obra de Emmet Fox, *Power through constructive thinking*, o qual comentaremos mais à frente.

53. [|| "Que que soit la raison qui pousse l'esprit inquiet et instable à vagabonder, qu'il le ramène hors de ce chemins et qu'il le replace sous la sujétion du Soi. L' esprit a tendence à glisser dans les centres inférieurs. [Le processus de pratyâhâra qui] consiste à ramener sans répit l'esprit sur une objet de méditation donné réussit d'autant mieux que le subconscient est plus profondément purifié. Vient un moment, en effet, où les affections procurées par les expériences antérieures cessent de se projeter sur le fond de la pensée."]

uma crença, acima de tudo, na linguagem e, consequentemente, no poder dela de materializar o absoluto.

Observe-se outra foto na qual reproduzimos mesmo exemplar consultado no IEB. Ela é propedêutica para o próximo capítulo. Através dela começamos a inserir na nossa discussão a preocupação do autor com o poder da palavra: da palavra proferida, do nome enunciado ou proclamado, do poder de um "idioma". A imagem registra mais grifos entusiasmados. O escoliasta destaca, a caneta azul e lápis colorido verde, as frases, para ele, mais belas ou inspiradoras.

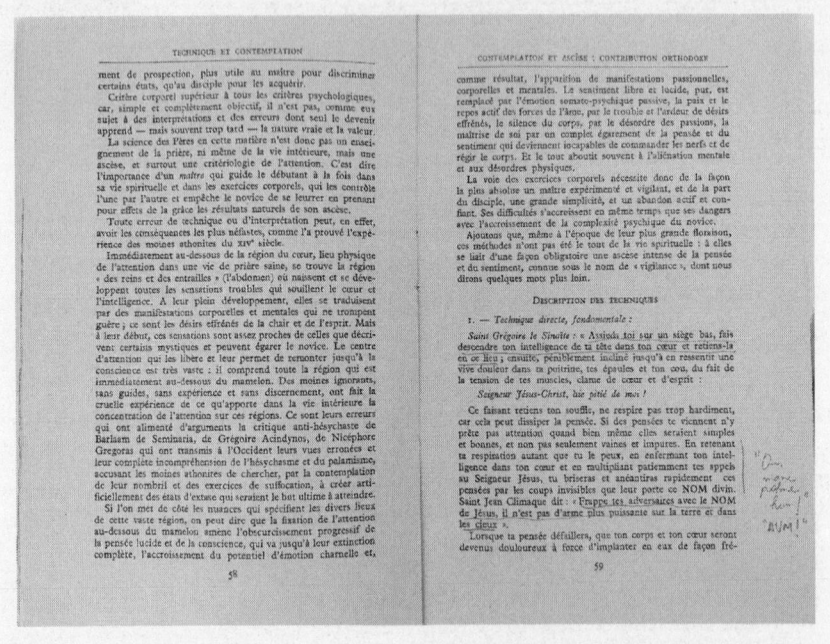

Foto 5. André Bloom, "Contemplation et ascèse: contribution orthodoxe", In: André Bloom *et alii*, *Technique et contemplation*, 1949, p. 59.

A primeira frase que vemos ter merecido destaque do comentador-leitor, sublinhada em azul, é:

Assenta-te sobre um escabelo, faz descer da cabeça até o coração tua inteligência e conserva-a nesse lugar.[54]

....
54. ["Assieds toi sur um siège bas, fais descendre ton intelligence de ta tête dans ton coeur et retiens-la en ce lieu."]

Ao reter tua respiração o quanto podes e confinar tua inteligência em teu coração e, pacientemente, multiplicar tuas invocações ao Senhor Jesus, rapidamente quebrarás e apagarás esses pensamentos pelos golpes invisíveis que lhes inflige esse NOME divino. | [55]

Escrito à mão, também à caneta azul, ao lado da frase citada, pode-se ler: "*Om mane padme hum*". Escreveu-se ao lado do "nome divino" uma variante de "*Om mani padme hum*". Sobre este escólio, na verdade um mantra, fazemos uma digressão para esclarecimentos aos que, como nós, não são muito familiarizados com o hinduísmo.

No frontispício do livro de André Padoux, *Tantric mantras: studies on mantrasastra*, lê-se: "OṂ, essa sílaba é verdadeiramente *Brahman*./ Essa sílaba é, de fato, o Supremo./ Conhecendo-se essa sílaba, de fato o que se deseja, é seu."[56] A sílaba, segundo o autor, significa ter a divindade à boca (e à mão, no caso de um escritor). Padoux acrescenta ainda uma citação de Farquhar: "A grande maioria desses mantras são sílabas sem sentido, como *Hring, Hung, Hum, Phat*, faíscam da fornalha ardente da superstição aborígene de onde o sistema surgiu, ou dos depositórios igualmente supersticiosos instalados no Atharvaveda."[57]

Este é sem dúvida um bom começo para pensar o mantra anotado pelo escoliasta. Ele vai do sentimento religioso autêntico até um certo desejo de dominação e controle. Evidentemente não pretendemos discorrer sistemática e profundamente sobre tão amplo assunto, o da natureza dos mantras tântricos na perspectiva metafísica e teológica, além daquelas outras, a ritualística e a linguística descritas por Padoux. Basta-nos atentar para o fato de que a técnica consiste, de modo geral, na repetição mental ou verbal de sons, mantras ou de uma "guirlanda de letras" (Padoux, 2011, p. 49). Todos os mantras são feitos de fonemas. Esta associação, ao considerarmos o afeto de Rosa pelas línguas, parece-nos relevante.

Peter Skilling, sobre o célebre mantra dedicado à família divina do lótus, do buda Avalokiteśvara, afirma:

....
55. ["En retenant ta respiration autant que tu le peux, en enfermant ton intelligence dans ton coeur et en multipliant patiemment tes appels au Seigneur Jésus, tu briseras et anéantiras rapidement ces pensées par les coups invisibles que leur port ce NOM divin."]

56. De *Katha Upanisad* 2.16: "OṂ, that syllable truly is Brahman. /That syllable indeed is the Supreme. ... /Knowing that syllable, indeed whatever one desires, is his."

57. ["The vast majority of those mantras are nonsense syllables such as Hring, Hung, Hum, Phat, sparks from the blazing furnace of aboriginal superstition whence the system arose, or from the equally superstitious stores laid up in the Atharvaveda."]

O mantra de seis sílabas de Avalokiteśvara, Oṃ Maṇipadme Hūm, quase não precisa de apresentação. No Tibete e nas regiões do Himalaia, é onipresente, está gravado ou pintado em lajes de pedra ou rochas naturais ao longo de rotas comerciais e de peregrinação. O mantra aparece pintado em letras decorativas em rodas de oração, desde pequenas rodas de propulsão manual até rodas gigantes alojadas em santuários especiais. Além disso, o mantra ressoa nos lábios de inúmeros devotos. (...) O grande taumaturgo indiano Padmasambhava explica os méritos da fórmula para o rei do Tibete e seus ministros. Por exemplo: Ouça, rei do Tibete, nobreza e assuntos! Oṃ Maṇipadme Hūm é a quintessência do Grande Compassivo (Skilling, 2003, p. 13 e 14, respectivamente).[58]

O assunto é vasto, não cabe em nosso escopo. Precariamente encerramos aqui a digressão, para voltarmos ao comentário da página fotografada do capítulo de Swâmi Siddheswarânanda, "La technique hindoue de la méditation", do livro *Technique et contemplation*, p. 26-27. Na sequência das frases grifadas vê-se, finalmente, com grifo verde ladeado pelo escólio "*Aum!*":

Golpeie seus adversários com o NOME de Jesus, não há arma mais poderosa sobre a terra e no céu.[59]

Conjugar sistematicamente cristianismo e budismo parece ter sido prática à época de Rosa, conduta advinda de uma nova modalidade de abordagem dos estudos teológicos que se organizou a partir da modernidade como ciência da religião. Neste novo entendimento avança o princípio de Descartes, *cogito ergo sum*. Traduzindo para nosso contexto: "se penso em religião, sou religião". O princípio estabelece a razão como a única força capaz de definir a escolha do ser e traça um novo caminho distinto e distante da "impostação de Tomás de Aquino, para o qual não é o pensar que decide a existência, mas é a existência, o '*esse*', que decide o pensar" (Wojtyla, 1994, p. 53).

....
58. ["The six-syllable mantra of Avalokiteśvara, Oṃ Maṇipadme Hūm, scarcely needs an introduction. In Tibet and the Himalayan regions, it is omnipresent, engraved or painted on slabs of stone or natural rock faces along trade and pilgrimage routes. The mantra is painted in decorative letters on prayer wheels, from small hand-propelled wheels to the giant wheels housed in special shrines. And the mantra hums on the lips of countless devotees. [...] The great Indian thaumaturge Padmasambhava explains the merits of the formula to the King of Tibet and his ministers. For example: Listen, king of Tibet, nobility and subjects! Oṃ Maṇipadme Hūm is the quintessence of the Great Compassionate One."]
59. ["Frappe tes adversaires avec le NOM de Jésus, il n'est pas d'arme plus puissante sur la terre et dans le cieux."]

Essa mentalidade positivista, *cogito ergo sum*, que se inicia na interseção do século XIX com o XX, progride a passos largos de modo a gerar a chamada "escola da suspeita" que olha para a tradição filosófico-cristã do mundo ocidental com reservas e descrença. Trata-se de uma abordagem que propõe a igualdade entre as religiões, elimina exclusividades e analisa as religiões na perspectiva de técnicas e controles culturais. Nesse sentido, o "ser" religioso do homem passa a ter para si "muitas veredas" alternativas, e estudar e refletir passa a ser. Mas para nós a coisa não é bem assim. Pensar que somos não significa que somos... Tudo, de alguma forma, cabe no pensamento.

O suposto "mundo ocidental", à época, se voltou intensamente para tradições orientais e para religiões muito antigas, anteriores ao Cristianismo até, e que entendem a divindade como o impassível irrepresentável, o Grande Arquiteto do Universo ou a Inteligência Absoluta, e que negam, sobretudo, o mundo criado como pura ilusão. Rompia-se, a partir daí, o vínculo com a hipótese da verdade absoluta, multiplicavam-se ainda mais os caminhos. Talvez seja por isso que a oração dos padres do deserto, grifada pelo comentador, tenha, deveras, impressionado Rosa e que ele, ao lê-la, tenha identificado uma coincidência metodológica entre a palavra de poder cristã e o mantra indiano "*om*" ou "*om mani padme hum*".

Na associação, não há diferença entre uma prática e outra, ou, se há, abre-se caminho para se optar por uma entre as duas práticas, seguir uma ou outra técnica ou até seguir duas, três ao mesmo tempo e a elas acrescentar outras mais para reforçar o método que passa a ser próprio. Sem comprometimento com dogmas, esses estudos dirigem-se para o uso da linguagem expressiva, encantatória e persuasiva. O caminho do Rosa, portanto.

E, igualmente, do livro em foco, produto das edições carmelitanas de França. Nele o poder da palavra é investigado sob o âmbito grego, católico, ortodoxo e hindu (na perspectiva do Cristianismo). O tema se regula pelo princípio "do nada e do tudo" de Plotino e dos místicos cristãos que vimos nas primeiras páginas. Eles recomendam — no campo da prática vivida e não da ficção — o abandono na mão de Deus e a assunção da "mercê" (graça infusa), admitindo que o poder vem segundo o favor do céu, isto é, o tudo (o Criador) concede a Si mesmo habitar o nada (a criatura).[60]

....
60. *Technique et contemplation*, como dissemos, não é obra de ficção. A recomendação é prática, e a ascese, real. Todavia, na esfera da ficção, o que se recomenda é, de resto, o que faz um padre recém-chegado para missão no sertão com Maria Mutema: "Mas aquele missionário governava com luzes outras. Maria Mutema veio entrando, e ele esbarrou. Todo o mundo levou um susto: porque a salve-rainha é oração que não se pode partir em meio — em desde que de joelhos começada, tem de ter suas palavras seguidas até ao tresfim. Mas o missionário retomou a fraseação, só que com a voz demudada, isso se viu. E, mal

No mesmo volume do qual tiramos a citação que comentamos, em trecho bem marcado por Rosa, vê-se, em texto que examina a mística adquirida, isto é, a não infusa, os caminhos esboçados para a preparação, pela disciplina e técnica, do discípulo enquanto indivíduo para o encontro com o Divino Absoluto. Seu autor, hindu, Swâni Siddheswarânanda, foi um monge Râmakrishna designado para representar essa espiritualidade indiana na França. O capítulo "La technique hindoue de la méditation" foi um dos produtos de sua inserção no ocidente. Nessa exposição, embora não haja a perspectiva da graça sobrenatural ontologicamente real — a técnica é capaz de suprir a infusão divina —, espera-se do candidato a mesma postura daquele que experimenta a contemplação infusa, a saber, a entrega física e o gesto de acolhimento para com a divindade, rigorosa quietude e submissão.

Incluímos para comprovação foto da obra comentada (reprodução da mesma edição do volume de Rosa, p. 33). Os grifos são do escoliasta que supomos ter sido o Rosa. Sublinhado em verde, com marginália também verde, aparece a frase: "[No início da vida espiritual] se considerava o homem como um agente, mas quando termina a purificação, na vida contemplativa, ele se torna completamente passivo". Sublinhado em azul, com marginália também em azul (3 pontos de exclamação): "Desse modo, ele não tem mais qualquer relação com o que se denomina de técnicas: somente Deus age e o homem, em relação a Ele, é como (na marginália: !!!) um bloco de pedra diante de um escultor (de acordo com os textos dos *Vaishnavas*, particularmente o tratado tâmil chamado *Srivacânabhûshanam*)".[61]

....
no amém, ele se levantou, cresceu na beira do púlpito, em brasa vermelho, debruçado, deu um soco no pau do peitoril, parecia um touro tigre. E foi de grito: — 'A pessoa que por derradeiro entrou, tem de sair! A p'ra fora, já, já, essa mulher!' Todos, no estarrecente, caçavam de ver a Maria Mutema. — 'Que saia, com seus maus segredos, em nome de Jesus e da Cruz!' (Rosa, 2009b, p. 148)". A orientação de *Technique et contemplation* não conduz, porém, para *estórias* inventadas nem para crendices, não levanta lêmures.

61. ["Au commencement de la vie spirituelle, l'homme se considérait comme un agent, mais lorsque la purification est terminée, dans la vie contemplative, il devient complètement passif. Alors il n'a plus aucun commerce avec ce qu'on appelle les techniques: Dieu seul agit et l'homme est, par rapport à Lui, ce qu'est, par rapport à un sculpteur, un bloc de pierre (selon les textes des *Vaishnavas*, particulièrement le traité tamoul appelé *Srivachânabhûshanam*)"]. Vale conferir Bezerra (2011, p. 40) citando Plotino com a mesma metáfora.

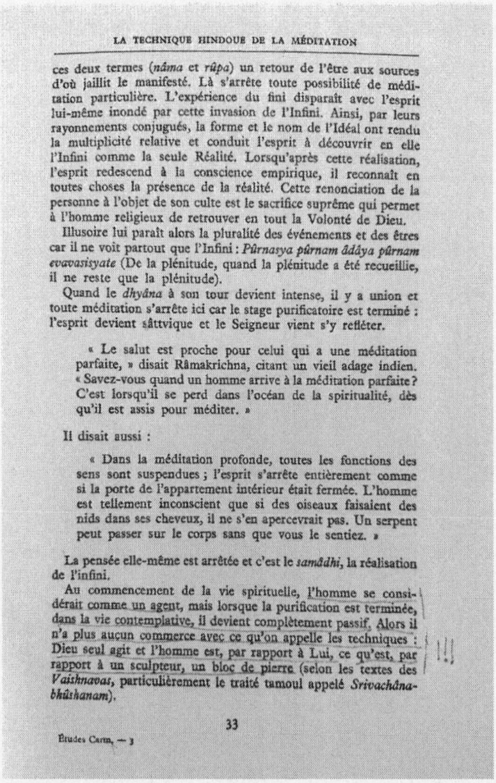
LA TECHNIQUE HINDOUE DE LA MÉDITATION

ces deux termes (*nâma* et *rûpa*) un retour de l'être aux sources d'où jaillit le manifesté. Là s'arrête toute possibilité de méditation particulière. L'expérience du fini disparaît avec l'esprit lui-même inondé par cette invasion de l'Infini. Ainsi, par leurs rayonnements conjugués, la forme et le nom de l'Idéal ont rendu la multiplicité relative et conduit l'esprit à découvrir en elle l'Infini comme la seule Réalité. Lorsqu'après cette réalisation, l'esprit redescend à la conscience empirique, il reconnaît en toutes choses la présence de la réalité. Cette renonciation de la personne à l'objet de son culte est le sacrifice suprême qui permet à l'homme religieux de retrouver en tout la Volonté de Dieu.

Illusoire lui paraît alors la pluralité des événements et des êtres car il ne voit partout que l'Infini : *Pûrnasya pûrnam âdâya pûrnam evavasisyate* (De la plénitude, quand la plénitude a été recueillie, il ne reste que la plénitude).

Quand le *dhyâna* à son tour devient intense, il y a union et toute méditation s'arrête ici car le stage purificatoire est terminé : l'esprit devient sâttvique et le Seigneur vient s'y refléter.

> « Le salut est proche pour celui qui a une méditation parfaite, » disait Râmakrichna, citant un vieil adage indien. « Savez-vous quand un homme arrive à la méditation parfaite ? C'est lorsqu'il se perd dans l'océan de la spiritualité, dès qu'il est assis pour méditer. »

Il disait aussi :

> « Dans la méditation profonde, toutes les fonctions des sens sont suspendues ; l'esprit s'arrête entièrement comme si la porte de l'appartement intérieur était fermée. L'homme est tellement inconscient que si des oiseaux faisaient des nids dans ses cheveux, il ne s'en apercevrait pas. Un serpent peut passer sur le corps sans que vous le sentiez. »

La pensée elle-même est arrêtée et c'est le *samâdhi*, la réalisation de l'infini.

Au commencement de la vie spirituelle, l'homme se considérait comme un agent, mais lorsque la purification est terminée, dans la vie contemplative, il devient complètement passif. Alors il n'a plus aucun commerce avec ce qu'on appelle les techniques : Dieu seul agit et l'homme est, par rapport à Lui, ce qu'est, par rapport à un sculpteur, un bloc de pierre (selon les textes des *Vaishnavas*, particulièrement le traité tamoul appelé *Srivachâna-bhûshanam*).

33

Études Carm. — 3

Foto 6. Swâmi Siddheswarânanda, "La technique hindoue de la méditation", In: André Bloom *et alii*, *Technique et contemplation*, 1949, p. 33.

À entrega acrescente-se a técnica que se baseia na prática físico-biológica, com respiração, postura orante para o corpo, silenciamento etc. A prática "ioga-cristã" que formula o autor do artigo mencionado (como aqueloutra dos Padres do Deserto ou de Meteora), com as devidas ressalvas e tolerâncias das analogias, está presente na ficção rosiana, quando, por exemplo, Riobaldo invoca o nome do demo na encruzilhada escura, acompanhemos:

> — "Ei, Lúcifer! Satanás, dos meus Infernos!"
>
> Voz minha se estragasse, em mim tudo era cordas e cobras. E foi aí. Foi. Ele não existe, e não apareceu nem respondeu — que é um falso imaginado. Mas eu supri que ele tinha me ouvido. Me ouviu, a conforme a ciência da noite e o envir de espaços, que medeia. Como que adquirisse minhas palavras todas; fechou o arrocho do assunto. Ao que eu recebi de volta um adejo, um gozo de agarro, daí umas tranqüilidades-de-pancada. Lembrei dum rio que viesse

adentro a casa de meu pai. Vi as asas. *Arquei o puxo do poder meu*, naquele átimo. Aí podia ser mais? *A peta, eu querer saldar: que isso não é falável*. As coisas assim a gente mesmo não pega nem abarca. Cabem é no brilho da noite. *Aragem do sagrado. Absolutas estrelas*! (Rosa, 2009b, p. 275, grifos nossos).

Invocação tencionada, respiração ("adejo"), quietude ("gozo de agarro", "tranqüilidades-de-pancada"), elevação ("Vi as asas. Arquei o puxo do poder meu"). Consta-nos, portanto, que uma prática metodológica, lida, estudada, simulada pelo escritor, serviu de base para um espasmo de ficção, sobretudo se conjugamos o depoimento de Haroldo de Campos, a entrevista a Günter Lorenz e os escólios comentados. Rosa, entretanto, virou-a pelo avesso: "A peta, eu querer saldar: que isso não é falável." O poder do mal não é falável como o nome de Jesus. Mas uma dedução transitória surge: se o nome do demo (capeta) não tem efeito no romance (nem na prática de leitura e comentários a teorias estudadas pelo escritor cordisburguense) pois que não deve ser falado claramente senão por codinomes, o nome do seu opositor máximo teria? É hora de buscarmos outra imagem.

Trata-se da página 80, marcada com traço e exclamação vermelhos, que abre o capítulo intitulado "Light and salvation", dedicado ao comentário do salmo 27, "O Senhor é minha Luz e Salvação, a quem temerei?". Ela se imprime no livro *Power through constructive thinking*, de Emmet Fox, que pertence ao acervo de Rosa no IEB. Seu desenvolvimento vai, a princípio, em direção parecida às anteriores, ou seja, persegue o poder através da palavra. Olhando com cuidado, porém, vê-se uma oposição frontal às práticas católica e indiana que citamos atrás. E veremos por quê. Passaremos por ela muito rapidamente, visto já ser tempo de encerrar este capítulo e avançar para delinear Rosa como homem e escritor "moderno e *sui generis*", assunto de resto um tanto polêmico.

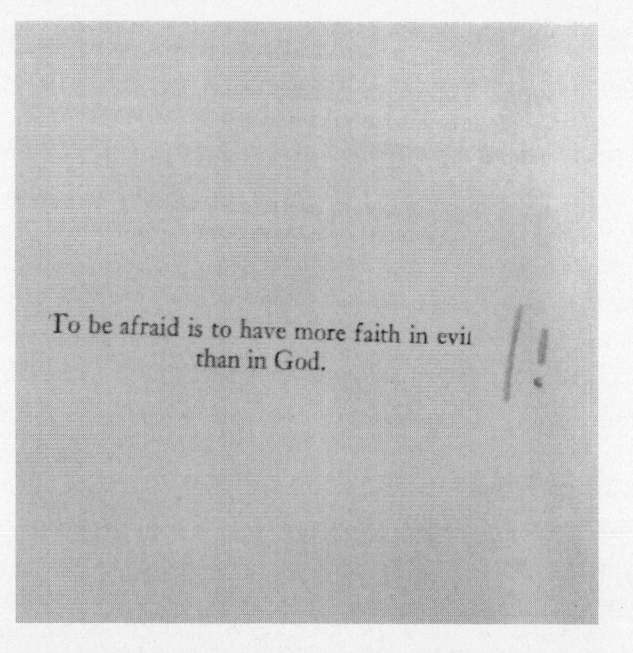

> To be afraid is to have more faith in evil
> than in God. | !

Foto 7. Transição de capítulo (entre p. 78 e 80) do livro *Power through constructive thinking*, de Emmet Fox (1940): *Ter medo é ter mais fé no mal que em Deus.* | !

O volume que está na coleção especial GR do IEB foi cuidadosamente lido pelo hermeneuta. Ele destacou frases inteiras, de forma apaixonada e colorida, por páginas e páginas do exemplar. É deste livro o escólio mencionado na nota 50, "The seven day mental diet", para glosar a página 27 do capítulo de André Bloom, "Contemplation et ascèse: contribution orthodoxe", do livro *Technique et contemplation* (1949). A expressão é também título de um capítulo do livro mencionado de Fox. Ao lê-lo, tivemos a sensação nítida de se tratar, claramente, de literatura de autoajuda (como Pacheco havia sugerido) e não de um tratado de metafísica.

Há no acervo do Rosa várias obras de Fox.[62] Nos documentos pessoais, "quadro de interesses", dois registros, JGR-PA-14,07 e JGR-PA-14,08, impresso gráfico. Em anotações de leitura (JGR-EO-022), documento datilografado e manuscrito com 55 páginas em inglês, francês e português, Fox também é

....
62. *Life after death*, 1938; *The four horsemen of the apocalypse: described and explained*, 1942; *The good shepherd: a meditation*, 1932; *How to prevent war*, 1934; *Magic of tithing*, 1932; *Seven days of creation: the ground plan of the bible*, 1945; *Make your life worthwhile*, 1946; *Le sermon sur la montagne et l'oraison dominicale*, 1954; *The sermon on the mount: a general introduction to scientific Christianity in the form of a spiritual key to Matthew V, VI and VII*, 1938; *Le sermon sur la montaigne et l'oraison dominicale*, 1943; *Les dix commandements: la clef de la vie*, 1955.

citado. No campo "Descrição" da ficha IEB [Caixa 081 [Antiga EO - Cx. 26] (Sala 1)] lê-se:

> Conjunto de documentos - 55 folhas - armazenados originalmente em pasta, sob o título 'Revivência' e um símbolo do infinito, manuscritos com lápis verde, e composto de anotações e notas de leitura relativas ao tema espiritualidade e que poderiam ser usadas na composição de possível conto/novela intitulado/a 'Revivência'. O conjunto apresenta: - Papel manuscrito com lápis grafite contendo os títulos dos contos 'Intruge-se', 'Sota e Barla' e 'No prosseguir', todos de *Tutaméia* (1967). - Notas de leitura da obra *La prière de toutes les heures*, de autoria do padre jesuíta Pierre Charles; - Anotações sobre a palavra 'angústia'; - Notas de leitura da obra *Les Propos D'Alain*, de autoria de Émile-Auguste Chartier (Alain); - Notas de leitura da obra *Hindenburg, ma vie*, de Charles-Lavauzelle e referência à obra *La grande guerre*, Richard [Thoumin?]; - Notas de leitura da obra *Le occultisme et le spiritualisme*, de Gérard Encausse (Papus) e referências a Maimônides; - Notas de leitura da obra *Bhagavad Gîtâ*; - Notas de leitura da obra *L'Expression des émotions chez l'homme et les animaux*, de Charles Darwin, colocadas sob o título 'Analyse de l'émotion de la peur' [Análise da emoção do medo]; - Notas de leitura extraídas da obra *Physionomia de santos*, de Ernest Hello acompanhadas de uma elaboração marcada com m%; - Notas de leitura extraídas da obra *Difficulties in mental prayer*, de Eugene Boylan; - Notas de leitura extraídas da obra *Notre vie*, de Antonin-Gilbert Sertillanges; - Notas de leitura extraídas da obra *Les grands initiés*, de Édouard Schuré, acompanhadas de provérbio, trecho do livro de Isaías (XXIV,16) e anotações sobre *As fases da meditação silenciosa*; - Notas de leitura extraídas da obra *Three time plays*, de J. B. Priestley; - Notas de leitura extraídas da obra *Le sermon sur la montagne*, de Emmet Fox; - Notas de leitura de São João da Cruz (San Juan de la Cruz); - Nota de leitura extraída de obra de teor espiritual não identificada e que inicia Everything is so simple. We love each other because we need each other by essence...; - Notas de leitura extraídas de obra não identificada de autoria de Arnold Toynbee; - Notas de leitura de Léon de Corte (Édouard Leon Cortès?) e Santa Teresa de Ávila; - Notas de leitura extraídas da obra *Initiation a la prière*, de Romano Guardini; - Anotação indicando páginas da obra *L'énergie spirituelle*, de Henri Bergson; - Anotação contendo a frase 'Há um influxo contínuo de causas novas e originais', relacionada ao pensamento de Max Heindel; - Papel contendo desenho não identificado e anotações de teor bíblico (' S. Paulo = 'o espelho' '; 'Isaías: tua luz nas trevas'); - Anotações indicando diversos números de páginas agrupadas sob o título 'Angelus Silesius', pseudônimo de Johannes

Scheffler; - Nota de leitura datilografada extraída do capítulo 'Le Protestantisme créateur de Personnes' que integra a obra *Mission ou démission de la Suisse*, de autoria de Denis de Rougemont; - Nota de leitura datilografada extraída da obra *Vida errante*, de Fialho d'Almeida; - Notas de leitura extraídas de obras de Simone Weil; - Nota de leitura datilografada extraída da texto 'As aparências', de Léon Bloy, que integra a obra *Minha nova floresta*, de J. Nogueira.

Utéza não menciona Fox em seu recorte de pesquisa. Sperber (1976, p. 131-139) coloca Fox como leitura da 3ª fase rosiana; com avaliação negativa nítida acerca da produção do "cientista", realça que "não há homogeneidade de nível nas leituras espirituais de Guimarães Rosa" (Sperber, 1976, p. 131). Concluindo, ela propõe um uso utilitário dos textos espirituais por parte do mineiro e resgata a leitura pragmática de Rosa:

> Desta forma, a "Christian Science" não apenas teve sua linguagem aproveitada como fonte de inspiração por Guimarães Rosa, como também as propostas filosóficas, ou pseudo-filosóficas serviram de estímulo para a reflexão acerca do fato literário. O que é Ego, para a "Christian Science", são as personagens para o Autor. O que é natureza real, passa a espaço e ambiente recriados. A receptividade da verdade, por parte dos adeptos da pseudo-filosofia, passa a receptividade dos elementos de fatura narrativa, dentro da narrativa. E a busca do belo divino, converte-se em busca do belo artístico. Que existem pontos de contacto entre o amor carnal e o divino, entre a beleza temporal e a beleza artística — e a beleza da transcendência — já é conhecido a partir dos poemas de um Frei Luís de León, ou de Santa Tereza de Jesus. Em Guimarães Rosa processo é inverso: é a busca da beleza artística que leva à beleza transcendente. Estabelecida — conseguida a beleza artística, o autor procura dar a ela um sentido transcendente. Daí a epifanicidade da palavra e da narrativa (Sperber, 1976, p. 139).

Assim, a alta metafísica supostamente inquirida e perquirida pelo escritor brasileiro contrasta com a acessibilidade prática desse autor irlandês *best-seller*, bem cotado na biblioteca rosiana. Preconceitos à parte, recorde-se que Emmet Fox foi o grande motivador de uma comunidade internacionalmente expandida, os Alcoólicos Anônimos (AA), que teve — e ainda tem — influência efetiva na vida de milhares e milhares.

Desconhecido na área de estudos literários, alheio à área de filosofia e confuso no âmbito da teologia *stricto sensu*, Fox não só teve sucesso enorme à época como ainda vende muito. Para comprovar, basta ler um anúncio da

Amazon, facilmente encontrado na *web*, acerca dessa obra em foco, escrita 80 anos atrás, sendo vendida em edição de 2009 no formato impresso, *Kindle*, *audiobook*, *hardcover* e *paperback*:

> Fresco com relevância contemporânea, este clássico de pensamento positivo de um dos maiores escritores motivacionais do mundo oferece ideias emocionantes sobre a autotransformação. Baseado na simples mensagem de Emmet Fox de que "pensamentos são coisas" e que todo potencial repousa no uso criativo e construtivo dessa mensagem, os trinta e um ensaios inspiradores do livro mostram como ter tudo — saúde, sucesso, felicidade e espírito liberado — através do poder do pensamento construtivo. Publicado pela primeira vez em 1940, o *Poder através do pensamento construtivo* tem sido uma fonte inesgotável de força e renovação para gerações de leitores.[63]

Merchandising tão promissor dá azo para inserirmos uma outra degustação: um recorte fotográfico de trecho retirado do exemplar de Rosa (Arquivo IEB-USP) da mesma obra (Fox, 1940, p. 177). O conteúdo é bem peculiar:

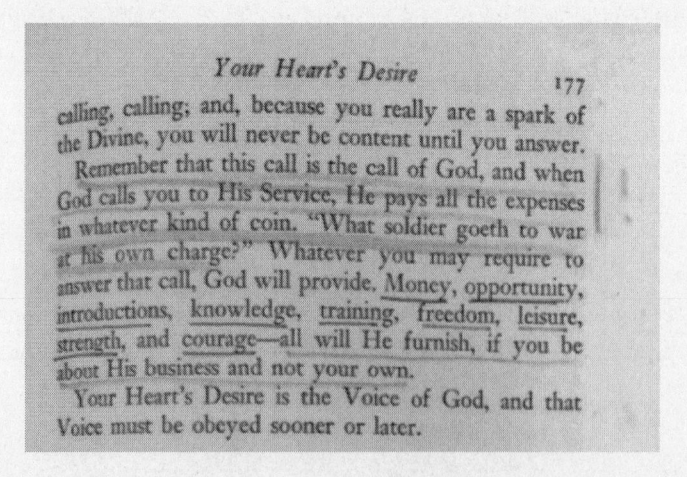

> *Your Heart's Desire* 177
> calling, calling; and, because you really are a spark of the Divine, you will never be content until you answer.
> Remember that this call is the call of God, and when God calls you to His Service, He pays all the expenses in whatever kind of coin. "What soldier goeth to war at his own charge?" Whatever you may require to answer that call, God will provide. Money, opportunity, introductions, knowledge, training, freedom, leisure, strength, and courage—all will He furnish, if you be about His business and not your own.
> Your Heart's Desire is the Voice of God, and that Voice must be obeyed sooner or later.

Foto 8. Emmet Fox, *Power through constructive thinking*, 1940, p. 177. Os trechos grifados: "Lembre-se de que esse chamado é o chamado de Deus e, quando Deus chama você para Seu Serviço, Ele paga todas

....

63. Eis a sinopse postada nos *sites* de venda da Amazon: ["Fresh with contemporary relevance, this classic of positive thinking from one of the world's greatest motivational writers offers stirring insights on self-transformation. Based on Emmet Fox's simple message that 'thoughts are things' and all potential rests in their creative and constructive use, these thirty-one inspiring essays show how to have it all--health, success, happiness, and a liberated spirit--through the power of constructive thought. First published in 1940, *Power Through Constructive Thinking* has been a never-failing source of strength and renewal for generations of readers."]

as despesas em qualquer tipo de moeda. 'Que soldado vai à guerra por sua própria conta?' Tudo quanto você precisar para responder a esse chamado, Deus proverá. Dinheiro, oportunidade, recomendações, conhecimento, treinamento, liberdade, lazer, força e coragem — tudo isso Ele fornecerá, se você estiver interessado nos negócios Dele e não nos seus. O Desejo do seu Coração é a voz de Deus, e essa voz deve ser obedecida mais cedo ou mais tarde".

Os grifos feitos em preto e cinza[64] e os mais empolgadamente em vermelho (com barra e exclamação ao lado)[65] exaram o efeito sobre seu leitor. O pragmatismo de Fox, bem como a citação destacada pelo vergão a lápis vermelho, soa para nós como algo bem antimetafísico, coisa que leva para uma direção quase oposta à metafísica tradicional da visão do Cristianismo, a qual conhecemos um pouco melhor. Nessa mesma perspectiva, isto é, no horizonte de uma metafísica mais acessível (vendável?), para "leigos", e bem diferente dos estudos, por exemplo, de Tomás de Aquino — igualmente presente no acervo IEB-USP —, apresentamos mais outras duas fotos de livro (mesma edição dos volumes do IEB) que revelam diferenças notáveis.

O volume compulsado tinha dedicatória de cinco dias antes de seu aniversário, em 1959, foi um presente. O exemplar apresenta, em alguns trechos, frases delicadamente grifadas a lápis grafite.[66] A edição é de 1957, tradução de

....
64. Há um estudo particularmente interessante, já citado, sobre o uso do lápis de cor (incluindo o grafite) desenvolvido por Camila Rodrigues em sua tese (2014), na seção "Ooó do vovô", que escrutina uma coleção de "cartas-cartões-postais" escritas por Rosa entre setembro de 1966 e novembro de 1967, trazendo valiosas informações. Trata-se, nas palavras de Rodrigues, de uma "curiosa 'correspondência desenhada com duas interlocutoras interessantíssimas: duas senhoritas que ele chamava de 'as meninas do vovô Joãozinho': Beatriz Helena Tess (então com idade entre 4 e 5 anos) e Vera Lúcia Tess (entre 3 e 4 anos), crianças em plena primeira infância, netas biológicas da segunda esposa do autor, Aracy Guimarães Rosa, mas que Rosa adotou como suas próprias netas". E ainda, "[desenhos] traçados a lápis grafite e coloridos com o lápis de duas pontas — que eram propriamente os instrumentos do vovô/escritor/diplomata (...)" (Rodrigues, 2014, 80-81 e p. 91). São 17 postais (15 às netas e 2 à mãe delas e nora de Aracy, Beatriz) mais 18 bilhetes além de alguns registros sobre Vera Tess. O material reunido foi publicado em 2003 por um *pool* de editoras. Interessa-nos para a sequência da leitura deste capítulo o seguinte: nos *Cadernos de Estudo para a obra* (Acervo do IEB) *apud* Rodrigues, para a cor grafite, cinza, temos: "M% = em cinzenta simplicidade (ROSA, IEB JGR-CADERNO 23, p. 60)" (Rodrigues, 2014, p. 153).

65. Para as cores dos grifos, mais uma vez, recuperamos apontamentos de Rosa em Rodrigues: "O azul é cor sem agilidade (ROSA, IEB JGR-CADERNO 20, p. 53); M% = azul como o céu do lugar do amor"; "dum vestimento, o vermelho de uma maçã"; "m% - o verde quer dizer natureza; o vermelho vida, desejo, discórdia; o azul: doce engano; o amarelo - inteligência"; "Argila azul = rocha matriz, jazimento do DIAMANTE (kimberlita) (ROSA, IEB JGR-CADERNO 10, p. 23, verso)"; "M% se é azul é belo, mas é monótono e vão (ROSA, IEB JGR-CADERNO 04, p. 87)" (Rosa *apud* Rodrigues, 2014, p. 152 e 153). Para uma interpretação dos sublinhados, grifos e escritos do Rosa em seus livros, são direções aleatórias, há matéria para uma tese inteira sobre isso.

66. Hipotetizamos que o fato de o livro estudado estar grifado a lápis grafite, vermelho, verde ou preto é significativo. "A importância da cor e da dimensão visual no texto rosiano determinam afinal a gênese de seu fazer poético: 'no princípio era sem cor'. Ao responder sobre o que o teria levado a ser escritor, Rosa remete-se à infância, à sua origem sertaneja ('nós, os homens do sertão, somos fabulistas por natureza'),

Mário Ferraz, facilmente encontrada nos sebos. O autor da obra, historiador de formação, convertido depois ao Cristianismo, foi monge trapista, Eugene M. Boylan. Trata-se de uma exposição didática (similar à proposta de Fox) sobre a natureza e os caminhos da oração mental (tal como indicam prefácio e título de Fox); as promessas, no entanto, tomam rumos diferentes. Ei-lo, *A dificuldade de orar*, em foto com intervenção.

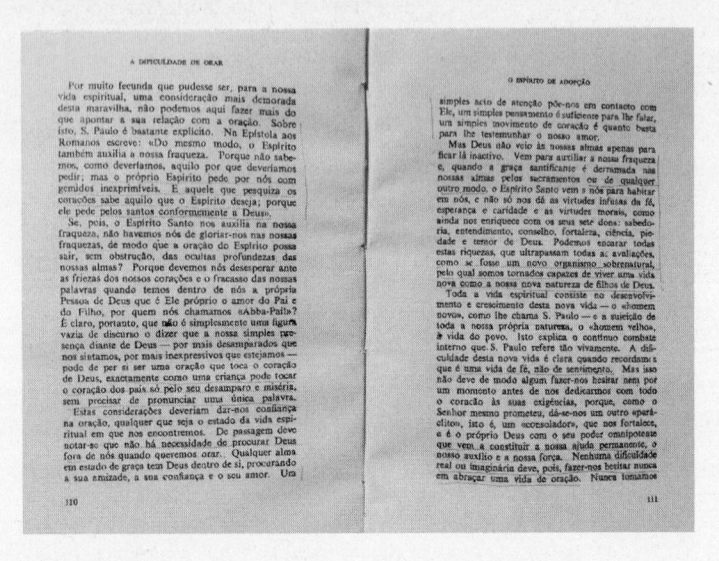

Foto 9. Eugene M. Boylan, *A dificuldade de orar*, 1957, p. 110-111.

O grifo discreto, a lápis preto, na p. 110, faz sentido se recuperamos o parágrafo anterior:

> Esta doutrina profunda da presença do Espírito Santo nas almas daqueles que estão em estado de graça e da sua cooperação com as suas acções está longe de ser compreendida mesmo por católicos educados, Mas quando consideramos todas as suas funções na nossa alma, ficamos aturdidos, porque dir-se-ia que Ele está ali como possuído por nós e para nosso uso! (Boylan, 1957, p. 109).

....
e aí surge uma expressão lapidar: 'Desde pequenos, estamos constantemente escutando as narrativas multicoloridas dos velhos' (ROSA, 1994, v.1, p. 33). Escutar as cores: tanto a noção da sinestesia é evocada com essa formulação, quanto a convicção de que há visualidade nas palavras. Os estudos de Rosa revelam sua predisposição a aprimorar essa visualidade com esmero e técnica, que se podem aprender também com os pintores" (Paulino; Soethe, 2005, p. 48).

Até aí há semelhança com o escopo de Fox; a coisa muda na sequência, onde incide o grifo macio do hermeneuta. Veja as frases grifadas, em seu contexto:

> Por muito fecunda que pudesse ser, para nossa vida espiritual, uma consideração mais demorada desta maravilha, não podemos aqui fazer mais do que apontar sua relação com a oração. Sobre isto, S. Paulo é bastante explícito. Na Epístola aos Romanos escreve: "Do mesmo modo, o Espírito auxilia a nossa fraqueza. Porque não sabemos como deveríamos, aquilo porque deveríamos pedir;[67] **mas o próprio Espírito pede por nós com gemidos inexprimíveis. E aquele que pesquisa os corações sabe aquilo que o Espírito deseja; porque ele pede pelos santos conformemente a Deus**"
> (...)
> É claro, portanto, que não é simplesmente uma figura vazia de discurso o dizer que a nossa simples presença diante de Deus — por mais desamparados que nos sintamos, por mais inexpressivos que estejamos — pode de *per si* ser uma oração que toca o coração de Deus, **exatamente como uma criança pode tocar o coração dos pais só pelo seu desamparo e miséria, sem precisar de pronunciar uma única palavra** (Boylan, 1957, p. 110).

O postulado pontual de Fox de que "o desejo do seu coração é a voz de Deus" colide com os propósitos "pontuais" da metafísica paulino-trapista do padre-cientista Boylan que indica, inclusive, que não sabemos como deveríamos pedir nem o que exatamente deveríamos pedir. O projeto do *self-made man* não comporta o abandono percorrido pelos místicos que buscam as realidades suprassensíveis. Ressalve-se, porém, que Boylan chegou às mãos de Rosa após a escrita do *GSV*; todavia, antes do dele, muitos outros estudos, como vimos, já tinham sido percorridos pelo escritor mineiro.

Na proposta de Fox, o caminho se faz — diferentemente da proposta católica que segue o rumo do esvaziamento e empobrecimento — pelo "conhecimento científico" e pela tomada de consciência do poder individual em si. Segundo consta na introdução de *Power through constructive thinking*, Fox

....
67. Não podemos deixar de apontar que houve certa manipulação na tradução ao português do texto paulino. A carta (Rom. 8:26) diz: "Ὡσαύτως δὲ καὶ τὸ πνεῦμα συναντιλαμβάνεται τῇ ἀσθενείᾳ ἡμῶν τὸ γὰρ τί προσευξώμεθα καθὸ δεῖ οὐκ οἴδαμεν, ἀλλὰ αὐτὸ τὸ πνεῦμα ὑπερεντυγχάνει στεναγμοῖς ἀλαλήτοις (...)". Isto é: "Assim, então, do mesmo modo o Espírito vem em auxílio de nossa fraqueza; pois sequer sabemos rezar como convém, mas o próprio Espírito interceda por nós com gemidos inefáveis..."

formulou, nomeou, professou, doutrinou e praticou a "Scientific Prayer" (oração científica).⁶⁸

Vejamos, lado a lado, um fragmento da proposta do Catolicismo que será aqui representada pela obra de autor anônimo do século XIV, *A nuvem do não-saber*, e a aposta do cientificismo religioso que será representada por foto da p. 197 do livro mencionado no parágrafo anterior:

....
68. Da introdução do próprio Fox (1940, p. vii e ix, respectivamente): "This book is designed to teach the principles of life building through constructive thought. All power lies in creative thought. Thought is the key to life; for as a man thinketh is this heart, so is he. [...] This book shows that your destiny is really in your own hands, because it is impossible to think one thing and produce another, and that by the selection of correct thought a harmonious and happy life is produced."; ["Este livro foi projetado para ensinar os princípios da edificação da vida através do pensamento construtivo. Todo poder reside no pensamento criativo. O pensamento é a chave da vida; para o homem "pensado" é este o coração, assim é. [...] Este livro mostra que seu destino está realmente em suas próprias mãos, porque é impossível pensar uma coisa e produzir outra, e deste modo, pela seleção do pensamento correto, é produzida uma vida harmoniosa e feliz."] "You can have power to make your life healthy, happy, useful, and outstandingly successful, if you will study the laws of life, and apply then faithfully." ["Você pode ter poder para tornar sua vida saudável, feliz, útil e extraordinariamente bem-sucedida, se você estudar as leis da vida e apli-cá-las fielmente."]. Ainda em Fox (1940, p. 167-168): "Scientific prayer or spiritual treatment is really the lifting of your consciousness above the level where you have met your problem. If only you can rise high enough in thought, the problem will then solve itself. That is really the only problem you have — to rise in consciousness. The more "difficult", which means the more deeply rooted in your thought, is the problem concerned, the higher you will have to rise. What is called a terrible danger or hopeless problem, will require a considerable rise in consciousness to overcome it — but that is the only difference. Do not waste time trying to straighten out your own or other people's problems by manipulating thought — that gets you nowhere — but raise your consciousness, and the action of God will do the rest. [...] To raise your consciousness you must positively withdraw your attention from the picture for the time being (The Golden Key), and then concentrate gently upon spiritual Truth. You may do this by reading the Bible or any spiritual book that appeals to you [...]." ["A oração científica ou o tratamento espiritual é realmente a suspensão de sua consciência acima do nível em que você colocou seu problema. Se você conseguir se elevar o suficiente no pensamento, o problema se resolverá. Esse é realmente o único problema que você tem — elevar a consciência. Quanto mais 'difícil', isto é, quanto mais profundamente arraigado em seu pensamento for o problema, mais alto você terá que subir. O que é chamado de perigo terrível ou problema sem esperança, exigirá um aumento considerável da consciência para superá-lo - mas essa é a única diferença. Não perca tempo tentando resolver os seus próprios problemas ou de outras pessoas fabricando pensamento — que não leva a lugar algum —, mas eleve sua consciência, e a ação de Deus fará o resto. [...] Para elevar a sua consciência, você deve, por enquanto, desviar sua atenção da imagem por um tempo (A Chave de Ouro) e depois concentrar-se suavemente na Verdade espiritual. Você pode fazer isso lendo a Bíblia ou qualquer livro espiritual que o agrade (...)"]. Obs.: Suspensão, ἐποχή, é chave de leitura neste nosso estudo. "Mais exatamente: suspensão de juízo. Método observado pelos filósofos da escola cética de Pírron, que, considerando que tudo é duvidoso, nunca pronunciavam nenhum julgamento sobre qualquer coisa, tencionando com isso obter a *ataraxia*, ou tranquilidade de espírito (Sexto Empírico, *Hipotiposes pirronianas*, I, 13-17)" (Gobry, 2007, p. 58).

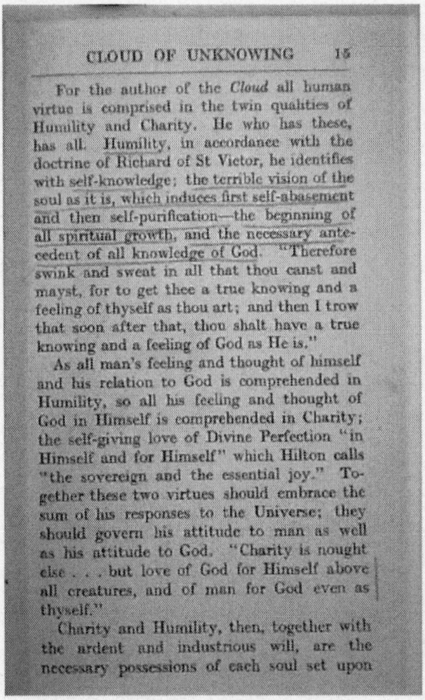

Foto 10. O sublinhado é da introdução de Evelyn Underhill à obra *The book of contemplation the which is called The cloud of unknowing, in the which the soul is oned by God* (1946, p. 15).

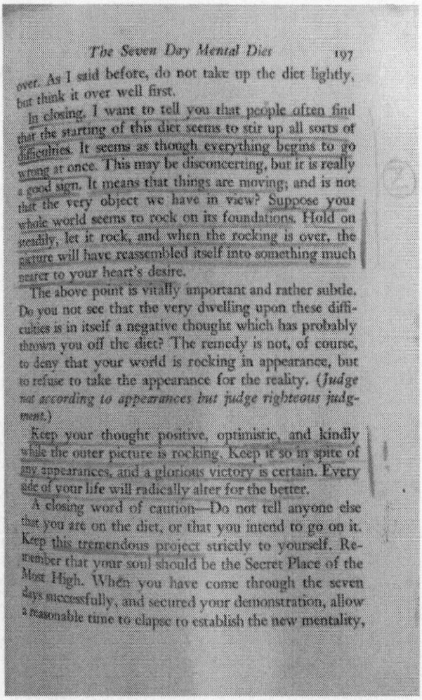

Foto 11. Já esta foto tem no original grifos azuis e vermelhos, e é do livro *Power through constructive thinking* (Fox, 1940, p. 197).

De *The cloud of unknowing* realçou-se a lápis grafite a frase:

Para o autor da *Nuvem*, toda virtude humana comporta as qualidades gêmeas da humildade e da caridade. Quem as tem, tem tudo. Humildade, de acordo com a doutrina de Ricardo de São Vítor, se identifica com o autoconhecimento; com a terrível visão da alma como ela é, que induz primeiro à abominação e depois à autopurificação — este é o começo de todo crescimento espiritual e a propedêutica obrigatória para todo conhecimento de Deus. "Portanto, trabalhe e sue, em tudo, o quanto devas e possas, para obter um verdadeiro conhecimento e um sentimento de ti mesmo de como és; e então afirmo que logo depois disso, você terá um verdadeiro conhecimento e um sentimento de Deus como Ele é.[69]

....
69. ["For the author of the Cloud all human virtue is comprised in the twin qualities of Humility and Charity. He who has these, has all. Humility, in accordance with the doctrine of Richard of St Victor, he identifies with self-knowledge; the terrible vision of the soul as it is, which induces first self-abasement and then self-purification — the beginning of all spiritual growth, and the necessary antecedent of all

A página ao lado de *Power through constructive thinking*, na tabela, é bem mais colorida e impregnada da recepção do glosador. Sob grifos azuis pode-se ler:

> Encerrando, quero antecipar que, muito frequentemente, as pessoas acham que o início dessa dieta parece suscitar todo tipo de dificuldades. Parece que tudo começa a dar errado ao mesmo tempo. (...) Suponha que seu mundo inteiro pareça tremer nas bases, aguente firme, deixe-o tremer e, quando o abalo acabar, a imagem se remontará em algo muito mais próximo do desejo do seu coração.[70]

Este é um trecho do capítulo que o leitor de *Technique et contemplation* inseriu em manuscrito à margem da recomendação da oração dos padres do deserto. Em vermelho foi grifada metade desta frase: "This may be disconcerting, but it is really a good sign. It means that things are moving; [...]." O número romano "X", escrito a lápis, refere-se à enumeração dada pelo leitor a pontos práticos ensinados durante o capítulo. Enfim, segue um recorte todo grifado em vermelho com traço e ponto de exclamação animados.

> Mantenha seu pensamento positivo, otimista e gentil, enquanto o quadro exterior está mudando. Mantenha-o assim, apesar de todas as aparências, e uma vitória gloriosa é certa. Cada lado da sua vida há de mudar radicalmente para melhor. (...) Mantenha consigo mesmo cuidadosamente *esse projeto tremendo* (em itálico o fragmento parcialmente sublinhado em vermelho).[71]

Pensamos não haver dúvidas sobre o peso da mão que sobrelevou os trechos citados por contraste com aqueloutra que demarca a "humildade" cristã e "a terrível visão da alma como ela é" em comparação com o Criador. Julgamos poder afirmar que o confronto das duas páginas exibe um caso de antífrase sutil da escolha da modéstia por um escoliasta e reafirmação da *hýbris* pelo outro. Todavia, existe a clara possibilidade de que ambos sejam

---

.... knowledge of God. "Therefore swink and sweat in all that thou canst and mayst, for to get thee a true knowing and a feeling of thyself as thou art; and then I trow that soon after that, thou shalt have a true knowing and a feeling of God as He is."]

70. ["In closing, I want to tell you that people often find that the starting of this diet seems to stir up all sorts of difficulties. It seems as though everything begins to go wrong at once. [...] Suppose your whole world seems to rock on its foundations. Hold on steadily, let it rock, and when the rocking is over, the picture will have reassembled itself into something much nearer to your heart's desire."]

71. ["Keep your thought positive, optimistic, and kindly while the outer picture is rocking. Keep it so in spite of any appearances, and a glorious victory is certain. Every side of your life will radically alter for the better. [...] Keep this tremendous project strictly to yourself."]

uma só pessoa, visto estarem os volumes no mesmo acervo e o método de estudo — com intervenção manuscrita na obra — ser muito semelhante em todos os volumes observados. É inegável, porém, que conciliar esses opostos — a contrapelo de Plotino — não leva ao Uno. Nós, portanto, não cremos que as posturas de submissão e de autonomia sejam "oposições aparentes", elas são, antes, "credos" ou "confissões" inconciliáveis.

Resumindo, vemos, no exemplar quase totalmente marcado de *Power through constructive thinking*, de autoria do ministro da Igreja da Ciência Divina, uma nítida postura de valoração pessoal que é realçada se anteposta ao tratado medieval de ascese. Mas para que serve buscar tais referenciais, quando nos propomos a evitá-los, ou seja, quando não queremos falar de ocultismo, filosofia, teologia e coisas parecidas?

Resposta imediata: para revelar que uma técnica utilizada para garimpar ouro foi empregada para levantar alta poeira. Contudo, o nosso paralelo, a partir de agora, é um salto para outra esfera, estamos a caminho da *hýbris* do "homem moderno".[72]

Através da inspeção dos arquivos do IEB — que de poeira nada têm, bem-cuidados que são — levantamos bastante pó de poesia e podemos assegurar que os estudos de Rosa abrangem gerações de garimpo esforçado, que inclui a religiosidade popular ibero-brasileira (como identificou acertadamente Alfredo Bosi e de acordo com os exemplares da coleção de Rosa no Instituto sobre o mesmo assunto), a busca da prática da contemplação mística (como identificaram acertadamente Utéza e muitos outros) advinda da Antiguidade, do Medievo até os nossos dias, passando pelo Ocidente e Oriente, e, inclusive, o exercício de leitura detida da literatura de autoajuda facilmente consumível. Isso é factível.

Voltamos ao movimento pendular que vai do ἔπος ao πέος e do solene nome de Florduardo Pinto Rosa. Então me digam: autoajuda é poeira na metafísica? Cachimanha do sobrenatural? Pois não!, há também malandragem no sertão, velhacaria ficcional, lemúrias? É assombração na literatura mística. Alto tremer de poeira:

....

72. O ponto será assunto para o próximo capítulo. Partimos da ponderação de Ana Paula Pacheco (2008, p. 26) comentando o julgamento de Zé Bebelo, em *GSV*, o estilo e a posição do escritor no sistema literário brasileiro. Segundo Pacheco, "sua inserção na modernidade atrasada [do sertão] baseia-se em muitos paradoxos, dos quais destaco: a linguagem 'avançada caipira', ou a linguagem 'caipira de vanguarda', que em si já é um paradoxo, e que se relaciona com outro, o tribunal jagunço esclarecido. O episódio mostra que os termos 'arcaico' e 'moderno' movimentam-se, além de terem parte um com o outro. O próprio Zé Bebelo fica por sua vez desnorteado, e acaba passando para o lado dos jagunços após a morte de Joca Ramiro, chefiando a vingança contra Ricardão e Hermógenes, que mataram o grande chefe."

Aprovei, de ver o Teofrásio, principal deles, apontando em homem *malandro* inocente, com a velha garrucha que era a dele, com os dois canos encavalados. Mas, que atirasse, não consenti. (...) Mas, o homem em quem o catrumano Teofrásio com sua garrucha antiqüíssima apontou, era um velho. Desse, eu digo, salvei a vida. Socorrido assim, pelo fato d'eu não conseguir conhecer a intenção da existência dele, sua razão de sua consciência.

(...) *Seria velhacal?* Não fio. E isto, que retrato, é devido à estúrdia opinião que divulgou em mim esse velho homem. Que, por armas[73] de sua personalidade, só possuía ali era uma faquinha e um facão cego, e um calaboca — Porrete esse que em parte ocado e recheio de chumbo, por valer até para mortes.

(...) Acabando que, para me render benefício de agradecimento, ele me indicou, muito conselhante, que, num certo resto de tapera, de fazenda, sabia seguro de um dinheirão enterrado fundo, quantia despropositol. Eu fosse lá... — ele disse; eu escavasse tal fortuna, que merecida, para meus companheiros e para mim... — "Aonde, rumo?" — indaguei, por comprazer. Ele piscou para o mato. Por lá, trinta e cinco léguas, num Riacho-das-Almas... Toleima. Eu ia navegar assim para acolá, passar matos, furar a caatinga por batoqueiras, por louvar loucura alheia? Minha guerra nem não me dava tempo. E, mesmo, se ele sabia assim, e verdade fosse, por que era que não ia, muito pessoalmente, cavacar o ouro para si? Derri dele, brando. Por que é que se dá conselho aos outros? Galinhas gostam de poeira de areia — suas asas... (Rosa, 2009b, p. 337 e 338).

Pois neste capítulo assim fica sendo, ressurjam os lêmures, destaque-se o fantasma de um Teofrásio ("o que fala pelo deus"), vislumbre-se o alvo de um mal ἀνδρός,[74] macho-frouxo-inocente, e que um qualquer o possa mirar: é o mal ἀνδρός com garrucha de dois canos. Que não seja permitido matar, apenas ficcionalizar. Vamos em busca de fortuna, quantia despropositol enterrada que achamos após escavar no riacho-das-aɹmas[75] e fugir de

....
73. Lêmures são também, por exemplo, os vários modos de se falar uma consoante em uma determinada palavra, por exemplo: "calma" que, oralmente e eventualmente, pode se realizar como "cauma", "carma" ou até "caumã" (nome de uma grande ave de rapina também conhecida por acauã) ou ainda "cá uma". Sobre o fenômeno oscilatório de enunciação, citamos Marcos Bagno: "(...) os sons [r], [x], [ɹ], [ʀ], [ʁ] etc. formam uma classe de sons: o fonema /r/" (Bagno, 2012, p. 47). Queremos assim dizer que é possível tanto materializar sonoramente a palavra "arma" com o /r/ retroflexo [¨] quanto prever em sua execução um lambdacismo e, com ele, vislumbrar uma transformação de "armas" em "almas". Pensar as muitas possibilidades de execução oral (e aural) das palavras, adiantamos, enriquece em muito a hermenêutica do trecho.

74. Genitivo de ἀνήρ — macho, varão, soldado.

75. A palavra "alma", lida ou vocalizada de forma fantasmática com o símbolo <ɹ> do alfabeto fonético, o "r" caipira retroflexo, como explicamos na nota 71, é potentíssima, suscita trasgos, lêmures. A produção de lêmures é um modo de abrir muitas possibilidades de execução oral da palavra que em escrita comum

calabocas, "catando mover alheio", como o malandro malandreia, como o mal ἀνδρός malἀνδρεία.⁷⁶

> Tiro de lá chama tiro de cá, e vira em vira. Disparo que eu dava, era catando mover alheio, cujo descuido, como malandro malandrêia (Rosa, 2009b, p. 139).

Se o malandro é um *andros* que se desfaz de sua condição de *andros*, de homem criatura, ele é o quê? Criador? — Poeira alta? Alta poeira e miséria (Rosa, 2009b, p. 254)? Mas e o ouro em pó?

----

não seria visível: alma/arma/[h]áuma (há uma). Para o jogo fonético divertido, vale conferir entrevista com Vanderci Aguilera: <https://www.youtube.com/watch?v=GNLQdPNkY5U>. Comentaremos esse lêmure à frente.

76. ἀνδρεία é adjetivo e significa "hombridade". Neste sentido, malἀνδρεία = má hombridade, sem hombridade, lêmure grego, "espírito de porco".

CAPÍTULO 2

Do ouro ao pó

Compactuação: "Estou certo de que este é um dos grandes objetivos da obra de Guimarães Rosa: pôr a palavra em situação, sacudir o pó que cobre a superfície, obrigando a vê-la mais dentro, mais no miolo. Isto significa também eliminar o peso da temporalidade, desobstruir os caminhos e facilitar a religação com aquele espaço, com a pureza perdida" (Garbuglio, 1980, p. 169).

"Tu é tudo, Riobaldo Tatarana! Cobra voadeira..."[1]

Vimos no capítulo anterior "só o alto tremer da poeira",[2] da poeira metafísica, bem entendido. Percorremos marginalmente a metafísica sólida, mais íngreme, e vimos também a mais rasteira, autoajuda. Queríamos evitar tocar os recessos da alta disciplina, mas um fato argumentativo marcou e mudou nossa posição. Bosi, a respeito dos clássicos greco-latinos, constata, em *Dialética da colonização*:

> [o]s estudos literários [após o esvaziamento dos estudos humanísticos tradicionais] viram-se, pelo menos no período agudo dessa tendência, à mercê de uma violenta sincronização das formas e dos significados que eram recortados como se fossem todos contemporâneos da nossa consciência estética ou das nossas próprias ideologias. Os resultados são ambíguos. *Lê-se o que não poderia estar historicamente presente no texto. Não se lê o que estava concretamente nele. O que são desvantagens científicas graves.* Em compensação: procura-se extrair do passado literário um código ou uma mensagem inteligível para a nossa mentalidade, recuperando-se, de maneira surpreendente, escritos há muito sepultos sob o peso de uma erudição sem horizontes (Bosi, 1992, p. 311, grifos nossos).

Pois bem, a possibilidade de banir da obra de João Guimarães Rosa os aspectos pelos quais ele pareceu querer ser avaliado — isto é, as veredas através das quais o escritor buscou elementos para a consolidação de seus escritos — mostrou-se assustadora diante da ressonância dos argumentos de Bosi. Excluir tais assuntos seria incorrer no deslize contra o qual, a propósito dos clássicos, o crítico paulista adverte. Assim, transpor a ponte que ligou

....
1. Rosa, 2009b, p. 219.
2. Rosa, 2009b, p. 92.

o raciocínio de Bosi à nossa prática com Rosa, o qual já é um "clássico" da literatura brasileira, foi inevitável.

Pagamos pedágio para Bosi e fizemos navegação por cabotagem num mar de misticismo eclético e emergente. Ativemo-nos predominantemente ao catolicismo tradicional e convencional da época do autor. Do contrário, cairíamos em "desvantagem científica grave". Não descartamos, entretanto, outras abordagens. As que se distanciam cada vez mais de terrenos "históricos" — não somos pessimistas — têm a vantagem inequívoca de universalizar Guimarães Rosa e promover, no instante de seu acolhimento, leituras inteligíveis para mentalidades múltiplas. Aliás, cumprimos um desejo dele com isso de ser universal. Ele não só produziu e acompanhou a difusão de sua obra como se empenhou no bom resultado de suas traduções para outras línguas. No auge do reconhecimento, tendo já sido traduzido em francês, inglês e italiano, Guimarães Rosa, promovendo enfaticamente o empenho de Curt Meyer-Clason na tradução do *GSV* para o alemão, escreve no dia 23 de abril de 1963 o seguinte:

> O que esperamos, agora, entusiasticamente, é que o amigo se atire de uma vez à tradução — com força, ímpeto, decisão e alegria de fazer. Mas, sobretudo, de uma maneira intensiva, exclusiva e concentrada — sem dispersar-se em outras traduções, laterais, parasitárias, de outros prosadores ou poetas, antes que a nossa obra se conclua. Perdoe-me o tom, mas, pessoalmente, humanamente, é mais que natural que eu tenha de querer pensar, primeiro, em resultados que se cifrem *em traduções de Guimarães Rosa*. E, dado tudo o que aí falamos, e nossa acertada orientação e boa amizade, não creio que seja esperar ou pedir demais (Meyer-Clason; Rosa, 2003, p. 104, grifos do autor).

Que lobby! Foi assim que Rosa pôde e deve continuar sendo lido tanto historicamente situado como também reconfigurado em novas culturas, novas (re)traduções e, até mesmo, atualizações: ele se tornou um clássico.

Enfrentamos, portanto, o tema temido: a desconstrução do *GSV* como um livro metafísico. Insistimos: *GSV* é mimese de metafísica, literatura sofisticada. Nele se pode demonstrar, como Platão no *Íon*, toda uma técnica de composição mimética, uma farsa bem-sucedida de construção palpável da matéria perquirida pela metafísica (filosofia, teologia, teosofia, mística e seus correlatos).

E, já que compartilhamos não dos assuntos elevados da filosofia e mística dos santos, mas da prática do catolicismo ordinário de muitos (que, normalmente, se mostra aqui e ali equivocada, defectiva e claudicante), vamos investigar essa mesma condição em João Guimarães Rosa. Hipotetizamos que ele viveu nessa (in)definição, se bem que, pelo menos na morte, morreu católico com missa e tudo (e parece ter vivido conforme tendência majoritária à época, que abarcava nuanças, do convicto e praticante ao quase indiferente, passando pelos semiagnósticos, os abertos a influências externas etc.), batizou-se e levou à pia batismal filhas, netas e afilhados.

Ele, porém, à luz da ortodoxia e de seus próprios testemunhos, fez-se um católico adverso, relutante, equivocado, defectivo e duvidoso, oscilando entre o misticismo, o esoterismo e múltiplas doutrinas, princípios, teorias e sistemas de vida e pensamento. Consolidou-se como alguém que buscou acessar diretamente o absoluto e, fruste, acabou topando só mesmo com o "homem humano" em obra (e vida?). No fundo, interpretamos, ao terminar o *GSV* e escrever que "só existe homem humano", Rosa sabia (ironicamente ou não) que para "acessar diretamente o Infinito" (nos termos dele próprio em entrevista a Lorenz) é preciso tornar-se húmus, pequeno, mínimo, mísero (nos dizeres dos metafísicos cristãos): impossível passar para o outro lado do rio sem sair do lugar.

Vejamos o que se pode ler nas entrelinhas de duas frases do discurso de posse de Rosa da ABL. Para merecer a imortalidade acadêmica — ou o Absoluto, meta dos literatos concorrentes —, o escritor, apelidado "Cordisburgo" por alguns, afirma sobre seu antecessor na cadeira 2 da ABL, João Neves da Fontoura — cifradamente — que, para que ele, Rosa, seja imortal, é preciso que um imortal, Fontoura (que sucedeu a Coelho Neto que, por sua vez, sentou-se na cadeira de Álvares de Azevedo), abandone sua pretensão de "imortalidade" e sucumba à mortalidade, morra de fato e de direito, torne-se nada: "De repente, morreu: que é quando um homem vem inteiro pronto de suas próprias profundezas. Morreu, com modéstia."[3]

Certo: a morte nos faz modestos, mesmo se estivermos em mausoléus. Apoiando-nos nesse raciocínio do acadêmico mineiro, e mesmo parodiando-o, diremos que não há como demonstrar a grandeza individual de um homem de mérito longuíssimo, sua humanidade profunda ou sua rasa pequenez. Não alcançaremos jamais passar do Guimarães Rosa contingencial e relativo ao ilibado João absoluto (coisa que somente é possível no deixar de ser-se).

....
3. Do discurso de posse na ABL. Disponível em: <https://www.academia.org.br/academicos/joao-guimaraes-rosa/discurso-de-posse>.

David Lopes da Silva, no artigo já citado, "Um Rosa cor-de-rosa?" (2020), supõe certa consciência de uma venalidade, um pecado específico, a soberba, no "Cordisburgo". Aliás, segundo o estudioso, o próprio Guimarães Rosa assume-se soberbo. O termo "soberba" em nossa cultura e, igualmente na redação do pesquisador, vem claramente marcado de cristandade, ou pelo menos, com a censura da cristandade:

> Em entrevista sobre outra coleção produzida em 2000 por encomenda a partir do mesmo tema dos Pecados Capitais (Coleção "Plenos Pecados", da Editora Objetiva), Carlos Heitor Cony relatou o momento da reunião que decidira a distribuição dos pecados pelos autores para o livro de 1964 (do qual Cony fez também parte) em que Guimarães Rosa teria pedido para ficar com o pecado da Soberba: 'O Ênio (Silveira) falou: — Eu quero fazer um livro sobre os sete pecados capitais, vocês escolhem os pecados. — Guimarães Rosa escolheu a Soberba, levantou e disse: — Eu quero fazer Soberba. — Aí o Silveira falou assim: — Mas por quê? — Porque eu sou soberbo. — Eu peguei a Luxúria, e foi por aí. Uma obra de encomenda que teve sucesso editorial. (Cony, [s/d]).' [Misteriosamente, foram removidos da Internet todos os traços dessa entrevista de Cony, que originalmente constava no site da ABL. Apenas Axox (2013, p. 46-48)[4] se refere também a ela, dando outro link do site da ABL, também atualmente fora do ar. Mera coincidência?] Mais recentemente, o mesmo Cony tece uma avaliação absolutamente em discrepância com o silêncio crítico em torno do conto [*Os chapéus transeuntes*]: 'O maior contista da literatura brasileira é o Guimarães Rosa. E o seu melhor conto é *Os chapéus transeuntes*, que integra a antologia *Sete pecados capitais* [sic], uma encomenda do editor Ênio Silveira. O tema é a soberba. Fui vizinho do Guimarães Rosa no Posto 6, em Copacabana. Guardava o carro na vaga de garagem dele. Era um homem bom, e muito vaidoso. Falava dele próprio na terceira pessoa, pedia que o garoto fosse comprar 'o jornal para

---

....
4. Chiara de Oliveira Carvalho Casagrande Ciodarot di Axox, em sua tese *Solve et coagula: dissolvendo Guimarães Rosa e recompondo-o pela ciência e espiritualidade*, antecedeu David Lopes da Silva e escreveu reflexão valiosa sobre o tema: "Guimarães Rosa reconhecia sua vaidade, o que explica a preocupação em anotar nas cadernetas os pontos que precisava melhorar na sua personalidade. Talvez por isso tenha aceitado escrever 'Os chapéus transeuntes', o capítulo sobre a soberba, para o livro *Os sete pecados capitais*, organizado por Ênio Silveira — juntamente como nomes como Otto Lara Resende, Lygia Fagundes Teles, Carlos Heitor Cony. (...) Na carta enviada em 28 de outubro de 1963, ao tradutor italiano Bizzarri, escreveu: 'Estou, mesmo, gostando, deste jogo. [tradução e dúvidas] E é benéfico, contribuindo para um pouco de humildade. Pois, agora é que vejo como certos leitores têm razão de irritar-se contra mim e invectivar-me'. (Bizzarri, 2003, p. 51) Se Guimarães Rosa realmente fez uso da humildade ou da soberba, não é possível saber" (Axox, 2013, p. 48).

o Guimarães Rosa'. Ou então 'o Guimarães Rosa não gosta de samba', como se fosse um personagem (Cony, 2015, p. 341 *apud* Silva, 2020, p. 556).

Soberba, entre os gregos, é qualidade dos heróis que fogem da ταπείνωσις, da baixeza, da humildade. A frase de Rosa, verdadeira e historicamente (visto estar o sujeito enunciador inserido numa cultura cristã à época), dá margem para depreender-se essa pretensa consciência de pecado a que Silva alude.

Entretanto, ainda no contexto histórico cristão, ela dá margem também para a interpretação de que há um "*mea culpa*", uma modesta assunção de fraqueza (ou ímpeto, nos termos gregos), o reconhecimento de uma vileza, de um "pecado" de base, ou melhor, o reconhecimento da própria condição. Ademais, a frase, em sua ambiguidade, dá ensejo, outrossim, para uma leitura marcadamente carregada de ironia mineira.[5] Deveras. A ironia, como se sabe, joga com a simultaneidade de intenções em uma só palavra proferida; a simultaneidade, como vimos, estabelece o jogo do **é não é** e é artifício para erigir a mimese de plenitude[6] ou, se preferirem, mimese do discurso de um metafísico.

Segundo Lausberg, constrói-se a ironia pela

> utilização do vocabulário que o partido contrário [os jornalistas, por exemplo] emprega para os fins partidários [ou seja, vocabulário para ganhar a adesão a si em qualquer matéria que seja] com a firme convicção de que o público reconhecerá a incredibilidade desse vocabulário. Deste modo, a credibilidade, do partido que o orador defende, é mais reforçada e de tal modo que, como resultado final, as palavras irónicas são compreendidas num sentido que é contrário ao próprio sentido. O sinal geral da ironia é o contexto. Como a ironia (...) está muito especialmente exposta ao perigo da incompreensão (...), o sinal do contexto é, com certa preferência, posto em maior evidência por meio da *pronuntiatio* (Lausberg, 1972, p. 163-164).

Ora, o contexto da proposta é pouco alcançável e não cremos que possamos afirmar, pela simples escolha do tema para desenvolvimento de um texto e pelo texto produzido no livro, que, por exemplo, Carlos Heitor Cony seja um inveterado luxurioso, Mário Donato um irascível insuportável, Guilherme

---

5. Também Rosenfield vê ironia regional em Rosa: "Esse talento da imperceptível ironia mineira está à altura da arte dos imperceptíveis amálgamas eruditos que animam os autênticos sertanejos" (Rosenfield, 2006, p. 83).

6. Cf. Saddi, 2006, p. 163.

de Figueiredo um guloso, José Condé um invejoso e Lygia Fagundes Telles uma preguiçosa irremediável (esta última, afirmação mais passível de ser desmentida, com os 25 livros publicados e uns tantos prêmios da escritora). Além disso, é bom se ter em mente que os pecados capitais são comuns a todos nós, uns se deixam revelar, apenas, e outros escamoteiam a infâmia.

Sobre a soberba de Rosa, no entanto, quiçá, pode ser apontada como a manifestação de um homem pouco humilde. Ocorre em trecho narrado por Josué Montello, a partir de um comentário de Aurélio Buarque de Holanda descrevendo, de modo sucinto, a interação de Rosa com dois jornalistas no restaurante de um hotel em Vitória, em 1963. Rosa aguardava naquele ano o resultado de sua candidatura na ABL:

> Ao ser apresentado aos jornalistas, Rosa fez um comentário pilhérico a cada um deles com o bom humor natural que a manhã de sol ajudava.
> E um dos jornalistas, um tanto contrafeito: '— O senhor é muito engraçado' — observou-lhe.
> E Rosa confirmando: '— Sim, sou. Mas, engraçado só, não: sou inteligente, e culto, e elegante, e simpático, e bonito.' Levantou-se. E despedindo-se, a olhar para os dois: — Na entrevista, não se esqueçam de ressaltar a minha modéstia (Montello, 1991, p. 671).

O professor alagoano deu munição para vislumbrarmos Rosa com dureza. A cena descrita surgiu quando Montello comentava sobre uma conversa com Carlos Drummond de Andrade, na qual ambos falavam da dificuldade de acesso à escrita de Rosa. A narrativa comprova o comentário do lexicógrafo camaragibense, que citamos, qualificando o médico mineiro "inimigo de toda a espécie de entrevistas e terror dos repórteres" (Rosa *apud* Lorenz; Rosa, 2009a, p. XXXIII). É sobre esse ponto de dificuldade que Aurélio Buarque de Holanda — afirma Montello — "deixa os olhos no ar por alguns momentos, como distraído, e em seguida me conta o episódio que testemunhou..." (Montello, 1991, p. 670), que poderíamos nomear como "uma fotografia do Rosa exibicionista".

Que Rosa seja esnobe e chegue sempre "glorioso, sorridente, ao exibir a gravatinha-borboleta" (Montello, 1991, p. 670), pensemos sobre isso. Sigamos o caminho de David Lopes da Silva no artigo já mencionado, abordemos "Os chapéus transeuntes", mas, diferentemente do pesquisador, estaremos sob o estrito comando da ironia e do sarcasmo, apostando mesmo que o autor mineiro trata os soberbos (e a si também) com deboche, zombaria e socratismo (isto é, de modo a expor suas próprias contradições).

Recorrendo a Lausberg novamente, se juntamos dois jornalistas insatisfeitos, trabalhando o cansaço de tentar uma entrevista com o "famoso" autor do *GSV*, diplomata do Itamaraty, quase eleito imortal (Rosa foi elevado a acadêmico em 8 de agosto de 1963 e o relato é dos dias 2 e 8 de julho de 1963), temos efetivamente um contexto de antipatia.

Pelo lado de Rosa, nada mais diz Montello. Fica no ar um silêncio teatral. Ecoam as palavras do conto do Vovô Barão que discutiremos no capítulo que se seguirá: "[s]audara-nos entre ironizante e majéstico"" (Rosa, 2009b, p. 737). É nessas circunstâncias que fazemos ressurgir, desse meio, lêmures sugeridos pela leitura de Lausberg (1972): "Como a ironia (...) está muito especialmente exposta ao perigo da incompreensão (...), o sinal do contexto é, com certa preferência, posto em maior evidência por meio da *pronuntiatio*"... Como, em sequência de quê ou em quais circunstâncias e em que tom teria sido enunciada a frase do jornalista ("o senhor é muito engraçado") e como teriam sido libertadas as palavras de Rosa? Lamentavelmente, falta-nos o ritmo, a modulação e a musicalidade das palavras ditas; se Rosa foi irônico, jamais saberemos...

Para nós, trata-se de um típico caipira que, querendo se fazer de simpático, com chistes, anedotas e trocadilhos, tenta quase sempre ser divertido e, quando não consegue, vê-se acuado e sai de cena como um matuto, semeando ironia. Nesse aspecto, além de ter em mente a zombaria amarga de "Os chapéus transeuntes", convergimos para Soethe que, refletindo sobre a admiração de Rosa acerca da cultura alemã, afirma: "(...) faltou também aos intérpretes de Rosa certo distanciamento, pois praticamente não se apontou um possível exagero e auto-ironia cifrada que pudesse ser tônica das suas manifestações" (Soethe, 2005, p. 288) e, ainda, "[c]onvivem tensamente a auto-estilização irônica e o fundo de seriedade presente *ex negativo* nas suas declarações, se entendidas como portadoras de ironia e autocrítica" (Soethe, 2005, p. 293).

Digamos porém que Rosa continue, não obstante tudo isso, a soar arrogante, que nossa argumentação em nada demoveu o leitor. Nesse caso, recordamos que, apesar de "católico", "Cordisburgo" foi pouco convicto, preferiu ser diverso, aberto e variado.[8] Neste aspecto, Rosa é um homem da Antiguidade clássica, um *hybristés,* como preferimos avaliar. Equiparamo-lo

....
7. O vocábulo "majéstico" suscita lêmures. Deixemos que nos atormentem, mas não sucumbamos a eles, continuemos.

8. Sendo católica, posso afirmar sem hesitação que o catolicismo exige exclusividade, não aceita outros credos nem coloca no mesmo patamar, por exemplo, Jesus e Buda. Para o católico, Jesus é Deus vivo e há um só Deus que, por sua vez, é "dono" da vida e da morte.

com os gregos no primeiro capítulo, isto é, ele seria um criador muito clássico, trágico e humano. Ainda bem! Pensá-lo como alguém dotado de grande inteligência linguística e argumentativa (à moda de Sócrates, Platão, Sófocles, Eurípides etc.) mas sujeito a falhas e deslizes é desfazer sua aura mítica, o que nos parece muito bom. Se João Guimarães Rosa não houvesse "pecado", ou, mais exatamente, se Rosa — com tudo que foi e significou para a literatura brasileira — não houvesse caído em *hamartía* e *hýbris*, aí sim, ele seria, realmente, um deus (nos moldes cristãos da divindade). Felizmente, foi só um homem humano em busca da paz de Deus.

Continuemos em nossa hipótese sustentando haver, de fato, um Rosa trágico, livre dos dogmas das religiões, *hybristés* antigo e de vanguarda, por opção, mesmo sendo cristão (observe-se que a religião grega antiga fundia, em um só bloco, religiosidade diversificada, prática social e vida política, que cada cidade — e família — tinha seus próprios deuses e sequer havia um livro religioso único, reinava entre os helênicos a literatura). Assim pensando, depois de ter percorrido parte da biblioteca do escritor sobre os tópicos da mística, da literatura e filosofia gregas e da teologia, sugerimos para este estudo que, no âmbito do que se chamou mística, João Guimarães Rosa foi *aírico* (quase um conselheiro Aires machadiano) e despótico quanto a sua própria liberdade cultivando a "liberdade pura" (ἄκρατος ἐλευθερία), que remonta a Luciano de Samósata. O conceito foi estudado por Jacyntho Lins Brandão em várias obras.[9]

Rosa fez o que quis, quando quis, como quis e regeu-se pela beleza. Mas *aírico* não é palavra dicionarizada...

> **Aírico** — palavra inventada que recupera a sonoridade de "airar", de αἱρέω, αἵρεσις, "airi", grande palmeira "de fruto comível, produz manteiga vegetal e madeira resistente para o fabrico de arcos (*Astrocaryum ayri*, Mart.). Também lhe chamam, airíri, iri, irucurana, coqueiro-brejaúba e brejaúva ou brejaúba" (no *Aulete Digital*), "airo", ave aquática, e — com a aglutinação imaginativa de "airo" + ético (querendo inventar uma ética

---

9. Cf. Brandão: *A poética do Hipocentauro*, 2001; "A 'pura liberdade' do poeta e o historiador", 2007; "O narrador tirano: notas para uma poética da narrativa", 2010.

> airosa) cair na "aberração" de ser *hærēticus*, "herético" e incorrer ainda no risco de ser chamado de "eclético".[10]
>
> Buscamos inventar palavras para fugir do preconceito que este último vocábulo carrega em frases do tipo "ah... brasileiro é eclético mesmo...". O problema é que, no atropelo da invenção, fugindo de um preconceito, o pobre vocábulo inventado cai nas malhas fonéticas e morfológicas de palavras bem pesadas, pelo menos à época de nosso escritor, nos idos de 1908 a 1967...

Quantas sombras, quanta arquitetação inventiva: fantasia fantasmática?
Esta invenção não é nossa. Descende de lêmure registrado no *GSV*. Vem, primeiramente, como verbo dicionarizado, e, em certas situações, em sua leveza, delineia um espectro aeriforme da delicada Safo que clama, apenas, pela beleza, a soberana dos nossos tempos.

Sobre a poeta de Lesbos e sua influência em Guimarães Rosa já publicamos bastante, evitaremos repetir.[11] Na ocasião de escritura desses artigos, defendemos uma tradução marcadamente feminina, descrevendo um orgasmo, para o fragmento 31 (Voigt). Nessa proposição, refutamos a interpretação tradicional do poema que vê nele descrita uma crise de ciúme ou perda ou, ainda, um mal súbito ocorrido em situação de preterição. Desse modo, partindo da recepção que propusemos para Safo, que de resto foi antecipada por Rosa e não lhe passou despercebida, pelo que se verá, vamos somar outros fragmentos com a intenção de mostrar a pertinência do adjetivo *aírico* para Rosa.

Então... que se abra uma janela!

Desloquemos nosso olhar para a morena de Lesbos. Pontuaremos alguns trechos apenas como sugestão e ocupar-nos-emos de três pequeníssimos fragmentos, impactantes pela sutileza e complexidade da apropriação do autor mineiro.

....
10. Eclético, de ἐκλέγω — "escolher ou reservar", "selecionar", eleger (cf. Liddell; Scott, 2003: ἐκλέγω); αἱρετικός de αἱρέω — "apto para a escolha", Pl. Def. 412a; "faccioso" (cf. Lidell; Scott, 2003: αἱρετικός).
11. Indicamos o capítulo "Imanências de Safo em João Guimarães Rosa" (Barbosa, 2017, p. 342-348), a ele agregaremos, neste capítulo, outros conteúdos. Fracionado em muitos recortes, o tema foi igualmente abordado em "Safo 31 Voigt: uma tradução" (Barbosa, 2017, p. 7-15) e, finalmente, "Safo 31 Voigt — mil traduções e mais uma" (Barbosa, 2018, p. 231-245).

Como já indicamos, as retomadas dos clássicos na obra de Guimarães Rosa quase sempre são fantasmáticas. Há todo um desdobrar de tempos pretéritos que se acumulam, sem contar os arroubos de invenção e genialidade que fazem com que o João 'delicada' Rosa não se aproprie deles em linha reta, nem os traduza ou reescreva somente. Não. Sua retomada tem movimento, vem à moda de ciranda, torvelinho suave como favônio, ou às brutas em redemoinho; dialoga, confirma, vela, revela e desvela o texto do passado. Em nossa argumentação, tudo começa com o obscuro Heráclito. Recordemos o fragmento 12 do pré-socrático:

ποταμοῖσι τοῖσι αὐτοῖσιν ἐμβαίνουσιν ἕτερα καὶ ἕτερα ὕδατα ἐπιρρεῖ
aos que em rios avançam, a eles outras e outras águas refluem.[12]

E não esqueçamos o que disse, cheio de sabença sertaneja, Riobaldo:

Eu atravesso as coisas — e no meio da travessia não vejo! — só estava era entretido na ideia dos lugares de saída e de chegada. Assaz o senhor sabe: a gente quer passar um rio a nado, e passa; mas vai dar na outra banda é num ponto muito mais embaixo, bem diverso do em que primeiro se pensou (Rosa, 2009b, p. 24).

Essa poética de retomada — pensar nos lugares de saída e de chegada, saber que se vai chegar a lugar bem diverso — é recorrente no *GSV* e pode ser encarada até mesmo como um elemento chave na teoria da tradução (e da tradução cultural, certamente), ou seja, traduzir é atravessar o fluxo caudaloso da linguagem e chegar a um ponto diverso do de partida.

No campo prático dos estudos clássicos, infelizmente, Safo surge fragmentada, dela não existem textos completos. No terreno dos estudos rosianos, ela é, igualmente, figura intermitente, cesurada, esparsa. Um verso ali, outro acolá, uma imagem forte, outra esmaecida... Assim no Brasil como na Grécia: vejamos primeiramente o fragmento 16 (Voigt), que almeja definir o que é o belo:

| Ο]ἰ μὲν ἱππήων στρότον, οἰ δὲ πέσδων, οἰ δὲ νάων φαῖσ᾽ ἐπ[ὶ] γᾶν μέλαι[ν]αν ἔ]μμεναι κάλλιστον, ἔγω δὲ κῆν᾽ ὄττω τις ἔραται | Uns cá: tropa-cavalaria, uns lá: a legião-a-pé, mais uns terra negra afora dizem ser coisa belíssima a tropa-naval. Eu, de cá, firmo: o que se ama belo é! |

....
12. Kirk, Raven e Schofield (1994, p. 201-202).

Enfim, no fundo, a ideia é banal, as palavras, porém, enobrecem o tema. Safo confirma um conhecido provérbio: "quem ama o feio bonito lhe parece" ou, ainda, "uns gostam dos olhos, outros, da remela". Leonardo Arroyo, em *A cultura popular em* Grande sertão: veredas (1984), depois de discorrer sobre a origem do gênero proverbial, se popular ou erudito, cita Ladislau Batalha, que pende para considerar esses ditos efetivamente como

> a generalização oral de certos pensamentos de sabor literário colhidos nas obras dos antigos filósofos romanos, gregos e outros, no Velho e Novo Testamento e nos escritores clássicos, cronistas, poetas ou prosadores antigos e modernos da Europa e da Ásia (Batalha apud Arroyo, 1984, p. 253).13 Cremos que, talvez, seja este o caso de apropriação de algumas produções da poeta de Lesbos.

Assim, em variações sobre o mesmo tema, pode-se dizer que o fragmento 16 de Safo, em *GSV*, ressoa assim: "Agravei o branco em preto. Mas Diadorim perseverou com os olhos tão abertos sem resguardo, eu mesmo um instante no encantado daquilo — num vem-vem de amor. Amor é assim — o rato que sai dum buraquinho: é um ratazão, é um tigre leão!"; "(...) cada um o que quer aprova"; "cada um só vê e entende as coisas dum seu modo"; "a flor do amor tem muitos nomes"; "O amor dá as costas a toda reprovação"; "O bom da vida é para o cavalo, que vê capim e come" (Rosa, 2009b, p. 278, 7, 13, 124, 304 e 188, respectivamente).

Voltemos agora nosso olhar para a lua e para o fragmento 36 Safo (Voigt):

ἄστερες μὲν ἀμφὶ κάλλαν σελάνναν	os astros, hou, em roda da lua linda:
ἂψ ἀπυκρύπτοισι φάεννον εἶδος	eclipsados no feitio luzfus outra vez
ὄπποτα πλήθοισα μάλιστα λάμπη	no qu'ela esplende, luava demais
γᾶν <ἐπὶ παῖσαν>	p'la terra...
....	....
ἀργυρία	pratinada
καὶ ποθήσω καὶ μάομαι	só anseio, me aluei demais

....
13. Walnice Nogueira Galvão, analisando o conto "Desenredo", identifica que "[o] forte, nesse conto, (...) vai ser a composição ao nível da frase completa, onde tudo se passa como se fosse um jogo de revirar provérbios às avessas. E o estereótipo mostra que está aí para ser ludicamente dinamitado. (:..) Acrescentem-se alguns enunciados com ligeiras modificações de fórmulas prévias. (...) Segue-se a criação de enunciados formulares, em tom sentencioso, e que pontuam a narração, constituindo comentários do narrador ao enredo. Aqui, não estamos longe do *Grande sertão: veredas* nem do restante da obra de Guimarães Rosa. Trata-se de construções à maneira de provérbios, com predominância dos verbos ser e estar no presente, acarretando generalidade e atemporalidade" (Galvão, 1996, p. 127). Irene Gilberto Simões confirma o uso do recurso em *Tutameia*. Segundo a investigadora, há nesse texto rosiano um uso da "frase feita" transfigurada (Simões, 1988, p. 127).

O que se vê no poema é uma ciranda de astros (no masculino: ἀστήρ, -έρος, ὁ) que tem, ao centro, esplêndida, a lua (no feminino: σελάννα, -ας, ἡ). E, assim como em *GSV* a travessia se dá à moda de Heráclito, partindo-se do rio sáfico chega-se à outra banda "num ponto muito mais embaixo, bem diverso do em que primeiro se pensou". Safo ressurge "lunática" em "quarto crescente": "Um homem é escuro, no meio do luar da lua — lasca de breu"; "Diadorim, os rios verdes. A lua, o luar: vejo esses vaqueiros que viajam a boiada, mediante o madrugar, com lua no céu, dia depois de dia" (Rosa, 2009b, p. 283 e 201, respectivamente).

De fato, para entender a presença sáfica, há que se coletar fragmentos dispersos em longos trechos narrativos — Rosa é insuperável simulando a perda sáfica irrecuperável e erigindo-lhe o louvor. Impossível, aqui, reunir todos os excertos. Os lêmures, como estilhaços, voam pelo *GSV*. Mas, na verdade, vestígios de Safo acabam por constituir um fio robusto na trama do romance de Riobaldo e Reinaldo. Propomos muito sumariamente a leitura de Rosa na sequência abaixo, tendo em mente Heráclito, que marcaremos com o numeral doze entre parênteses, e Safo, assinalada com numeral dezesseis para o fragmento 16V, trinta e quatro para o fragmento 34V, trinta e seis para o 36V.

> Demos no Rio, passamos (12). E, aí, a saudade de Diadorim voltou em mim (36), depois de tanto tempo, me custando seiscentos já andava, acoroçoado, de afogo (36) de chegar, chegar, e perto estar. Cavalo (16) que ama o dono, até respira do mesmo jeito (16). Bela é a lua (16/34), lualã, que torna a se sair das nuvens, mais redondada recortada (34). Viemos pelo Urucuia (14). Meu rio de amor é o Urucuia (16/36). O chapadão — onde tanto boi berra. Daí, os gerais, com o capim verdeado (16). Ali é que vaqueiro brama (36), com suas boiadas espatifadas. Ar que dá açoite de movimento (36), o tempo-das-águas de chegada, trovoada trovoando. Vaqueiros todos vaquejando (36) (Rosa, 2009b, p. 49).
> Um homem é escuro, no meio do luar da lua (36) — lasca de breu (Rosa, 2009b, p. 283).
> Ou quando luava, como nos Gerais dá, com estrelas. Luava: para sobressair em azul de luz assim, só mesmo estrela muito forte (36V) (Rosa, 2009b, p. 355).

O vocábulo "demos" evoca "demônios", ele é outro "abismo" de possibilidades. Atrelado à possibilidade dos δαίμονες, ele é trasgo: serve, da mesma maneira, para ser a primeira pessoa do plural do verbo "dar", que na circunstância "mineiriana" significa, igualmente, "topar". Três fantasmas pairam sobre um só vocábulo. Mas quando viajamos para profundezas mais antigas, δῆμος é "povo, gente, bando, tropa". Bando de jagunços, súcia, no rio! Gente no rio-verso-fragmento de Heráclito. Travessemos!

Os fragmentos de Safo, no leito do rio, estão encravados como pepitas, atolados na lama; uns são ouro em pó, outros pepitas pequeninas, tudo bem misturado. Vêm confundidos em comparações, metáforas, situações análogas. As ligações só se concretizam mais à frente quando se olha para o céu: homens são astros (ἄστερες) em roda da bela lua, ahã (?), lualã. Tão livremente retomada, Safo, como dissemos, sustenta a narrativa de Guimarães Rosa em *GSV*. A intromissão do fragmento 31 (Voigt) é emblemática, impossível não (re)citá-lo. Recordemos.

Φαίνεταί μοι κῆνος ἴσος θέοισιν		Fulgura como deuses um que me	
ἔμμεν᾽ ὤνηρ, ὄττις ἐνάντιός τοι		surge, varão, que, diante de ti,	
ἰσδάνει καὶ πλάσιον ἆδυ φωνεί-		se assenta, e, junto, dócil a que	
σας ὐπακούει	4	fala e ri ardente	4
καὶ γελαίσας ἰμέροεν τό μ᾽ ἦ μὰν		escuta, e isso, de pronto,	
καρδίαν ἐν στήθεσιν ἐπτόαισεν		me desatina no peito o coração!	
ὠς γὰρ <ἔς> σ᾽ ἴδω βρόχε᾽ ὤς με φώνη-		Pois, no que te vejo, súbito eu nada	
σ᾽ οὐδὲν ἔτ᾽ εἴκει,	8	mais sei falar,	8
ἀλλὰ †κὰμ† μὲν γλῶσσα †ἔαγε† λέπτον		assim, logo se me engrola a língua; sutil,	
δ᾽ αὔτικα χρῶι πῦρ ὐπαδεδρόμηκεν,		num átimo, um fogo dispara sob a pele	
ὀππάτεσσι δ᾽ οὐδὲν ὄρημμ᾽, ᾽πιβρό-		e, nas vistas, nada diviso; os ouvi-	
μεισι δ᾽ ἄκουαι,	12	dos trovoam,	12
†ἔκαδε† μ᾽ ἴδρως κακχέεται, τρόμος δὲ		daí, suor me poreja de alto a baixo, então,	
παῖσαν ἄγρει, χλωροτέρα δὲ π]οίας		tremuras me tomam toda, orvalhada fico,	
ἔμμι τεθνάκην δ᾽ ὀλίγω ἐπιδεύσην		mais que a relva, com pouco lassa, morta	
φα]ίνομ᾽ ἔμ᾽ αὔ[τ]αι	16	figuro estar,	16
ἀλλὰ πὰν τόλματον, ἐπεὶ †καὶ πένητα†		e, toda impudente, baldia já...	

Eis que o amante vê a quem se ama: despertar de alegres sentimentos. Qual em Lesbos, tal no sertão. E sem grandes prolegômenos veremos o fragmento 31 (Voigt) a brilhar no meio das águas do Urucuia, foi assim: depois de jornada comprida sobre o lombo do cavalo, Riobaldo viu uma mulher moça, vestida de vermelho, que se ria. Não retomamos o valor do vermelho já comentado no capítulo anterior, porém essa cor é quase universalmente indício de atração.[14] Mantenha-se esse valor em mente. Riobaldo lembra e narra:

....
14. Com base na obra *Doutrina das cores* de Goethe, Adélia Bezerra de Meneses desenvolve estudo psicanalítico de trechos de *GSV* e de seis contos de Rosa: "A hora e a vez de Augusto Matraga", "Buriti", "Dãolalalão", "O homem do Pinguelo", "O recado do morro", "Fita verde no cabelo". No livro ela destaca que o vermelho é a cor da atração imediata (Meneses, 2010, p. 14).

Digo: outro mês, outro longe — na Aroeirinha fizemos paragem. Ao que, num portal, *vi uma mulher moça*, vestida de *vermelho*[15], se *ria*. — "Ô moço da barba feita..." — ela falou. Na frente da boca, ela quando *ria* tinha os todos dentes, mostrava em fio. Tão bonita, só. Eu apeei e amarrei o animal num pau da cerca. *Pelo dentro,* minhas pernas doíam, por tanto que desses três dias a gente *se sustava de custoso varar*.[16] circunstância de trinta léguas. Diadorim não estava perto, para me reprovar. De repente, passaram, aos galopes e gritos, uns companheiros, que tocavam um boi preto que iam sangrar e carnear em beira d'água. Eu nem tinha começado a conversar com aquela moça, e a poeira forte que deu no ar *ajuntou nós dois, num grosso rojo avermelhado* (Rosa, 2009b, p. 23).

Os grifos na citação foram nossos. Eles marcam similitudes com o fragmento 31; faremos assim nos trechos subsequentes também. Aos poucos, no que baixar a poeira que se levantou com a passagem do bando, será possível ver com mais nitidez a cena antiga. Se Diadorim não está perto para configurar claramente o triângulo de olhares — manifesto no fragmento 31 de Safo — é porque a poeira forte encobre a poesia do passado. Neste momento, o encontro com Nhorinhá foi, ali no sertão, um mero amor a dois. Todavia, continuando a leitura, a visibilidade na turvação melhora. Desce a poeira, a cena reclama águas de lavação, garimpo de imagem. No trecho se insere a evocação de Heráclito antes mencionada:

Diadorim estava me esperando. Ele tinha lavado minha roupa: *duas*[17] camisas e *um* paletó e uma calça, e outra camisa, nova, de bulgariana. Às vezes eu lavava a roupa, nossa; mas quase mais quem fazia isso era Diadorim. Porque eu achava tal serviço o pior de todos, e também Diadorim praticava com mais jeito, mão melhor. Ele não indagou donde eu tinha estado, e eu menti que só tinha entrado lá por causa da velha Ana Duzuza, a fim de requerer o significado do meu futuro. Diadorim também disso não disse; ele gostava de silêncios. Se ele estava com as mangas arregaçadas, eu olhava para os braços dele — tão bonitos braços alvos, em bem feitos, e a cara e as mãos avermelhadas e empoladas, de picadas

---
....
15. Vermelho ardente, atraente.
16. Expressão de duplo sentido: 1 se suspendia de atravessar caminho por ser custosa a cavalgada; 2 se suspendia de usar a vara de varão, porque era difícil naquelas circunstâncias.
17. As roupas, no primeiro bloco, formam um trio: (**duas** camisas = feminino) + (**um** paletó = masculino) — eis que, devagar, começa a reslumbrar o lêmure do triângulo amoroso eólico, Safo vai avultar aos poucos, antes é necessário que o fantasma se aerifique. O prosador acrescenta, num segundo bloco sintático, mais uma calça e uma camisa, um par em feminino para um masculino singular, o paletó de antes.

das mutucas. (...) *Ah, tem uma repetição, que sempre outras vezes em minha vida acontece. Eu atravesso*[18] *as coisas — e no meio da travessia não vejo! — só estava era entretido na ideia dos lugares de saída e de chegada. Assaz o senhor sabe: a gente quer passar um rio a nado, e passa; mas vai dar na outra banda é num ponto muito mais embaixo, bem diverso do em que primeiro se pensou. Viver nem não é muito perigoso?* (Rosa, 2009b, p. 25)

(...)

Diadorim me adivinhava: — "Já sei que você esteve com a moça filha dela..." — ele respondeu, seco, quase num chio. Dente de cobra. Aí, entendi o que pra verdade: que Diadorim me queria tanto bem, que o *ciúme*[19] dele por mim também se *alteava*. Depois dum rebate contente, se atrapalhou em mim aquela outra vergonha, um estúrdio asco.

E eu quase gritei: — "Aí é a intimação? Pois, fizerem, eu saio do meio de vós, pra todo o nunca. Mais tu há de não me ver!..." Diadorim pôs mão em meu braço. Do que me *estremeci*, de *dentro*, mas repeli esses alvoroços de doçura. Me deu a mão; e eu. Mas era como tivesse uma pedra pontuda entre as duas palmas. — "Você já paga tão escasso então por Joca Ramiro? Por conta duma bruxa feiticeira, e a má-vida da filha dela, aqui neste confim de gerais?!" — ele baixo exclamou. E tive ira. — "Dou!" — falei. Todo o mundo, então, todos, tinham de viver honrando a figura daquele, de Joca Ramiro, feito fosse Cristo Nosso Senhor, o exato?! E por aí eu já tinha pitado dois cigarros. Ser dono definito de mim, era o que eu queria, queria. Mas Diadorim sabia disso, parece que não deixava:

— "Riobaldo, escuta, pois então: Joca Ramiro era o meu pai..." — ele disse — não sei se estava *pálido*[20] muito, e depois foi que se avermelhou[21]. Devido o que, abaixou o rosto, para mais perto de mim.

Acalmou meu fôlego. Me cerrou aquela surpresa. *Sentei* em cima de nada. E eu cri tão certo, depressa, que foi como sempre eu tivesse sabido aquilo. Menos disse. *Espiei* Diadorim, a dura cabeça levantada, tão bonito tão *sério*.[22] E corri lembrança em Joca Ramiro: porte luzido, passo ligeiro, as botas russianas, a *risada*, os bigodes, o olhar bom e mandante, a testa muita, o topete de cabelos

....
18. Assoma aqui Heráclito.

19. Forma convencional de leitura do fragmento de Safo pelos helenistas da época. Cf. referências de estudo do *fragmento 31 Safo Voigt* elencadas na nota 11.

20. Forma convencional de tradução no fragmento referido à época para o vocábulo "χλωροτέρα", o qual, em nossa tradução, foi vertido como "orvalhada".

21. Ardente vermelho atraente. Observe-se que a ordem é inversa com o poema, mas Rosa realça esta estratégia: "e depois foi que se avermelhou".

22. Marque-se a repetição pelo avesso seguida da recordação de um riso.

anelados, pretos, *brilhando*.²³ *Como que brilhava ele todo.* Porque Joca Ramiro era mesmo assim sobre os homens, ele tinha uma *luz*, rei da natureza. Que Diadorim fosse o filho, agora de vez me alegrava, me assustava. Vontade minha foi declarar: — Redigo, Diadorim: *estou com você, assente, em todo sistema, e com a memória de seu pai!...* Mas foi o que eu não disse. Será por quê? Criatura gente é não e questão, corda de *três* tentos, *três* tranços. — "Pois, para mim, pra quem ouvir, no fato essa Ana Duzuza fica sendo minha mãe!" — foi o que eu disse. E, fechando, quase gritei: — "Por mim, pode cheirar que chegue o manacá:²⁴ não vou! Reajo dessas barbaridades!..."
Tudo turbulindo. Esperei o que vinha dele. De um aceso, de mim eu sabia: o que compunha minha opinião era que eu, às *loucas*, gostasse de Diadorim, e também, recesso dum modo, a raiva incerta, por ponto de não ser possível dele gostar como queria, no honrado e no final. *Ouvido meu retorcia a voz dele.* Que mesmo, no fim de tanta exaltação, *meu amor inchou, de empapar todas as folhagens*, e eu

....
23. Recorde-se a abertura do poema: fulgura...
24. Com a palavra "manacá", Rosa perfuma o fragmento de Safo, que, no trecho supérstite e para a plena amplitude sinestésica, carece de olor. Manacá (*Brunfelsia uniflora*, manacá-de-cheiro, Romeu-e-Julieta): árvore de flores perfumosas e de cores alternadas, roxo e branco (roxo, cor da paixão litúrgica; branco, cor dos braços dos "bonitos braços alvos" de Diadorim, epíteto da deusa Hera — protetora dos casamentos — na épica homérica), "espécie pertencente à família *Solanaceae* conhecida popularmente como manacá e empregada em medicina popular, suas folhas são empregadas contra artrite, reumatismo, sífilis, picadas de cobra, febre amarela, e ainda como diurética e antitérmica. (...) Suas flores são tubulosas, solitárias, muito perfumadas, de cor inicialmente branca e, violeta após a fecundação" (Martins *et alii*, 2009, p. 106-107). Vamos nos alongar mais, queremos intensificar o valor da inserção rosiana. Citamos um poema de Gilka Machado (1893-1980), "Odor dos manacás". A voz inicial em Safo, camuflada na "risada de Joca Ramiro, pai de Diadorim, e a metempsicose tão interessante para o Rosa reorganizam o fragmento. Ei-lo: "De onde vem esta voz, este fundo lamento/ com vagas vibrações de violino em surdina? / De onde vem esta voz que, nas asas, o vento/ me traz, na hora violácea em que o dia declina?// Esta voz vegetal, que o meu olfato atento/ ouve, certo é a expansão de uma mágoa ferina,/ é o odor que os manacás soltam, num desalento,/ sempre que a brisa os plange e as frondes lhes inclina.// Creio, aspirando-o, ouvir, numa metempsicose,/ a alma errante e feliz de uma extinta criatura/ chamar ansiosamente outra alma que a despose.../ Uma alma que viveu sozinha e incompreendida,/ mas que, mesmo gozando uma vida mais pura,/ inda chora a ilusão frustrada noutra vida" (Machado, 1974, p. 169). Cf. também "Gilka Machado: corpo, verso e prosa", conferência de Gilberto Araújo na Academia Brasileira de Letras em 10/06/2014. Araújo comenta a presença de um duelo subjacente em Gilka Machado, o qual poderia servir de direção para análise do *GSV* e que se organiza: "num duelo muito grande: uma volúpia incontornável e um desejo igualmente incontornável de ascese espiritual" (...). Araújo continua: "nesse livro inaugural [*Cristais partidos*], a procura da transcendência sempre pressupõe a sublimação da libido driblada de modos diversos (...). Segundo ele, no livro "há um poema em que, só de sentir o cheiro do sândalo, isso lhe provoca um êxtase sexual (...). Desse pendor associativo do seu texto decorre em boa parte a índole sinestésica da mistura de sensações porque a Gilka vai ultrapassar a especialização dos sentidos e vai poder ver com o nariz, cheirar com os olhos ou comer com o tato, já que seu corpo é um todo sensorial..." Não haja busca de transcendência no trecho rosiano em pauta, há, contudo, a incômoda continência exigida por Diadorim e o descumprimento por parte de Riobaldo. O *Diccionario da lingua tupy*, de Gonçalves Dias (1858, p. 90-91), registra: manacá "é também o nome que se dá à moça mais bela de uma tribo, ou das que se acham juntas em alguma festa".

ambicionando de pegar em Diadorim, carregar Diadorim nos meus braços, beijar, as muitas demais vezes, sempre (Rosa, 2009b, p. 26-27, grifos sempre nossos para realçar similitudes).

Os fragmentos sáficos, espalhados por todo o canto, saímos recolhendo nos negritos da citação. Para coligar perfeitamente carecia antes não se haver perdido Safo... Limitar-nos-emos a recolhê-los peneirando, afinal, nosso assunto era, de início, somente a palavra inventada *aírico*.

Assim como Safo...

Fulgura como os deuses um que me surge, varão, que, diante de ti, **se assenta**, e, junto, dócil a que fala e **ri ardente** escuta, e isso, de pronto, **me desatina no peito o coração!** Pois, no que te vejo, súbito, eu nada mais sei falar, assim, logo se me engrola a língua; sutil, num átimo, um **fogo** dispara sob a pele e, nas vistas, nada diviso; **os ouvidos trovoam**, daí, suor me poreja de alto a baixo, então, **tremuras me tomam toda, orvalhada fico, mais que a relva, com pouco lassa, morta figuro** estar, e, toda impudente, baldia já...

o Rosa...

Sentei em cima de nada, me estremeci, de dentro. Não sei se estava pálido muito, e depois foi que **se avermelhou.** **Espiei Diadorim... corri lembrança em Joca Ramiro: porte luzido... a risada... brilhando... Como que brilhava ele todo** ele tinha uma **luz** corda de **três tentos, três tranços. Tudo turbulindo.** De um **aceso**, de mim eu sabia: Eu, às loucas, gostasse de Diadorim. **Ouvido meu retorcia a voz dele.** Que mesmo, no fim de tanta exaltação, **meu amor inchou, de empapar todas as folhagens**, pegar em Diadorim, carregar Diadorim nos meus braços, beijar, as muitas demais vezes, sempre.

Eis o triângulo formado: três tentos, três tranços... Interessa o gênero neste contexto? De forma alguma. Orgasmo por orgasmo: Safo e Rosa gozam apenas pela contemplação da pessoa amada. O desejo do outro surgiu como fantasma e arrebatou Riobaldo loucamente. A disciplina de Reinaldo o conteve. Fechamos a janela de par em par, os amores secretos são de foro íntimo.

Contudo, interessa saber que Riobaldo, por todo o *GSV*, buscava e se permitia elucubrar. Reinaldo, disciplinado, o contrariava com "derresposta". Sua contenção não é sem contensão. Mas o companheiro Riobaldo projeta outro destino para si:

Esse ciúme de Diadorim, não sei porque, daquela vez não me deu prazer de vantagem. E eu desdenhei, na meia-resposta: — Por aí... — que eu disse. Aí era o cão da noite, que meu beiço indicava. Vaga-lumes, mais de milhar. Mas o céu estava encoberto, ensombrado. Sofismei. Meio arrependido do dito, puxei outra conversa com Diadorim; e *ele me contrariou* com derresposta, com o pique de muita solércia. Me *lembro* de tudo. O que me *deu raiva*. Mas, aos poucos, essa raiva minou num gosto concedido. Deixei em mim. Digo ao senhor: se deixei, sem pejo nenhum, era por causa da hora — a menos sobra de tempo, sem possibilidades, a espera de guerra. Ao que, alforriado me achei. *Deixei meu corpo querer Diadorim*; minha alma? Eu tinha *recordação* do *cheiro dele*. Mesmo no escuro, assim, eu tinha aquele fino das feições, que eu não podia divulgar, mas lembrava, referido, na fantasia da idéia. Diadorim — mesmo o bravo guerreiro — ele era para tanto carinho: minha *repentina vontade era beijar aquele perfume no pescoço*: a lá, aonde se acabava e remansava a dureza do queixo, do rosto... Beleza — o que é? E o senhor me jure! Beleza, o formato do rosto de um: e que para outro pode ser decreto, é, para destino destinar... E eu tinha de gostar tramadamente assim, de Diadorim, e calar qualquer palavra. Ela fosse uma mulher, e à alta e desprezadora que sendo, eu me encorajava: no dizer paixão e no fazer — *pegava, diminuía: ela no meio de meus braços*! Mas, dois guerreiros, como é, como iam poder se gostar, mesmo em singela conversação — por detrás de tantos brios e armas? Mais em antes se matar, em luta, um o outro. E tudo impossível. Três tantos impossível, que eu descuidei, e falei. —... Meu bem, estivesse dia claro, e eu pudesse espiar a cor de seus olhos... —; o disse, vagável num esquecimento, assim como estivesse pensando somente, modo se diz um verso. Diadorim se pôs pra trás, só assustado. — O senhor não fala sério! — ele rompeu e disse, se desprazendo. "O senhor" — que ele disse. Riu mamente. Arrepio como recaí em mim, furioso com meu *patetear*. — Não te ofendo, Mano. Sei que tu é corajoso... — eu disfarcei, afetando que tinha sido brinca de zombarias, recompondo o significado. Aí, e levantei, convidei para se andar. *Eu queria airar um tanto*. Diadorim me acompanhou (Rosa, 2009b, p. 374 e 375, grifos nossos).

É notável a recuperação da cena anterior, marcamos as conexões com itálico. E não há mais pejo. O corpo deseja, a alma quer arruar, patetear e arejar toda solidez. Também nós queremos "airar" e "arear" um tanto. O verbo em linha ocorre inúmeras vezes no *GSV*, é polissêmico. Segundo o *Aulete Digital*, temos:

airar[1] (ai.rar) v. 1. Tomar ar, refrescar-se [int.: Ela saiu para airar.] 2. Bras. Pegar resfriado, gripar-se [int.: Saiu na chuva e airou (-se).] [F.: Do espn. airar.]

airar[2] (ai.rar) 1. Dirigir olhar de ódio a (alguém); ODIAR [td.] 2. Irar-se, irritar-se [int.] [F.: do esp. airar]a

O *Diccionario da lingua portugueza* de Antonio de Moraes Silva (1813) fornece dados semelhantes:

airádo, antiq. por irado. (...) Hector ayrado.

airádo, adj. "homem de vida airada:" que vive a sabor da carne, e do mundo. (...) O guapo, valentão, arruador.

airár-se, v. ref. v. Irar-se.

airósamente, adv. Com bom ar, graça garbo. S. Nobre, gentilmente.

airôso, adj. Que tem bom ar, boa feição do rosto, e corpo, garboso, engraçado

O *Novo dicionário da língua portuguesa*, de Aurélio Buarque de Holanda Ferreira [s/d], registra:

Airado. [Do esp. airado] Adj. 1. Desvairado, alucinado, louco. 2. Sem seriedade; leviano, irresponsável. 3. Vadio, vagabundo, doidivanas, estroina. 4. Bras. Constipado, resfriado. V. *vida – a* (vida airada. 1. Vida desregrada, de estroina, ou de vagabundo ... 2. Vida fácil.)

Airar. [Do esp. *airar*] V. int. Bras. M.T. Tomar ar; refrescar-se

É curioso, o vocábulo tem poder de reunir significados opostos: "irado" e "que tem bom ar", sem negligenciar outro significado potente para a leitura do Rosa, "que vive ao sabor da carne", que tem "vida desregrada". Os vocábulos são dados como sendo de origem espanhola, cf. Candido Figueiredo (1913), Antenor Nascentes (1955, 1966), Ferreira [s/d]. Por este motivo, cabe ver o espanhol para o qual buscamos o *Diccionario etimológico espanhol e hispânico*, de Vicente Garcia de Diego (1954).

> **airar**, 'enfurecer': del lat. **adirāre.*
>
> **airear** 'dar aire': de aire (gas de la atmósfera': del lat. *aer*)
>
> **airosidad** 'garbosidad': de airoso ('garboso': de *aire*)

E, finalmente, do *Diccionario de la Real Academia Española*:

> **Airar**
> De ira.
> Conjug. actual c. *aislar.*
> **1.** tr. Mover a ira. U. m. c. prnl.
> **2.** tr. Agitar, alterar violentamente.
> **3.** tr. desus. Aborrecer, alejar de la gracia y amistad.

Este percurso explica — mais ou menos — o uso do verbo no contexto citado. Porém, nenhuma das vias possíveis associa a chegada do português a qualquer raiz grega, embora a língua dos helênicos tenha averbado um precioso, αἱρέω, o qual não tem etimologia estabelecida e significa "tirar com a mão", "selecionar", "ganhar", "obter" (cf. Liddell; Scott (1968; 2003), αἱρέω). Entre os nomes derivados de αἱρέω estão: αἵρεσις, substantivo, "escolha, seleção" e αἱρετικός, adjetivo, "capaz de escolher". Nesse universo de possibilidades, poderíamos aventar ainda o verbo "ἀείρω/αἴρω", "levantar, erguer, prender e carregar" (cf. Liddell; Scott (1968; 2003), ἀείρω). A consciência de uso, pelo menos no *GSV*, é manifesta:

> De mim, entreguei alma no corpo, debruçado para a sela, numa quebreira. Até minhas testas formaram de chumbo. Valentia vale em todas horas? Repensei coisas de cabeça-branca. Ou eu variava? A saudade que me dependeu foi de Otacília. Moça que dava amor por mim, existia nas Serras dos Gerais — Buritis Altos, cabeceira de vereda — na Fazenda Santa Catarina. Me *airei* nela, como a

diguice duma música, outra água eu provava. Otacília, ela queria viver ou morrer comigo — que a gente se casasse. Saudade se susteve curta (Rosa, 2009b, p. 35).

Grifamos o verbo para evidenciar a prática de uso do termo "airar". Neste contexto o semantema pode ser lido assim: "Otacília, me *prendi* a ela"; "me *ergui* [fiquei ereto?] por ela"; "me *aluei*[25] nela"; "me *decidi* por ela". A beleza do uso, julgamos, reside na indecisão e acumulação de sentidos que a palavra "airar" permite. Noutro trecho, lê-se:

> A monte andante, ao adiável, aí assim e assaz eu *airei* meu pensamento. Amor eu pensasse. *Amormente*. Otacília era, a bem-dizer, minha noiva? Mas eu carecia era de mulher ministrada, da vaca e do leite. De Diadorim eu devia de conservar um nojo. De mim, ou dele? As prisões que estão refincadas no vago, na gente (Rosa, 2009b, p. 205).

Repetindo a argumentação, aqui também podemos ler: "eu endoidei meu pensamento"; "eu sublimei um pensamento"; "eu aluei meu pensamento"; "eu escolhi meu pensamento"; "eu a mor mente [eu com a mente inchada]"; "eu: amor mente" e o trecho continua, "escolhi, endoidei, sublimei, aluei" para fazer do amor um processo mental, amor + mente, ou, ainda, uma ficção mentirosa: amor + [que] mente e, ainda, a mormente (a maiormente).

E os mesmos lêmures estão presentes nas frases: "A atravessar o Liso do Sussuarão. Ia. Indo, fui ficando *airoso*"; "Meu cavalo, tão *airoso*, batia mão, rapava; ele deu um bufo de burro"; "(...) eles podiam achar normal que da banda de cá os inimigos presos a gente matasse, mas apreciavam também que Zé Bebelo, como contrário, tivesse deixado em vida os companheiros nossos presos. Gente *airada*..." (Rosa, 2009b, p. 327, 321 e 179, respectivamente).

Dicionaristas, constatou-se, não conectam "airar" e os dois vocábulos gregos: entre eles há um "espírito rude", um πνεῦμα ('), uma respiração áspera sobre o alfa ou sobre o iota que os separa. Os filólogos e dicionaristas sabem bem que, para bom entendedor, um *coronis* é letra. Mas, como vimos na introdução deste livro — e para escritores e poetas —, o *agha* é e não é letra. Então, que nos impede de ligar, em contexto rosiano, "airar" e "αἵρεσις", vocábulo que chega pelo latim carregando um "h" e gera o termo *hærēsis* que,

....
25. De acordo com o *Aulete Digital*, aluado é: "**1.** Que é distraído demais **2.** Que é amalucado, lunático **3.** Diz-se do animal que está no cio **4.** Indivíduo aluado (1 e 2)".

por sua vez, pousa em nossa língua como "heresia"? Vicente Garcia de Diego (1954) dá estas indicações em seu verbete:

> **herejía** 'disidencia de la fe': de αἵρεσις.
>
> **herético** 'hereje': del lat. *hereticus*, de αἱρετικός

E Buarque de Holanda confirma em português: "**Heresia**. [Do gr. *haíresis*. 'escolha', pelo lat. *hæresis* + -ia.] s. f. 1. Doutrina contrária ao que foi definido pela Igreja em matéria de fé. 2. ato ou palavra ofensiva à religião. 3. Contrasenso, tolice." Em outro verbete: "**Herético**. [do gr. *hairetikós*, 'que escolhe', pelo lat. *haereticu*.] Adj. 1. Relativo à heresia ou que a contém."

A digressão propedêutica serviu para iniciar nosso assunto, já presumido no capítulo anterior,[26] ou seja, a pertinência da invenção do termo *aírico* no sentido grego, um homem de escolhas helenicamente estabelecido, um incontinente consciente e impenitente sem se assumir herético escarrado. Riobaldo, ficção de *airesia*, corroborou a conduta do poeta romancista:

> Que Diadorim tinha ciúme de mim com qualquer mulher, eu já sabia, fazia tempo, até. Quase desde o princípio. E, naqueles meses todos, a gente vivendo em par a par, por altos e baixos, amarguras e perigos, o roer daquilo ele não conseguia esconder, bem que se esforçava. Vai, e vem, me intimou a um trato: que, enquanto a gente estivesse em oficio de bando, que nenhum de nós dois não botasse mão em nenhuma mulher. Afiançado, falou: — "Promete que temos de cumprir isso, Riobaldo, feito jurado nos Santos-Evangelhos! *Severgonhice e airado aveio servem só para tirar da gente o poder da coragem...* Você cruza e jura?!" Jurei. *Se nem toda a vez cumpri, ressalvo é as poesias do corpo, malandragem.*[27] Mas Diadorim dava como exemplo *a regra de ferro* de Joãozinho Bem-Bem — *o sempre sem mulher, mas valente em qualquer praça*. Prometi. Por um prazo, jejuei de nem não ver mulher nenhuma. Mesmo. Tive penitência. O senhor sabe o que isso é? Desdeixei duma roxa, a que me suplicou os carinhos vantajosos. E outra, e tantas. E uma rapariga, das de luxo, que passou de viagem, e serviu aos companheiros quase todos, e era perfumada, proseava gentil sobre as sérias imoralidades, tinha

---

26. Recordemos a citação das páginas anteriores: "Isto provém do que eu denomino a metafísica de minha linguagem, pois esta deve ser a língua da metafísica. No fundo é um conceito blasfemo já que assim se coloca o homem no papel de amo da criação" (Rosa, 2009a, p. LII).

27. Cf. nota 76 do capítulo anterior.

beleza. *Não acreditei em juramento*, nem naquilo de seo Joãozinho Bem-Bem; mas *Diadorim me vigiava*. De meus sacrifícios, ele me pagava com seu respeito, e com mais amizade. Um dia, no não poder, ele soube, ele quase viu: eu tinha gozado hora de amores, com uma mocinha formosa e dianteira, morena cor de doce-de-buriti (Rosa, 2009b, p. 126).

Diadorim, o disciplinado. Riobaldo, o airado. Rosa, o *aírico*.

Aqui, depois destas tantas páginas, tendo perfumado os fragmentos de Safo com o olor do manacá e criado cerração em altas serras, inicia-se — de fato — o capítulo. Fragmentamos para singularizar. Multiplicamos para dividir. Variou-se. Airou-se.

Áreas outras

O que João Guimarães Rosa fez com Safo é café pequeno diante de suas manobras com os textos que se conformam na sua coleção de metafísica. Na prática de leitura e pesquisa de textos e tratados espirituais católicos, nosso recorte, inferimos que este intelectual matuto, o cordisburguense filho de sêo Florduardo Pinto Rosa, subiu elevadíssimos cumes, garimpou pepitas, grãos e ouro em pó. Dos pincaros desceu de rasante e raspou o traseiro no raso chão; o ouro guardado, trazido com cuidado nos bolsos (o Drummond achou que fossem rios, nós achamos que os rios trazidos vieram carregando no fundo ouro *in natura*), se espalhou na terra molhada...

Incansável: bom mineiro come quieto. Rosa recolheu tudo com o mercúrio na bateia: água, argila, lama e ouro. Na água do rio, num lugar sem corredeira, pôs-se logo a batear: ouro grão, ouro meúdo. Mergulha a bateia, cata água, emerge e roda, escorre a argila, provoca o redemoinho, chacoalha, agita, escorre a água, tira a argila, de novo e de novo — o leve sobe, o pesado desce — a água escorre. Bateou; retirou as pedras; outra vez mergulhou, girou, concentrou até liberar o ouro em pó esfarelado ao mercúrio amalgamado.

Sua literatura é, sem dúvida, *ouro quase in natura*, no processamento; entretanto, percebe-se que a mistura com o mercúrio angustia. Há consequências? Claro, uma delas é o *GSV*. Há outras menores e, ainda, as mínimas, os lêmures. Já vimos alguns, mas outros surgirão, impossível esgotá-los...

Contudo, reconheçamos, essas poeirinhas douradas ajuntadas com mercúrio, um paradoxo do reino mineral,[28] na bateia agregaram ao produto, em alguns momentos, um metal bastante comercial; basta visitar Cordisburgo e vê-lo espalhado nas paredes dos bares, restaurantes, nos quadrinhos de bordadeiras, nos paninhos de cozinha... Coisa boa, coisa má. Rosa traduzido, Rosa ultravendido, Rosa disputado. Rosa da terceira geração modernista, Rosa à frente de seu tempo... *Nada como ser Rosa na vida, Rosa mesmo ou mesmo um rosa* qualquer. Sim, qualquer palavra na boca do Rosa tem poder e força, o sujeito é mesmo especial! É? **Ah... é e não...**

Sabemos que há formas de ajuntar o ouro sem mercúrio, mas, isso, no plano do real, é para ecologistas. No plano metafórico (que utilizamos como recurso didático) essa é tarefa para místicos de Sétima Morada, santos dedicados: os de Assis, Pádua, Hipona, Sena, Ávila, Ars, Pietrelcina (esses citados estão todos presentes nas prateleiras dos arquivos IEB-USP do acervo da biblioteca de Guimarães Rosa), os que foram por vezes acionados por Rosa, ouro grão, pepitas das que cabem numa casca de noz. Esse tipo de ouro não se acha no mercado com facilidade e, se vendido, perde o valor. Exclusivos para quem sabe o caminho único das pedras, os que mergulharam de cabeça no rio de uma só doutrina, os que, exclusivos, loucos, estigmatizados, transverberados, foram fundo com um só ato de fé. Mas esses não fazem literatura: fazem mística.

O testemunho desses muitos (que, evidentemente, nem de longe, foi exaurido aqui) mostrou a vastidão e a intensidade da pesquisa sobre a matéria que interessou ao nosso escritor. Decerto que o Rosa manteve vínculo — isto é, leituras! — com a espiritualidade ocidental católica e com parte da oriental também, aquela referente à Igreja Ortodoxa, que ele percorreu em caminhos desviantes, veredas, trilhas (até mesmo as ínvias que não levam a lugar nenhum, pensamos...) Entretanto, deixando declarado, testemunhado, registrado pelos notários, ele nunca *exclusivou*-se. Entregou-se a muitas e tantas formas e métodos de elevação e perscrutação do espírito. Com ele foi diferente, ele assim determinou: *fiat poēsis*!

Para isso foi preciso "catar feijão". Elegeu como quis coisa de cá e de lá, exerceu minuciosa e cientemente a αἵρεσις e o *self service avant la lettre*. Foi do zimbório ao ordinário, do celeste ao pedestre. Experimentou, como Riobaldo,

....
28. O mercúrio é o único metal líquido do planeta. Evidentemente que o mercúrio a que nos referimos para o trabalho alquímico de Rosa é o mitológico, refere-se ao deus mensageiro, Hermes, o manipulador da palavra, o condutor das almas. Em Rosa, misticismo é transformado em literatura, desse modo resta apenas o poder humano de transportar de um lado para outro.

a intocabilidade do "diadorino" inatingível e usufruiu da roxinha de "carinhos vantajosos". Assumiu-se dono de seu próprio destino: fez-se sublime na sua arte e, de fato, com isso, "modernizou" a "velha metafísica": botou Deus no meio da bateia, agitou, concentrou. Implodiu uma mina e espalhou minas gerais. Deu foi o diabo no meio da doutrina. Redemunho. O demônio na θεωρία,[29] mas Rosa esvaziou o demônio...

A situação, como aventamos, para alguns se deu de modo sucinto, taxativo e em um único termo carregado de preconceito: sincretismo. Isso não nos pareceu legítimo; esta palavra incomodante restringe a classificação de Rosa a dois campos separados, o da literatura e o da religião. Mas que se pode dizer ao constatar que o escritor utilizou a metafísica como meio de garimpar ouro e criar literatura? O que dizer de instrumentalizar o sublime? Daí, a coisa ficou "muito misturada", tudo ficou sendo e não sendo... Vida e obra, literatura e mística, ficção e real... Rosa líquido? Mercurial?

Ele mesmo, insistimos, dirigiu essa leitura que fazemos dele quando proferiu, pela boca de Riobaldo, a *famosérrima* frase: "Muita religião, seu moço!"[30] e declarou, em carta assinada para Bizzarri:

> Sem imodéstia, porque tudo isto de modo muito reles, apenas, posso dizer a Você o que Você já sabe: que sou profundamente, essencialmente religioso, ainda que fora do rótulo estricto e das fileiras de qualquer confissão e seita; antes, talvez, como o Riobaldo do *GSV*, pertença eu a todos. E especulativo, demais. Daí, todas as minhas, constantes, preocupações religiosas, metafísicas, embeberem os meus livros. Talvez meio-existencialista-cristão (alguns me classificam assim), meio neoplatônico (outros me carimbam disto), e sempre impregnado de hinduísmo (conforme terceiros). Os livros são como eu sou (Bizzarri; Rosa, 1980, p. 57).

Nesse vale-tudo há, declaradamente, uma intenção deliberada que dividimos em quatro fôlegos: 1. a construção da própria imagem; 2. a opção por pertença múltipla a "todos", numa espécie de alargamento universal; 3. o cuidado com a qualidade da obra gerada a modo de bateamento e elutriação; 4. a intenção de se projetar como brasileiro comum sendo exageradamente erudito e esclarecido tanto no âmbito da literatura quanto da filosofia e

....
29. Ao utilizarmos a forma grega da palavra "teoria", queremos indicar que recuperamos o seu sentido grego de "contemplação", "meditação".

30. *GSV*, 2009b, p. 12. Esta frase ficcional é corroborada em carta a Edoardo Bizzarri datada de 25 de novembro de 1963 (Bizzarri; Rosa, 1980, p. 58).

teologia, ou, de outro modo, a intenção de, sendo elite, expandir-se como povo. Comentamos essa solução parcialmente, ao abordar o estudo "Céu, inferno" (2003), de Bosi, acerca da religiosidade em Rosa e Graciliano Ramos.

Portanto, sincretismo para Rosa é pouco.[31] Ele sabia muito bem o que fazia: reunia ouro com mercúrio e prata, do metal agregado — o que mais queria — forjava literatura mesclada a sua própria biografia. Vivendo a modernidade, sólida e liquidamente, Rosa recupera uma estratégia antiga com métodos "vanguardeiros". Damos um exemplo: ao responder à pergunta de Lorenz, "Você tem alguma coisa contra os filósofos?", com um peremptório "Tenho." E ele retornou e acrescentou: "A filosofia é a maldição do idioma. Mata a poesia, desde que não venha de Kierkegaard ou Unamuno, mas então é metafísica" (Rosa, 2009a, XXXVII). Há na resposta um imbróglio modernista: metafísica não é filosofia? Em outros termos, a arte de Rosa é desprovida de filosofia e cheia de metafísica? Terá achado o caminho da transcendência? Na literatura, sim, sem dúvida.

Benedito Nunes, ao refletir sobre *GSV* e a "filosofia" — metafísica? — que permeia o romance, compõe uma breve história do que se passou no campo das artes e das humanidades até a modernidade:

> Com a partilha do saber na Idade Moderna, depois da época clássica, verifica-se, ao mesmo tempo que o *aparecimento da literatura*— "isolamento de uma linguagem singular, cuja modalidade própria é ser literária" — do qual nos fala Foucault, a organização das ciências humanas. Abrir-se-á, já no ciclo da metafísica em crise — pela primeira vez posta globalmente em questão na *Crítica da Razão Pura* (1781) — e da filosofia colocada em face de sua originária historicidade — o

....
31. Estamos aludindo à possibilidade de Rosa ser um moderno dividido: vive seu tempo histórico (1908-1967) e tem um pé no pós-modernismo *à la* Compagnon: "o pós-modernismo expandiu-se para a arte em geral, para a sociologia, para a filosofia etc. Ruptura com a ruptura, como defini-lo de outro modo senão como um sincretismo ou como uma casa de tolerância? *Anything goes*. 'Vale tudo', proclama o historiador das ciências Paul Feyarabend, autor de *Contre la méthode* (1975) (Contra o Método) e partidário de uma epistemologia anarquista ou não racional. Ideologia do fim das ideologias, o pós-modernismo caracterizar-se-ia em toda parte pela permissividade e renúncia à crítica" (Compagnon, 1999, p. 112, tradução de Mourão, Santiago e Galéry). Sobre a expressão que pode parecer um tanto fora de moda, "casa de tolerância" ("maison de tolérance" no original: Compagnon, 1990, p. 150), em um livro escrito há poucos 30 anos, podemos pensar. Se for muito para os pesquisadores mais novos, saibam que Compagnon está bem vivo e compartilhando conhecimento sem ser nada anacrônico. O fato é que o termo "tolerância" está presente e na "crista da onda" em seus sinônimos (leniência, moderação, liberalidade, liberalismo, complacência, pluralismo, suportabilidade, solidariedade, condescendência etc.). O "vale-tudo" inclusivo, entretanto, convive com a ditadura do "politicamente correto" e com a criminalização de práticas e condutas — palavras, esculturas (a vandalização de monumentos), símbolos religiosos — referentes a grupos específicos. Ou seja, a contradição inicial permanece.

perpétuo debate entre o conhecimento filosófico e as ciências humanas, estas reivindicando, "como seu objeto próprio, aquele que teria antes constituído o domínio da filosofia" (Nunes, 2002, p. 202, grifos do autor).

Esse pequeno parágrafo do crítico literário e filósofo paraense suscita uma questão bastante curiosa: a avalanche de *metafisismo* na obra de João Guimarães Rosa, parece, só foi possível porque havia uma metafísica nitidamente em crise, estarrecida com a perda de sua antiga solidez.

Decorrente da tendência da partilha do saber iniciada na Idade Média, segundo Nunes, a literatura surgida em Rosa (e em outros modernistas igualmente) muda de estatuto: ela própria passa a ser doutrina, credo, "metafísica". Como assim? Credo pressupõe verdade; literatura, como indica o termo "ficção", demanda o descompromisso com a verdade... Ou não é assim?[32] Ei, é assim? **Ah... é e não...** Mas continuemos com Nunes.

> Cumpre-nos, assim, indagar qual seria, afinal, a competência da filosofia nessa matéria.
> Essa competência decorreu da discriminação metafísica de que falamos; firmou-se através da Poética, disciplina que, ao lado da Lógica e da Ética, já participava da configuração do conhecimento filosófico enquanto *episteme*, conhecimento subordinativo dos domínios da ação e da atividade formadora, do *prático* e do *poético*, ao objeto superior de uma ciência do ser. Na época moderna, quando Kant estabeleceu a autonomia dos juízos estéticos, tal competência passaria à Estética.
> A primeira constatação que se pode fazer no preâmbulo de um confronto com as ciências humanas, pertinente ao conhecimento da literatura, é o gradual

....
32. Silvina Rodrigues Lopes aborda certa assimilação entre ficção e realidade, apontando para uma "indistinção progressiva entre realidade e ficção, que já hoje deixaram de existir numa relação de contraste" (Lopes, 2003, p. 165), tendo em vista que "qualquer obra literária vem já provocar o questionamento da ficcionalidade como categoria distintiva do discurso literário e chamar a atenção para o seu realismo intrínseco, um realismo que não é de imitação, nem de verossimilhança, mas que é tanto mais realista quanto aquilo que o separa dos outros tipos de discurso (...)" (Lopes, 2003, p. 164-165). A autora, por sua vez, cita Odo Marquard: "No momento em que a realidade se transforma modernamente em ficção, no momento em que a arte, através da sua definição em termos de ficção, que a torna permutável com a realidade moderna, deixa de ser insubstituível, a arte deve abandonar esta definição em termos de ficção: '(...). Dadas as condições modernas de transformação da realidade em ficção, a arte apenas permanece não acabada, quer dizer, insubstituível, se se define 'contra' a ficção, (o que quer que isso signifique mais em detalhe)' (Marquard, 1991, p. 189)" (Lopes, 2003, p. 166). O ponto é essencial, é prático. Significa a sobrevivência da literatura em um dado momento. Porém, quando chegamos — de 2003 a 2020 sobretudo — às lidas práticas da vida, por exemplo, com as *fake news* sobre a covid-19, a coisa se complica: "A assimilação muito frequente entre literatura e ficção torna-se problemática" (Lopes, 2003, p. 166). Se abolirmos a verdade que pressupõe e investiga a metafísica, nossa vida passa a ser não somente problemática, mas também dramática, trágica.

esvaziamento da filosofia, de que a Teoria ou Ciência da Literatura marcou o início em fase recente, ao absorver a Poética e a Retorica, já colocadas sob o regime da Estética (Nunes, 2002, p. 202, grifos do autor).

A tradição que havia firmado a filosofia (incluindo a metafísica) como discurso privilegiado — instrumental para a visão do inteligível, como apreensão do verdadeiramente real, objeto último de todo conhecimento — começou a se desconstruir. Verdade e mentira se abraçaram, ou melhor, a verdade se curvou à estética. Comentamos rapidamente na introdução a limitação da inserção de Rosa na metafísica por causa da subserviência ao elemento estético, por isso fazemos nossas estas expressões de Benedito Nunes: "gradual esvaziamento da filosofia [e, acrescentamos, da "mística rosiana"] colocada sob o regime da Estética" e, como se verá mais à frente, do mercado cultural.

> As demais extensões do conhecimento filosófico, que ao conhecimento da Literatura se aplicariam, sofreram um contínuo processo de retração: a filosofia da linguagem diante da Linguística, a filosofia da arte diante da Sociologia e da Antropologia, a filosofia da Criação literária, de cunho psicologista, diante da Psicanálise.
> Como objeto teórico, o nível de inteligibilidade da Literatura está condicionado e delimitado pela natureza e pela extensão dos aspectos linguísticos do discurso. E a conjunção da Linguística e da Literatura, de que fala Barthes: à ciência da linguagem compete estudar aquilo que é incontestavelmente linguagem.
> Com fundamento na Linguística, a Ciência ou Teoria da Literatura torna-se possível. As virtualidades interpretativas mais gerais da filosofia hegeliana da arte, e o esquema *sociológico* de Marx, inspiram a sociologia mais sutil com que hoje podemos contar para o estudo das conexões internas da obra literária com a realidade histórico-social que nela se inscreve (Nunes, 2002, p. 203).

Com base no itinerário narrado por Nunes, cremos poder afirmar que Rosa vai, por um lado, na contracorrente de seu tempo: volta ao sistema antigo, reúne na sua obra múltiplos saberes e recupera chispas de metafísica. Por outro erige uma metafísica singular, forjada pelo estilo, pela estética, a qual é a "única porta para o infinito". Este é, pois, o *Rosarcaico aírico*.

Contudo, não desprezemos o fato de Nunes ter iniciado seu arrazoado sobre o *GSV* abordando a crise da metafísica na Idade Moderna e o avanço do discurso mentiroso não filosófico que culminará, cremos, com a fatura das *fake news*. Ora, neste sentido, Rosa estaria inserido no momento histórico de seu grupo, mesmo resgatando ou, mais exatamente, mimetizando a metafísica à antiga. Benedito Nunes parece sugerir que não, pelo menos no que diz respeito à filosofia, ou seja, o "contêiner" da metafísica. Ele afirma que nesse processo de crise cria-se outra possibilidade de absorção da experiência:

> (...) desde a Fenomenologia, a presença, que em seguida tematizou, da linguagem enlaçada às próprias coisas (...) ponto de convergência e de divergência da filosofia com a linguagem: o domínio do *sentido* das proposições, tal como especificado por Gilles Deleuze, em sua *Logique du Sens* (Nunes, 2002, p. 204).

Entra em cena, portanto, o fenômeno e a prática, o *teorismo* e o *pragmaticismo pseudometafísico meio ajagunçado* aludido na introdução, certo? E o que tem isso com o Brasil da década de 1950?

Para Maria Augusta Fonseca, em "Guimarães Rosa na constelação modernista brasileira", o movimento "que agitou a vida artística brasileira por uma década fez valer outra visão da realidade" (2017, p. 7), aprontou a chegada de Rosa com sua rebeldia esquisita ajagunçada e arcaizante. É como se tudo preparasse o caminho para entrarmos no *GSV*.

> *Grande sertão* se configura com um ponto luminoso da constelação modernista, em que se coloca em movimento atraso e modernidade, localismo e universalismo. A criação inovadora de Guimarães Rosa, que subverte territórios do fazer artístico em sintonia com o modernismo de 22, expõe ainda outras vertentes da vida brasileira, trazendo à tona a realidade negativa pelo viés da vida sertaneja (Fonseca, 2017, p. 1-2).

As antíteses que Fonseca coloca — junto ao que viemos perquirindo, a saber, a ereção da arte a ato de fé — vêm ao encontro do que Compagnon sistematiza em *Os cinco paradoxos da modernidade*: "A arte moderna é paradoxal" (1999, p. 125). A modernidade, além de olhar para a arte como mercadoria e ao mesmo tempo sacralizá-la, além de venerar o futuro e se esquecer de viver o presente, de cultivar a crítica e a autocrítica até o limite do retoricismo antigo, adotou como prática regulamentar exaltar o sempre novo — fato que desencadeia um processo de angústia terrível — e, em decorrência disso, implode o entorno, ou seja, faz das rupturas a sua tradição.

Sem dúvida as contradições colocadas para a modernidade existiram em maior ou menor grau desde sempre; como vimos, Plotino apostava nos aparentes dualismos antitéticos e na fusão dos opostos que forcejam para o equilíbrio até o limite de um usurpar a identidade do outro para se redefinir. Plotino é retomado por Rosa, como se sabe, e garante a importância da ambiguidade, muito presente particularmente no *GSV*. Assim, a arte moderna, banindo a tradição, parece não ter construído, ocupou-se antes de desconstruir e, desse modo, perfez o que o neoplatônico praticou. Compagnon explica:

> Segundo a etimologia, tradição é a transmissão de um modelo ou de uma crença, de uma geração à seguinte e de um século a outro: supõe a obediência a uma autoridade e a fidelidade a uma origem. Falar de tradição moderna seria, pois, um absurdo, porque essa tradição seria feita de rupturas. É verdade que essas rupturas seriam concebidas como novos começos, invenções de origens cada vez mais fundamentais, logo, porém, esses novos começos terminam, e essas novas origens deverão ser imediatamente ultrapassadas. (...) a própria ruptura constitui-se tradição (Compagnon, 1999, p. 9-10).

Recentemente o próprio Compagnon, em conferência na Imagination Week - ESSEC Business School, discutiu o lugar da literatura no mundo moderno e reiterou sua posição. Segundo ele "literatura e inovação" são "duas palavras que não funcionam bem juntas (*deux mots qui ne vont pas très biens ensemble*)". O crítico acrescenta: "O fato de eu ter escolhido associá-las tem qualquer coisa de chocante... (*que j'ai choisi de les associer il y a quelque chose de un peu choquant...*)" e sugere que termos menos conflitantes e mais razoáveis seriam "expansão e inovação (*croissance et innovation...*)". Contudo, ele conclui ser irrefutável que "estamos num mundo em que urge sempre inovar e acelerar cada vez mais (*nous sommes dans une monde où il faut toujours innover et accélérer de plus en plus accélérer...*)."[33] Nisso tudo, a atividade humana é cada vez mais individualizante, garantindo ao novo, claramente, privilégios sobre a tradição, a rotina, a sociedade.

Deixando a ESSEC Business School de Cergy, França, de volta ao Brasil, recuperamos o modernismo lançado na Semana de Arte Moderna de 1922, em São Paulo, dentro das comemorações do centenário da Independência do Brasil. Lembremo-nos de que, segundo Fonseca (2017), o movimento se fortaleceu e acabou enxergando Rosa como ponto cintilante.

A arruaça dos intelectuais da elite paulistana — que "tinha como objetivo proclamar nossa independência artística, pretendendo com isso

....
33. Cf. Compagnon, 2020.

romper amarras com a 'arte amanhecida da Europa, requentada ao sol das costas', como Oswald de Andrade escreveu (...)" (Fonseca, 2017, p. 2) —, paradoxalmente, se pautou nas vanguardas europeias. Mas, ao pleitear independência, angariou para si o mérito de investigar o "dentro" nacional, e, "sendo de cunho nacionalista crítico", desvelou o "dilaceramento cultural, a mixórdia linguística, a miscigenação étnica" que realçou Antonio Candido (Fonseca, 2017, p. 2). Neste caso, vê-se que a contradição interna foi *tônica* (tomada aqui nos dois sentidos) desde o princípio.

Afetado por tudo quanto era problema no País, tudo, nas mãos de Rosa, para além de toda mutação, virou projeto. As nossas mazelas "encontrarão terreno fértil na inovadora invenção poética de Guimarães Rosa (décadas de 1940-50) que, por outros caminhos, reavivará o universo problematizado pelos modernistas, com suas contradições não resolvidas" (Fonseca, 2017, p. 3). E Rosa fez o diabo no meio desse agito que veio se formando a partir da Revolução de 30.

> Assim entendido, sem meias palavras, a obra de Guimarães Rosa não está "ilhada" na história literária brasileira. Ao contrário, é parte integrante da ampla constelação modernista, embora particularmente sua produção artística esteja condicionada a injunções próprias da dinâmica histórica, vale dizer, desenvolveu-se na República Nova, sofreu o influxo de outras mudanças como aquelas advindas do Estado Novo, da Segunda Guerra Mundial e da Guerra Fria (Fonseca, 2017, p. 5).

No seu percurso argumentativo, Fonseca acrescenta citações de Rubens Borba de Moraes, que associa a prática de Guimarães Rosa à teorização de Mário de Andrade na sua inacabada *Gramatiquinha da fala brasileira*, além, é claro, da influência do movimento de 22.[34] A pesquisadora conclui que "o

....
34. Ainda Fonseca (2017, p. 7): "os 'jovens de 22' deixaram o caminho menos pedregoso para João Guimarães Rosa. É que, ao projetarem nas suas obras um 'mundo ao revés', com irreverência, atrevimento verbal, miscelânea de gêneros, por exemplo, a fim de desconcertar e desarrumar certezas, encontraram férrea resistência entre os receptores de seu tempo (e não apenas), para quem aquela arte beirava o contrassenso, quando não o desvairismo. E, diga-se, houve críticas candentes até entre os próprios pares. Afinal o que pensar de obras (as quais *Grande sertão* depois se irmanou) que subvertiam procedimentos estilísticos para inventar uma nova ordem poética, comprimindo desnivelamentos da fala, distorções sonoras e vocabulares, ritmos alucinantes, cortes sintáticos bruscos, citações paródicas, pedaços de livros, cartas, poemas?" Isso tudo, continua Fonseca, sem se descuidar dos românticos que puseram em "evidência usos correntes que modificavam substancialmente a língua da metrópole". Resumindo: o modernismo brasileiro de Rosa é o resultado da transgressão em fluxo contínuo; desde os primórdios de nossa terra inaugurada por europeus, ele alcança "um" ápice com algumas obras paradigmáticas, entre elas o *GSV*.

artista dá consistência à sua criação, numa fusão magistral entre forma culta, dicção popular e imaginação literária" (Fonseca, 2017, p. 5). Sua assertiva coaduna com a de Haroldo de Campos: "O lugar privilegiado que a prosa de Guimarães Rosa ocupa no ficcionismo de nossos dias se explica por uma coisa: sua maneira de considerar o problema da linguagem" (1970, p. 70) e com a de Augusto de Campos, para quem "é fundamental compreender que Guimarães Rosa reabilita o romance brasileiro no seu aspecto estético. Os exemplos que apresentamos da estilística estrutural e verbal do *Grande Sertão*, bem demonstram que estamos em presença de um prosador que é, acima de tudo, um inventor" (Campos, 1970, p. 69).

Intrigante mesmo é saber que a amplitude do movimento modernista se manifesta de várias formas em Guimarães Rosa. O *GSV*, segundo Fonseca (2017, p. 9), "guarda em seu tecido multifário ligações complexas com *Macunaíma, o herói sem nenhum caráter* (M. de Andrade, 1928), *Memórias sentimentais de João Miramar* (O. de Andrade, 1924) e *Serafim Ponte Grande* (O. de Andrade, 1933)." As ligações complexas, com as marcas modernistas, se dão também — e julgamos ter demonstrado — com textos distanciados no tempo e no espaço, Safo é o exemplo deste capítulo.

Cremos poder, sem receio, afirmar que o escritor mineiro foi um modernista exponencial (modernista com pé no futuro do modernismo), tanto, naturalmente, nas artes quanto nos estudos da religião. Sua literatura nunca é apenas ficção, mas "ficção suprema",[35] que toma o lugar do real e da metafísica desconstruída.

Desconstruída porque metafísica não é só discurso — ou experiência — como na literatura; a metafísica católica que encontramos na biblioteca do escritor, pelo menos, pressupõe, admite, experimenta e se funde com o inefável. A experiência maior neste percurso é a ausência da palavra, o apagamento do eu, a presença arrebatadora do outro. É, talvez, o que Rosa quis sugerir com

....

35. A expressão "ficção suprema" é empregada por Silvina Rodrigues Lopes para contrastar "o que se passa com as ficções vulgares ou com as ficções conceptualizantes" e, na literatura onde, segundo a escritora, "a percepção é percepção tanto de imagens como de idéias. Nela, sensível e inteligível não se dialetizam (...)." Deste modo, "A compreensão do romance exige então um trabalho atento de leitura. Mas não para chegar a uma ficção, um mundo outro, uma construção estável. Onde se chega é à *suspensão do significado*, o que não é sequer a polissemia mas o movimento de disseminação pelo qual o sentido emerge como múltiplo, irredutível ao Um ou ao plural. A literatura é por conseguinte em relação à ficção como construção imaginária dotada de significado uma espécie de corpo que devora a alma incorporando-a, não permitindo que ela exista separada. É neste sentido que a literatura nunca é apenas ficção, mas a 'ficção suprema' de que se fala num poema de Wallace Stevens" (Lopes, 2003, p. 166). O grifo é nosso. Queremos realçar a ideia de suspensão de significado, condição *sine qua non* para se pensar a possibilidade dos lêmures.

a forma como utilizou a palavra "nonada". Travessão de diálogo, o estar no nada e fim, ponto final. Silêncio.

Rosa, no entanto, foi homem "de" palavra, não da ausência dela — que é o que parece acontecer com os que arribam à Sétima Morada. O que dele sabemos são narrativas. Diga-se, a bem da verdade: ele não se propôs a chegar sequer na Sexta Morada... Devorou toda a ortodoxia — como citamos no capítulo anterior (por testemunho de Haroldo de Campos, que recupera Rosa falando de si na terceira pessoa), recordemos: "O Rosa é como uma ostra, projeta o estômago para fora, pega tudo que tem a pegar de todas as fontes possíveis, reintrojeta de novo aquele estômago, mastiga tudo aquilo e produz o texto" (Campos *in* Callado *et al*, 2011, p. 55).

Destarte, em relação à metafísica dos tratados de mística recorridos, o escritor aderiu à heterodoxia. Nele, seja como narrador-personagem-Riobaldo, seja como o empírico Rosa personagem de si mesmo (pelo que se supõe de seus depoimentos), não há combate de herói de um mundo moderno em conflito com a sociedade burguesa — isso é pequeno e fácil, é função para Zé Bebelo: ele, como um novo Édipo,[36] se dilacera e luta com o próprio Deus Pai (e também com o diabo) de modo a desconstruí-los. Ele faz da metafísica um reino dividido em si mesmo, reino fragmentado, estilhaço de nada. "Vitorioso em seu propósito, porém, Riobaldo depõe armas, afasta-se do meio jagunço e volta ao mundo citadino, sem solução de desfecho" (Fonseca, 2017, p. 12). Sua vitória: esfacelar a dimensão "depois do físico", o μετά φυσικά, de modo que a criação (e a salvação) só ocorra através das mãos humanas. Para isso, o primeiro passo é duvidar da diferença entre Deus e o demônio. "A reflexão crítica, porém, não ajudou o contador a reparar sua perda e a culpa que dela restou" (Fonseca, 2017, p. 12).

Chegamos ao ponto onde queremos descansar: repete-se no panorama artístico do país (em expressão de Fonseca, na "constelação modernista brasileira") a crise da metafísica canônica; unem-se os extremos, a obra criada funde-se com o criador e se deifica, é "ficção suprema", um "clássico" da literatura brasileira. Das alturas constelares vamos à prática da língua ordinária mesclada com o ouro em pó do idioma áulico de todos os tempos e lugares, de todos os dialetos em todas as nações. Diluem-se as especificidades com fins de se alcançar o universalismo abstrato. Uma polaridade plotiniana, que se manifesta no taoísmo, um lá e cá indefinido aplicado à palavra. O modernismo que busca o sempre novo recuperando o sempre antigo: polaridade plotiniana.

....
36. Cf. Evelina Hoisel, 2004.

Com sua linguagem de alto "poder verbal explosivo" (Nunes, 2002, p. 205), em forma volátil de narrativa aural que ressoa a magnífica oralidade remontante a Homero e que Walnice Galvão nomeia "*ficta*, criada a partir de modelos orais mediante a palavra escrita" (1972, p. 70), o autor de *GSV* preteriu a filosofia e a teologia e alçou fazer a literatura transmudar-se em meio direto de acesso ao sublime, ποίησις à moda platônica. Voltamos à Grécia Antiga sem livros sagrados? A metodologia: modernizar-se assumindo a fragmentação e exercendo seu poder de escolha... Banida a velha religiosidade do d.C., o poeta volta ao regime da Antiguidade e torna-se vate. Rosa se afastou da tradição escritural romanesca moderna e avançou para formas arcaicas de composição oral (as fórmulas, as máximas, as narrativas curtas [casos segundo Benedito Nunes, 2002, p. 206-207], os enigmas e adivinhações...); assim,

> Independentemente da articulação metafórica elaborada sobre o espaço social e humano de imediata referencialidade regional — o Sertão —, a reflexividade dominante da narração, isto é, do processo narrativo, do discurso como tal, entrança metáforas que são topoi do pensamento. Desprendidos de um enorme bloco da linguagem filosófica (que liga o neoplatonismo à Patrística, e aquele às doutrinas hermético-alquímicas, esses veios conceptuais, esses filamentos teológico-místicos) e se distendem, disseminam-se por todo o tecido narrativo (Nunes, 2002, p. 213).

Por tais caminhos, admitamos que Rosa se faz adepto do modernismo de forma tão radical que levou o movimento literário para dentro do sistema religioso da época, e, para complicar mais a estratégia, determinadamente, assumiu a poesia como sua única religião e implodiu a metafísica. Nesta escola, o credo de muitos e tantos de seu tempo pela antropofagia, as doutrinas e crenças são devoradas e regurgitadas em poesia. Citamos Pedro Xisto (1970, p. 7-8):

> Antes que a POESIA tenha este nome, ela é. E, logo, a invocaram diferentes ritos. Às vezes, homens de pouca fé, ou por sacro temor, chamam-na PROSA. Incomunicável (quem sabe?) seu nome, qual o secreto TETRAGRAMATON — Senhor do ser e do não ser. Mas YAHWEH nomeia as coisas. E chamou, à luz, dia; e, às trevas, noite; e, ao firmamento, céu; e, ao elemento árido, terra; e, ao agregado das águas, mares. (*Gen.* 1: 5, 8 e 10) E, por termo, fazendo o Homem, à Sua imagem e semelhança, fez-lhe o dom da Poesia, na prerrogativa de dar o nome à vida: "Formatis igitur Dominus Deus de humo cunctis animantibus

terrae, & universis volatilibus coeli, adduxit ea ad Adam, ud videret, quid vocaret ea: omne enim, quod vocavit Adam animae viventis, ipsum est nomen ejus" (*Gen.* 2:19)

Toda a problemática da linguagem substancial estava colocada: nume e nome. Antes de serem denominados, os seres eram ausentes. E o Criador os trouxe ao Homem, para que este lhes declarasse a Criação.

Percebe-se facilmente o alcance da frase citada na entrevista com Lorenz. O que aconteceu com Rosa, acontecia, de certo modo, com Pedro Xisto, que intuiu a questão. Outros poetas, filósofos, filólogos (Xisto cita Heidegger e Hölderlin) e teólogos, ao deixarem no segundo plano questões de fé e ao assumirem seu papel sacerdotal, adâmico, de *proto-poeta* (Xisto, 1970, p. 8), assumiram também o papel do criador. Não fossem eles a nomear os entes, mundo não haveria. Veja-se por exemplo o tom do comentário de Pignatari:

> O Joyce não tem nada de alienado, criador de linguagem só aparentemente alienado. A grande contribuição dele [João Guimarães Rosa] é semelhante à do Joyce, o que Joyce tentou. Essa é a contribuição grande do Rosa nesse sentido mais amplo de nação, de país, de raça. Assim como Joyce dizia no *Ulisses* — eu quero criar a "consciência incriada de minha raça" —, é para isso que contribui o Rosa. Ele ajudou a criar aquela consciência brasileira que ainda está em criação e não foi criada, não, continua sem caráter (Pignatari *in* Callado *et al*, 2011, p. 37).

Estamos, portanto, neste livro, tentando demonstrar que a modernidade — recuperando a Antiguidade de Hesíodo, Homero e Safo, diga-se de passagem — (re)criou o poeta instaurador de mundos com seus deuses variados e sua palavra-substância-concreta e não abriu mão da memória literária. Guimarães Rosa é exemplo disso, de que "a nossa existência não se dissolve na generalidade das palavras gastas" e de que "há uma memória não-subjetiva" (Lopes, 2003, p. 168). Nesse viés, vemo-lo como um homem e um artista de seu tempo.

Para clarear mais o motivo da afirmativa, recorremos à teorização de Nathalie Heinich em *La gloire de Van Gogh: essai d'anthropologie de l'admiration*, à qual tivemos acesso pela tradução para o inglês de Paul Leduc Browne, *The glory of van Gogh: an anthropology of admiration*. Foi Antonio Callado quem nos deu uma primeira pista: "Agora o Rosa, não, o Rosa é um outro fenômeno, o Rosa é o fenômeno do artista preocupado, como um pintor que se preocupa com sua tinta. Ele é uma espécie de Van Gogh, de pessoa que queria saber como é que é a tinta, fazer a tinta..." (Callado *in* Callado *et al*, 2011, p. 15).

Pois bem, na conclusão do livro, Heinich, arrematando suas propostas, propõe uma questão que dá direção para a solução de nossas inquietações acerca de Rosa no que diz respeito à metafísica antiga e ortodoxa e à "nova" metafísica moderna, a saber, a "ficção suprema". Evidentemente haveremos de fazer muitos ajustes, entretanto, pela riqueza de suas inferências, vale, por meio de citações, a elas recorrer:

> Como foi que Van Gogh se tornou um santo? Isso aconteceu em seis etapas: seu trabalho foi transformado em enigma, sua vida em lenda, sua sina em escândalo, suas pinturas foram colocadas à venda e expostas e os lugares que ele frequentou, bem como os objetos que tocou, foram transformados em relíquias. Ao explicar tudo isso, recorri a várias disciplinas e explorei uma série de questões teóricas. Isso foi necessário, pois Van Gogh não pertence apenas à história e às críticas da arte, que se preocupam com a construção da grandeza artística (Heinich, 1996, p. 140).[37]

Vamos, portanto, aos ajustes. Sem dúvida João Guimarães Rosa — como de resto Van Gogh — apesar de não ser "santo" canonizado em igrejas, entre alguns pesquisadores é venerado. Evidentemente, tal como se deu em Heinich, adotamos o jogo da mera força de expressão. De Rosa, dizem que era "muito religioso", "muito misterioso" (Callado *in* Callado *et al*, 2011, p. 12); sua vida é "cercada de aura" (Pacheco, 2008, p. 25). Teresinha Zimbrão da Silva (2015, p. 1) defende "mistérios demais" para a vida e obra de nosso autor de pesquisa.[38]

─────────

37. ["How did van Gogh become a saint? It happened in six stages: his work was made into an enigma, his life into a legend, his fate into a scandal, his paintings were put up for sale and exhibited, and the places he went, as well as the objects he touched, were made into relics. In accounting for all of this, I have drawn on several disciplines and explored a range of theoretical issues. This was necessary, for van Gogh does not belong only to art history and criticism, which are concerned with the construction of artistic greatness."]

38. Teresinha Zimbrão da Silva diverge de nossa perspectiva. Ela afirma: "Consideraremos também que Rosa — definindo a si e aos seus livros, como 'anti-intelectualistas' (Rosa, 2003, p. 90) e defendendo ainda o 'primado da intuição, da inspiração' (Rosa, 2003, p. 90), sobre o 'bruxulear presunçoso da inteligência reflexiva, da razão, a megera cartesiana' (Rosa, 2003, p. 90) — é um escritor que se filia a vertentes estéticas que remontam ao Romantismo e ao Simbolismo, estéticas defensoras do retorno ao inconsciente, ao irracional e ao subjetivo, como oposição aos excessos bruxuleantes e presunçosos do racionalismo do mundo ocidental moderno." A argumentação da estudiosa é inteligente, articulada e honesta. O ocultismo e o satanismo, assim como o orientalismo, são traços, de fato, tanto do romantismo como do simbolismo. Entretanto, os filósofos e teólogos de apoio por ela mencionados, Leonardo Boff e Frei Betto, a nossos olhos, são mais afeitos à teologia da "pós-modernidade", que se iniciou no modernismo e, por isso mesmo, está mais próxima da postura rosiana do que de outras possíveis correntes estéticas. Ambos serão tratados aqui como fruto. Vamos percorrer um caminho que propõe Guimarães Rosa ligado à estética modernista pelo seu viés religioso desconstrucionista, hipótese que esperamos poder confirmar.

Apoiada em depoimentos do escritor, ela argumenta em torno do aspecto mistérico da criação artística, a qual Rosa compara a "rezas" ou a um trabalho quase "mediúnico", "elaboração subconsciente" (Bizzarri; Rosa, 1980, p. 57).

Todavia, na sequência da carta "carioca" de 25 de novembro de 1963 ao tradutor italiano, o diplomata acrescenta uma ressalva capciosa: "... foram escritos, *penso eu*, neste espírito" (grifo nosso). Eis uma ambiguidade sutil. Até que ponto Rosa perdeu o domínio do seu trabalho? Vemo-lo, assim nos parece, construindo sua imagem tal como Pacheco alertou.[39] É com base nessa estratégia que Silva conduz seu estudo:

> [n]o prefácio ao seu livro de contos *Tutaméia*, publicado em 1967, Guimarães Rosa segreda ser um vivenciador de fenômenos espirituais e sobrenaturais: "Tenho de segredar que — embora por formação ou índole oponha escrúpulo crítico a fenômenos paranormais e em princípio rechace a experimentação metapsíquica — minha vida sempre e cedo se teceu de sutil gênero de fatos"[40], e especifica: "Sonhos premonitórios, telepatia, intuições, séries encadeadas fortuitas, toda a sorte de avisos e pressentimentos. Dadas vezes, a chance de topar, sem busca, pessoas, coisas e informações urgentemente necessárias"[41] (Silva, 2015, p. 1).

Contudo, embora a pesquisadora referende a ideia de um Rosa místico, no mesmo estudo, Teresinha Zimbrão da Silva mostra desconforto com tais relatos e percebe uma incoerência na assunção crédula do Rosa religioso:

> É verdade que Rosa entra aqui em contradição: denigre a razão, mas se utiliza de um processo racional, a pontuação numérica, para classificar os seus livros [em relação aos assuntos neles abordados, a saber: cenário e realidade sertaneja (avaliado com 1 ponto); enredo com (2 pontos); poesia (3 pontos); valor metafísico religioso (4 pontos)] (Silva, 2015, p. 2).

Não negamos as possíveis experiências metapsíquicas por ele testemunhadas, mas pesam no currículo rosiano as leituras de Emmet Fox e a programação sistemática e cotidiana do sucesso ensinada pelo irlandês. Rosa

---

39. Como indicamos na introdução por citação de Pacheco, "parece curioso é que o caráter mítico da obra esteja presente já no modo de estudiosos e leitores se aproximarem dela, inclusive no que diz respeito à vida do autor. Uma espécie de contaminação mágica faz tudo o que cerca Guimarães Rosa parecer tocado pelo dedo de Midas (...)" (Pacheco, 2008, p. 25).

40. Rosa, 2009b, p. 658.

41. *Ibidem*.

marqueteiro de si? Vejamos um excerto, marcado com grifos azul e vermelho, no livro já citado — e visualizado — no capítulo anterior, trata-se do *Power through constructive thinking* (1940, p. 108), de Emmet Fox. Destacamos um parágrafo somente:

> 108 *Power Through Constructive Thinking*
>
> tically, however, it calls for the most rigid and persistently watchfulness on our part, if we are not to be constantly straying from the true path of correct thought. "Watch and pray," said Jesus, knowing how subtle are the temptations to step aside into old errors. "The price of liberty is eternal vigilance," said an ancient sage, and never was this truer than in the life of the soul.
>
> If you really want to demonstrate health, happiness, and true prosperity—and every student of Truth knows that it is his duty to demonstrate these things as soon as he possibly can—you must set aside a definite time every day for prayer and meditation, and for checking up upon your own daily conduct and demonstration, or want of demonstration. You must conduct the affairs of your soul in a businesslike way. Too many religious people fail to realize that the business of spiritual growth calls for order, method, and intelligent organization, just as much as does any commercial business or engineering enterprise, or any other important activity, if it is to be a success.*
>
> So great is the power of prayer that not only will it get you out of any difficulty, but the things in yourself which produced that difficulty will be utterly destroyed forever, with all their associated thoughts and fears; and all consequences or collateral effects that might arise from the problem itself will be taken care of too—"*and brake all their bones in pieces or ever they came at the bottom of the den.*"
>
> * The Fifteen Points should be studied on this subject (see page 280).

Foto 12. Emmet Fox, *Power through constructive thinking*, 1940, p. 108. "If you really want to demonstrate health, happiness, and true prosperity — and every student of Truth knowns that it is his duty to demonstrate these things as soon as he possibly can — you must set aside a definite time every day for prayer and meditation, and for checking up upon your won daily conduct and demonstration, or want of demonstration. You must conduct the affairs of your soul in a businesslike way. Too many religious people fail to realize that the business of spiritual growth calls for order, method, and intelligent organization, just as much as does any commercial business or engineering enterprise, or any other important activity, if it is to be a success."[42]

....

42. ["Se você deseja realmente mostrar saúde, felicidade e uma autêntica prosperidade — e todo estudante da Verdade sabe que é seu dever exibir essas coisas o mais rapidamente possível — você deve reservar todos os dias um tempo definido para orar, meditar e para checar seus ganhos diários de conduta e exibição, ou a falta de exibição. Você deve conduzir os assuntos de sua alma à maneira de um negócio. Muitas pessoas religiosas não conseguem perceber que a rentabilidade do investimento espiritual, para que seja

Observe-se o vocabulário desse guia de espiritualidade. Fala de um "negócio" e do "marketing" que se deve fazer do empreendimento. Estranha mística essa. Nada mais distante da inspiração romântica e do trato amoroso com a divindade que indica Silva (2015, p. 1). Contudo, não é nossa intenção avaliar dividendos nem somar conquistas. Queremos apenas defender que o diplomata de Cordisburgo mantinha as rédeas de sua carreira sob mão de ferro, conduzia seu trabalho sob o cabresto da razão, apesar de suas declarações de experiências suprassensíveis e mediúnicas. E mais, ele era engajado na promoção de sua obra como coisa de primeira grandeza. Com ele parece confirmar-se uma ponderação de Heinich para Van Gogh: "A tensão entre 'religiosidade ética' e 'estética', investigada por Max Weber, é substituída por um investimento religioso na estética. À medida que as pessoas abandonavam as igrejas para encher as galerias, a arte deixou de ser um instrumento para apresentar-se como objeto de sacralização"[43] (Heinich, 1996, p. 148). O mineiro também incorpora mudanças sutis ao usar da metafísica subjugando-a pelo valor artístico; mistura — pelo menos em suas entrevistas e conversas, coisa que apontamos várias vezes — obra e autor, cria um homem-autor de certa normalidade que avança para o mistério e a anormalidade, que vai do sucesso para a incompreensão de alguns e da trivialidade da "oralidade" mineira para a genialidade.

Voltemos, um pouco mais detidamente, à proposição de Heinich para Vincent Van Gogh. Segundo a antropóloga, a investigação acerca do pintor holandês

> pertence tanto à história da religião, que se preocupa com a construção sacrificial da grandeza; quanto à tradição biográfica e hagiográfica, que se preocupa com sistemas de admiração e heroização; pertence também à psiquiatria, psicologia e antropologia, que se preocupam com desvio e singularidade; à economia, preocupada com a monetarização do valor atribuído ao trabalho; e à sociologia da religião, que se preocupa com o status de relíquias, peregrinações e expiação (Heinich, 1996, p. 140).[44]

....
um sucesso, exige ordem, método e organização inteligente, assim como qualquer negócio comercial ou empresa de engenharia ou qualquer outra atividade importante."]

43. ["The tension between 'ethical religiosity' and 'aesthetics' analyzed by Max Weber, is replaced by a religious investment in aesthetics. As people desert the churches to all the galleries, art is no longer an instrument, but instead an object of sacralization."]

44. ["He belongs equally to the history of religion, which is concerned with the sacrificial construction of greatness; to the biographical and hagiographical tradition, which is concerned with systems of admiration and heroization; to psychiatry, psychology, and anthropology, which are concerned with deviance and

No entanto, carecemos novamente de refinar os ajustes para um paralelo, pois, se levamos em conta o período de fama de um e outro, o retratista de Zundert (†1890) está à frente do diplomata nascido em Cordisburgo (†1967) com pelo menos 77 anos de vivência de mercado. Ademais, ao contrário do colega das letras muito mais habilidoso e diplomático, o holandês nunca gozou de crédito em vida. Além disso, o mineiro está na época da reprodutibilidade técnica e pode multiplicar seus escritos em edições — e distribuí-los nas livrarias fartamente —, enquanto, com Van Gogh, os exemplares são únicos.

Mas interessa de fato é que um e outro parecem estar dando passos largos para novos paradigmas, para uma nova ordem de artista, aqueles que serão apreciados dentro da modernidade e da pós. Para Nathalie Heinich,

> Van Gogh encarna muito mais do que uma nova tendência artística. Ele personifica um novo modelo do artista. O modo cotidiano de apreciar uma criação artística não é o mesmo desde Van Gogh. (...) Esse indivíduo desviante tem renovado fundamentalmente a maneira de perceber não apenas seu próprio lugar, mas também os de seus sucessores e até predecessores. Ele, portanto, demarca um ponto de virada, uma releitura estética, histórica e ética da arte. (...) Sua existência redefine o significado comum de normal, estabelecendo uma fronteira entre o conceito tradicional e moderno para o artista[45] (Heinich, 1996, p. 140).

De nossa parte, cremos poder aplicar estas proposições para Rosa. Da mesma forma que se mitificou o desprezo, à época, do trabalho de Van Gogh, a orfandade de um movimento literário particular em relação a Rosa — espécie de ruptura discreta que existe entre os gênios e a sociedade —, a "enigmaticidade", ou "dificuldade" se preferirem, de sua obra, a sua morte prematura, são fatores que contribuíram para fazer do brasileiro um ponto fora da curva, artista singular. Seu passamento, logo após assumir a *cadeira 2* da ABL, fê-lo modelo trágico da força implacável do destino. Quem haveria de dizer que imortal morre...

....
singularity; to economics, which is concerned with the monetarization of the value attributed to the work; and to the sociology of religion, which is concerned with the status of relics, pilgrimages, and atonement."]

45. ["Van Gogh embodies far more than a new artistic tendency. He embodies a new model of the artist. The ordinary way of seeing artistic creation has not been the same since van Gogh. [...] This deviant individual has fundamentally renewed the way not only his own place, but those of his successors and even predecessors, are perceived. He marks a turning point, an aesthetic, historical, and ethical rereading of art. [...] His existence redefines the ordinary meaning of normal, establishing a boundary between a traditional and a modern concept of the artist."]

Enfim, o que indicou a antropóloga francesa para Van Gogh parece, com as devidas ressalvas, se encaixar bem ao perfil do diplomata autor do *GSV*, particularmente neste trecho:

> Uma primeira característica dessa nova ordem é a personalização da grandeza artística. A importância atribuída à assinatura é um dos sintomas mais visíveis disso. Pouco a pouco, inovações radicais passaram a ser consideradas normais. Por exemplo, artistas colocam seu próprio carimbo em suas obras. Da mesma forma, suas vidas íntimas são exibidas na esfera pública por meio da publicação de suas cartas ou da proliferação de suas biografias. Simultaneamente, a interioridade do criador se torna a origem e, em princípio, a garantia e não acidente da sua criatividade[46] (Heinich, 1996, p. 143).
> O novo paradigma *vangoghiano* incorpora, literalmente, uma série de mudanças no valor artístico: do trabalho para o homem, da normalidade para a anormalidade, da conformidade à raridade, do sucesso à incompreensão e, finalmente, do presente (localizado) à posteridade (temporalizada). Essas são, em suma, as principais características da ordem da singularidade em que o mundo da arte doravante é abrigado. Essa é a essência da grande revolução artística da modernidade, a mudança de paradigma incorporada por Van Gogh[47] (Heinich, 1996, p. 146).

Colocou-se, portanto, com este paralelo, o mineiro na categoria de artista singular. Ele, paulatina e discretamente, levou apreciadores e críticos para um deslocamento pendular, da obra para a pessoa, da normalidade transgressora da época para a anormalidade desviante do cânone. Foi assim, supomos, que Guimarães Rosa passou do presente para a posteridade e do regime de escolas literárias de vanguarda para o de singularidade inaugural. Então, Rosa é único, original e criador de mundos pela poesia. Como artista

....
46. ["A first characteristic of this new order is the personalization of artistic greatness. The importance ascribed to the signature is one of the most visible symptoms of this. Little by little, radical innovations have come to be regarded as normal. For example, artists place their own particular stamp on their works. Similarly, their intimate lives are displayed in the public sphere through the publication of their letters or the proliferation of biographies.9 Simultaneously, the interiority of the creator becomes the origin and guarantee of creativity in principle and not by accident."]

47. ["The new Vangoghian paradigm quite literally embodies a series of shifts in artistic value, from work to man, from normality to abnormality, from conformity to rarity, from success to incomprehension, and, finally, from (spatialized) present to (temporalized) posterity. These are, in sum, the principal characteristics of the order of singularity in which the art world is henceforth ensconced. That is the essence of the great artistic revolution of modernity, the paradigm shift embodied by van Gogh."]

singular ele arrebata também o lugar de divindade e, como indicou Pedro Xisto, daquele que chama e nomeia do nada as coisas para serem criadas.

Nonada!

É neste sentido que cremos que, de certo modo, o Deus dos poetas e escritores antecedentes, o Deus inspirador dos gênios, se afastou e deixou para o homem poeta a função de criar. Afastando-se, tornou-se Absoluto filosófico que, por sua vez, prevaleceu perante o Deus histórico encarnado e ressuscitado do Cristianismo de todos os tempos. Como Absoluto, ele está definitivamente fora do mundo. Alheio ao dia a dia do humano, esse Grande Arquiteto[48] delega ao poeta representá-lo e, simultaneamente, criar-se como criador. Para tanto a situação do homem dentro da religião deve mudar: com Deus ausente, o terreno está livre, tudo ao homem pertence, até mesmo o juízo sobre Deus. O homem passa a julgar, escolher e estabelecer os caminhos e o caráter da divindade. Tampouco cabe, neste momento, questionar sobre a possibilidade ou não de ter havido um dia um criador da humanidade, basta somente reforçar que a humanidade cria. Aí está: o modernismo (e o pós) em Rosa se manifesta sobretudo em sua espiritualidade.

....
48. A expressão foi adotada pela maçonaria, cf. Wilmshurst, 1932, p. 77. Sobre a relação de Rosa com a maçonaria, vale cf. Santos (http://www.letras.ufmg.br/atelaeotexto/revistatxt5/jorgefernandoartigo.html) em artigo do qual citamos um pequeno recorte: "Em correspondência com o tradutor alemão Günter Lorenz, comentou a etimologia do próprio nome: João Guimarães Rosa, 'Weihs Mahr' = cavaleiro combatente ou cavalo de combate, passando a 'Wimara' ou 'Guimara', forma primitiva de Guimarães. Por isso se autodenominou 'o Cavaleiro da Rosa do Burgo do Coração', referindo-se à terra natal, Cordisburgo, então ligada a Curvelo, na região central de Minas Gerais. O termo Cavaleiro da Rosa remete ao movimento esotérico Rosa Cruz e ao grau 18 da Maçonaria. O número em questão simboliza o indivíduo diante do infinito. Infinito é o oito deitado, símbolo que se fez presente nas ilustrações originais de *Grande sertão: veredas* por sugestão do próprio autor ao ilustrador Poty." (...) "Outro que escreveu sobre as ligações do autor com a Maçonaria é o poeta Hugo Pontes. No ensaio 'Guimarães Rosa, uma leitura mística', ele chama a atenção para o fato de as palavras Grande e Sertão começarem com letras sagradas: G, de Grande Arquiteto do Universo, Geômetra ou *God*; e S de sabedoria, saúde e segurança, palavras proferidas durante o ritual chamado 'cadeia de união', que geralmente encerra as reuniões maçônicas." Cf. ainda a expressão de Rosa, "arquiteto da alma" (Lorenz, 2009a, p. XLIV). De acordo com Rocha (2010, p. 41): "O escritor/poeta é, portanto, construtor. Referido por Rosa como o 'processo químico da escrita', este submeter da obra a um projeto definido também se liga à figura do alquimista, cujo objetivo final era realizar a chamada Grande Obra de transmutação. O alquimista se confunde com o 'pedreiro forro', ou pedreiro livre, antiga designação dos *free masons*, ou como são conhecidos hoje, os maçons. Supostos herdeiros dos construtores das catedrais da Idade Média que não desejavam compartilhar seus segredos de construção, estes se ligam à Alquimia por também desejarem alcançar uma transmutação, não dos metais, mas do ser humano, que vem a ser, para Chevalier e Gheerbrant (1996, p. 38), o objetivo real da Alquimia. Este cita Silesius: 'O chumbo transforma-se em ouro, e o acaso dissipa-se quando, com Deus, eu sou transformado por Deus, em Deus. É o coração que se transforma em ouro do mais fino; o Cristo ou a graça divina é que são a tintura'. Daí ser a operação alquímica uma operação simbólica, que representa a evolução do homem de um estado em que predomina a matéria, para um estado espiritual, assim como o processo de construção maçônica do homem, pedra bruta, em pedra polida, como aprimoramento espiritual."

A hipótese da contemplação infusa que aventamos no primeiro capítulo perdeu terreno para a "aquisição" de uma iluminação sob a prática de métodos e exercícios programados de modo a fazer do asceta um *self-made man*.

E a contradição permanece... Os iluminados — particularmente os ascetas orientais — rejeitam o mundo como uma realidade insuficiente, má e mutável, ilusão das ilusões. Continuamos com as oposições (contradições?) na reatualização do neoplatonismo plotiniano, bem adequadas para o modernismo e para o pós-modernismo. Os mais filosóficos resolvem-na refugiando-se no conhecimento de si; os simpatizantes da metafísica buscam o Absoluto. Muito estudo, seu moço! Meditação constante para alcançar a libertação das angústias.

Esforço humano sem negar a ajuda superior. Os métodos orientais são úteis, ensejam a prática e exercícios diários, que, por sua vez, aprimoram técnicas para "sair do mundo, das coisas e objetos" e atingir o além, quiçá a própria divindade. No âmbito do Cristianismo, a assimilação dessas técnicas, também vastamente compulsadas por Rosa, acabou se tornando um novo modo de recuperar as ideias da antiga *gnose* (γνῶσις — conhecimento) ou da *gnose* medieval dos cátaros, afeita de algum modo à rejeição do conceito de "realidade", por exemplo.

Ainda no âmbito da *gnose* e sobre a oposição matéria e espírito, consciência e cérebro, tal qual problematizada pelos estudos de Emmet Fox, percebe-se que ela se sustenta a partir de silogismos (Sperber, 1976, p. 133) e mais parece um arremedo. É bom citar, mais uma vez Sperber:

> Na Ciência Cristã, doutrina para massas, as imagens são fáceis; a doutrina é expressa numa linguagem com função conativa, enquanto que as pseudo-parábolas, experiências dos discípulos, vêm expressas em linguagem com função emotiva. Os verbos da doutrina são imperativos ou de ação e realização imediata: quase coativos. Não há "filosofar": há constatações cabais, dogmáticas. São dogmáticas porque a estrutura da frase, bem como a da doutrina, argumenta em torno de silogismos; como há "sim" e "não", aquilo que não é "sim" é "não" e aquilo que não é "não" é "sim". Decorrem a simplificação conceitual e a sobrecarga verbal. As conceituações não chegam a ter cunho ético: têm cunho moralizante. E as palavras, a fim de transmitir reverberações e exaltação doutrinárias, usam de uma adjetivação agressivamente apocalíptica: (...)
> Todas as palavras são tão definitivas e inapeláveis, que não criam mitos, nem parábolas, nem alegorias. Nem espírito científico, porque sua carga emotiva é muito forte: evoca sentimentos humanos, e não noções transcendentes ou de busca de transcendência" (Sperber, 1976, p. 136-137).

Vale a pena, a essa altura, recorrer à ponderação de Leloup, que contribui, no nosso ponto de vista, para a leitura do *GSV*: "[N]ão sabemos nada sobre Deus senão através de um ser humano, um corpo humano, um cérebro humano. Não há Deus sem homem da mesma forma que não há homem sem Deus".[49] Ocorre que a novidade irrepetível dessa síntese, homem-Deus, é única na história das religiões, é o Verbo Encarnado, o Cristo. Escolher não assumi-lo é rejeitar a síntese épica, é terminar no humano, no efêmero, no passageiro imortal das academias.

A ciência da religião floresce neste contexto de não escolha e, como se verá, está correndo paralela ao modernismo no campo das artes. A proposta é: o conhecimento, vagarosamente, vai colocar todas as divindades imaginadas a nossos pés. Este foi o pano de fundo.

Encerremos logo este capítulo. Vejamos a potência da produção do homem neste contexto de sertão. Recuperemos e observemos mais cuidadosamente a frase rosiana que utilizamos como epígrafe do primeiro capítulo: "meus olhos viam só o alto tremer da poeira". A palavra "tremer" incomoda, gera instabilidade, mas é preciosa. Ela remete à bela obra *Temor e tremor,* do dinamarquês Søren Kierkegaard (*Frygt og bæven: dialektisk lyrik*, 1843), sob o pseudônimo de Johannes de Silentio.[50] Ela também prefigura a predileção rosiana, declarada a Lorenz, por este filósofo e teólogo: "A filosofia é a maldição do idioma. Mata a poesia, desde que não venha de Kierkegaard ou Unamuno, mas então é metafísica" (Rosa, 2009a, p. XXXVII).[51]

....
49. Entrevista com Jean-Yves Leloup, "Deus e a experiência de quase-morte". Disponível em: <https://www.youtube.com/watch?v=mKb_7IlgVVM&feature=youtu.be>.

50. Cf. Bianchini, *Kierkegaard e Guimarães Rosa: ressonâncias*, 2010. De Bianchini, 2010, p. 8 e 16, respectivamente: "A hipótese da plausibilidade de aproximação entre os dois autores pauta-se por registros de Rosa em cartas e entrevistas a respeito de seu interesse pessoal por Kierkegaard, também demonstrado pela presença de obras do filósofo e de um livro sobre a língua dinamarquesa em sua biblioteca pessoal. Somado a isso, são dois pontos fulcrais para a aproximação de ambos: a preocupação como o Indivíduo e a importância que a religião possui tanto em suas vidas quanto para a elaboração de suas obras"; "Em meio a essa transvaloração da primeira metade do século XIX, surge o pensamento de Søren Kierkegaard (1813-1855), privilegiando a categoria do Indivíduo em oposição ao homem da massa. O pensamento deste filósofo será resgatado (mesmo que não diretamente) cerca de um século mais tarde pelos modernistas, dentre os quais Clarice Lispector (1920-1977) e Guimarães Rosa (1908-1967) — autor-tema da presente pesquisa. Motivado pelo *Zeitgeist* — ou espírito de época —, o pensador assim como os literatos falam tanto da importância da religião para os homens, quanto da possibilidade de esses homens escolherem conscientemente, destacarem-se da sociedade e passar a viver uma vida orientada pela decisão de 'escolher escolher' e, assim, desencadear o processo de constituição da subjetividade, marcada pelos estágios estético, ético e religioso, conforme teorizado por Kierkegaard."

51. Na base do IEB-GR encontramos de Søren Kierkegaard: *Journal: extraits, 1834-1846*. Traduit du danois par Knud Ferlov et Jean-J. Gateau. 6ª ed. Paris: Gallimard, 1950 (com a nota de que "o exemplar da Coleção Guimarães Rosa contém marginália"); *Les miettes philosophiques*. Traduction de Paul Petit. Paris: Éditions

Tremer. Poeira. Pó. Que é da metafísica nessas palavrinhas frágeis?

"Tremer" tem muitíssimos significados, o que possibilita a projeção de espectros através de um acúmulo de leituras. Nesse contexto, lêmures brotaram de todos os lados. Sobre ele pintamos alguns trasgos. Mas a frase epígrafe do capítulo 1 é simples, tem sequência linear com sujeito, verbo e objeto: "meus olhos viam só o alto tremer da poeira".

É? Ah, **é e não é...**

Em primeiro lugar, o sujeito é metonímico — os olhos são agentes em lugar do eu sujeito —, a parte pelo todo. Já aqui temos um detalhe curioso. O verbo transitivo direto, "ver", segundo Cunha (1982, p. 815), tem sentidos múltiplos: "conhecer ou perceber pela visão", "olhar para", "contemplar", "distinguir". O advérbio que o segue, "só", restringe a ação verbal e complica a frase porque também amplia o significado do verbo para algo como "meus olhos estavam obcecados em ver o alto tremer da poeira".

De modo a criar suspense, parece, o adjetivo "alto" se antepõe ao objeto (sintaxe não muito regular no português da época) a ser visto pelo narrador. Recordemos as notas 71 e 73 do capítulo anterior. Pela hipótese discutida nas notas, há uma "classe de sons" possíveis para cada fonema. No caso do fonema /l/ é possível prever, no português brasileiro, tanto o rotacismo quanto a vocalização (Bagno, 2012, p. 324). Se ensaiarmos uma realização com a vocalização, a frase muda totalmente: "meus olhos só viam o aUto[52] [o meu próprio] tremer". Dessa forma, a frase é um resumo do *GSV*, a saber, a história de um eu à procura de si.

De fato, a complicação da frase não é de se desprezar, sobretudo se começarmos a observar que o verbo "tremer" vem como objeto direto do verbo "ver": ver o tremer. Por que não sentir o tremer? Sofisticado. O sujeito "olhos" não vê um objeto, mas um processo de instabilidade.

Mas, na condição de verbo, "tremer" ocupa duas categorias: transitivo e intransitivo. Semanticamente, segundo Cunha (1982, p. 786), ele engloba os sentidos de "temer, recear", "agitar, tremular" e "tiritar por causa de". Com essas veredas de sentido, vamos longe: "meus olhos viam só o aUto temor / agito / tiritar (de frio, medo, febre) da poeira".

E podemos complicar mais ainda focalizando a palavra "poeira" e suas mutações metaplasmáticas em "puera"[53], que é o mesmo que "ipueira", "charco

....
du livre français, 1947. Há, ainda, um estudo sobre Kierkegaard: Jolivet, Régis: *Introduction à Kierkegaard*. Paris: Éditions de Fontenelle, 1946.

52. Aqui estamos supondo uma possível vocalização do /l/.

53. Segundo Bagno (2012, p. 318), poeira → [pu'eRa].

formado pelas águas que transbordam dos rios nos lugares baixos", segundo o *Aulete Digital*. Mas "águas que transbordam dos rios nos lugares baixos" são veredas! Que frase fantasmagórica, meu Deus! "Meus olhos viam só o aUto tremor da pu'eRa"... E, no entanto, ela carrega consigo toda uma leitura do *GSV*...

E o ouro?

> Sagaz assim me olhava, chega me cheirar só faltasse, de tornados a encontrar no curral, como boi a boi. Disse que eu estava feliz, mas emagrecido, e que encovava mais os olhos.
> — "Estais p'ra trás... Sabe? Negociei um gado... Mudei meus termos! — A ganhar o muito dinheiro — é o que vale... Pó d'ouro em pó..." — o que ele me disse. E era a pura mentira. Mas podia ser verdade."[54]

....
54. Rosa, 2009b, p. 394.

CAPÍTULO 3

Deus no meio do redemoinho...

*Do que hoje sei, tiro passadas valias? Eh — fome de bacurau
é noitezinha... Porque: o tesouro do velho era minha razão.*[1]

Entre o pragmático e o contemplativo

Lucidez, domínio de si, consciência prática é o que se espera de um filósofo metafísico contemplativo — com pó ou sem pó. Mas sem fanfarronice. O *GSV* começa a terminar com o fecho do capítulo anterior. Com ele preparamos a cena de Riobaldo e Zé Bebelo, mestre e discípulo, ambos, supomos, imagens projetadas, em espelho literário, de Rosa, o Zezito de Cordisburgo, diplomata que morou em Hamburgo, Paris, Bogotá e, melhor que tudo: no Rio de Janeiro! É assim, com Zé Bebelo e Riobaldo, que o *GSV* se fecha no infinito: ∞!

Um encontro memorável. Gabola, Zé Bebelo diz a Riobaldo, arrematando a obra:

> — "Há-te! Acabou com o Hermógenes? A bem. Tu foi o meu discípulo... e não é!" Deixei: ele dizer, como essas glórias não me invocavam. Mas, então, ele não me entendendo, esbarrou e se pôs. Cujo:
> — "A bom, eu não te ensinei; mas bem te aprendi a saber certa a vida..."
> *Eu ri, de nós dois.*
> Três dias falhei com ele, lá, no Porto-Passarinho.
> E Zé Bebelo corrigiu, para eu ouvir, os projetos que tinha. *Aí, ái, fanfarrices. Não queria saber do sertão, agora ia para a capital, grande cidade.* Mover com comércio, estudar para advogado. — *"Lá eu quero deduzir meus feitos em jornal, com retratos... A gente descreve as passagens de nossas guerras, fama devida..."* — "Da minha, não

....
1. Rosa, 2009b, p. 339.

senhor!" — eu fechei. Distrair gente com o meu nome... Então ele desconversou. Mas, naqueles *três dias*, não descansou de querer me aliviar, e de *formar outros planejamentos para encaminhar minha vida*. Nem indenizar completa a minha dôr maior ele não pudesse. Só que Zé Bebelo não era homem de não prosseguir. Do que a Deus dou graças!

Porque, por fim, ele exigiu minha atenção toda, e disse:

— "Riobaldo, eu sei a amizade de que agora tu precisa. Vai lá. Mas, me promete: não adia, não desdenha! Daqui, e vade reto, tu sai e vai lá. Diz que é de minha parte... *Ele é diverso de todo o mundo*."

Mesmo escreveu um bilhete, que eu levasse. Ao quando despedi, e ele me abraçou, *senti o afeto em ser de pensar*. Será que ainda tinha aquele apito, na algibeira? E gritou: — "Safas!" —; maximé.

Tinha de ser Zé Bebelo, para isso. Só Zé Bebelo, mesmo, para meu destino começar de salvar (Rosa, 2009b, p. 394, grifos nossos).

Neste trecho instaura-se a variante do passado para a fórmula "**é não é**". Não é, porém, ocasião de tecer comentários novos. Não vamos tampouco nos aprofundar no par Riobaldo/Zé Bebelo ou nesse duplo, nessa espécie de "uno" à Plotino, o que demandaria outro livro. Abrimos janelas para abertas deixá-las: 1. Zé Bebelo = anagrama de Bel Zebu? (sobretudo se levarmos em conta o trecho "Deixei: ele dizer, como essas glórias não me invocavam. Mas, então, ele não me entendendo, esbarrou e se pôs. Cujo:" — e iluminarmos o termo "cujo" como codinome do diabo); 2. Há-te = ($ἄτη$) Áte, cegueira d'alma, fatalidade? Ou Hades? É tempo de encerrar... Estamos perto do fim... mas acrescentamos: 3. a sugestão da expressão "reto, tu sai e vai": *vade retro?*; e, ademais, 4. a presunção: "distrair gente com meu nome": ser escritor, ocupar o tempo das gentes na leitura das obras assinadas com seu nome.

Firmamos somente que eles tomam atitudes opostas: um parte, o outro fica. Do julgamento Bebelo se safou e partiu para a cidade grande. Riobaldo do cangaço também se livrou, acomodou-se. Se tivesse seguido em frente, talvez houvesse se casado com Nhorinhá (Rosa, 2009b, p. 339). Ficamos entre o contemplativo rememorando sua vida e o pragmático que seguiu para a urbanidade. Além disso, Riobaldo tem lá sua razão de tempo de piracema; água rio acima, fogo morro abaixo, são provas de que a coisa funciona:

Quem sabe direito o que uma pessoa é? Antes sendo: julgamento é sempre defeituoso, porque o que a gente julga é o passado. Eh, bê.² Mas, para o escriturado da vida, o julgar não se dispensa; carece? Só que uns peixes tem, que nadam rio-arriba, da barra às cabeceiras. Lei é lei? Lôas! Quem julga, já morreu (Rosa, 2009b, p. 175).³

E mais:

Aí, nem olhei para Joca Ramiro — eu achasse, ligeiro demais, que Joca Ramiro não estava aprovando meu saimento. Aí, porque nem não tive tempo — porque imediato senti que tinha de completar o meu, assim:
— ... A ver. Mas, se a gente der condena de absolvido: soltar este homem Zé Bebelo, a mãvazias, punido só pela derrota que levou — então, eu acho, é *fama grande. Fama de glória*: que primeiro vencemos, e depois soltamos..."; em tanto terminei de pensar: que meu receio era tôlo: que, jagunço, pelo que é, quase que nunca pensa em reto: eles podiam achar normal que da banda de cá os inimigos presos a gente matasse, mas apreciavam também que Zé Bebelo, como contrário, tivesse deixado em vida os companheiros nossos presos. *Gente airada...* (Rosa, 2009b, p. 179).

Zé Bebelo e Riobaldo: a completude de Rosa, o envolvido na política do Itamaraty e o escritor cordisburguense perseguidor da poesia? Homem feito de letras.⁴ Por ora, retornemos ao fechamento do *GSV*. Contentemo-nos em dizer que esse trio, Riobaldo, Zé Bebelo e Rosa, airada gente, alcançou fama grande, em jornal, novela, filme... Com retratos, pinturas, esculturas, o diacho... Na práxis, todos lucraram.

Passemos, em tempo, para o fio de nosso interesse, o bilhete de Bebelo encaminhado ao compadre Quelemém, corruptela de Clemente, como vimos,

....
2. Há lêmures escondidos aqui. "Ebbe" em alemão é "vazante"; em húngaro, "nisso"; em turco, "ebe" é "parteira"; em grego "ἔβην" é aoristo 2 do verbo βαίνω, "marchar, seguir em frente". Vamos discutir esses lêmures em outro livro...

3. Ímpossível ignorar a crítica mordaz do escritor feita ao procedimento narrado no Evangelho de Mateus (13: 47-52), que indica a seleção e o julgamento dos peixes bons e ruins.

4. Um artigo que lemos recentemente, apesar de o autor, Marcelo Marinho, tê-lo escrito em 2012, desenvolve hipótese mirabolante, curiosa e inteligente com ponderações convincentes, entre elas a de que Rosa optou por se fazer literatura. Do artigo citamos um trecho: "Com vistas a novas trilhas de leitura para a crítica roseana, e tomando-se às avessas célebre passagem bíblica em que 'o verbo fez-se carne', nota-se que Guimarães Rosa concebe e dá nascimento a uma obra literária de natureza ágrafa (aquela que se encontra aqui em discussão: sua 'autobiografia irracional') em que a carne faz-se verbo" (Marinho, 2012, p. 190).

que ressoa como [a]*quel' amém* [aquele do "assim seja"[5] ou *quel'omem*[6]?] o conformado, o resignado ou o do além? "Ele é diverso de todo o mundo" (Rosa, 2009b, p. 394). Frase ambígua o define: ele é diferente de todo mundo, ele é feito "de" verso de todo o mundo, ou seja, ele é literário, ou, ainda, está na boca de todos, é famoso (diríamos, *famigerado?*) no sertão. Riobaldo segue para a casa do compadre, há lá algodão, lã. Tudo é branquinho, paisagem da serenidade, um céu de nuvens quase.

> Compadre meu Quelemém me hospedou, deixou *meu contar minha história inteira*. Como vi que ele me olhava com aquela *enorme paciência* — calma de que minha dôr passasse; e podia esperar muito longo tempo. O que vendo, tive vergonha, assaz.
> Mas, por fim, eu tomei coragem, e tudo perguntei:
> — "O senhor acha que a minha alma eu vendi, pactário?!"
> Então ele sorriu, o pronto sincero, e me vale me respondeu:
> — "Tem cisma não. Pensa para diante. Comprar ou vender, vezes, são as ações que são as quase iguais..."
> E me cerro, aqui, mire e veja. Isto não é o de um relatar passagens de sua vida, em toda admiração. Conto o que fui e vi, no levantar do dia. Auroras. Cerro. O senhor vê. Contei tudo" (Rosa, 2009b, p. 395, grifos nossos).

Nos conformes e com mais poucas linhas, o livro vai se dobrar para fechar. E a cada vez que for aberto por algum ledor sossegado, de novo, Riobaldo vai contar sua história para o doutor ouvinte, para o ledor entretido, para Quelemém, o clemente. E eles, diligentes, prazerosos e com clemência, com "enorme paciência"[7], ouvirão de novo e de novo... Céu de som e letras, prosa no ar, tempo bom. O primeiro interlocutor do Riobaldo, parece, só ouviu (ou só leu...). Este último, o compadre, se pronuncia e, ao ajuizar, encarna Plotino com palavras cabíveis para o caráter de um neoplatônico: "comprar ou vender,

....
5. Do *Aulete Digital*: **amém** interj. 1. Litu. Palavra litúrgica que indica aprovação de um texto de fé (us. esp. no fim de orações); ASSIM SEJA. || sm. 2. Atitude ou ação de concordar com algo; CONCORDÂNCIA; APROVAÇÃO: Não quero saber de seus améns. [Pl.: améns.] [F.: Do lat. amen, do hebr. amén. Hom./ Par.: amém (interj.sm.), amem (fl. de amar).]. Dizer/dar amém a: 1 Aprovar, consentir em, apoiar: Dava amém ao que dissesse ou fizesse o amigo.
6. Omen > ome > metaplasmo (aférese do "h" e apócope do "m") de "homem"? ou *quel* (do latim: = qui = que, em que, com que, como) + *ōmen* (do latim: presságio)? Seja como for, Quelemém rima com além.
7. Curiosa a atitude do compadre Quelemém, se comparada à frase "Moço!: Deus é paciência.", que ocorre nas primeiras páginas do romance (Rosa, 2009b, p. 13). Curioso também, veremos adiante, o atributo dado ao velho da tapera.

vezes, são as ações que são as quase iguais...". Com a frase, Quelemém absolve Vupes, iguala Deus e o diabo.[8] Ao revirar e embaralhar ações e palavras, em certa medida, materializa-se o movimento sugerido na forma da lemniscata como se ela fosse um "ferrorama" em oito, trilha que faz o lado esquerdo espelhar o direito.[9]

Ajunte-se ainda que a alcunha "compadre" para um "plotiniano" é sugestiva. O *Dicionário Houaiss* dá muitos sentidos para o termo: 1. padrinho de uma pessoa, em relação aos pais; 2. pai de uma pessoa, em relação ao padrinho; 3. Indivíduo com quem se mantém relações familiares; 4. Pessoa que se conluia ou mancomuna; 5. Indivíduo cheio de astúcia, ardiloso; 6. Nos candomblés, Exu sob a forma de protetor familiar; 8. que é cheio de pretensões, cheio de si; 9. que tem qualidades, bonito. O *Aulete Digital* acrescenta: "Espécie de urinol para doentes do sexo masculino, que nele podem urinar sem sair do leito; o mesmo que patinho (vaso alongado)."

Realçamos, para nossa argumentação, os sentidos 1, 2 e 6 (Exu, senhor dos caminhos, orixá análogo ao deus grego Hermes), que mostram a palavra funcionando em "mão e contramão", plotinianamente. Em sentido mais largo, podemos tratar, igualmente, a atitude de contar histórias: mão e contramão para falar e escutar. Decerto, um bom narrador ouve muito. Também Rosa gostava de falar e ouvir, de embaralhar, de atravessar de uma banda a outra.

A noção da fusão de opostos que gera a indefinição na escolha, o **é não é**, como vimos, faz do escritor um trágico "clássico" quase grego, mas não o afasta dos movimentos literários da época; pelo contrário, ele caminha, vanguardeiro, a passos largos para uma possível pós-modernidade que refuta o Cristianismo e que bebe de um caudaloso rio de fontes diversas de espiritualidade. Na perspectiva da criação literária, vale conferir Caixeta (2013) que, por sua vez, se sustenta em Costa Lima (1980). De fato, Luiz Costa Lima, filósofo de renome, afirma que "todas as respostas clássicas — mímesis é representação, é expressão, é realismo, é cópia fotográfica, é aspiração à idealidade etc. — parecem de repente ociosas..." em *Mímesis e modernidade* (Costa Lima, 1980, p. 48). Nessa perspectiva ele indica, inclusive, Guimarães Rosa, o qual, segundo o maranhense, estilhaça os pressupostos clássicos (1980, p. 171) e produz uma mimese que não vem da representação, mas da "produção do ser" ou, tal

....
8. No Cristianismo, o ato de compra compete a Deus (cf. por exemplo, 1Coríntios 6, 20; 7, 23 ou 1Pedro 1, 18-19).

9. A lemniscata, ∞, sobre este símbolo que comentamos no capítulo 1, resta dizer que, além de abranger o universo das "fitas" e "fios" que perpassam as coroas de flores, trata-se também de faixas usadas nas ataduras. Recordando, a palavra vem do grego, λημνίσκος (*lemnískos*), e designa uma curva em forma de oito.

como pensamos, da ilusão da produção do ser; em outros termos e segundo nossa teorização, é o jogo do **é não é** que discutimos neste livro, é o fantasmal — o lêmure — que surge da palavra concreta escrita em sua volatilidade. De dentro da matéria escrita pelo fazer humano mais geral e banal, propõe-se a potencialidade aural e vocal em uma dinâmica que explode em um produto (ἔργον, labor, obra) extraordinário que se situa no lugar da indefinição.

O escritor, como criador de mundo, não só prescinde de dogmas como também funde o metal (ouro, prata, mercúrio — vimos no capítulo anterior) das palavras de forma a indefinir o sentido. O procedimento é comum no mundo antigo e retorna com força nos fins do século XIX como "vanguarda". Marcelo Marinho aborda o assunto de maneira proveitosa para nossa argumentação neste capítulo:

> Com razão, Paul Verlaine, um dos principais artífices das vanguardas europeias, diz, em "Arte Poética" (1884): "É preciso também que nunca vás // escolher tuas palavras sem equívocos" — em outros termos, seu metapoema orienta os escritores de vanguarda a buscarem a ambiguidade do verbo polissêmico, em detrimento da univocidade e da monossemia, como forma de permitir que o leitor promova o "crescimento natural" da "flor artificial". Nesse tocante, vale notar que a oratura (a noção de "oratura" foi proposta pelo linguista ugandês Pio Zirimu, para driblar o oxímoro da expressão "literatura oral") distingue-se exatamente por sua imprecisão e ambiguidade, por sua condição de energia irrepresável e de tensão dissonante, marcas discursivas que se manifestam por meio da elocução e da entonação, da escolha vocabular espontânea e intensamente aleatória (regida por "un coup de dés..." que tem mais fraca incidência no texto impresso, em sua inesgotável tendência à rasura e à recorreção), assim como por intermédio das operações da memória nesse processo que simultaneamente se constrói e se desfaz no calor da hora (Marinho, 2012, p. 187).

Nesses termos, muito apropriadamente e com palavras perspicazes, Marinho conclui o texto de onde retiramos a citação: "Esse Rosa é uma 'flor artificial' que morreria definitiva e repetidamente se um texto impresso qualquer (laudo póstumo ou documento historiográfico) eliminasse a ambiguidade de sua autobiografia ágrafa [autobiografia ágrafa = vida]" (Marinho, 2012, p. 190).

Em carta a Antonio Azeredo da Silveira, por ocasião da virada do ano de 1946 para 1947, após o sucesso de *Sagarana*, Guimarães Rosa afirmara:

Eu ando febril, repleto, com três livros prontos na cabeça, um enxame de personagens a pedirem pouso em papel. Estou apontando os lápis, para começar a tarefa. A coisa é dura, e já me assisto, antes de pôr o pé no caminho penoso, que já conheço. Mas, que fazer? Depois de certo ponto o livro tem de ser escrito, ou fica coagulado na gente, como um trombo numa veia, pior que um "complexo". Tenho esperança de poder criar coisa nova e diferente, de superar o nosso *Sagarana*, com histórias e romances mais humanos, mas ao mesmo tempo, mais meta-humanos, mais super-humanos; que sei!?!... O bom seria fazer-se um livro só, de 5.000 páginas, que seria escrito e reescrito, durante a vida inteira, ou — que beleza! — três gerações de romancistas (pai, filho, neto), trabalhando um *roman-fleuve*, catedralesco, pétreo, tri-geracional...
Mas, Silveira, não adianta. Não sei escrever cartas. Se eu pudesse, chegaria hoje até aí, e passaria a noite conversando com Você. Vou dizer uma coisa, que parecerá ingênua, mas é sincera e séria: se eu tivesse Você perto de mim, pra ouvir-me e falar-me (falar-me principalmente) eu seria capaz de escrever livros incríveis, formidáveis (Rosa *in* Silveira, on-line, p. 20).[10]

Escrever durante a vida inteira, por gerações acumuladas, passar a noite conversando, mais ouvindo que falando. Expressões do próprio Rosa ao Azeredo: "... no revirar emendado da Noite..."; "O que eu precisava era ter Você aqui perto, sempre. Para ouvir e falar, perguntar e comentar, e sentir; até mesmo para ficar calado (Rosa *in* Silveira, on-line, p. 48).

Isso aconteceu com Ulisses, em Esquéria, ao "contar" sua história para Alcínoo; em Ítaca, ao narrar para Eumeu e para Penélope... Ulisses com histórias inventou-se. Riobaldo fez o mesmo no *GSV* com o doutor que, "calado a ouvir", lhe dá "altos prazeres" (Rosa, 2009b, p. 18), e com Quelemém, que lhe suspende o julgamento com argumentos práticos e contemplativos. E Rosa? À pergunta, respondemos com palavras do já citado Marcelo Marinho:

> Mais que dar nascimento a uma corrediça persona [noção que o presente estudo toma emprestada a Jung], por meio de sua obra literária e de suas declarações esparsas a respeito de pretensos e verdadeiros fatos biográficos e literários, Guimarães Rosa constrói desde sempre um mito: aprendizado autodidata do francês aos seis anos de idade, aprendizado do holandês aos nove, conhecimento de 21 idiomas (tão díspares em sua estrutura e sua escrita quanto o híndi, o russo, o japonês ou o húngaro), os precoces estudos de medicina, o sucesso no

....
10. Disponível em: <http://www.editionsfads.ch/publications_portugues.html>.

concurso para a carreira diplomática e a nomeação para o posto de embaixador, o êxito em concursos literários, as traduções de sua obra para diversos idiomas (note-se o providencial silêncio sobre o empenho do autor para obter subvenções para a tradução de sua obra, como no caso da versão alemã), os diversos prêmios literários recebidos (cuja atribuição, como se sabe, é muitas vezes resultante de eficazes articulações políticas — diplomáticas?) (Marinho, 2012, p. 188).

Se João Guimarães Rosa não se construiu como Ulisses, certamente ele emulou seu criador e tornou-se nosso Homero brasileiro, assunto que desenvolvemos algures (Barbosa, 2020). Melhor retornar ao Quelemém.

Interessante em relação a ele, e que vale realçar, é que o livro começa e termina com a presença do Clemente de Góis,[11] mencionado desde o início, e como ouvinte exemplar, no fim. O nome do compadre no início e no fim é uma circular em lemniscata. Clemente, apesar da sua "enorme paciência", leva Riobaldo a concluir, ao fim da conversa e bem à maneira modernista, que "existe é homem humano" na travessia em mão e contramão. E, Rosa, calado, desenha, bem *grecoarcaicamente*, uma lemniscata na edição do *GSV*: guirlanda ou atadura? Tudo é delineado numa curva que, sendo símbolo do infinito, se fecha sobre si e asfixia o infinito.

— Belo final, mas e a metafísica? — Eh, a auta poeira comeu.

Curva sem abertura para o infinito, ou melhor, um infinito sob controle, uma literatura, ficção suprema. Deveras, isso é o que se esperava de um bom metafísico bem moderno. A metafísica em crise parou mesmo no humano. Frustes, terminamos sem tesouros. Isso foi desgraça anunciada na própria narração do *GSV*, mostramos agora.

Um escritor no meio do pragmático-filosófico

Vamos encontrar no episódio do "baiano, barba de piassaba; goiano-baiano", nos prolegômenos dos fins, Riobaldo proferindo a frase epígrafe deste capítulo. Que pensar dela?

....
11. Góis, Goys é um simples topônimo e antropônimo. Entretanto o *Aulete Digital* dá registro da palavra "gói" com o seguinte significado: "Designação dada pelos judeus àqueles que não são de origem judaica [F.: Do heb. goi (‹povo›) pelo ídiche goi.]". Esse sentido confirma a condição absoluta [Do lat. *absolutus*, de *absolvere*, independente, sem limites, sem restrições (Cunha, 1982, p. 4)] do compadre. Não sendo do povo eleito, Quelemén não tem mandamentos.

"Do que hoje sei, tiro passadas valias? Eh — fome de bacurau é noitezinha... Porque: o tesouro do velho era minha razão." Precisamos ir por partes.

A passagem tem início quando o Urutu-Branco Riobaldo, recordando-se dos modos de Zé Bebelo, não permite que o catrumano Teofrásio sacrifique um *homem mal-homem* [mal (advérbio/conjunção + ἄνδρός (genitivo de ἀνήρ, homem varão)], vimos no capítulo anterior, um velho:

> Aprovei, de ver o Teofrásio, principal deles, apontando em homem malandro inocente, com a velha garrucha que era a dele, com os dois canos encavalados. Mas, que atirasse, não consenti. Zé Bebelo havia de admitir assim, de se fazer excessos? Ali, quem se lembrava de Zé Bebelo eram minhas horas de muita inteligência.
> (...)
> Mas, o homem em quem o catrumano Teofrásio com sua garrucha antiquíssima apontou, era um velho. Desse, eu digo, salvei a vida. Socorrido assim, pelo fato d'eu não conseguir conhecer a intenção da existência dele, sua razão de sua consciência. Ele morava numa burguéia, em choça muito de solidão, entre as touças da sempreviva-serrã e lustro das folhagens de palmeira-pindoba (Rosa, 2009b, p. 337).

Observe-se que Teofrásio — o que indica e mostra o deus (θεός + φράζω) —, reiteramos, aponta para este homem que não é "bem" um homem, ao contrário, é um "mal$\alpha\nu\delta\rho o\varsigma$ inocente", uma garatuja, caramono, lêmure, borrão de Deus que Teofrásio mira.

Riobaldo explica que poupou a vida do velho pelo fato de "não conseguir conhecer a intenção da existência dele, sua razão de sua consciência". Frase não desprezível, em um autor que busca o "sabor" das coisas metafísicas. Aliás, é observável também que todo o trecho do velho baiano-goiano vem marcado pela busca da "razão". Em uma só frase ocorrem quatro termos de relevância nessa área: "conhecer", "existência", "razão" e "consciência".

Além da substância metafísica sugerida, desse homem garatuja do divino, acrescente-se a paisagem da visão que é a da dura e real pobreza convivendo com a fartura da natureza, da solidão, da eternidade sempre viva da *Paepalanthus*, florinha de folhas planas, persistentes, rosuladas, que nasce entre pedras, e do lustro da folha da palmeira babaçu, árvore solitária com flores macho e fêmea e palmas que servem para cobrir ranchos. Do fruto novo que ela produz se tira o leite; do maduro, o azeite. O caule dá palmito. É anti-inflamatória e analgésica a *Paepalanthus* (em etimologia meio à moda de Isidoro de Sevilha, "flor do papai"?), rica em fibras.¹² Pois bem, no meio dessa paisagem, diz nosso herói:

> Mas no vir de cimas desse morro, do Tebá¹³ — quero dizer: Morro dos Ofícios — redescendo, demos com o velho, na porta da choupã dele mesmo. Homem no sistema de quase-dôido, que falava no tempo do Bom Imperador. Baiano, barba de piassaba; goiano-baiano. O pobre, que não tinha as três espigas de milho em seu paiol. Meio sarará. A barba, de capinzal sujo; e os cabelos dele eram uma ventania. Perguntei uma coisa, que ele não caprichou de entender, e o catrumano Teofrásio, que já queria se mostrar jagunço decisivo, o catrumano Teofrásio bramou — abocou a garruchona em seus peitos dele. Mas, que não deu tujo. Esse era o velho da paciência. Paciência de velho tem muito valor. Comigo conversou. Com tudo que, em tão dilatado viver, ele tinha aprendido. Deus pai, como aquele homem sabia todas as coisas práticas da labuta, da lavoura e do mato, de tanto tudo (Rosa, 2009b, p. 338).

A narrativa descreve em detalhe o sujeito. Ele é daqueles pobres que espantariam o Bosi. Um sujeito que — estando no inferno — atalha sem esforço, com práticas comuns, para a felicidade celeste. Observemos, a última assertiva da citação tem ambiguidade sintática fecunda. Sem exclamação, o sintagma "Deus pai" tem tanto função de sujeito como de interjeição:

1. Como sujeito, leríamos a frase assim: Deus pai — (...) — da lavoura e do mato, de tanto tudo → Deus pai de tanto tudo... como aquele homem sabia todas as coisas práticas da labuta!
2. Como interjeição: Deus pai! Como aquele homem sabia todas as coisas práticas da labuta, da lavoura e do mato, de tanto tudo!

O velho, como Quelemém, é da paciência; em outros termos, é de Deus (Rosa, 2009b, p. 13). Diante do perigo a garrucha (ou o velho?) nem "pia", não dá um "tujo".¹⁴ Na despedida, para render benefício de agradecimento

....
12. Cf.: <http://www.museunacional.ufrj.br/hortobotanico/Palmeiras/attaleaspeciosa.html>.
13. Tebá ou teba: "(...) lugar destinado ao Rabi e donde ele profere as orações e lê os Sepharin (Rolos da Lei)" (Corrêa, 2012, p. 82).
14. Chamamos a palavra "tujo" lêmure. Forma possível, mas irregular, da primeira pessoa do verbo "tugir". Nilce Sant'Anna Martins dá o significado do termo como "falar baixinho, murmurar", deverbal (Cf. Martins, 2001, p. 508). Outra possibilidade fecunda seria a de ligá-lo a "turgescer". Do Aulete Digital: "v. intr. e pr. || Inchar, tornar-se túrgido, intumescer: E o mês de sazão dos grandes frutos, em que as debulhas

a Riobaldo, o baiano-goiano "indicou, muito conselhante, que, num certo resto de tapera, de fazenda, sabia seguro de um dinheirão enterrado fundo, quantia desproposital" (Rosa, 2009a, p. 339). Ponto interessante que dialoga com o "atalho" bosiano para a felicidade que, por sua vez, não interessa ao goiano-baiano. Eis aí um homem pleno?

Ir ou não atrás do tesouro escondido é motivo para a frase que perseguimos, recordem: "Do que hoje sei, tiro passadas valias? Eh — fome de bacurau é noitezinha... Porque: o tesouro do velho era minha razão." No meio do caminho de um tesouro tinha a razão, "a dele".

A frase começa com a assunção de ciência: "do que hoje sei". Logo após, vem o que julgamos uma declaração de procedimento, "tiro valias do passado", posta em dúvida: trata-se de um elogio ao conhecimento? Recolho meus valores da ciência do passado? Uma questão de αἵρεσις, escolha?

No fluxo, de chofre — mas com reflexão prenunciada pela interjeição "eh" — aparece uma metáfora que, ao fim e ao cabo, é uma revelação: o emissor chama à cena o bacurau e evoca a fome dele (dentro dos limites do determinismo aludido por Bosi?). Esse curiango é um passarinho noturno que diz muito sobre Rosa.

> Bacurau e curiango. *Hydropsalis albicollis* — comum em bordas de florestas, cerrados, capoeiras abertas e capões de mata. Alimenta-se sempre à noite, de insetos em voo como cupins, mosquitos, tanajuras e formigas aladas. Vive no chão, entre folhagem, protegida por sua plumagem mimética, que a confunde com o ambiente. Seus dois nomes populares estão associados ao seu canto, que se manifesta como "bacurau" à tardinha; e "curiangu" assobiado em noite alta. Seu nome vem do grego *hydro*, que significa água e *psalis*, que significa tesoura; e do latim *albus*, branco, e *collis*, garganta; tesoura da água (alusivo à sua cauda), com garganta branca (Laranjeira, 2015, p. 36).[15]

Certo, isso acrescenta muito. Bacurau, ave noturna que tem fome do mínimo: dos insetos que voam, e, como vimos, as palavras e as letras são também coisas que voam. Continuemos. Sobre o bacurau, segundo informa Câmara Cascudo, há um ditado interessante: "É dizendo e bacurau escrevendo."

....
terminam, os pêssegos *turgescem* (Fialho, País das Uvas, p. 35, ed. 1929) || v. tr. tornar túrgido e inchado. || (Flex.) V. *abastecer*. F. lat. *Turgescere*". Ou seja: o velho não se atufou; a garrucha não atochou bala no velho.

15. Para ouvi-lo: <https://www.youtube.com/watch?v=Gm_Y-PDB0LQ>. Acesso em: 23 set. 2020. Seu canto, em dialeto mineiro, é assim formulado: "manhã-eu-vô". Vejam, bacurau, o procastinador: <https://www.youtube.com/watch?v=5Mjbfm90e9s>. Acesso em: 9 set. 2021.

Bacurau seria o escritor colhendo "palavras" aladas à noite? Eis o que fala Cascudo:

> O que possui estórias na tradição oral é o bacurau-mede-légua (*Nyctidromos albiclollis*). Ao anoitecer e às primeiras horas da noite, passeia pelas estradas, caçando insetos, refletindo luz nos imensos olhos redondos. Há um ditado, possivelmente incompleto, quando se garante uma afirmativa: *é dizendo e bacurau escrevendo*... As penas da asa do bacurau curam dor de dentes, esfregadas neles. Dispostas entre a manta e a sela, aprumam o cavaleiro de tal maneira que não há salto de cavalo capaz de desmontá-lo.
>   "Quero dar a despedida
>   Como deu o bacurau;
>   Uma perna no caminho,
>   Outra no galho do pau..." (Cascudo, [s/d], p. 124).

Parece que fica clara a inserção do bichinho: o bacurau é um predador insetívoro que, com boca gigantesca, abocanha tudo de saboroso que vem pelo ar; de tão voraz é também conhecido como "papa-vento". Bacurau é também amuleto de sorte, atrela o cavaleiro à cela, impede o tombo indesejável.

O bacurau é Rosa? — É dizendo e o Rosa escrevendo, pelo menos se levamos em conta os depoimentos de seu tio, Vicente Guimarães: "Assim Joãozito aproveitava em literatura o que ouviu em criança, muito sendo recontado por seu pai. Deste, usou também termos diversos" (Guimarães, 1972, p. 109) e mais o de sua filha Vilma Guimarães Rosa, testemunhando com a carta do pai ao avô: "Fiquei muito contente com a ida do Papai, que já deve ir recordando e alinhando lembranças interessantes de coisas vistas e ouvidas na roça — caçadas etc. — que possam servir de elementos para outro livro, que vou preparar" (Rosa *apud* Rosa, 1983, p. 160) e ainda, em cartas de 26 de março de 1947 e 27 de outubro de 1953:

> Lembra-se da história, que o senhor contou? Também as palavras daquela outra história: do homem que apostou que iria buscar um ôsso no cemitério (— Êsse não, que é do meu irmão! — etc.) Não me recordo das palavras que o homem disse, ao entregar o ôsso aos companheiros. Creio que êle disse: — "Está aqui, e corram, que o dono dele vem aí atrás!" Está certo?
> Mas, o que mais me interessa é a história do Juca Ferreira, aquêle que vinha fazendo festas, com a viola, pelo Rio das Velhas, até Pirapama. (...) Estou escrevendo outros livros. Lembro-me de muitas coisas interessantes, tenho

muitas notas tomadas, e muitas outras coisas eu crio ou invento, por imaginação. Mas uma expressão, cantiga ou frase, legítima, original, com a força de verdade e autenticidade, que vêm da origem, é como pedrinha de ouro, com valor enorme. (...) Quando se lembrar de alguma coisa, tome nota, em qualquer papel, e, quando tiver ajuntado algumas, mande (Rosa *apud* Rosa, 1983, p. 163).

Há uma semana, escrevi ao Sr. Uma carta, e hoje tive a alegria de receber a sua, acompanhada das "notas", que muito agradeço. Todas são ótimas, principalmente a sobre os "CIGANOS" e a do "ENTRUDO" em Caeté. Vão ser muito bem aproveitadas! (Há outros assuntos que gostaria de esmiuçar. (...) A lista é grande, mas o Sr. Não se assuste com ela. (...) É apenas um punhado de sugestões. Mas não deixe de ir mandando alguma coisa, aos poucos. (como disse, os detalhes — sobre objetos, usos, expressões curiosas na conversa etc. — são sempre importantes. Tipos encontrados em viagens, também, por exemplo.) Nomes curiosos de lugares e de pessoas (Rosa *apud* Rosa, 1983, p. 174-175).

Eis aí o papai alimentando seu filhote bacurau. Mas estamos percorrendo coisas dentro da lemniscata. Retornemos para nossa frase escolhida para epígrafe. Avançaríamos longe na conversa, pois a tal tem muitos lêmures; precisamos, porém, seguir rumo mais curto. Fechemos esse assunto com seu último trecho: "o tesouro do velho era minha razão."

— Qual tesouro, se este termo está sem atributo claro? É o do velho baiano ou o tesouro de tudo que é velho? Que "velho" é este na frase? Um atributivo tornado substantivo? Qual velho? O velho goiano-baiano mesmo? Ou o Antigo de todos os dias?[16]

Deixemos isso tudo por responder... Limitemo-nos com a superfície: o mais óbvio é que o velho baiano-goiano tem um tesouro escondido que Riobaldo não quis arriscar procurar, pois suspeitou da sua má intenção de "malandro inocente". O velho "seria velhacal?" (Rosa, 2009b, p. 338). Este

....
16. ["Por eso en las santas representaciones de Dios de las visiones místicas se ha representado como 'Anciano y Joven' (Dan 7,9). La de Anciano representa al antiguo y que 'existe desde el principio' (1 Jn 1,1), la de Joven quiere expresar al que no envejece, o ambas quieren enseñarnos el hecho de que Él precede a todas las cosas desde el principio hasta el fin o, como dice nuestro santo maestro espiritual, uno y otro nombre significan la antigüedad divina: anciano significa lo que es primero en el tiempo, y joven lo que tiene algo más antiguo respecto al número, puesto que la unidad y cuanto se halla cerca de ella son primero que los números que tienden al múltiple." (...) "Se debe, efectivamente, celebrar también a Dios como eternidad y como tiempo, porque es causa de todo tiempo y eternidad (Eclo 3,11; 3,14; Heb 1,2), y como Anciano de días, porque existe antes que el tiempo, es superior al tiempo, 'el que cambia las estaciones y los tiempos' (Dan 2,21), y además existe antes de los siglos (Sal 90,2; Ap 11,15) porque también es antes que la eternidad y sobre la eternidad y su reino es reino de todos los siglos (Sal 145; 41,14; 72,19; 89,53; 106,48). Amén."] (Areopagita, "Los nombres de Dios", X, 2 e 3).

tesouro "do velho" é qual? Ainda, há sugestão de que o tesouro do Tatarana não é riqueza. A riqueza pesa, melhor é ser livre, leve e solto.

Ou, como resposta imediata temos: a razão de Riobaldo, tesouro que não se pode pegar, é ouro mais puro. Mas "razão" é palavra de filósofo metafísico? Talvez Mortimer Jerome Adler possa nos ajudar a enfrentar o lêmure da metafísica no Rosa e a congregar o problema de Riobaldo e do seu criador de forma convincente:

> Continência e Incontinência — Não se pode entender o que significa dizer que o homem é um animal racional sem, ao mesmo tempo, reconhecer que um animal racional é uma aberração da natureza. A natureza de um animal racional é uma mistura de elementos incompatíveis.
> O aspecto animal da natureza humana nos motiva a buscar os prazeres sensuais. O aspecto racional controla nossa conduta, aconselhando-nos a não desejar nada de inadequado. Em consequência, o homem é o único organismo vivo em quem existe conflito de natureza, conflito entre os aspectos animais e racionais de nossa própria natureza. Indícios desse conflito que não podemos negar. Ocorre que muitas vezes também falhamos em fazer o que mais tarde reconhecemos que deveríamos ter feito.
> Os indivíduos que agem como comanda a razão e, ao fazê-lo, controlam seus apetites sensuais, são continentes. Pessoas verdadeiramente virtuosas, que cultivaram os hábitos do desejo reto não precisam, na maioria das vezes, ser continentes, mas ainda assim elas podem ser confrontadas com um conflito em seus desejos, que as convidam a serem continentes antes de incontinentes. Se não fosse assim, os indivíduos jamais experimentariam remorsos por terem feito o que não deveriam ter feito. (...) Somente os santos, pessoas de virtude heroica, são as exceções, mas são também eles os que sabem e podem dizer que ali, apenas pela graça de Deus, "eu vou" (Adler, 1995, p. 74-75).[17]

....
17. ["Continence and Incontinence - We cannot understand what it means to say that man is a rational animal without, at the same time, recognizing that a rational animal is a freak of nature. The nature of a rational animal is a mixture of incompatible elements. The animal aspect of human nature motivates us to seek sensual pleasures. The rational aspect controls our conduct by counseling us to desire nothing amiss. In consequence, man is the only living organism in whose *nature* conflict exists, conflict between the animal and rational aspects of our nature. Evidence of such a conflict we cannot deny. That we also often fail to do what we later recognize we should have done. Individuals who act as reason dictates and in doing so control their sensual appetites are continent. Truly virtuous persons who have cultivated habits of right desire do not for the most part need to be continent, but even they may be faced with a conflict in their desires that call upon them to be continent rather than incontinent. Were this not so, individuals would never experience remorse for having done what they ought not to have done. [...] Only saints, persons of heroic virtue, are the exceptions, but it is likewise they who know and can say that there, but for the grace of God, go I."]

Este verbete comandará o restante do capítulo, ou seja, importa-nos observar o papel da razão na busca dos tesouros escondidos do acervo da coleção especial do Rosa no IEB. Joguemos a pequena frase da epígrafe no modernismo (junto ao pós) e no meio de suas contradições reveladoras. Lendo-a com os significados arrolados, pode-se perceber que caminhamos para um final bem modernista: existe mesmo é o humano, ele que é criador de todas as coisas.

Um filósofo que não busca a verdade é um poeta?

Desde sempre nos pautamos pela definição de filósofo como "aquele que busca a verdade". Na adolescência, quando ingressamos na universidade, tínhamos duas opções de escolha para os anos subsequentes: filosofia e letras. Eram fins de 1970 e acabamos por escolher as letras pelo prazer das figuras de linguagem e pensamento. Concentramo-nos na alegria sensorial da criação; no afã juvenil, julgávamos, já conhecíamos a verdade: verdade na vida, liberdade na criação! Afeto antes da razão. Naquela ocasião o nosso tesouro era a paixão.

Mudamos. Não sabemos filosofia, mas procuramos a verdade, pessoalmente, e, neste ponto, agradecemos aos estudos e escritos de Claudia Soares. Ela, ao refletir sobre a composição fragmentada da narrativa em *GSV* (coisa que tentamos mostrar com Safo e com estes significados escondidos e amontoados nos trechos do Compadre Quelemém e do velho baiano), deu boa solução a essa intrincada questão na narrativa de Rosa.

Soares inicia sua discussão sobre esse nó analítico, recuperando reflexões de José Carlos Garbuglio e de Jean-Paul Bruyas. Vamos recortar seu raciocínio, que, para nossos fins, resumimos:

> Apesar de concordarem quanto à ruptura que as técnicas narrativas de *GSV* significam em relação ao que estamos chamando aqui de romance tradicional, os dois críticos encontram para elas diferentes funções. Comecemos com a visão de Garbuglio sobre a questão. O crítico relacionou a não linearidade da narrativa a questões estruturais do livro, como a da memória e a da linguagem. (...) Garbuglio observa que essa "desorganização" — permitida pelo fato de os acontecimentos narrados "preexistirem à narrativa, uma vez que se congelaram no plano da memória" de Riobaldo — "significa, também, que os fatos existem para o narrador num plano de valor e dentro duma ordem classificatória pessoal". Garbuglio chama ainda a atenção para o fato de o próprio Riobaldo manifestar, muitas

vezes, consciência do problema. O ex-jagunço se pergunta reiteradamente se "a palavra que recupera e cristaliza o acontecimento (...) teria sido fiel à memória e a memória aos acontecimentos". (...) Riobaldo nutre uma "desconfiança com o poder do signo linguístico", afirma Garbuglio (...) (Soares, 2014, p. 167 e 168).

Sobre Bruyas, Soares afirma:

Bruyas observa que *GSV* "apresenta o conteúdo de um romance tradicional: uma ação que se tece e progride, e na qual personagens nomeados e descritos evoluem num quadro geográfico e social precisos". Entretanto, a narrativa do ex-jagunço Riobaldo é, em grande medida, fragmentada e descontínua, como foi dito. Para o crítico, o romance de Rosa se constrói a partir de uma "dialética da afirmação e da negação"[18]: se por um lado afirma, por outro nega a estrutura do romance tradicional. É o que se verifica também na constituição do seu protagonista. Bruyas observa que é impossível classificar Riobaldo em qualquer plano: socialmente (quando menino, ele era muito pobre; depois experimentou a fartura e o conforto na fazenda de Selorico Mendes; mais tarde se tornou jagunço e acabou por se estabelecer como proprietário às margens do rio São Francisco); culturalmente (é analfabeto até a adolescência, mas, no período que passa com o "padrinho", faz os estudos básicos e chega mais tarde a tornar-se professor de Zé Bebelo; por fim torna-se "filósofo rústico", nas palavras de Bruyas); sexualmente (sempre foi "homem de mulheres", mas se apaixona por um homem — Diadorim — e por aquela que seria sua mulher — Otacília. Vale acrescentar ao argumento de Bruyas que Diadorim não é exatamente um homem, Riobaldo o conhece travestido de homem, o que complica ainda mais as coisas) (Soares, 2014, p. 175).

Diante dos dois críticos, a analista percebe fragilidades e se permite conduzir por Nietzsche, Derrida, Hansen, Eagleton, propondo alternativas as quais, embora úteis, não nos parecem pertinentes no nosso garimpo (o que anda à cata de ouro verdadeiro). Referimo-nos às velhas questões que propôs Pilatos no evangelho de João 18, v. 38, τί ἐστιν ἀλήθεια; [o que é a verdade?]. Soares, que retoma a via dos modernistas — os pré e pós também —, os quais, em geral e mais acirradamente, minimizam, questionam e refutam a verdade única — verdade não há e se há, é relativa — vai contribuir para nosso entendimento de desconstrução do Rosa místico que divide a crítica

....
18. Recorde-se aqui, por favor, as questões da teologia afirmativa e da teologia negativa mencionadas anteriormente.

de sua obra.[19] Vê-se com isso que "a vontade de negar a verdade é tão antiga quanto o desígnio de afirmá-la" (Pareyson, 2005, p. 3).

Se bem que as reflexões de Claudia Soares nos serão de grande valia, por ora, desviemos. E, antes de enveredar por outros caminhos, declaramos: os nomes dos filósofos mencionados serão evitados.[20] As razões pelas quais não vemos pertinência para o aprofundamento e desenvolvimento filosófico sobre a refutação da existência da verdade nesse nosso texto são as que se seguem: 1. Os autores da reserva bibliográfica que consultamos no IEB admitem que a verdade tem nome e lugar. A verdade é igualmente constitutiva do pensamento deles e indispensável, seja nos seus pressupostos teóricos, seja na práxis. Até mesmo o utilitário Emmet Fox, já conhecido do capítulo anterior, um pragmático em excesso, no nosso ponto de vista, tem a verdade em conta. Rosa se inquieta com isso, pelo menos é o que se vê na foto a seguir:

....
19. Para Guimarães Rosa, hipotetizamos uma espécie de *metafísica pragmaticista jagunça* que pode ser lida à luz dos estudos de Peirce, para quem, segundo Viana, "o conceito de 'verdade' se ajusta ao sentido das proposições e, como já foi dito, à experiência empírica. Mas a redução da 'verdade' à experiência empírica é dada apenas de forma aparente. Quando a experiência falsifica uma proposição, deve-se concluir que ela é absurda e, portanto, falsa. Mas esta experiência não é necessária. Se uma experiência puder falsificar uma proposição, ela será falsa. Se uma experiência não puder falsificar uma proposição, então ela é verdadeira. O ponto não é, portanto, a experiência em si, mas uma possível experiência. Peirce usa muitos exemplos para demonstrar este fato. Em seu artigo 'Os sete sistemas da metafísica', afirma ele: 'Eis aqui uma pedra. Agora eu coloco a pedra em uma posição em que não haverá nenhum obstáculo entre ela e o chão; eu irei prever com confiança que, assim que eu soltar a pedra, ela cairá no chão. Vou provar que posso fazer uma previsão correta através de uma tentativa atual se você quiser (...). Permanece verdade que eu sei que essa pedra vai cair, como um fato, assim que eu deixá-la cair. Se eu verdadeiramente sei algo, isto que sei deve ser real.'" (Viana, 2014, p. 62).

20. A questão se deve pelo fato de arriscarmos inserir Rosa numa espécie esdrúxula de metafísica-verdade-pragmaticista, e, neste ponto, recorremos a Rosenthal (2003, p. 47): "Announcements of the death of metaphysics pour in from commanding figures such as Rorty and Derrida, et al, while opposing camps proclaim that the announcements themselves are fraught with unexamined metaphysical presuppositions. Debate occurs almost as strongly among advocates of the importance of metaphysics. For many who accept some version of traditional metaphysics, the rejection of the possibility of speculative metaphysics 'in the grand tradition' signals the rejection of metaphysics itself." ["Anúncios da morte da metafísica chegam de figuras proeminentes como Rorty e Derrida *et al.*, enquanto campos opostos proclamam que os próprios anúncios são carregados com pressupostos metafísicos não examinados. O debate ocorre quase tão fortemente entre os defensores da importância da metafísica. Para muitos que aceitam alguma versão da metafísica tradicional, a rejeição da possibilidade da metafísica especulativa 'na grande tradição' sinaliza a rejeição da própria metafísica."]. Resumindo a questão: somos parte daqueles que aceitam a versão da metafísica tradicional e cremos que a metafísica especulativa vigente no modernismo implode a metafísica propriamente dita. Sobre metafísica especulativa, a filosofia-espelho comprometida com as virtualidades, ver, de Rodrigo Petronio, "O que é filosofia especulativa?" (*Cosmos & Contexto* 45, 2021).

> *Be Still* 71
>
> sufficient to accept the Truth once and for all, or once a week; you must continually reaffirm it in thought, and in words if necessary. You must constantly remind yourself that you do accept this position, that you believe in it, and that your conviction is good enough to build your life and your hopes upon. All this is treatment, and very powerful treatment too. It is treatment that really changes the soul by clearing out those subconscious fears that are the cause of all your difficulties.
>
> And so the inspired writer starts his prayer by saying, bluntly, *God is our refuge and strength, a very present help in trouble.* You will see that he allows himself no doubts at all about this. He does not dream of taking up

Foto 13. Emmet Fox, *Power through constructive thinking*, 1940, p. 71.

Cremos que os grifos vermelhos denotam sem contestação a atenção do escoliasta; os azuis, talvez, uma certa pacificação. Guimarães Rosa, parece, se entusiasmou com a assertiva de Fox e, mesmo que tenha discordado em algum momento da verdade proposta e apresentada pelos autores que compulsamos aqui, ao que tudo indica, optou por "construir" uma verdade caleidoscópica e idiossincrática — que não dispensa a deusa hindu *maya* ou, em nossos termos, os lêmures — que se estabelece pela poesia afeita à técnica e à razão. Trata-se da mimese da verdade; em outros termos, a verdade mutante construída por mãos humanas de que Rosa fala na carta ao pai antes citada, a saber: "uma expressão, cantiga ou frase, legítima, original, *com a força de verdade e autenticidade, que vém da origem, é como pedrinha de ouro, com valor enorme.*" Grifos nossos.

2. Porque acreditamos, consoantes com Luigi Pareyson, em *Verdade e interpretação* (2005), que, antes que a razão pessoal de cada um se constitua, a verdade existe. Ela "não pode ser entendida em sentido objetivo e puramente meta-histórico", ela "não é objeto mas origem do pensamento, não resultado mas princípio da razão, não conteúdo mas fonte dos conteúdos" e "só se oferece no interior de uma interpretação histórica e pessoal" (Pareyson, 2005, p. 3).

Neste ponto, vale a pena conferir uma foto de *Sainteté Aujourd'hui*, de Pierre Blanchard (p. 95), que, julgamos, expõe — por parte do leitor borrador — um medo explícito da verdade única sobretudo em relação a um engajamento definitivo. A foto é de um exemplar da mesma edição do volume presente na biblioteca especial GR do IEB. Nas reproduções, tentamos indicar os locais e a "força" de escritura exercida pelo escoliasta. As cores, infelizmente, estão apenas nos originais.

> **LA PEUR DE L'ENGAGEMENT**
>
> > *Mon Dieu, éloignez de moi la tentation de la sainteté.*
> > Jacques Rivière,
> > *A la trace de Dieu*, p. 243.
>
> Nous sommes tentés par le démon de commettre le péché et par erreur de l'intelligence, défaillance de l'attention, faiblesse de la volonté, souvent nous succombons. Nous sommes sollicités par le Saint-Esprit de nous lancer dans la voie de la perfection et de la sainteté et nous résistons... longtemps, toute notre vie. Nous demeurons, nous nous établissons dans la médiocrité. Nous vivons une existence écartelée entre le fini et l'infini, le temps et l'éternité, le plaisir et la joie, Dieu et la créature. Nous ne sommes plus de grands pécheurs — il est facile et rapide de le redevenir —, nous sommes fort loin d'être des saints, nous essayons de leur ressembler. Parodie et non imitation. Notre vie qui n'est ni un
>
> 95

Foto 14. Pierre Blanchard, *Sainteté Aujourd'hui*, 1954, p. 95. "Nous somme tentés par le démon de commettre le péché et par erreur de l'intelligence, défaillance de l'attention, faiblesse de la volonté, souvent nous succombons. Nous sommes sollicités par le Saint-Esprit de nous lancer dans la voie de la perfection et de la sainteté et nous résistons..."[21]

O destaque do rabiscador incide sobre várias frases, entre elas causa impressão a marca a grafite cinza indeciso bastante reforçada na página 95: "Somos solicitados pelo Espírito Santo a nos lançar no caminho da perfeição e da santidade e resistimos... por tempo enorme, por toda nossa vida" (grifos do borrador). A situação parece coincidir com o roteiro do *GSV*, com a busca de Riobaldo, e nisso somos anuentes com Claudia Soares. O texto apresentado em foto — se não foi meta de vida para Rosa, foi instrumento importante na construção do enredo de sua obra-prima, em que o protagonista é conduzido, literalmente, a se decidir. Ele oscila, fica entre a cruz e a caldeirinha, não decide.

Ao problema bem detectado por Claudia Soares, o dilaceramento sem sutura, vamos retornar e conjugá-lo com os autores que Rosa leu; para tanto, retomemos os pontos da pesquisadora, costuremos ideias. Soares afirma:

....
21. ["Somos tentados pelo demônio a cometer pecado e, por erro de inteligência, falta de atenção, fraqueza de vontade, muitas vezes sucumbimos. Somos solicitados pelo Espírito Santo a nos lançar no caminho da perfeição e da santidade e resistimos... por tempo enorme, por toda nossa vida."]

(...) mesmo reconhecendo o problema da dispersão do texto, Garbuglio acaba por encontrar refúgio em um essencialismo fundamentado no poder de revelação do verbo criador. Sendo a linguagem "forma inadequada e imperfeita para exprimir as relações entre o sensível e o inteligível" (grifo nosso), Riobaldo "não tem outro remédio, em face do instrumento de que dispõe", senão fugir "para o ato criador, para a invenção e para a revitalização dos signos linguísticos". A invenção, meio que alcança "fisgar a essência e não a aparência do mundo", permite que se dê o "reencontro da palavra com a experiência que determinou o seu aparecimento". Um dos problemas que se pode identificar nessa visão é a confusão estabelecida entre as instâncias textuais autor/narrador-personagem.[22] Garbuglio considera que seja Riobaldo o "inventor" do texto e não, ele mesmo, uma construção ficcional. Outro problema, que interessa particularmente no contexto desta discussão, é a crença que fundamenta o olhar do crítico na existência de um real (uma essência, uma verdade) que antecede a linguagem e que por ela pode ser representado. Caberia perguntar: o que é o real / a essência / a verdade? Quem o / as define? Existe realmente real / essência / verdade fora da linguagem? A esse propósito, vale lembrar uma reflexão de Nietzsche (...) (Soares, 2014, p. 171-172).

Completa-se a citação com o questionamento do filósofo de Leipzig acerca da *aeterna veritas* que já mencionamos, a velha questão de Pôncio Pilatos. No percurso, retomando Bruyas e fechando, Soares propõe:

Apesar de perceber a complexidade do problema, também Bruyas acabará optando por desfazer a tensão e encontrar a síntese: o crítico vê em *GSV* afinidades com filosofias do desencanto do após-guerra, mais especificamente, com o existencialismo sartriano, onde vai buscar suporte para afirmar no livro a presença paradoxal de um não sentido oculto em toda tentativa de fazer sentido. Bruyas chama a atenção, por exemplo, para o fato de as lutas relatadas por Riobaldo serem acompanhadas da "impressão de inutilidade" (Soares, 2014, p. 176).

Não obstante a discordância de fundo e de fé com a pesquisadora, reconhecemos a argúcia e inteligência de seu trabalho e percebemos que o

---

22. Sobre isso, discutimos na página 77, quando aludimos à tese de Júlia Avellar. Nesse passo o leitor poderá conferir nossa posição.

ler foi oportuno para amadurecer nossa percepção sobre o problema na sua questão de prática contemplativa factível.

A análise da estudiosa repercute fortemente neste trabalho, desde seu início, já que julgamos que o que ocorre na narrativa fragmentada de *GSV* — consoante à solução dela — se comprova na recepção do escoliasta rabiscador de alguns dos livros arquivados na seção de filosofia, teologia e mística da coleção Guimarães Rosa no IEB, e que sua "múltipla escolha" resulta na produção dos lêmures.

Motivados por Soares, defendemos, portanto, que a "impossibilidade de fixação do sentido das coisas e da linguagem", que se "manifesta (...) também nas relações amorosas de Riobaldo" (Soares, 2014, p. 1), ecoa igualmente na impossibilidade de fixação do escritor numa corrente contemplativa religiosa que conduza o sentido das coisas e da linguagem, optando, ao invés, por uma metafísica particular, "airética", consolidada pela leitura e interpretação privada de correntes diversas (filosóficas, teológicas e espiritualistas) constituídas coletivamente e através dos tempos. Em outros termos, Rosa prescinde da tradição doutrinal dos sistemas da metafísica constituída, rompe, antropofagiza e re-talha a verdade para fazer literatura.

Se associarmos o texto de Soares com as linhas grifadas, seja no texto de Emmet Fox, bem mercantil e instrumental, seja no de Pierre Blanchard, mais introspectivo e filosófico, com lápis coloridos ou com os grafites intensos das últimas imagens apresentadas, percebe-se uma forte tensão do leitor interventivo.

Cosamos as indicações do capítulo 1, quando comentamos imagens do volume rosiano de *Technique et contemplation* (1949, p. 59), em que a *mão grifante*, ao lado da indicação da potência da vocalização do nome de Jesus, escreve e colore o mantra indiano concorrente contrapondo alternativas. Naquela ocasião vimos que o caminho contemplativo bifurcou-se; nasceu o escritor indeciso que oscila entre "a cruz e o caldeirão religioso". A solução apontada pela filosofia hindu — que consiste em incansável obstinação meditativa, frente à prática da invocação do nome do Filho de Deus, indicada pela ascese ortodoxa dos monges do deserto, a saber, São Gregório Sinaíta e São João Clímaco (século VI d.C.) — pareceu-lhe sinonímia razoável.

Ao ler o texto impresso com o nome de Jesus, o escoliasta evoca manuscritamente o som cósmico "om". Ao evocá-lo, ele, decerto, está repartido e não se fixa nem em uma prática nem em outra. Perde a concentração da prece? Entra na meditação? Hipotetizamos que, na verdade, ele cria um lêmure da contemplação. Eis o que julgamos acontecer: Rosa tirou poeira de grandes pepitas d'ouro, mas não comprou o tesouro, pois que sua própria razão foi seu maior tesouro. Limitou-se nas coisas humanas.

Também Utéza realçou uma linha de pensamento semelhante ao postular que Rosa une caminhos diversos — e note-se aqui que não se trata de uma coincidência de opostos (pois que muitos dos caminhos têm pontos comuns e se entrecruzam) — na seção intitulada "Declarações e confidências de escritor" e não se compromete com nenhum.

Entre várias citações do cordisburguense construindo sua imagem, pinçamos duas: uma confidência de Guimarães Rosa a Paulo Dantas:

> Acredito que Krishnamurti seja a segunda encarnação de Cristo. Estudo muito as doutrinas. A sabedoria oriental me fascina. Não foi à toa aquelas epígrafes de Plotino ou de Ruysbroeck, o Admirável, para o meu *Corpo de baile*. São um complemento de minha obra (Dantas, 1975, p. 260).

Em uma carta de novembro de 1963, a Edoardo Bizzarri, diz: "Quero ficar com o Tao, com os Vedas e os Upanixades, com os Evangelistas e São Paulo, com Platão, com Plotino, com Bergson, com Berdiaeff — com Cristo, principalmente" (Bizzarri; Rosa, 1980, p. 58).

Este "omelete ecumênico", para usar novamente a nomenclatura de Rosa *apud* Haroldo de Campos, já comentado, sem dúvida, acarreta um descompromisso que afeta a experiência plena, pelo menos, do Cristianismo, mas não deve, no nosso ponto de vista, ser confundido com o "sincretismo" ingênuo e crédulo, trata-se de pesquisa, estudo com vistas à implementação da mimese literária. Religião é entrega, é relação amorosa, e esse procedimento Rosa pratica somente com a língua, recordemos! Assim é que Rosa desafia a recomendação técnica precisa dos ensinamentos tradicionais e rompe com as condições empíricas para a contemplação cristã. Com suas "profissões de fé", ele coloca

> as duas grandes vias da sabedoria oriental — o pensamento indiano e o pensamento chinês — em pé de igualdade com a tradição em que nasceu e se desenvolveu, na mesma esteira da filosofia grega, o cristianismo do Ocidente (Utéza, 1994, p. 29-30).

Sempre, sob a aparência humorística que acentua sua profundidade o suficiente para afastar os importunos, aparece a convergência do Oriente e do Ocidente:

fórmulas paradoxais que recusam toda ortodoxia abrangem, numa simbiose americana sertanista, as heranças da Ásia e da Europa (Utéza, 1994, p. 31).

Certamente, um sertanejo não é assim, recorde-se as entrelinhas da carta de Rosa a Florduardo. No entanto, os temas metafísicos são colocados na boca de Riobaldo. Será que o tesouro do metafísico modernista é mesmo a sua bem-humorada razão, comprometida com o nada contemporâneo desconstrutor da verdade?

Há um problema de fundo na escolha do discernimento sem a pressuposição de uma verdade, na opinião de Pareyson. O italiano pondera que "as várias formas de relativismo, ceticismo, tecnicismo, praxismo, niilismo, (...) sob a aparência da mais vigilante crítica, derivam todas da decadência do pensamento filosófico". Para ele, que cito sempre em tradução de Maria Helena Garcez e Sandra Neves Abdo:

[o] que conta não é a razão, mas a verdade. A razão sem verdade não tarda a desembocar no irracional, porque é pensamento apenas histórico ou técnico, no qual até os aspectos mais "teoréticos", como o interesse puramente cultural da história das ideias ou o rigor estritamente científico das pesquisas metodológicas, não resistem a uma radicalização que os impele inevitavelmente ao desfecho irracionalista de um historicismo integral ou de um explícito praxismo (Pareyson, 2005, p. 25-26).

Por isso, enfatizamos, Rosa busca o infinito e acaba por — como um metafísico modernista — detonar, numa implosão, o sobrenatural. Assim ele busca — mas ao mesmo tempo recusa — a coincidência de opostos que estabelece o uno do místico grego ou daquele outro espanhol antes mencionado.

Ao fazer do "idioma a única porta do infinito",[23] Rosa pulveriza o absoluto.[24] Da implosão sobe a áurea poeira literária (ficção suprema, segundo Silvina Rodrigues Lopes), voo de meteoritos, lêmures que se organizam em fios, linhas e letras oscilantes, inefáveis, (im)perceptíveis, mutantes: trasgos, entidades menores, aparições surgidas na tinta da escrita manuscrita.

....
23. O termo é complexo e tem várias interpretações. Aqui ele é entendido como ἄπειρον, não limitado (∞), tendendo para o indefinido, o acumulativo.
24. *Absolutus*, liberto das limitações, independente, puro, simples, uno.

A estratégia, para os estudiosos do escritor, é capciosa: se não enveredamos pela teologia, não conseguimos vislumbrar a profundidade que pode alcançar o "nada", as tutameias, na obra rosiana. Contudo, paradoxalmente, se avançamos nos caminhos da busca sagrada percebemos a falácia metafisicista construída.

Para tanto, porém, para provar a falácia, é preciso recorrer aos gregos e observar como, no *Íon*, o antes aludido Platão desmascara a empáfia do rapsodo costurador de cantos (contos?) e hábil conhecedor de Homero. Vejamos um pequeno trecho:

> SÓCRATES: Não fala Homero em vários passos e demoradamente nas artes [τεχνῶν]? A arte do cocheiro, por exemplo. Se me recordasse dos versos recitar-tos-ia.
> ÍON: Mas vou eu dizê-los, pois recordo-me.
> SÓCRATES: Recita-me, então, o que diz Nestor ao seu filho Arquíloco quando o aconselha a acautelar-se ao dar a curva na corrida de cavalos em honra de Pátroclo.
> ÍON: "Inclina-te suavemente, disse, sobre o carro bem polido (...)[25]".
> SÓCRATES: Basta. Agora, Íon, qual dos dois é o melhor para julgar se esses versos de Homero são correctos ou não: o médico ou o cocheiro?
> ÍON: O cocheiro, evidentemente.
> SÓCRATES: É por que ele conhece essa arte [τέχνην] ou por outra razão?
> ÍON: Não, porque conhece a arte [τέχνην].
> SÓCRATES: Foi, pois, atribuída pela divindade a cada uma das artes a capacidade de conhecer uma obra determinada? Com efeito, não é por conhecermos a arte do piloto que conheceremos também a do médico.
> ÍON: Certamente que não.
> SÓCRATES: Nem é pela arte do carpinteiro que conheces a medicina?
> ÍON: Certamente que não.
> SÓCRATES: E não é o mesmo para todas as artes? Aquilo que sabemos para uma arte, não o conhecemos por uma outra? Mas, antes de me responderes sobre esse assunto, diz-me: concordas que uma arte tem uma natureza e outra tem uma outra?
> ÍON: Sim.

....
25. Íon recita os versos da *Ilíada*, canto 23, que vão de 335 a 340.

SÓCRATES: Ora, não concordas que tal como eu penso, consoante o conhecimento se refere a um objecto ou a um outro, assim se denomina esta arte ou aquela?
ÍON: Sim (Platão, *Íon*, 537a-538a, em tradução de Victor Jabouille).

Nesse tom socrático, entre a seriedade e o humor, Platão levará Íon a aceitar que as artes (τεχνῶν), determinadas pelos seus objetos de investigação, são independentes umas das outras, e que não é por conhecermos a arte do auriga que conhecemos também a arte do médico. Enfim: cada macaco no seu galho!

Tomando Platão, no *Íon*, como guia, perguntamos: é à arte do médico, do místico, do metafísico, do filósofo ou do contista[26] que compete julgar se Rosa é genial? De fato, o escritor fala muitas vezes do transcendente e do imanente, mas sua "arte" não se propõe a isso, embora em *lobby* contínuo ele próprio propusesse para si voos mais altos. Como ponderou Sócrates a Íon, "a arte do rapsodo e o rapsodo não conhecerão, pois todas as coisas" (Platão, *Íon*, 540a, em tradução de Jabouille).

Onde João Guimarães Rosa é maior? — Paulo Rónai atribui a novidade de Rosa à sua expressão. Nela, ele é grandioso.

> Detenhamo-nos um pouco para apontar qual é a novidade mais evidente desta obra e o que lhe confere um carácter impactante aos olhos do leitor comum: a sua expressão. É óbvio que se pode oferecer uma nova imagem do universo sem recriar os seus meios de expressão. Joyce desmontou todo um movimento da língua para nos transmitir a sua visão, mas Proust conseguiu comunicar a sua sem recorrer a um novo instrumento de expressão. Salientemos, mais uma vez, que a importância da obra que analisamos ultrapassa o nível puramente linguístico: se Guimarães Rosa é um grande escritor, não é porque construiu uma nova língua — se bem que a tenha construído — como por vezes tenho ouvido dizer (...) O ideal de Guimarães Rosa, antes que seu natural, é a expressividade absoluta. Sem dúvida, ele tem um talento particular para surpreender e fixar as invenções verbais mais originais do povo comum, mas ele se contenta em

---

26. Enfatizamos um detalhe. Guimarães Rosa se distingue em sua arte dos demais. Conhece e pratica a "arte do conto", supondo-se, talvez, ter em mente o que distingue Platão, Íon, macacos e galhos: "Não, não sou romancista; sou um contista de contos críticos. Meus romances e ciclos de romances são na realidade contos nos quais se unem a ficção poética e a realidade" (Rosa *apud* Lorenz, 2009a, p. XXXIX).

manipulá-la entre os seus materiais, de uma riqueza que é toda barroca (...)[27] (Rónai, 1965, p. 18).

Mas este é somente um aspecto — o menos significativo, talvez, — da revolução que o nosso autor opera no material linguístico. Vemo-lo constantemente a debater-se com a língua que ele, melhor que ninguém, sente as limitações e imprecisões e para a qual ele procura multiplicar os seus recursos, por vezes inspirando-se nos processos de outras línguas (conhece várias delas a fundo), por vezes tirando da fonte latina de raízes até agora inexploradas em português, ou desmantelando expressões prontas ou mesmo palavras compostas, invocando o léxico indígena ou simplesmente criando palavras a partir do zero. Desejando conferir à língua a fluidez e plasticidade máxima, renova-a por todos os meios, sem se preocupar com a estilística e as regras da gramática tradicional[28] (Rónai, 1965, p. 18).

Concordamos. Aliás, este livro se apoiou nisso particularmente. Pesquisamos e escrevemos todas estas páginas a fim de observar a riqueza de seu processo de criação no que concerne ao advindo da língua e literatura grega. Rónai afirma ainda que Rosa se deleita em inovar e integrar em sua escrita as virtualidades das línguas: "Ele se apraz [em inovar léxico e sintaxe] e integra-os em seu vocabulário sobretudo com suas tantas virtualidades que

....
27. ["Arrêtons-nous à ce qui est la nouveauté la plus manifeste de cette œuvre et lui confère un caractère agressif aux yeux du lecteur commun: son expression. Evidemment on peut offrir une nouvelle image de l'univers sans recréer ses moyens d'expression. Joyce a démonté tout le mouvement de la langue pour nous transmettre sa vision, mais Proust a su nous communiquer la sienne sans recourirà un instrument d'expression nouveau. Soulignons une fois de plus que l'importance de l'œuvre que nous analysons dépasse le plan purement linguistique: si Guimarães Rosa est un grand écrivain ce n'est pas parce qu'il a construit un langage nouveau, ni - comme je l'ai entendudire parfois - bien qu'il l'ait construit. (...) L'idéal de Guimarães Rosa, bien plutôt que le naturel, est l'expressivité absolue. Sans doute, a-t-il un talent particulier pour surprendre et fixer les inventions verbales les plus originales des gens du peuple, mais il se contente de les ranger parmi ses matériaux, d'une richesse toute baroque."]
28. ["Mais ce n'est là qu'un aspect, et peut-être le moins significatif, de la révolution que notre auteur opère dans le matériel linguistique. Nous le voyons constamment aux prises avec la langue dont il éprouve, mieux que personne, les limitations et l'imprécision; il cherche à en multiplier les ressources, tantôt en s'inspirant des procédés d'autres langues (il en connaît plusieurs à fond), tantôt en puisant dans la source latine des racines jusqu'ici non exploitées en portugais, tantôt en démontant des expressions toutes faites ou même des mots composés, en faisant appel au lexique indigène ou simplement en créant des mots de toutes pièces. Désireux de conférer à la langue le maximum de fluidité et de plasticité, il la renouvelle par tous les moyens, sans se soucier de la stylistiqueni des règles de la grammaire traditionnell."]

estão apenas esperando para serem desenvolvidas. A maioria dos seus muitos neologismos existiam em germes na língua"[29] (Rónai, 1965, p. 18).

Eis o "X" da questão: Guimarães Rosa sempre testemunhou que buscava a palavra, "Ave! palavra!", para fecundá-la e recriá-la. E por isso, para ele, poderíamos afirmar que a palavra é meta, desejo, rumo, ou melhor, como ele mesmo disse a Lorenz, é sua amante. E, como se faz a uma amante, "o nosso contador de histórias não deixa intacta nenhuma categoria gramatical, nenhuma derivação ou processo de formação, nenhum meio de coordenação ou subordinação. Não há sequer sinais de pontuação cuja utilização não tenha sido profundamente alterada por ele"[30] (Rónai, 1965, p. 19). Efetivamente, uma amante a ser fecundada, devorada, possuída e manipulada de todas as formas.

Ora, se o metafísico é aquele que busca, deseja e ruma para a divindade (ou o absoluto), com a divindade não se faz assim. A divindade, mesmo para aqueles que não creem, por definição, é maior que o homem. Se em algum momento — para entender a língua como a própria divindade — Rosa se firmou na frase "No princípio era a palavra, o λόγος" (*Evangelho de João*, 1, 1) e o λόγος estava "voltado, a favor, pendente" (πρός) para Deus, e o λόγος "era, estava" (ἦν) Deus, para fazer da língua (ou do idioma) seu absoluto, seu deus, há que se ponderar nisso muita coisa.

O termo λόγος, em grego, é um mundo de coisas e não está restrito ao sentido monossêmico tomado pelo escritor. Na narrativa evangélica não está dito que se tratava do λόγος criado; pelo contrário, falava-se do incriado (palavra, pensamento, ação, razão...), no ἀρχῇ. Isso nos deixa na perplexidade: por que para toda a obra rosiana a polissemia é levada a sério e ao se tratar do termo λόγος isso não ocorre? Porque a teologia, a busca do Θεός que é τέλος e λόγος[31] será — é o que propomos —, de alguma forma, um fantasma presente na escrita rosiana, e para que ela se torne real e carnal falta-lhe o mergulho, a decisão, a escolha única e não fragmentada com todas as consequências que ela impõe.

A associação com o diálogo platônico, que revela tanto "os perigos e a grandeza" da mimese quanto as exigências da exclusividade para o

....
29. ["Lui, il s'en donne à cœur joie et les intègre dans son vocabulaire comme autant de virtualités qui ne demandent qu'à être développée set généralisées. La plupart de ses nombreux néologismes existaient en germe dans la langue."]

30.["En somme, notre conteur ne laisse intacte aucune catégorie grammaticale, aucun procédé de dérivation ou formation, aucun moyen de coordination ou de subordination. Il n'y a jusqu'aux signes de ponctuation dont l'emploi n'ait souffert chez lui de modifications profondes."]

31. ... busca do Deus (Θεός) e que é fim (τέλος) e palavra, discurso, razão, pensamento, conta, soma (λόγος)... Esta busca se fecha no último capítulo desta obra, "Chagas abertas, coração ferido".

conhecimento, é crivada de humor, seriedade e ironia socrática. Platão, na figura de Sócrates, termina seu assunto com Íon levando-o a concluir que, para ele, é melhor "passar por um homem divino" do que por um injusto e fraudulento simulador de dono do conhecimento de todas as artes. Sócrates fecha o texto assim: "Consente, então, Íon, o título mais belo: reconheceres que és divino e que não há arte nos teus elogios a Homero" (Platão, *Íon*, 542a, em tradução de Jabouille). Imaginemos: Íon sai de cena, peito estufado, cabeça erguida, pensando, ridiculamente, que se fez divino para não ser injusto detentor do conhecimento pleno das inúmeras artes mimetizadas.

Ao escolher o amasio com a língua, o escritor dá mostras de que, sobre ela, tem poder de Deus e, de fato, tem: nas mãos dele, a escrita aceita tudo. Em contrapartida, ele dá mostra também de ter ciência de que tudo isso é vanidade, delírio de soberbia. Como? Onde? Numa sofisticada paráfrase do Íon em "Os chapéus transeuntes".

O conto tem sabor especial e fará a ponte entre o *Íon* de Platão, o poder sobre a palavra, a mimese e a presunção de ser deus. N' "Os chapéus transeuntes", Guimarães Rosa se propôs a falar da soberba, como adiantamos no capítulo anterior, mas de modo tenso, ambíguo e irônico — "Acontecia, agora ali, a história universal — e, meus parentes, quem poderia disso convencê-los? *Só Sócrates*. Inspecionava-se o Vovô Barão com os olhos de muito azeite e pouco pavio." (Rosa, 2009b, p. 742, grifo nosso) — oscilando entre faianças e penicos; torres e arrotos.

Acerca de opostos que se unem, Rosa decreta, nesta pequena obra-prima, a invenção de uma esmerada sucinta frase para isso, *palavrão aristocrático*,[32] isto é, Rosa reúne, em um só significado, o chulo e o sublime (oxímoro do oxímoro): é o vulgar que se nega a si mesmo e vice-versa: um modo aírico de repetir, à moda jagunça, a coincidência de opostos postulada na mística plotiniana ou carmelitana são joanina.

A narrativa incide sobre o instante em que morre Vovô Barão; nessa circunstância, ele tem, de fato, o poder de controle — manifestando seu último desejo de agonizante[33] — sobre o local onde quer ser enterrado: longe da mulher, mesmo que seja no cemitério dos pobres.

....
32. "De mais próximo, quis meu pai dizer-lhe um quê, certo significar-lhe boas-vindas, votos. Vovô Barão, porém, despediu raios, sua cabeça tendo veias por fora, por todos os lados. Aqueles olhos davam até fumaça. — 'Copule-se!' — invectivou; menos notório modo, e mais maligno espírito, passavam o palavrão aristocrático" (Rosa, 2009b, p. 737).
33. "última vontade é lei"; "Se eu morrer... Declaro! Têm de enterrar-me conforme resolvi, e já saber..." (Rosa, 2009, p. 749 e 742, respectivamente).

Tudo no conto gira em torno da morte do patriarca, Vovô Barão, pintado com cores duras e odores fétidos. Dono de patrimônio e renome, de descendentes e herdeiros prestigiosos e nada humildosos, ele exige para seu enterro honras modestas e sepultura entre miseráveis. De outro lado, em segundo plano, moldada de cores suaves e perfumadas, como leve lêmure supremo e a espelho de Alexandrina, a neta Drina, está a matriarca de soberba beleza: "olhos azuis de bem quando, a cinturinha explícita, e era linda de longas pernas, estreitíssimos tornozelos, boca além de toda metáfora, mais um geral genial modo de muito ser, propondo-se a outras sensibilidades" (Rosa, 2009b, p. 739), Vovó Olegária, a que, inteligentissimamente, nos parece ser, de fato, a verdadeira cara da plácida soberba, ou seja, daquela que viveu e morreu em baronia.

A figura protagonista do conto, o Vovô Barão, julgamos, serve de despiste, no primeiro plano, para o tema escolhido por Rosa para compor a coletânea dos *Sete pecados capitais*, embora nada tenha com a soberba, a não ser aquilo que se atribui ao criado Ratapulgo, uma mera "presunção de arrogância". Turrão, sem nome, Vovô Barão contrasta com a elegante Olegária e "morre é para provar que não teve razão" (Rosa, 2009b, p. 729).

Aventamos no capítulo anterior e reiteramos aqui, o conto se erige sob a égide da ironia, fala-se da soberba do Vovô para remeter à sua humildade sertaneja incompatível com a principesca Vovó. A pista é explícita:

> Representavam, assim, no indireto reciprocar-se mediante triangulação de diálogo ou quadradura e personifício. Mas com isto está que, decerto, Vovó Olegária o fazia quase brejeira, muito faceta e trejeitosa, falsificava-se em ironia. Curvava-se numa reverência, e acrescentava o vocativo: — "Senhor Barão..." — enquanto para ele, retrato, apontava, com dedo e diamante, e contradizendo-o com o olho esquerdo. Diziam-na leve de graça, tendo senso de equilibrista; e as mulheres são feitas para isso, vencedoras sempre nas situações — por sorriso, estilo, pique e alfinete (Rosa, 2009b, p. 739).

Pois bem, ao Vovô Barão — trasgo, talvez, do Rosa enquanto personagem de si mesmo —, homem baronês de difícil acesso,

> Se estava delirando ou não, era a pergunta que se lhe podia ter feito, a vida inteira; inconsertável, tal a sua torcedura. Mas isso estava apagado de escrito, na muralha de uma fisionomia. Devorava-lhe ainda o pouco espírito o incurável orgulhoma? O galo, ele próprio, de nada sabe de seus mistérios de sua arte; por isso mesmo canta, e vai para ser digerido. A que fugia ele? (Rosa, 2009b, p. 737).

Parágrafo terrível. O galo não sabe nada dos mistérios de sua arte... Também Rosa, como Íon, parece se assustar com seu talento, dom extraordinário no domínio da palavra e sobre o qual ele não distinguia com exatidão a origem. "Ele achava que devia muito a Deus por este excepcional talento que possuía; ele sabia que possuía, não tenho nenhuma dúvida a respeito", é o que reporta Callado *in* Callado *et al* (2011, p. 13). O que lhe resta senão assumir-se — ironicamente e ao modo socrático, grave e sarcástico — como um homem divino?

A morte nos faz modestos, reiteramos. A única perfeita coincidência de opostos, do efêmero com o eterno, do humano com o divino, da carne com o espírito, em presente contínuo, é Jesus, o Λόγος não escrito do catolicismo, a plenitude humana e divina sem metaplasmos nem trasgos. Rosa sabe que qualquer discurso perecível produzido pelo efêmero homem humano é mimese precária. Afirmamos tal coisa com dois argumentos, um no plano histórico e outro no plano ficcional. No plano histórico, retomamos o capítulo anterior. Como João Neves da Fontoura, imortal cadeira 2 da ABL, que sucedeu a Coelho Neto que, por sua vez, sentou-se na cadeira de Álvares de Azevedo, João Guimarães Rosa parece ter abandonado sua pretensão e soberbia ao morrer de fato e de direito, e tornar-se pó. Lembrem-se da frase de Rosa no discurso de posse: "De repente, morreu: que é quando um homem vem inteiro pronto de suas próprias profundezas. Morreu, com modéstia."

O entorno, a vida familiar e o nome são implacáveis entretanto. É aí, todavia, que entra a personagem Vovô Barão, o aristocrata da ficção que teve seu desejo realizado, mas, por artes de sua descendência e posteridade, as palavras escolhidas pelo morto são borradas pelos vivos. Como assim?

Retomemos o conto. No seu despotismo aírico, Vovô Barão exige ser enterrado no campo-santo dos pobres, no local cujo frontispício implacável recorda a todos: "Volta para o pó, mísero, ao barro que Deus te fez..." (Rosa, 2009b, p. 735). A frase, na ficção, permite a vingança de Vovô Barão. O desfecho do conto, por sua vez, dá o recado socrático de Rosa e lhe permite experimentar a airosidade de sua eleição, pois a língua, sua amante, pode ser borrada, conspurcada, corrigida, apagada a seu bel-prazer:

> Penico tão pleno de sangue — isto é — cheio só de tinta vermelha, da lata... Chegado junto ao portão, o Ratapulgo se atarefava: começou a borrar a inscrição, a desdourosa legenda [retorna ao pó, miserável]. A grandes pinceladas, des e trespintadas. Sangue de boa tinta espadanando, respingando-se, borrifando

— terminou. Apagara-a. Abolida! E ele espigava-se. Cresceu seus palmos. Torvo triunfal enchia mais de ar o peito, com asas por sua façanha (Rosa, 2009b, p. 752).

Eis que Rosa, irônico consigo, testamenta o que na ficção, como Íon, experimentou sem entender: "Note-se e medite-se. Para mim mesmo, sou anônimo; o mais fundo de meus pensamentos não entende minhas palavras; só sabemos de nós mesmos com muita confusão" (Rosa, 2009b, p. 644). A ciência da vã soberba vem no sinistro apagamento da escritura frontispicial pelos pósteros. Fosse deus, a palavra se fazia carne e permanecia entre nós.

Por tudo isso, seguindo veredas gregas, não nos soa razoável negligenciar que Riobaldo pareça ser, como seu criador, um homem que tenta conciliar opostos, bebe de todas as fontes e acaba por fazer seu omelete.[34] Ele é cobra que rasteja e voa, é expressão fixa em tôner e enunciado ouvido em movimento, em fluxo contínuo através do sistema literário. Lêmure de Rosa que migra através dos tempos, palavra que é tudo como o Tatarana da epígrafe do capítulo 2, que voa em linha, verso-cobra, que se arremete da escritura até o *hic et nunc*.

O arremessão da cobra e a *hýbris* aventada por Rónai (como "antífrase carinhosa" do nada) ecoam em uníssono com o artigo citado de Hansen e, igualmente, em suas reflexões para voltar a pensar a palavra "nonada":

> Assim, ao mesmo tempo em que as formas deslocam e relativizam as adequações realistas da verossimilhança léxica, sintática e semântica pressupostas pela memória literária do leitor habituado a formas mais claramente e linearmente representativas, elas também produzem significações que ultrapassam a particularidade da adequação semântica da descrição e da narração ao espaço-tempo sertanejo da história que é contada. Rosa é um escritor muito culto e a variedade das referências metaforizadas geralmente ultrapassa o conhecimento do leitor, que muitas vezes as traduz como formulação de algo essencial, misterioso e indeterminado (Hansen, 2012, p. 123).

Destacamos, nesta nova citação de Hansen, a ultrapassagem da particularidade da adequação de uma significação literal e a ultrapassagem do conhecimento do leitor através dos deslocamentos de uso lexical, sintático e semântico das palavras — ou dos pedaços que compõem as palavras — (*hýbris*)

....
34. Não é somente Riobaldo que materializa no corpo/*corpus* o desejo da coincidência de opostos; Guimarães Rosa, também, pelo menos em palavras de Enivalda Nunes Freitas e Souza. A pesquisadora sobre ele afirma: "O autor consagrou-se pela exploração da *coincidentia opositorum*, quando os pares antitéticos já não mais existem e tudo pode ser e não ser, como no mundo das imagens simbólicas do mito" (Souza, 2016, p. 166).

como recurso bem provável para a realização do romance no mistério do nada: "nonada". Mas esse núcleo de sentido ficou lá atrás. Priorizemos a afirmativa do historiador de que "Rosa é um escritor muito culto e a variedade das referências metaforizadas geralmente ultrapassa o conhecimento do leitor".

No artigo de André Bloom, também citado no capítulo 1, e que integra o referido livro *Technique et contemplation*, em que se encontra o escólio do mantra tibetano ao lado da exortação à invocação do nome de Jesus, há, sem grifos, anotações e qualquer destaque, um trecho que, supomos, não afetou nosso escoliasta:

> A contemplação *não é uma atividade humana nem um estado transitório. Ela deve tomar teu ser por completo*, pois ela é fundamento único: a vida eterna é conhecer Deus (João XVII, 3). É a vocação única. Sua via, sua razão de ser. Contemplação e oração são sinônimos em seu sentido pleno, porque *não se pode contemplar Deus fora da adoração* e do amor que nos unem a ele e que são a essência e a totalidade da oração[35] (Bloom, 1949, p. 49, grifos nossos).

"Não se pode contemplar Deus fora da adoração", em outros termos, não se contempla Deus fora da entrega, submissão e humildade. Ora, se humildade é a perplexidade diante do mistério e a assunção da incapacidade de entendê-lo, então, num último testamento, Guimarães Rosa, não se submetendo intelectualmente à metafísica ortodoxa, mas constatando o mistério realizado na sua ação criativa e o dom recebido, pratica, pela ficção, o *ora et labora*, síntese feliz entre a oração e a precariedade do trabalho diário. Faltou-lhe a assunção da fé, passo radical e conclusivo que veremos no último capítulo. Sua angústia se revela no âmbito da ficção somente, a qual, de forma insistente, se manifesta na repetição ostensiva da expressão "Que creio, que sei? ou "Que sei, que creio?" (paráfrase do dito socrático "só sei que nada sei"), no mesmo conto aqui comentado.

Para explicar o caminho e a exuberância que Rosa sugere ter experimentado e não racionalizado, com sua realidade histórica de modernista comprometido, em sua obra Pareyson nos dá suporte mais uma vez:

....
35. ["La contemplation n'est ni une activité de l'homme, ni un état transitoire. Elle doit être son être tout entier, car ele en est l'unique fondement: la vie éternelle c'est de connaître Dieu (Jean XVII, 3). C'est la vocation unique. Sa voie, sa raison d'être. Contemplation et prière sont synonymes dans leur sens plein, car on ne peut contempler Dieu em dehors de l'adoration et de l'amour qui nous unissent à lui et qui sont l'essence et le tout de la prière."]

A inexauribilidade é aquilo pelo qual a ulteridade, em vez de apresentar-se sob a falsa aparência de ocultação, da ausência, da obscuridade, mostra a sua verdadeira origem, que é riqueza, plenitude, superabundância: não o nada, mas o ser, não a στέρησις [privação], mas a ὑπεροχή [excelência] não o *Abgrund* [fundo abissal], mas a *Urgrund* [fundamento originário]; não o μυστικὸς ἀγόφος τῆς ἀγνωσίας [trevas místicas da ignorância], mas o ἀνεξιχνίαστον πγοῦτος [a inescrutável riqueza]: não o misticismo do inefável, mas a ontologia do exaurível (Pareyson, 2005, p. 24, incluindo em colchetes as notas das tradutoras para os termos gregos).

Com liberdade, parafraseamos o filósofo. A mimese de plenitude e superabundância, ponto alto na leitura de João Guimarães Rosa, é fruto da impossibilidade de eleição na convivência dos múltiplos sentidos. A não eleição acaba finalmente na exaustão e constatação do pó e do barro. Tudo isso, contudo, reflete o drama socrático descrito no *Íon* platônico e n' "Os chapéus transeuntes". Segue daí a importância de prever uma ironia e uma pretensa soberbia pouco convicta no modernista mineiro de Cordisburgo. No nosso entender, Rosa percebe ser "tesouro em vaso de barro" (2 Coríntios, 4): quebra-se o barro, perde-se o tesouro. De Rónai, vimos: a forma, o barro da língua, o estilo são o forte de Rosa; o tesouro a Deus pertence.

Voltemos ao *GSV*. O nonada inicial, avaliamos, é recurso dramático para prender o leitor, ou o ouvinte, na sensação de um abismo de sentido, de uma ignorância acerca da existência. A assunção das trevas místicas da ignorância, não obstante a prática (na escritura propriamente dita) de uma riqueza de possibilidades, acaba por exaurir a investigação num "tanto faz como tanto fez". Pela exaustão, elimina-se a hipótese da inseminação do humano pelo divino.

É assim também, o significado mais comum e já bastante comentado, entre outras muitas possibilidades de acessar o nome Riobaldo, "RioBardo"?: "rio baldo", isto é, "rio vazio, inútil, frustrado", "RioNulo", "RioNeca". Machado, a partir da etimologia inteligente e inferida por Cavalcanti Proença, abrange a obra em sua inteireza e afirma que

[o] Nome *Riobaldo* evoca, em primeiro lugar, por sua sonoridade, os Nomes dos brilhantes guerreiros germânicos. Mais que isso, Nome inventado, com sua etimologia introduz imediatamente os aspectos de Rio e baldo (frustrado)[36], marcando as tantas mudanças de curso de um personagem que não se fixa num

....
36. Em nota, a autora nos remete ao primeiro crítico a fazer a etimologia referida, a saber, M. Cavalcanti Proença, em suas *Trilhas no Grande sertão* (Rio de Janeiro: José Olympio, 1958), dois anos após a publicação da obra-prima de Rosa).

só caminho e que, em seu permanente fluir, toma o rio por modelo. (...) Rio que é ele. Rio que implica também travessia, o desafio permanente... (Machado, 2003, p. 62-63).

Librandi-Rocha reitera essa posição ao destacar o protagonismo de "Riobaldo como [o] de um personagem que foi atrás de uma estória inventada, de um 'falso imaginado', e direcionou sua vida pensando que ela deveria terminar com um final *sustante e caprichado,* mas deu em erro" (Librandi-Rocha, 2015, p. 101). Em contraposição, há o caminho aberto por Claudia Soares.

Mais atilada, a nosso ver, a estudiosa discorda da noção de vacuidade aplicada ao jagunço contador: "Riobaldo buscou um mais alto, perdeu, mas isso não permite afirmar que teria lhe restado somente o vazio absoluto. O que se constrói no livro parece ser a impossibilidade de escolher entre isso e aquilo, de chegar a uma resposta única e final" (Soares, 2014, p. 186). Com isso a especialista toca num ponto importante: a escolha suspensa. Entretanto, no nosso ponto de vista, o impasse, a procrastinação da eleição camuflada pela impossível eleição de tudo, a suspensão da ação por paralisia do múltiplo, é pior que a derrota. A não escolha impede o encontro definitivo e pacificador da alma. A irresolução é trágica.

A contrapelo das tendências apóricas, da recorrência ao *self-service* alimentar, intelectual e espiritual do nosso tempo, e por urgência existencial, vemos a experiência relatada no romance como, de novo, uma proposta trans-racional: é possível fazer o nada se transformar em tudo, se tivermos em mente Plotino e até João da Cruz. Todavia, é factível fazer também o tudo descomprometido, o excesso, terminar em ilusão, fantasma, trasgo; a experiência vivida com o coronavírus comprova a hipótese. Tudo que fizermos para fugir da morte pode, em inobservância fatal insignificante, pôr tudo a perder. Soberba vã que se leva ao pó.

As consultas ao acervo do IEB, como estabelecido na metodologia de composição deste estudo, registram a familiaridade de Rosa com a metafísica e a opção por fazer, com inúmeros idiomas e confissões, um idioma próprio, particular e pessoal. Um idioma "*absolutus*" que se pretende divino, mas que só se pode materializar como acúmulo, jorro ininterrupto, metáfora do "infinito", prova cabal de *hýbris* criativa.

É oportuno, para o arremate da seção, um pequeno comentário sobre o ato criador. Vejamos a foto da p. 181 do volume de Pierre Blanchard (1954), *Sainteté aujourd'hui*.

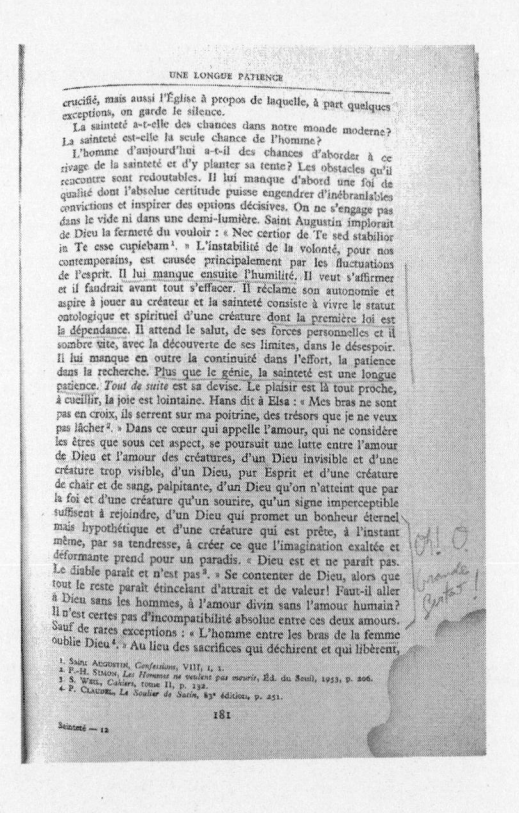

Foto 15. Pierre Blanchard, *Sainteté Aujourd'hui*, 1954, p. 181.

Na página fotografada, que não é volume do IEB, os grifos do escoliasta imitador do Rosa sublinham as frases:

1. [Ao homem de hoje] falta-lhe, pois, a humildade.
2. Ele reclama pela sua autonomia e aspira o papel de criador e a santidade consiste em viver o status ontológico e espiritual de uma criatura cuja primeira lei é a dependência.
3. .... mais do que a genialidade, a santidade é uma longa paciência.[37]

Após essas frases há um parágrafo realçado com traço ao lado e a exclamação manuscrita: "Oh! O Grande Sertão!" O parágrafo, que retomamos do início, é este:

....
37. ["1. Il lui manque ensuite l'humilité. 2. [Il réclame son autonomie et aspire à jouer au créateur et la sainteté consiste à vivre le statut ontologique et spirituel d'une créature] dont la première loi est la dépendance. 3. Plus que le génie, la sainteté est une longue patience."]

195

Nesse coração que anseia por amor, que não considera os seres a não ser sob esse aspecto, avança uma luta entre o amor de Deus e o amor das criaturas, de um Deus invisível e de uma criatura excessivamente visível, de um Deus puro Espírito e uma criatura de carne e sangue, palpitante, de um Deus que alcançamos apenas pela fé e de uma criatura que para alcançarmos basta um sorriso, um sinal imperceptível, de um Deus que promete felicidade eterna, mas hipotética, e de uma criatura pronta, presente, com sua ternura a criar o que a imaginação exaltada e distorcida toma por paraíso. "Deus é e não parece. O diabo parece e não é." (S. Weil, *Cahiers*, tomo II, p. 132) Contentar-se com Deus, quando tudo o mais parece reluzir de atração e valor! Devemos ir a Deus sem os homens, ao amor divino sem amor humano? Certamente não há incompatibilidade absoluta entre esses dois amores. Com raras exceções: "O homem nos braços da mulher esquece de Deus" (P. Claudel, *Le soulier de Satin*, 83. ed., p. 251).[38]

O texto do livro resume o que dissemos nas páginas anteriores. A posição de "criador", típica do homem moderno, assumida por Rosa no diálogo com Günter Lorenz, contraria as recomendações da mística marcadas pelo escoliasta, que chega mesmo a afirmar, como citamos anteriormente: "Meditando sobre a palavra, se descobre a si mesmo. Com isto repete o processo da criação. Disseram-me que isto era blasfemo, mas eu sustento o contrário. Sim! a língua dá ao escritor a possibilidade de servir a Deus corrigindo-o...", ou seja, quase enunciando "a verdade sou eu". Entendemos desse modo o porquê da antífrase carinhosa de Rónai e da epígrafe: "Tu é tudo, Riobaldo Tatarana! Cobra voadeira..." que, em outros termos, pode ser lida assim: Tu é tudo Riobaldo (RioBardo, RioNulo e RioNada) Tatarana! Cobra (verso) rastejante voadora (alado)...

Evidentemente não estamos falando do pensamento racional ou maniqueísta que divide o mundo em opostos inconciliáveis, como, por exemplo, o bem e o mal, com um intervalo inseguro entre um e outro. Trata-se de "um evento em que a única coisa que a alma conhece é a unidade absoluta", a

....
38. ["Dans ce coeur qui appelle l'amour, qui ne considère les êtres que sous cet aspect, se poursuit une lutte entre l'amour de Dieu et l'amour des créatures, d'un Dieu invisible et d'une créature trop visible, d'un Dieu, pur Esprit et d'une créature de chair et de sang, palpitante, d'un Dieu qu'on n'atteint que par la foi et d'une créature qu'un sourire, qu'un signe imperceptible suffisent à rejoinfre, d'un Dieu qui promet un bonheur éternel mais hypothétique et 'une créature qui est prête, à l'instant même, par sa tendresse, à créer ce que l'imagination exaltée et déformante prend pour un paradis. 'Dieu est et ne paraît pas. Le diable paraît et n'est pas.' (S. Weil, *Cahiers*, tome II, p. 132) Se contenter de Dieu, alors que tout le rest paraît étincelant d'attrait et de valeur! Faut-il allerà Dieu sans les hommes, à l'amour divin sans l'amour humain? Il n'est certes pas d'incompatibilité absolue entre ces deux amours. Sauf de rares exceptions : 'L'homme entre les bras de la femme oublie Dieu' (P. Claudel, *Le soulier de Satin*, 83e édition, p. 251)."]

"ausência de alteridade", "identidade pura" (Brandão, 2007, p. 157 — falando da união mística com o Um), a indivisão (que é o oposto de διάβολος,[39]) que reforçamos na citação de Adler.

A epígrafe do capítulo 2, "Tu é tudo, Riobaldo Tatarana! Cobra voadeira...", se entendermos o nome Riobaldo como "rio vazio", no compasso de João da Cruz e com a postulação de Plotino da plenitude contemplativa, a que aludimos no jogo do tudo e nada, se efetiva e, com isso, materializa o esvaziamento positivado: assim como a madeira que se submete ao fogo sem a busca da unidade pode acabar se pulverizando, só pelo pó se chega a Deus.

Fechando definitivamente esta seção, oferecemos ao leitor documentação por foto de um exemplar já apresentado do acervo IEB, coleção especial de Guimarães Rosa (Scheeben, *Les merveilles de la grace divine*, p. 87):

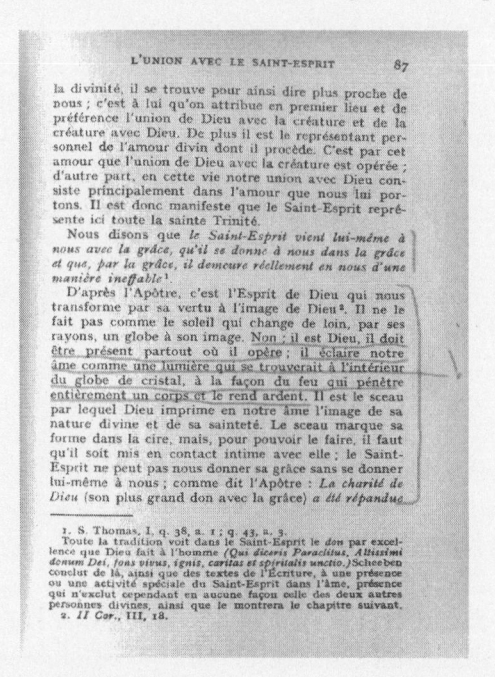

Foto 16. Mattias Joseph Scheeben, *Les merveilles de la grace divine*, 1940, p. 87.

....

39. Do Liddell-Scott: "διαβάλλω, fut. -βαλῶ: pf. -βέβληκα: — *throw* or *carry over* or *across* [jogar para o lado ou transferir ou transportar através de], νέας Hdt.5.33, 34; in Wrestling [na luta livre], Ar.*Eq*.262 codd. **2.** more freq. intr., *pass over*, cross, [passar para o outro lado, cruzar] (...) **3.** *put through* [passar] (...)."
|| "διάβολος, ον, *slanderous, backbiting* [calunioso, maledicente], (...). II Subst., *slanderer* [caluniador], Pi. Fr.297, Arist.*Top*.126a31, Ath.11.508d; *enemy* [inimigo], LXX Es.7.4, 8.1: hence, = Sâtân, ib.1Chr.21.1; the *Devil* [Diabo], Ev. Matt.4.1 etc. III Adv. -λως injuriously, invidiously, [injuriosamente, invejosamente]."
Assim, levando em conta como a tradição católica entende o diabo, o uno dividido, ele é representado com dois chifres, língua bífida, patas bianguladas.

A página mostra trecho grifado e acompanhado de exclamação:

Segundo o Apóstolo, é o Espírito de Deus que, por sua virtude, nos transforma na imagem de Deus. E Ele não faz como o sol que muda de longe, através de seus raios, um globo em sua imagem. Não; ele é Deus, deve estar presente onde quer que opere; ele ilumina nossa alma como uma luz que se acha dentro do globo de cristal, como o fogo que penetra completamente um corpo e o torna ardente.[40]

Mais uma vez abeiramo-nos dos estudos de filosofia. Mudemos de rumo, sigamos com os lêmures. Noutra ocasião discutiremos o tema, por ora, fá-lo-emos utilizando o conto "Nada e a nossa condição", de *Primeiras estórias*, uma teoria literária "sucinta esmerada" sobre a consciência feliz da transformação do nada no tudo. Vale a pena ler o final do conto:

Desde, porém, porque morreu, deviam reverenciá-lo, honrando-o no usual — corpo, humano e hereditário, menos que trôpego. Acenderam-se em quadro as grandes velas, ele num duro terno de sarja cor de ameixa e em pretas botas achadas, colocado longo na mesa, na maior sala da Casa, já requiescante. (...) Tocou-se o sino.
A obrigação cumprida à justa, à noitinha incendiou-se de repente a Casa, que desaparecia. Outros, também, à hora, por certo que lá dentro deveriam de ter estado; mas porém ninguém.
Assim, a vermelha fogueira, tresenorme, que dias iria durar, mor subia e rodava, no que estalava, septo a septo, coisa a coisa, alentada, de plena evidência. Suas labaredas a cada usto agitando um vento, alto sacudindo no ar as poeiras de estrume dos currais, que também se queimavam, e assim a quadraginta escada, o quente jardim dos limoeiros. Derramados, em raio de légua, pelo ar, fogo, faúlhas e restos, por pirambeiras, gargantas e cavernas, como se, esplendidíssimamente, tão vã e vagalhã, sobre asas, a montanha inteira ardesse. O que era luzência, a clara, incôngrua claridade, seu tétrico radiar, o qual traspassava a noite.
Ante e perante, à distância, em roda, mulheres se ajoelhavam, e homens que pulando gritavam, sebestos, diabruros, aos miasmas, indivíduos. De cara no chão se prostravam, pedindo algo e nada, precisados de paz.

....
40. ["D'après l'Apôtre, c'est l'Espirit de Dieu qui nous transforme par sa vertu à l'image de Dieu. Il ne le fait pas comme le soleil qui change de loin, par ses rayons, un globe à son image. Non; il est Dieu, il doit être présent partout où il opère ; il éclaire notre âme comme une lumière qui se trouverait à l'intérieur du globe de cristal, à la façon du feu qui pénètre entièrement un corps et le rend ardent."]

Até que, ele, defunto, consumiu-se a cinzas — e, por elas, após, ainda encaminhou-se, senhor, para a terra, gleba tumular, só; como as consequências de mil atos, continuadamente.

Ele — que como que no Destinado se convertera — Man'Antônio, meu Tio (Rosa, "Nada e nossa condição", 2009b, p. 458-459).

Pois é nesse caminho que almejamos conduzir o autor, o nome e a personagem, seu entorno e seus amores. Juntamos a tudo o "nonada", o "quiquiriqui", os "avelórios", ou, ainda, o "mexinflório", os quais vão do nadinha ao "Destinado", do silêncio ao desenrolar da palavra em completude e fim.

O Rosa-escoliasta — pelo que consta das marcas coloridas de seus livros e pelo seu próprio testemunho em entrevistas — foi impactado pelo poder da linguagem metafísica de tal modo que resolveu investigar as tintas do escrever, mas ficou pelos meios, não chegou aos fins. Talvez porque sua lida com a metafísica e a religião tenha sido problemática, como de resto é toda a lida do homem moderno, e a tentativa de resposta está no próximo capítulo. Como cavilha para ele segue uma foto da página 32 de obra de Giovanni Fidanza:

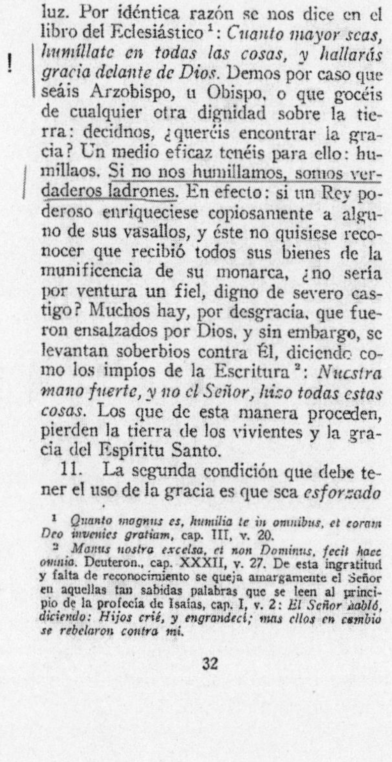

Foto 17. Giovanni Fidanza, San Buenaventura, *Los dones del Espíritu Santo*, 1943, p. 32. Grifos do escoliasta, lápis grafite e marginália.

"Cuanto mayor seas, humíllate en todas las cosas, y hallarás gracia delante de Dios. (...) Si no nos humillamos, somos verdadeiros ladrones."

["Quanto maior sejas, humilha-te em todas as coisas, assim terás graça diante de Deus. (...) Se não nos humilhamos, somos verdadeiros ladrões."]

Este é um pressuposto fora de moda, já vimos. A obra pressupõe o *modus operandi* da contemplação afirmativa[41] de ordem filosófica (e até, em alguns casos, de ordem sobrenatural) como aqueloutro da contemplação negativa[42] que experimenta a imensidão do mistério inabordável sem a moção humana. Quer isso dizer que, segundo a mística católica, não basta a contemplação buscada e "adquirida" (que se assemelha ao que João da Cruz nomeia *contemplação ativa*). A completude se dá quando se alcança contemplação "infusa" (que se aproxima do que João da Cruz nomeia *contemplação passiva*), possível sem esforço intelectual, por graça e através da assunção da pequenez de criatura dependente. Essa postura é arcaica, é o que encontramos no fundo do grande sertão e que escapa a Riobaldo, o jagunço moderno.

Mas se Riobaldo não é vazio, humilhado, o que ele é? "Que herói é este, cuja interioridade o segrega da ação e o lança na aventura do conhecimento

....

41. Sobre estas denominações, retiramos explicações de obra que integra a coleção especial do Guimarães Rosa no IEB e que está identificada entre as que guardam *marginalia* (grifos, exclamações, lemniscata, escólios, asteriscos etc.), a saber, a coletânea organizada por R. P. Bruno, *Technique et contemplation* (1949) e tem o número de sistema [001316804]. Seu autor principal é André Bloom. Da obra, cito trecho do prefácio de Olivier Lacombe (p. 12-13): "Le terme *contemplation* ne laisse pas lui aussi de faire difficulté. Il conviendrait de distinguer ici au moins deux lignes contemplatives: la *contemplation affirmative* que sera représentée dans l'ordre naturel par la contemplation philosophique, dans l'ordre surnaturel par la contemplation théologique, si l'on en reste au mode humain, et par la vision béatifique, au-delà des conditions de la vie de la grâce *in via*. — Dans cette perspective, il nous sera loisible de dire avec le Père Marie-Eugène, que la contemplation théologique, où la raison informée par la foi vivre et soutenue par les Dons du Saint-Espírit, suit encore sa démarche naturelle discursive et use de la médiation des concepts, est une *contemplation acquise*, tandis que la contemplation deviendra *infuse* si les Dons du Saint-Esprit se substituent à l'activité de la raison. Mais il est clair qu'en pareil cas contemplation acquise et contemplation infuse ne seront pas en continuité ontologique, même si le passage de l'une à l'autre est psychologiquement insensible. La notion de contemplation ne sera qu'analogiquement commune aux deus états envisagés." ["O termo *contemplação* não deixa de ser também uma fonte de dificuldade. Seria conveniente distinguir aqui pelo menos duas direções contemplativas: a *contemplação afirmativa*, que será representada na ordem natural pela contemplação filosófica e na ordem sobrenatural pela contemplação teológica, se nos ativermos ao modo humano, e pela visão beatífica, além das condições da vida da graça *in via* [em processo]. — Nessa perspectiva, poderemos dizer, com o padre Marie-Eugène, que a contemplação teológica, na qual a razão formada pela fé viva e sustentada pelos Dons do Espírito Santo ainda segue seu processo natural e discursivo e utiliza da mediação de conceitos, é uma *contemplação adquirida*, enquanto a contemplação será *infusa* se os Dons do Espírito Santo se substituírem à atividade da razão. Mas é claro que, nesses casos, tanto a *contemplação adquirida* quanto a *contemplação infusa* não estão em continuidade ontológica, mesmo que a passagem de uma para a outra seja psicologicamente insensível. A noção de contemplação será apenas analogicamente comum aos dois estados contemplados."]

42. Lacombe (1949, p. 13): "... cette *contemplation négative* est une expérience de la spiritualité immanente de l'âme humaine et des effets en celle-ci de la présence divine d'immensité, s'il s'agit de mystique naturelle, et une expérience de la vie intime de Dieu gracieusement communiquée et saisie par la médiation de la charité, s'il s'agit de mystique surnaturelle." ["(...) esta *contemplação negativa* é uma experiência da espiritualidade imanente da alma humana e dos efeitos nela da presença divina da imensidão, quer se trate de uma questão de misticismo natural e de experiência gratuita de vida íntima de Deus comunicada pela graça e aprendida pela mediação da caridade, quer seja uma questão de mística sobrenatural."]

de si mesmo (...)?", pergunta-se Davi Arrigucci Jr. em artigo indispensável (Arrigucci, 1994, p. 9). Com a questão Arrigucci aponta para uma constatação que o escritor e crítico brasileiro expõe ao investigar: a palpitante trajetória do narrador na busca pelo entendimento e pelo (re)conhecimento do jagunço Tatarana Urutu-Branco, ele mesmo. Eis, de retorno, um tema de esmerado valor para a Grécia de Homero, Píndaro, Aristóteles e tantos mais. Avultam lêmures para revigorar tópico tão revisitado.

Entretanto, Riobaldo, o "jagunço cansado" do Arrigucci, no percurso narrativo para entender sua própria *coincidentia oppositorum* existencial de rebelde das brenhas do sertão e de pacato cidadão fazendeiro, se aflige, reiteradamente, por viver num mundo misturado não processado pela razão. Entre idas e vindas, diz: "Pensar mal é fácil, porque esta vida é embrejada. A gente vive, eu acho, é mesmo para se desiludir e desmisturar" (Rosa, 2009b, p. 96).

A frase merece reflexão, há nela assombrosos fantasmas escondidos, coisa de dar medo, nada divertida. Pensar desiludido como Vovô Barão. Mas afinal, o que somos chamados a abraçar, como investigação filosófica ou tema literário, é a ordem oracular: γνῶθι σεαυτόν, ὦ ἄνθρωπε! Conhece-te. Sabe que és pó.

Atentando para o prefixo "des-" que se agregou aos verbos "iludir" e "misturar", nota-se de imediato que, para a primeira composição, ele tem valor negativo; já na segunda formação parece pender para uso positivado. Em termos da auditividade, o prefixo "des" funciona da mesma forma se dito com "e" aberto ou fechado, todavia, quando aberto, ele pode, paradoxalmente, soar como um multiplicador. Misturar 10 vezes, iludir 10 vezes, isso, é claro, levando em conta a fantasiação rosiana para ser lida da seguinte forma: ... "a gente vive, eu acho, é mesmo para se "*dez*iludir e *dez*misturar".

Outros exemplos de uso fecundo dos numerais em prefixos na formação de vocábulos podem ser conferidos em rodapé.[43] O recurso é utilizado amplas vezes em compostos semelhantes no *GSV*, a saber: brisbisa, bisar, "Bis, minha gente!", a bis, "bis, tris; ia e voltava", Treciziano, tresfim, trescortado, tresmente,

....
43. "Mas, água, ele pedia, cristão. Sede é a situação que é uma só, mesmo, humana de todos. Rebaixei o corpo e dei nas mãos dele a minha cabaça, quase cheia, e que era boa como um cantil. Rústico, fechei os olhos, para não me abrandar com pena das *des*graças. Nem não escutei; que ouvido também se fecha. No cavalo, eu estava levantado" (Rosa, 2009b, p. 361). "*Des*fechei. Naquela corrida, meu cavalo teve as *dez* pernas" (Rosa, 2009b, p. 372). "O cavalo baio, como *des*manchado — que arqueava triste as pernas dianteiras — *des*cansou tudo no chão, que da boca e das ventas ajorrava sangue: rebentado dos estômagos e dos peitos" (Rosa, 2009b, p. 366). "Os mais, em *des*rédea, meteram doida fuga, enquanto mal pudessem, de debaixo de balaços" (Rosa, 2009b, p. 362). Grifos nossos.

"Três tristes de mim!", trestriste, tresdobra, quatreou, catrumano, setêstrelo, retremiam, tresmatado, três-tempo, quarto-de-légua, tresfuriavam...

O prefixo "des" (se com "e" aberto ou com "e" fechado, remetendo a "dez" ou à negação) é aventesma possível em muitas ocorrências, com a vantagem de instaurar, no contexto mencionado, a ambiguidade aural. Fá-lo, de forma maximizada, quando se soma a palavras iniciadas com vogais abertas ou consoantes fricativas do tipo que ocorre em "iludir/desiludir", "voejar/desvoejar", "afastar/desafastar". O ouvido não lê, ele ouve, e, ao ouvir, os soídos se misturam, embolam e se somam — nunca são excludentes.

A frase de Riobaldo ("Pensar mal é fácil, porque esta vida é embrejada. A gente vive, eu acho, é mesmo para se desiludir e desmisturar") se insere no comentário acerca do fato de Diadorim banhar-se somente à noite, "tanto sacrifício, desconforto de esbarrar nos garranchos, às tatas na cegueza da noite, não se diferenciando um ai dum ei"[44] (Rosa, 2009b, p. 96). Ao relatar o caso, percebe-se um desnudamento encoberto, velado (*coincidentia oppositorum*), que reúne em um campo semântico único o ato de "pensar" e "suspender o pensamento", "distinguir", "esclarecer" e "ocultar" e as metáforas "esforço", "limite", "limpeza", "luz", "camuflagem", "noite" e a "água".

O ponto de partida teórico de Arrigucci, que elencou as manifestações da mistura presentes na obra, as quais se firmam, segundo o autor, sobretudo na linguagem, nas formas e na caracterização das personagens (Arrigucci, 1994, p. 11-20), coincide também com a citação de Mortimer Jerome Adler (1995). De fato, a escrita do *GSV* é cheia de idas e voltas, tal como afirmou ainda Bruyas, antes, de sequências interrompidas, mistura incomum de trivialidade e de requinte, palavras que sugerem variações linguísticas que, por sua vez, multiplicam sentidos, aproveitando-se de suspensões, errâncias, miragens, avantesmas, lêmures.

Não temos pretensões exageradas, insistimos. Queremos *desmarcar* para entender. Lidamos no campo da linguagem literária e das variações linguísticas mínimas para vislumbrar assombros hermenêuticos improváveis — não fosse o seu deciframento possível somente pelo desvio —, jogos divertidos de conhecimento e (re)conhecimento, descobertas de formas lexicais e significantes aurais que podem, se os pósteros desejarem, ser, como em "Os chapéus transeuntes", borrados, apagados, rasurados.

....
44. O arremate da frase é interessantíssimo para pensar o relativismo e a verdade oscilante de cultura para cultura. Observe-se, por exemplo: em alemão, a pronúncia de "ei" é "ai". Assim, se pensarmos os textos ressoando outras línguas, tudo, ao fim das contas, **é e não é**.

Entretanto, recuperando a visão larga de Arrigucci, pensando no mundo misturado, na pretensa separação de forças amalgamadas para a averiguação de uma lógica na vida, entendemos que as investigações acerca do (re)conhecimento próprio, *tópos* importante do mundo literário e filosófico grego, foram motivo de angústia na ficção rosiana. Decerto, os gregos antigos também viam a mistura como desafio, daí perceber-se neles um incitamento à separação e uma obsessão pela categorização; se o mundo não distingue seus elementos com nitidez, se vivem juntos no mesmo *lato*-espaço gente, bicho, planta e mineral, ar, fogo e águas, desenredar é preciso: afirmamos isso pensando, maximizadamente, em Aristóteles.

O desejo de clarificar, definir categorias deixando-as bem demarcadas na direção contrária àquela determinada no mundo natural, se manifesta, na narrativa do *GSV*, por exemplo, assim:

> Vi vago o adiante da noite, com sombras mais apresentadas. Eu, quem é que eu era? De que lado eu era? Zé Bebelo ou Joca Ramiro? (...)
> Em minhas fontes, cocei o aviso de que um suor meu se esfriava. Medo do que pode haver sempre e ainda não há. O senhor me entende: *costas do mundo*. Em tanto, eu devia de pensar tantas coisas — que de repente podia cursar por ali gente zebebela armada, me pegavam: por al, por mal, eu estava soflagrante encostado, rendido, sem salves, atirado para morrer com o chão na mão. Devia de me lembrar de outros apertos, e dar relembro do que eu sabia, de ódios daqueles homens querentes de ver sangues e carnes, das maldades deles capazes, demorando vingança com toda judiação. *Não pude, não pensava demarcado*. Medo não deixava. Eu estando com *um vapor na cabeça, o miolo volteado*. Mudei meu coração de posto. *E a viagem em nossa noite seguia*. Purguei a passagem do medo: grande vão eu atravessava (Rosa, 2009b, p. 99-100, grifos nossos).

Do trecho, o que se pode entrever rapidamente é a obnubilação construída pelo medo de enfrentar o combate do conhecimento e a humilhação de constatar que não podemos apreender a verdade. Poucos parágrafos à frente, antes de mencionar "um vapor na cabeça, miolo volteado", esse Riobaldo protagonista narrador dirá: "Anta entra n'água, se rupêia."

A sensação de que há limites definidos que concorrem com outros demasiadamente indefinidos perturba o Riobaldo narrador e parece levá-lo à consciência de uma possível movência dos limites.

Não. Nada. O que a noite tem é o vozeio dum ser-só — que principia feito grilos e estalinhos, e o sapo-cachorro, tão arranhão. E que termina num queixume borbulhado tremido, de passarinho ninhante mal-acordado dum totalzinho sono (Rosa, 2009b, p. 274).

A discussão, parece, circunscreve também a impossibilidade da finitude humana frente ao *des*limite. Há perplexidade face à constatação de que há o "adiante da noite", um "para além do entendido"; o calafrio ao esbarrar com o *misentendido*, quiçá o transracional plotiniano, o lugar do Um indivisível, da unidade absoluta onde desaparecem todas as categorias discretas. O lugar onde o nada é tudo. Vida humana, "... sendo a noite, aos pardos gatos" (Rosa, 2009b, p. 128). Nesse ponto entra a possibilidade da existência de Deus, o infinito mistério — esta preocupação é factível, pelo menos literariamente, para Guimarães Rosa. Na investigação dos livros de sua biblioteca, acervo do IEB, destacam-se como prova argumentativa para a hipótese, junto com os citados *Sainteté aujourd'hui* e *Technique et contemplation*, *A dificuldade de orar*, bastante manipulados, grifados e comentados em escólios (não sabemos dizer ao certo se autógrafos, para tanto carecemos de um especialista). Segredos formidáveis ficarão para outra empreitada, pois estamos no "come e cata: esgaravata". A necessidade de alcançar o conhecimento em fatos circunstanciais e o temor daqueles que ultrapassam o ordinário:

> Mire veja: um casal, no Rio do Borá, daqui longe, só porque marido e mulher eram primos carnais, os quatro meninos deles vieram nascendo com a pior transformação que há: sem braços e sem pernas, só os tocos... Arre, nem posso figurar minha idéia nisso! Refiro ao senhor: um outro doutor, doutor rapaz, que explorava as pedras turmalinas no vale do Araçuaí, discorreu me dizendo que a vida da gente encarna e reencarna, por progresso próprio, mas que Deus não há. Estremeço. Como não ter Deus?! Com Deus existindo, tudo dá esperança: sempre um milagre é possível, o mundo se resolve. Mas, se não tem Deus, há-de a gente perdidos no vaivem, e a vida é burra. *É o aberto perigo das grandes e pequenas horas*, não se podendo facilitar — é todos contra os acasos. Tendo Deus, é menos grave se descuidar um pouquinho, pois no fim dá certo. Mas, se não tem Deus, então, a gente não tem licença de coisa nenhuma! Porque existe dor. E a vida do homem está presa encantoada — erra rumo, dá em aleijões como esses, dos meninos sem pernas e braços. Dor não dói até em criancinhas e bichos, e nos doidos — não *dói sem precisar de se ter razão nem conhecimento?* E as pessoas não nascem sempre? Ah, medo tenho não é de ver morte, mas de

ver nascimento. Medo mistério. O senhor não vê? O que não é Deus, é estado do demônio. Deus existe mesmo quando não há.⁴⁵ Mas o demônio não precisa de existir para haver — a gente sabendo que ele não existe, aí é que ele toma conta de tudo. *O inferno é um sem-fim que nem não se pode ver*. Mas a gente quer Céu é porque quer um fim: mas um fim com depois dele a gente tudo vendo (Rosa, *GSV*, p. 40-41, grifos nossos).

Destacamos no trecho a transgressão e a urgência de separação referenciada por extremos, oposições delimitadoras. Elas se fazem necessárias através da mistura de opostos de uma mesma origem ("primos carnais") que gera o monstruoso; da aventação da (re)*encarnagem*; da (in)existência de Deus (mantendo ou apagando o seu oponente). A ruptura dos limites leva ao "aberto do perigo"; "Medo mistério"; o inferno que é "um sem-fim que não se pode ver". Riobaldo narrador conclui: a gente quer um fim. Daí, então, terminar a obra com a lemniscata?

Eis no trecho, segundo cremos, um humano que incita o "definitório" e que destina para a divindade (e seu oponente) o "aberto perigo". O risco da errância; a fusão do ser e do não ser, a possibilidade de o demônio tomar "conta de tudo". Todavia, sabemos que o διάβολος é o divisor. Isso gera problemas. O diabo é o limitador, o categorizador? No momento parece que sim, que ele rege *o que infinitamente não se pode ver (a ver?)*. Deus, o que é? Pelo trecho, ele é um fim revelador, um "fim com depois dele a gente tudo vendo". "Deus é definitivamente; o demo é o contrário Dele..." (Rosa, 2009b, p. 29).

Agora beiramos a teologias e filosofias ou a mimese das preocupações metafísicas? Deveríamos retomar Plotino e conjugar o *GSV* e *Corpo de baile* (ambos publicados no ano de 1956) com as epígrafes do grego e do flamengo? Não nos atrevemos. Evitamos essas sendas, "[p]orque em todas as circunstâncias da vida real, não é a alma dentro de nós, mas sua sombra, o homem exterior, que geme, se lamenta e desempenha todos os papéis neste teatro de palcos múltiplos, que é a terra inteira" (Plotino *apud* Rosa, 2009a, *Noites do sertão*, p. 633).

O estudo, lembrem-se, limita-se com os fantasmas, as sombras. O definitivo, "a alma dentro de nós", o sem-fim que se vê revelado, não será abordado. Para chegar até ele é preciso tirar as sandálias, sair do provisório. Estamos objetivando o flutuante, o mero acaso, o voo das palavras. Para

....
45. Interessante essa oposição entre EXISTIR e HAVER (a ver? "gente tudo vendo"?). Pagamos para ver com a morte, isso é certo.

menos, não precisamos de grandes teorias, de profundas filosofias nem de muita teologia. Garimpamos tutameias e nossa teoria ergueu-se com léxicos mutantes. Por ora, basta-nos contemplar uma palavra: μίγνυμι!⁴⁶

Misturar na guerra e no amor, trabalhar no nível das sombras, pindaricamente.⁴⁷ Contudo, o simples fato de haver mistura impele, instiga e propõe de novo, natural e rasteiramente, sua contraparte: cernir e discernir no ordinário da vida, no varejo.

> Baixei, mas fui ponteando opostos. Que isso foi o que sempre me invocou, o senhor sabe: eu careço de que o bom seja bom e o rúim ruim, que dum lado esteja o preto e do outro o branco, que o feio fique bem apartado do bonito e a alegria longe da tristeza! Quero os todos pastos demarcados... Como é que posso com este mundo? A vida é ingrata no macio de si; mas transtraz a esperança mesmo do meio do fel do desespero. Ao que, este mundo é muito misturado... (Rosa, 2009b, p. 145).

Mas se o mundo é misturado, que isso seja tolerado como sofrência humilde, paciência, contingência e fugindo da metafísica:

> O senhor tolere e releve estas palavras minhas de fúria; mas, disto, sei, era assim que eu sentia, sofria. Eu era assim. Hoje em dia, nem sei se sou assim mais. Do ódio, sendo. Acho que, às vezes, é até com ajuda do ódio que se tem a uma pessoa que o amor tido a outra aumenta mais forte. Coração cresce de todo lado. Coração vige feito riacho colominhando por entre serras e varjas, matas e campinas. Coração mistura amores. Tudo cabe (Rosa, 2009b, p. 123).

Coração cresce de todo lado, até no miudinho. Mas Arrigucci, quando rastreia a relação entre "mito" e "esclarecimento" no enredo do *GSV*, junge o par "mito e ciência" aos estudos da dialética do esclarecimento que Adorno e Horkheimer apontaram no interior da epopeia homérica e vê nisso uma tentativa de responder às "perguntas sobre o sentido dessa travessia solitária e enigmática, que, no entanto, não podem ser respondidas" (Arrigucci, 1994,

---

....

46. "μίγνυμι: misturar; mesclar *uma coisa e outra*. 2. unir; juntar. 3. unir-se; (...) juntar-se a; (...) *misturar-se com alguém em um combate, combater com alguém*. 4. misturar-se a; relacionar-se com. 5. relacionar-se sexualmente com" (Malhadas; Dezotti; Neves, 2008, grifos nossos).

47. "Oitava Pítica", Píndaro, verso 95-96: ἐπάμεροι· τί δέ τις; τί δ' οὔ τις; σκιᾶς ὄναρ ἄνθρωπος. ["Provisório! Quede um? Quede nenhum? Vulto no breu, criatura." (tradução nossa)] ou, nos termos de Rosa (2009b, p. 269): "...jagunço não passa de ser homem muito provisório."

p. 28). Compartilhamos quase na totalidade com o crítico e comprazemo-nos com o fato de ser o conhecimento um τόπος fundado em Homero.

Entretanto, o lugar filosófico e literário do conhecimento está presente em toda a literatura grega, que gira centripetamente para esse "lugar-comum". Assim, faremos um desvio da teoria de Arrigucci. Nosso ponto de discordância maior, porém, não reside na origem de um *tópos* que pode ter sido, talvez, até copiado dos egípcios ou hebreus, dos mesopotâmicos ou de povos mais ancestrais ainda. O pomo da discórdia foi jogado na mesa de estudo, prima vez, por ocasião da análise do nome Riobaldo, Riobardo, Riovaldo (Rio vadio), Riuardo (Rio ardente)...

Discutimos algures o nome do moço em um traço específico, o homérico:

> em relação ao nome Riobaldo, ocorre que, no falar mineiro, ele pode estar sujeito ao fenômeno do rotacismo, isto é, ele pode sofrer alteração de pronúncia; na elocução, o 'l' de "baldo" se realiza modificado em 'r'. O habitante de Paraopeba e Cordisburgo, por exemplo, fala Riobaldo como se escrevêssemos "Riobardo". O composto assim pronunciado e ouvido significa: "rio bardo", ou "rio cantante" ou, em outros termos, "rio aedo". O processo é interessante, a palavra carrega sonoramente o potencial de um significado ancestral que poderá ser perdido sem prejuízo do nome, mas que, resgatado, fecunda-a. Que não se esqueça, ademais, que "rio" é também verbo que se pode ler como a declaração de um "riso vazio" ou de um "riso aedo", ou ainda o riso de um criador mais potente e melhor sobre a singeleza da arte do velho aedo... Formas brasileiras bem-humoradas de (de) compor e (de)cantar o literário. Rioba(l/r)do é um obcecado por encher-se de saber; mais que todos, ele sofre por desconhecer. Não carece percorrer sua história (...) (Barbosa, 2018, p. 8).

Moderno, esse jagunço cansado, um pouco *blasé*, contenta-se com a superfície do canto, a mimese, o estilo (nos dizeres de Rónai) e com os fantasmas que o poético cria. Sejam, portanto, os seus fantasmas potenciais metaplásmicos: Riovaldo, vagabundo erradio; Riuardo,[48] rio rosa, Riobardo, rio cantador! Notem o que Rosa escreve para Rónai explicando termos, expressões e frases:

....
48. Seguindo esclarecimentos de Guimarães Rosa a Meyer-Clason (Meyer-Clason; Rosa, 2003, p. 167) e aplicando metaplasmos ao nome de Riobaldo → Riu + uardo → "Rosa-uarda = nome misto, composto. Porque "*uârd* é 'rosa', mesmo, em árabe", como explicado anteriormente.

Naturalmente, nas respostas acima, Você tem só o resíduo lógico, isto é, o que pode ser mais ou menos explicado, de expressões que usei justamente por transbordarem do sentido comum, por dizerem mais do que as palavras dizem; pelo poder sugeridor. Em geral, são expressões catadas vivas, no interior, no mundo mágico dos vaqueiros. São palavras apenas mágicas. Queira bem a elas, peço-lhe. (Rosa *apud* Rosa, 1983, p. 343)

Eis o Rosa bacurau a catar insetos no meio da noite... Catar insetos, (per)seguir lêmures, mistério para si mesmo.

CAPÍTULO 4

Chagas abertas, coração ferido

"Conosco benissimo d'essere io un mistero a me stesso, no so comprendermi"[1]

"Para mim mesmo, sou anônimo; o mais fundo de meus pensamentos não entende minhas palavras; só sabemos de nós mesmos com muita confusão."[2]

Este último capítulo, em parte, já foi publicado. Retomamos e ampliamos o estudo que o antecedeu de modo, para nós, inesperado e conclusivo. Os que leram a versão anterior perceberão mudanças significativas. O motivo de retomá-lo foi um recorte de jornal cuidadosamente aparado, encontrado ao acaso, dobradinho, dentro do *Dicionário de rimas*, de Almerindo Martins de Castro (1944), que integra a coleção especial de João Guimarães Rosa no IEB.

Sem citação de origem, cidade, dia e ano, bem quebradiço e amarelado, o recorte é eloquente, acaba por insinuar o sobrenatural no cotidiano de uma cidadezinha italiana. A narrativa se inicia com tom cético e controverso:

> San Giovanni Rotondo, janeiro (ANSA) — Na cidadezinha de San Giovanni Rotondo, na Itália central, vive o célebre padre Pio de Montalcina (sic), o frade estigmatizado, o homem que a gente vem consultar de todos os recantos do mundo. Há pouco, espalhou-se a notícia de que as autoridades eclesiásticas pretendiam afastar o frade de San Giovanni Rotondo e transferi-lo para outro mosteiro. Os motivos não eram claros. Talvez se desejasse evitar que a presença

....
1. "Sei muitíssimo bem que sou um mistério para mim mesmo, não sou capaz de me compreender": Padre Pio, *Epist. I, 1068-1069 apud* Strzechmiński, 2014b, p. 30.
2. Rosa, 2009b, p. 644.

do monge milagroso fosse explorada, no município para fins turísticos ou, então, se pretendesse fiscalizar a atividade do extraordinário religioso e pesquisar-lhe a personalidade. Seja como for, os habitantes de San Giovanni insurgiram-se e preveniram o bispo da diocese de que não permitiram (sic) que o seu "Santo" fosse transferido. Cartazes espalhados em toda parte do município advertiram de que a população teria empregado até a força, se necessário, para impedir a partida de padre Pio.

Diríamos não serem necessárias as explicações, é bem conhecido o caso polêmico do Padre Pio — com perseguição na própria Igreja Católica —, e, se este papel retalho surgiu do nada, sem referências, a notícia, por si, talvez dê pistas de sua época — "Há pouco, espalhou-se a notícia de que as autoridades eclesiásticas pretendiam afastar o frade de San Giovanni Rotondo e transferi-lo para outro mosteiro".

Qual o quê! Há no recorte várias pistas falsas que levam a mal-entendidos. O acosso por algumas autoridades eclesiásticas, depois da divulgação da estigmatização de Padre Pio (*25/05/1887 †23/09/1968) e do consequente e formidável fluxo de peregrinos para o local, durou pelo menos 40 anos. Por uma quarentena surreal tentaram eclipsá-lo, causando com isso tumultos recorrentes em San Giovanni Rotondo. A história parece uma novela e, de fato, gerou milhares de livros investigativos e devocionais.

Poderíamos supor que o jornal tratasse de um evento ocorrido entre os anos 1919 e 1922, quando, após o falecimento do Papa Bento XV, o Santo Ofício, pela primeira vez, decidiu isolar o religioso italiano de seus devotos.

No entanto, a situação inicial, segundo panorama da época reportado por Renzo Allegri (1999, p. 173), foi assim: "Por mais estranho que se possa parecer, os estigmas não causaram grande barulho dentro do convento de San Giovanni Rotondo. Os três frades que moravam com o Padre Pio, de início, não se deram conta do que havia acontecido."[3] Só mais tarde, o superior do convento, Padre Paolino da Casacalenda, tendo conhecimento dos estigmas, através de uma jovem dirigida espiritual de Padre Pio, testemunha sua perplexidade: "'Eu não me omitia', escreveu. Aquele acontecimento, quando o público soubesse dele, haveria de desencadear grandes surpresas para nós e,

....
3. ["Per quanto possa sembrare strano, le stigmate non destarono grande scalpore all'interno del convento di San Giovanni Rotondo. I tre frati che vivevano con Padre Pio, in un primo tempo, non si resero conto di quanto era accaduto."]

por isso, sem querer, tivemos todos que nos sujeitar a uma responsabilidade de magnitude maior" (Casacalenda *apud* Allegri, 1999, p. 174).⁴

Desse modo sabe-se que o segredo dos estigmas foi mantido o mais possível até que o fato vazou e os frades capuchinhos — representados pelo seu provincial, que era, igualmente, orientador espiritual do Padre Pio, Padre Benedetto — se viram obrigados a revelar o acontecido.

> Padre Benedetto, em uma carta de 5 de março de 1919 ao Padre Agostinho, assim fala dos estigmas que ele havia visto: "Neles não há manchas ou marcas, mas chagas reais que perfuram suas mãos e pés. Pude, pois, observar a que estava no flanco: um verdadeiro corte, que dá, continuamente, ou sangue ou humoral de sangue. Sexta-feira é sangue. Encontrei-o a mal se sustentar de pé... Quando ele diz Missa, tendo que manter as mãos para cima e nuas, fica exposto ao público" (Allegri, 1999, p. 175).⁵

Por mais dois meses o sigilo permaneceu. A estação favorecia, afinal, "durante os meses de inverno, por causa do frio e da neve, o convento não era frequentado por estranhos. Mas, com a chegada da primavera, o número de peregrinos aumentou especialmente aos domingos. E, na primavera de 1919 [maio], a bomba explodiu" (Allegri, 1999, p. 179).⁶

O grande fragor mencionado por Allegri se deu quando um respeitado diário de notícias de Nápoles, nos dias 20 e 21 de junho de 1919, com a manchete "Padre Pio, o santo de San Giovanni Rotondo, faz um milagre na pessoa do chanceler da aldeia. Estava presente um enviado especial do *Matutino*" (Allegri, 1999, p. 178), dedicou uma página inteira de reportagem sobre o capuchinho. A matéria repercutiu extraordinariamente e, "[d]ada a excepcionalidade dos fatos em San Giovanni Rotondo, o *Santo Ofício* imediatamente entrou em ação" (Allegri, 1999, p. 212). Foram enviados para

....
4. ["'Non mi nascondevo' scrisse 'che questo avvenimento avrebbe riservato a noi delle grandi sorprese quando il pubblico ne fosse venuto a conoscenza, e perciò senza volerlo si andava soggetti tutti alla più grande responsabilità'."]

5. ["Padre Benedetto, in una lettera del 5 marzo 1919 a Padre Agostino, così parla delle stigmate che aveva visto: 'In lui non sono macchie o impronte, ma vere piaghe perforanti le mani e i piedi. Io poi gli osservai quella del costato: un vero squarcio, che dà continuamente o sangue o sanguigno umore. Il venerdì è sangue. Lo trovai che si reggeva a stento in piedi... Quando dice Messa il dono è esposto al pubblico, do vendo tenere le mani alzate e nude'."]

6. ["(...) Durante i mesi invernali, a causa del freddo, della neve, il convento non era frequentato da stranei. Ma con l'arrivo della primavera, i pellegrini aumentavano, soprattutto la domenica. E nella primavera del 1919 scoppiò la bomba."]

o conventinho de Pietrelcina médicos e visitadores a fim de acompanharem o franciscano de perto, mas decisão nenhuma, até então, tinha sido tomada.

As várias investigações médicas sobre os estigmas do Padre Pio (...), destinavam-se, em última instância, aos membros do Santo Ofício. Em 1921, havia quatro relatórios em suas mesas: o do Professor Romanelli, o do Doutor Festa, o do Professor Bignami e o do Padre Gemelli. Dois, Romanelli e Festa, foram completamente positivos, no sentido que os dois médicos disseram que Padre Pio era um homem extraordinário e que tudo o que aconteceu nele só poderia ter explicações sobrenaturais. O Professor Bignami, ateu e materialista, não poderia sugerir explicações sobrenaturais e, embora admitisse que Padre Pio era uma pessoa excepcional, indicou serem as feridas oriundas de um agente patológico combinado com um desvio psicológico de tipo maníaco. O quarto relatório, o do Padre Gemelli, era, em teoria, o mais abalizado. Gemelli, religioso, padre, médico e grande cientista, tinha todos os quesitos para fazer o julgamento mais competente. Por isso os membros do Santo Ofício privilegiaram as suas avaliações e abraçaram as teses por ele defendidas. No entanto, ele foi prejudicial ao Padre Pio: excluía, de fato, qualquer intervenção sobrenatural, atribuindo à histeria a origem daquelas feridas[7] (Allegri, 1999, p. 212).

Além dos laudos médicos, houve também a produção de um conjunto de depoimentos de personalidades locais sobre o frade, o qual foi inspecionado, interrogado e observado no que diz respeito a sua conduta.

Tendo reunido todos os documentos, o Santo Ofício confiou a redação de um dossiê circunstanciado ao dominicano Joseph Lemius. Este, em seu voto, "reconhece que não pode afirmar 'nada de certo a respeito da origem dos seus estigmas', por causa da ausência de uma verificação direta"[8] por parte

....
7. ["Data l'eccezionalità dei fatti di San Giovanni Rotondo, il Sant' Uffizio entrò subito in azione. Le varie inchieste mediche sulle stigmate di Padre Pio, (...), erano, alla fine, destinate ai componenti il Sant' Uffizio. Nel 1921, sui loro tavoli c'erano quattro relazioni: quella del professor Romanelli, quella del dottor Festa, quella del professor Bignami e quella di Padre Gemelli. Due, Romanelli e Festa, totalmente positive, nel senso che i due medici affermavano che Padre Pio era un uomo straordinario e che quanto era accaduto in lui poteva avere solo spiegazioni soprannaturali. Il professor Bignami, essendo ateo e materialista, non poteva suggerire spiegazioni soprannaturali e, pur ammettendo che Padre Pio era una persona eccezionale, indicava, quale origine delle piaghe, un agente patologico combinato con una deviazione psicologica di tipo maniacale del soggetto. La quarta relazione, quella di Padre Gemelli, in teoria era la più autorevole. Gemelli, religioso, sacerdote, medico e grande scienziato, aveva tutti i numeri per emettere il giudizio più competente. Per questo i componenti del Sant' Uffizio privilegiarono le sue valutazioni e abbracciarono la tesi da lui sostenuta. Che era però deleteria nei confronti di Padre Pio: escludeva, infatti, ogni intervento soprannaturale, attribuendo l'origine di quelle piaghe a isterismo."]

8. Castelli, 2009, p. 39.

dos relatores e indica, para o caso, a necessidade de um visitador apostólico, um inquisidor, para averiguar mais profundamente o caráter moral, ascético e místico de Padre Pio.

A sugestão foi aceita, sendo enviado para Pietrelcina o Bispo de Volterra, Dom Raffaello Carlo Rossi, carmelita de origem. Com a chegada de Dom Rossi

> [e]m junho daquele ano [1921], espalhou-se de fato a notícia de que o Padre Pio seria transferido para um outro convento e o povo de San Giovanni Rotondo sublevou-se, assaltou o convento e ameaçou o superior, demonstrando quanta estima tinha por aquele religioso. Uma estima expressa talvez de modo pouco ortodoxo, mas, ainda assim, intensa e incondicional (Allegri, 1999, p. 213).[9]

Mas o tumulto foi infundado e provavelmente foi noticiado apenas em jornais locais. Até aquele junho não se havia determinado a transferência. Dom Carlo Rossi, como visitador, cumpriu cuidadosamente sua tarefa de inquisidor e, para conforto do povo devoto, emitiu um voto favorável a Padre Pio. Segundo Castelli, a conclusão de Dom Rossi é clara: racionalmente, à luz dos dados coletados, para ele os estigmas de Padre Pio apresentam características de uma origem divina.

Entretanto, o carmelita prefere deixar o julgamento oficial para os "cardeais do Santo Ofício, decidindo, prudentemente, não se pronunciar pessoalmente", nem afirmar que, mediante observação, haveria claro "motivo para fazer pender a favor do dom sobrenatural". Dom Rossi no entanto obriga-se a dizer que

> (...) "Padre Pio é um bom religioso, exemplar, empenhado na prática das virtudes, dedicado à piedade e mais elevado nos graus de oração do que pode parecer; irradiava, de modo especial, uma profunda humildade e uma simplicidade singular que se mostravam inabaláveis, mesmo nos momentos mais difíceis em que essas virtudes foram, de forma penosa e perigosa, postas à prova por ele."
> (...) Transferi-lo — observa o bispo inquisidor — causaria "vivíssima oposição por parte dos habitantes de San Giovanni Rotondo" (Castelli, 2009, p. 68 e 70).

....
9. ["A giugno di quell' anno [1921] si era infatti sparsa la notizia che Padre Pio sarebbe stato trasferito in un altro convento e il popolo di San Giovanni Rotondo era insorto, aveva assalito il convento e minacciato il superiore, dimostrando in questo modo quanta stima aveva per quel religioso. Una stima espressa forse in maniera poco ortodossa, ma pur sempre grande e incondizionata."]

Como o Padre Pio ficou em San Giovanni, a agitação popular não alcançou repercussão internacional e podemos imaginar que talvez não fosse mesmo este o momento da notícia chegada aos periódicos brasileiros.

O clima serenou, mas não por muito tempo. Junto com o dossiê de Dom Rossi,[10] chega ao Santo Ofício uma denúncia contra o capuchinho escrita por Dom Pasquale Gagliardi, Arcebispo de Manfredônia. Denúncia, relatório de Dom Rossi e documentos coletados em 1921, tudo foi agregado para análise.

Passa-se um ano, estamos em 1922, e, após mais um ano, o Santo Ofício, em 1923, "afirma que não se confirma a sobrenaturalidade dos fatos atribuídos ao Padre Pio e exorta os fiéis a conformarem-se com essa declaração" (Castelli, 2009, p. 360).

Decerto prevaleceu no julgamento a opinião que corroborava aquela do Padre Agostino Gemelli, eminente reitor e fundador da Universidade Católica do Sagrado Coração, que, sem o devido exame clínico, emitiu juízo adverso ao seu confrade e o desacreditou oficialmente. Resultado: o Padre Pio foi proibido de celebrar missa em público e atender confissões.[11]

A população novamente se indignou e provocou mais reboliço. O Santo Ofício se retraiu e declinou da punição, revogando a decisão e permitindo que o frade voltasse a celebrar suas missas na igreja, sustentando, contudo, a necessidade de sua transferência. A ameaça, porém, desencadeou, por parte

....
10. O livro intitulado *Padre Pio sob investigação: a "autobiografia" secreta*, de Francesco Castelli, trata exclusivamente de enfatizar a extraordinária importância desse documento de Dom Rossi que ficou *sub rosa* para as vistas dos estudiosos, "sepultado", durante longos anos, e que, com a decisão de Bento XVI de tornar acessíveis os documentos do Pontificado de Pio XI (1922-1939), regressou do passado. Na obra, Castelli reúne as *Atas* do primeiro inquérito de Padre Pio (1921). "São seis valiosos depoimentos, feitos sob juramento, diante de um inquisidor do Santo Ofício. Neles, revelando fatos e fenômenos nunca relatados a ninguém, Padre Pio compôs, de viva voz, a sua autobiografia e entregou-a definitivamente à Igreja e à história. Mas isso não é tudo. O inquisidor que 'recolheu' os segredos de Padre Pio não se limitou às afirmações do frade para traçar o seu perfil espiritual e a sua identidade mística. Procurou, ainda, pôr o dedo na chaga e, tiradas as ligaduras das mãos do padre, examinou com rigor seus estigmas. Daí resultou um exame inédito com aspectos fascinantes e inesperados" (Castelli, 2009, p. 33-34).

11. Vitorio Messori no prefácio à obra *Padre Pio sob investigação: a "autobiografia" secreta* (Castelli, 2009, p. 19), declara: "As graves restrições de Padre Gemelli — um psicólogo renomado e fundador da Universidade Católica — que chegaram ao conhecimento de Roma foi o que deu início ao inquérito publicado nesta obra. Situação que perdurou e que se apoiava, como foi amplamente apurado, nas informações que ele se gabava de possuir, mas que, na realidade, eram muito exageradas, pois só se encontrou com o Padre Pio uma vez e por alguns minutos. A esse padre juntou-se também Dom Gagliardi, que, desde o princípio, se mostrou desconfiado e hostil ao capuchinho e repetiu continuamente as suas acusações, que se revelaram totalmente infundadas, até que, em 1929, foi praticamente obrigado a pedir demissão. É, sobretudo, neles que parece centrar-se aquela atitude preconceituosamente hostil aos eventos místicos extraordinários, que, embora não fosse completamente estranha à Igreja de todos os tempos, certamente se acentuou nestes últimos séculos de racionalismo frequentemente exasperado. O que, certamente, pesou muito, em razão do papel desempenhado pelos dois eclesiásticos."

de alguns fascistas[12], até ameaças de morte, caso isso acontecesse (Castelli, 2009, p. 360).

A notícia do recorte poderia ser de 1923 em razão do trecho:

> Padre Pio ficou e a calma voltou a reinar na pequena cidade e, com a cama [sic], voltaram as romarias, os visitantes, os curiosos, os incrédulos e os necessitados. Os hotéis de San Giovanni estão, de novo, superlotados. São hotéis diferentes. Às quatro horas da madrugada, uma campainha desperta os hóspedes, porque às 5 horas o padre Pio celebra missa na Igreja do Convento de "Santa Maria dele Grazie".
> Nada mais comovedor e, ao mesmo tempo, menos hermético e formal, do que esta missa que há trinta anos padre Pio resa (sic), na mesma igreja e sobre o mesmo altar, que é dedicado a São Francisco de Assis.

O trecho expõe uma pista importante: o padre já está a rezar missa em San Giovanni há três décadas. E ainda lemos:

> Há vinte anos, o mosteiro de padre Pio era ligado à cidade por uma ladeira íngreme e estreita. Hoje em dia uma grande estrada asfaltada leva ao convento e já se cogita ampliá-la, uma vez que mal chega para dar vazão ao afluxo de carros e pedestres que a percorrem todos os dias, a todas as horas.

Assim, a vigilância sobre o místico de San Giovanni ia já de muitos anos. Em 1909 o Santa Maria delle Grazie, que estava fechado por causa do banimento dos religiosos pelas leis do estado, foi reaberto. Padre Pio chegou ao convento em 1916 aos 29 anos. Se somarmos 1916 aos mais de 30 anos de missa celebrada referidos na notícia, estamos em 1946. De outro modo, se somamos os 20 anos mencionados igualmente no jornal brasileiro, pode ser que estejamos por volta de 1936 e o frade tenha 49 anos.

Contudo, em 1916 a cidade era um lugarejo, não tinha fama de ser a morada de um santo, e só em 1918 Padre Pio recebe os estigmas visíveis. A transverberação se dá na mesma ocasião, quando ele tinha 31 anos; em 1919 começam as primeiras visitas médicas que acarretam as mudanças no cenário da cidade; se somarmos mais 20 anos a este de 1919, temos o ano de 1939.

Constata-se rapidamente que os tormentos que aconteceram na vida do sacerdote se prolongaram o suficiente para, entorno deles, a cidade crescer.

....
12. No sentido de adeptos de Benito Mussolini.

O franciscano, embora permanecesse em San Giovanni Rotondo, se vê, a eito, cerceado. Em 1929 chega ao convento uma ordem de transferência do Padre Pio que é protelada por causa de outros tumultos. Em 23 de maio de 1931 ele é proibido de celebrar missa publicamente e de atender confissões; em 16 de junho de 1933 a ordem é parcialmente revogada: pode atender confissões pela manhã. No ano de 1935, há certa normalidade, comemora-se seu jubileu de prata de sacerdócio com grande festa e elevado número de devotos; em 1940 institui-se uma comissão para que — segundo idealização de Padre Pio — seja fundado um hospital, a Casa Sollievo della Sofferenza (Casa Alívio do Sofrimento); em 1941, por intermédio do ministro geral da ordem dos franciscanos junto ao Santo Ofício, é concedido ao Padre Pio atender confissões à tarde; em 1943 reinicia-se intenso afluxo de peregrinos e, em 1947, com prestígio redobrado, o religioso já aparece nos noticiários como iniciador da construção da sua "grande obra terrena", que será inaugurada em 5 de maio de 1956 — mesmo ano de publicação do *GSV*.

Também em 1956, aqui no Brasil, a revista *O Cruzeiro* envia um correspondente a San Giovanni, Luciano Carneiro, que testemunha o inusitado à volta do padre:

> As peregrinações a San Giovanni Rotondo cresciam na medida em que crescia a fama de Padre Pio, o frade estigmatizado. As cinco chagas que lhe haviam surgido de repente, nas duas mãos, nos dois pés, e embaixo do coração, faziam dêle um santo em vida, a exemplo do fundador de sua ordem, S. Francisco de Assis. Três médicos examinaram as feridas: nenhuma explicação científica souberam dar. As feridas sangrando continuamente por mais de 20 anos não cicatrizavam nem infeccionavam. Fui mandado a San Giovanni Rotondo com a ordem expressa de trazer uma reportagem. Levava planos de uma grande "cobertura" fotográfica. Pobre de mim. O Vaticano proibira fotografar Padre Pio. Adotando uma linha de prudência num caso assim extraordinário, receosa de publicidade abusiva, a Igreja dera ordens para que o frade escondesse os sinais de sua notoriedade, usasse sapatos em vez de sandalhas da praxe, meias-luvas envolvendo as mãos. E recomendara expressamente: nada de fotografias para a imprensa. Havia, porém, uma reportagem a colher. Camuflei uma "câmera" de 135mm por baixo do meu sobretudo e fui para a fila, diante da Igreja fechada. Na madrugada de inverno, um vento frio tornava angustiosa aquela espera. Mas a fé sustentava a multidão. Peregrinos das cidades mais distantes da Itália, e muitos deles vindo do estrangeiro, ligavam pouco ao clima — pois aquela

cidade era San Giovanni Rotondo, aquela Igreja a de Padre Pio (Carneiro, *O Cruzeiro*, RJ, 1956, Edição 33 (3), p. 44).[13]

Certamente, o recorte não é de 1956, mas não é, igualmente, de 1946, tendo em vista que o hospital avança. Em 1960, recomeçam as perseguições e denúncias que, a pedido do então Papa Paulo VI, são arquivadas em 1964; em 23 de setembro de 1968, sem estigmas e com enorme comoção pública, Padre Pio morre. Em 2002, é proclamado santo pela Igreja Católica.

Nessas idas e vindas, a data do recorte poderia variar no período que vai de 1941 até 1956, porque se faz menção ao atendimento por parte do capuchinho de confissões de manhã para as mulheres e à tarde para os homens, e do projeto da Casa Alívio do Sofrimento, que ainda não tinha sido inaugurada. Mas vamos e venhamos, quinze anos é um interstício grande de datação, por isso, a investigação se dirigiu para as hemerotecas.

Encontramos, finalmente, uma notícia no *Correio Paulistano* (domingo, 16 de janeiro de 1955, p. 24) com formatação e título diferentes (*A história maravilhosa do Santo de San Giovanni Rotondo*) e incluindo foto. O conteúdo era, felizmente, exatamente igual ao do recorte. Desse modo, concluímos que ambas foram coletadas da Agenzia Nazionale Stampa Associata e fechamos a data: um ano antes da publicação do *GSV*.

Vejamos o recorte e a notícia, veiculada no *Correio Paulistano*. Acertados quanto à data, sem referência da fonte do recorte do IEB, o qual, por razões orçamentárias, não oferecemos aqui, podemos verificar ainda que o fragmento seria de um outro jornal da Grande São Paulo, a partir da propaganda, preservada pelo fio da tesoura, do Externato Nuno de Andrade, com sede em Higienópolis.[14]

Sem pretensões de escritor, poderíamos cogitar também que ele — e toda a vida do monge — daria um bom conto, um excelente romance ou também um episódio curioso de novela. Mas, ao que parece, o pedaço tesourado de jornal não rendeu bons frutos no repertório rosiano, não suscitou o ímpeto do mineiro, que o guardou num dicionário, em silêncio declarado, possivelmente como forma de respeito.

Não concitou o mineiro?! Só que não, veremos aqui.

....
13. Disponível em: <http://memoria.bn.br/docreader/003581/105262?pesq=%22padre%20pio%22>.
14. O colégio funcionou pelo menos até a data de publicação do livro consultado (1980) em casa construída por Ataliba Pereira do Valle. O prédio ficava ao lado da Cultura Inglesa, antiga casa de Fonseca Rodrigues. Pode-se ver foto do local em Homem (1980, p. 89).

Mas, por ora, sigamos o Padre Pio do recorte de Rosa, já que "[n]inguém pede milagre a padre Pio. Ele próprio é um milagre e cada encontro de pecador com o pequeno monge, pálido, cansado, é milagrosamente fecundo".

Foto 18. "A história maravilhosa do 'Santo de San Giovanni Rotondo'", *Correio Paulistano*, São Paulo, 16 jan. 1955, n. 30.299 [Fonte: Hemeroteca Digital — Biblioteca Nacional].

O mistério fecunda o moderno de um modo ou de outro...

Como se viu na nota 1 deste capítulo, no estudo das epístolas de Padre Strzechmiński (2014), uma das epígrafes que subnomeiam esta seção foi escrita por Padre Pio em carta ao seu diretor espiritual. A semelhança de seu teor com o subtítulo interno deste capítulo, frase do conto "Se eu seria personagem"

(*Tutameia*), é notável. Todavia, não é este o ponto de ligação de ambos, e, evidentemente, não afirmamos que Rosa tenha lido, numa trama quase medieval e num cantinho de um mosteiro italiano, às escondidas, uma carta — à época, secreta — trocada entre o monge chagado e seu diretor espiritual. Não. Valor imenso tem o Rosa, que — sendo bom mineiro — nunca é óbvio. Se a história aparece, ela vem sob ilação, e se Padre Pio reverberou luz criadora na obra dele, isso não será simples de identificar.

Por isso, o que há de comum entre eles é — nada mais, nada menos — o esbarrão no sobrenatural que fecunda a história: o encontrão com o mistério, com o sofrimento, com as feridas e a perseguição. Podíamos, inclusive, coletar outras inúmeras frases com este viés e fotografar a perplexidade do enunciador diante de seu próprio desconhecimento — de si e do que se passa consigo — e com isso demonstrar o metafísico em Rosa. Mas essa perplexidade não seria acaso o espanto humano muito comum a toda gente? Metafísica é πράξις, ἀσκήσις, ἱστορία com espírito rude (fonte etimológica do "h", mas o **agá eh mm não**...).

Não interessa para nós, porque não temos capacitação para escrever sobre isso. Não podemos, não queremos e não vamos entrar nessa questão, mas vamos contrastar o místico metafísico dos tempos modernos, construtor de hospitais e criador de polêmicas que duraram 50 anos e que fazem crescer povoados, e a metafísica poética-*light* rosiana, pontuada de ambiguidades e ironias, indecisa e aírica. Queremos refutar a hipótese de que o escritor tenha sido um metafísico, ou mesmo um homem "muito religioso", como costumava dizer; para nós, ele não era sequer um metafísico cerebrino moderno da nova geração, que encara a religião como "ciência". Rosa traçou seu destino: foi escritor!

Rosa é poeta com provável potência — rechaçada, pois que ele não mergulha no exercício e na prática da religião — para metafísico por causa de sua perplexidade diante do mistério que não fosse enorme como o de Pietrelcina. Percluso pelo belo, ele trabalha no concreto da letra e do som e produz, com isso, lêmures ao máximo. Essa estratégia cria fantasmas eficazes que assombram, elevam e simulam metafísica, mas na realidade são literatura, poesia, a beleza mudável e criada aludida por Safo no fragmento 16 (Voigt).

O par esdrúxulo — Padre Pio e João Guimarães Rosa —, especificamente no *GSV*, dança uma moda sofrida. Na conjugação de ambos, temos dois movimentos opostos, a saber: um do poeta angustiado que se utiliza do religioso para realizar e alçar sua própria obra, e o outro de um místico feliz e chagado que — segundo os críticos e especialistas de sua correspondência

— menosprezou sua potência poética, sua palavra oratória e seu poder de persuasão em favor do abandono de si e da realização da obra de Outrem. Padre Pio viveu para a Igreja (que não o compreendeu, por longo tempo), para os devotos e para o Cristo crucificado e chagado.

> Padre Pio não exerceu o ofício de escritor nem de artista, embora não lhe faltassem, como demostrei, possibilidades e meios, pela acuidade de observação peculiar, intensidade de sentimento, sensibilidade poética e o necessário domínio dos meios de expressão. E é uma realidade magnífica que o Padre Pio, que dedicou todas as suas horas à dolorosa e sofrida obra de corredenção, também tenha gostado da expressão precisa, florida, literalmente sólida, dignamente artística: e estes dotes possuídos por ele se juntavam tanto mais espontânea e imediatamente na página, quanto mais intenso era o seu sentimento, mais agudos os movimentos que agitavam sua alma. Isto significa então dizer que Padre Pio tinha o espírito do homem das letras, a alma do artista, o coração do poeta (D'Errico *in Padre Pio scrittore apud* Strzechmiński, 2014a, p. 140).[15]

Assim, este capítulo se ocupará de duas metas: 1. apresentar o sobrenatural, no caso espantoso de um frade de uma cidadezinha cravada na montanha, por contraste com o excepcional homem das letras; 2. observar e interpretar a inserção de um chagado no *GSV*.

O monge e o intelectual

O monge, já se sabe, é o Padre Pio, o que passou 50 anos prisioneiro de um corpo ferido e de um confessionário — 5 minutos no máximo para cada penitente —, frei capuchinho que, sem se dedicar com afinco ao estudo, confessou peregrinos de toda parte em suas próprias línguas,[16] fazendo-os ter clara visão

....
15. ["Padre Pio non esercitò il mestiere del letterato e dell'artista, pur non mancandogliene, come ho dimostrato, possibilità e mezzi, in particolare acutezza di osservazione, intensità di sentimento, sensibilità poetica e il necessario possesso del mezzo espressivo. Ed è una magnifica realtà che a padre Pio, che tutte le sue ore impegnava in dolorosa e sofferta opera di corredenzione, piaceva anche l'espressione precisa, fiorita, letterariamente solida, dignitosamente artistica: e questi dotti, da lui possedute, confluivano tanto più spontanee e immediate nella pagina, quanto più intenso era il suo sentimento, più acuti i moti che s'agitavano nell'anima. Il che vuol dire che padre Pio aveva lo spirito del letterato, l'animo ell'artista, il cuore del poeta."]
16. Em nota, Francesco Castelli (2009, p. 84) esclarece: "Rossi, p. 116. De fato, o capuchinho não escreve, mas recebe cartas em francês, demonstrando que consegue traduzir bem para o italiano. A única carta de Padre Pio em francês, com cinco linhas, é endereçada a Padre Agostino, de San Marco in Lamis, e

de si e de suas faltas para consigo mesmos, para com Deus e para com outros homens. Um padre que celebrava uma única missa concorridíssima por dia, às 5 horas da manhã, com duração de aproximadamente três horas, que se tornou famoso e que raramente falava em público. Místico, este homem abre seu corpo em chagas e por elas deixa entrar e sair um infinito que o faz *meta-humano*, infinitamente outro.

O intelectual é sem dúvida Rosa, que, ao contrário do Pio, não tinha prática religiosa, mas era estudioso notável desse assunto, dizia-se kardecista, e frequentador de círculos políticos, esotéricos e literários importantes. Foi, como se afirmou, cadeira 2 da Academia Brasileira de Letras e funcionário respeitado no Itamaraty. Diplomata conciliador de conflitos, Guimarães Rosa, tal como um novo Homero — ou como um Ulisses redivivo amado por Calipso, a imortal escondida em Ogígia —, conciliou a humanidade precária e coletou todas as tendências espirituais em veredas literárias poéticas (universalismo e regionalismo, erudição e simplicidade popular, religiosidade e ceticismo, tradicionalismo e invenção, Deus e o Diabo...). Rosa recusou, aparentemente, a escolha radical da intimidade com o eterno que lhe foi oferecida por uma família católica do interior de Minas Gerais, é o que se vislumbra numa rusga escamoteada, mínima, em carta trocada com o pai.

Esperto, ele driblou os deuses e alcançou ser imortal; não se calou, foi homem público, literato "difícil" (Callado *in* Callado *et al*, 2011, p. 13 e 15), deslumbrou-se consigo:

> Numa ocasião, depois de ler A terceira margem do rio, eu disse: "Rosa que conto tão bonito que você escreveu, que coisa estranha, interessante... De onde é que veio? Tem alguma fonte?" E ele disse: "Ai, Callado, nem me pergunte, eu cheguei a ficar assustado, parei pra rezar" (Callado *in* Callado *et al*, 2011, p. 12).

....

continha uma saudação breve. Seja como for, permanece uma interrogação: como é que ele sabia francês para poder traduzir prontamente? Caso, sobre esse assunto, pudesse haver algumas hipóteses, mais clara é a explicação de uma situação análoga. Diante do seu pároco de Pietrelcina, Salvatore Pannullo, em 1912, Padre Pio leu e explicou uma carta de Padre Agostino em grego. Interrogado sobre como teria feito, ele atribuiu o acontecido ao anjo da guarda. Cf. *Epistolário*, p. 301; 302, n. 2." Novamente, ao inquisidor, à pergunta "É dado em particular ao estudo?" ele responde: "Exa., estou sempre confessando. Por isso, estou sempre a par dos estudos necessários" (Castelli, 2009, p. 269). Cf. também: Francisco Sanchez-Ventura (1976, p. 113-114): "aquel fraile conace el 'argot' de los portuarios de Nueva York, el dialecto de los balubas y el galimatias linguistico de los chinos ... Los protagonistas de estos sucesos suelen ser soldados que, atraidos por la fama del 'santo', acuden durante la guerra, y todavia en mayor número al terminarse esta, para confesarse con el. Y al marinero negro, llegado expresamente desde Toronto, el fraile ha tenido que hablarle en su propio idioma..."

Mas o não entendimento de si, do mistério que o habitava levou-o a muitas veredas, de onde ele sugou a água e não obstante nunca ficou saciado. Tentou — enquanto pôde — controlar a própria narrativa de vida e obra, seu veículo de elevação e perenidade. Ele é aquele que constata e ama o humano, opta por ele e, no fim de sua obra magna, carimba seu testamento: o círculo vicioso e ambíguo de uma lemniscata fechada para o infinito. Para ele a língua é porta de transcendência. Escritor inimitável, ao entrar no idioma, fecha a porteira e vê deus num "mundo fantasmo".[17] Vê Deus definido por uma grandeza limitada: a do corpo e a da razão humana.

Quase todos os místicos — pelo menos aqueles do catolicismo que compulsamos na biblioteca do IEB — sofreram com doenças atrozes, com dores contínuas e intensas e com perseguições da própria Igreja. Com Padre Pio não foi diferente: "Tutto il mio corpo, è un corpo patologico. Catarro bronchiale diffuso, aspetto ischeletrito, nutrizione meschina e tutto il resto."[18] Decorrente disso, pensem, vêm a tosse, a febre altíssima, o catarro, o cheiro dos medicamentos e das chagas abertas, a lerdeza do andar, o mau humor pelo incômodo gerado por tudo isso: uma fragilidade escancarada e sem beleza — pelo menos é o que se espera de um lacerado permanente.[19]

....
17. Expressão de Rosa (2009b, p. 376).
18. Carta de Padre Pio a Padre Benedetto (*apud* Strzechmiński, 2014, p. 151), *Epist.* I, 937: "Todo o meu corpo é um corpo patológico. Catarro brônquico difuso, aspecto esquelético, má nutrição e todo o resto."
19. Mas a coisa não era bem assim. Messori (2009, p. 24-25) provoca uma materialização das tais chagas. Ele nos coloca a "pensar em tudo o que se move à volta dos estigmas: uma carne aberta que não sara; sangue que brota das feridas; pedaços de pano para vedar o sangue, os quais são confiscados pelos fiéis; crostas que se formam e, depois, caem, para novamente se formarem; multidões frequentemente excitadas e sempre cheias de problemas que se atropelam na esperança de ver milagres. Um conjunto de processos que não podem deixar de impressionar e até causar arrepios a quem não estiver em condições de compreender um significado que vai para além das aparências. (...) Por isso, o fenômeno no seu conjunto permanece inexplicável para quem não aceita uma referência sobrenatural. Até porque, no caso do Padre Pio, à reflexão se devem acrescentar outros elementos. O primeiro de todos é o perfume que acompanhava o frade capuchinho, fato que era salientado por Dom Rossi. Assim, aquelas chagas abertas, aquelas feridas que, normalmente, deveriam provocar mau cheiro, na realidade exalavam eflúvios de flores que atraíam agradavelmente. E o homem que traz tais feridas é atravessado por dores contínuas, tem febres que chegam a 48°C, é, sem tréguas, oprimido por doenças crônicas e graves durante toda a sua vida. Esse mesmo pobre frade que nos aparece esmagado pela sua noite interior dos sentidos, como frequentemente confidencia em sua correspondência, é igualmente oprimido pelos pedidos de ajuda de milhões de pessoas, algo que ele suporta durante toda a vida, passando horas e horas no confessionário com tranquilidade interior e exterior. Levado por uma força extraordinária, as suas chagas não só não se curam, como não infeccionam nem supuram, mantendo-se estéreis até o seu desaparecimento, pouquíssimos dias antes da sua morte, sem nenhum sinal de cicatrização". Castelli (2009, p. 104) completa: "Das 'chagas' do padre e do sangue coagulado emanava um perfume fortíssimo de violetas, não um mau cheiro como ocorre, geralmente, em feridas sangrentas. Pelo contrário, esse perfume demonstra ter um excepcional poder de propagação! [nota 28 de Castelli: Cf., por exemplo, Rossi, p. 61-62] Também esse era um dado decididamente favorável à origem sobrenatural dos estigmas. Nem era suficiente formular a hipótese de que o Padre Pio usaria

Espera-se, mas quase nada disso ocorre em San Giovanni. Tudo pelo avesso: lá, a escassez é dom, a alegria, tom. Padre Pio exala inaudito perfume, "tão forte que não é possível permanecer no seu quarto. O Padre Pio não o sente; diz que, de outro modo, não conseguiria dormir" (Giovanni Miglionico di Matteo, Padre Ludovico *apud* Castelli, 2009, p. 244). Durante o processo inquisitório,

> Dom Rossi pergunta: "Vossa Paternidade [V.P.] jura sobre o santo Evangelho que nunca usou nem usa perfumes?". E "Padre Pio presta juramento de nunca os ter usado, até mesmo dizendo que, independentemente de ser religioso, sempre considerou isso repugnante". Dom Rossi insiste: "V.P. jura sobre o santo Evangelho que não procurou, alimentou, cultivou, aumentou ou conservou, direta ou indiretamente, os sinais que traz nas mãos, nos pés e no peito?". Ele responde: "Juro". Mas ainda não acabou. Num ritmo alucinante, Dom Rossi pergunta: "V.P. jura sobre o santo Evangelho que nunca fez, por uma espécie de autossugestão, sinais no seu corpo que depois pudessem ser visíveis, com base em ideias fixas ou dominantes?". O Padre Pio, sincero e franco, responde dando ainda mais provas de sua humildade: "Juro. Por caridade, por caridade. Antes, se o Senhor me livrasse deles, como lhe ficaria grato!" (Castelli, 2009, p. 84).

Se Padre Pio nunca "procurou, alimentou, cultivou, aumentou ou conservou, direta ou indiretamente", o extraordinário, com Rosa a estupefação é perseguida; há da parte do mineiro um horror sistemático ao lugar-comum. Rosa busca, pela poesia, um transe induzido. O processo de feitura da obra flui com esforço, esquissado, projetado, sempre sob o controle férreo do autor, que influencia e dirige, inclusive, as traduções e as versões biográficas que, fantasmáticas, haverão de reconstruí-lo como um "autêntico" autor metafísico, um mito, um Homero. Vejamos um trecho de carta do Rosa a João Condé:

> Assim, pois, em 1937 — um dia, outro dia, outro dia... — quando chegou a hora de o "Sagarana" ter de ser escrito, pensei muito. Num barquinho, que viria descendo o rio e passaria ao alcance das minhas mãos, eu ia poder colocar o que quisesse. Principalmente, nêle poderia embarcar, inteira, no momento, a minha *concepção-do-mundo*.

....
perfumes em grande quantidade. Na verdade, o perfume só era sentido de vez em quando e, muitas vezes, a grande distância do frade."

Tinha de pensar, igualmente, na palavra "arte", em tudo o que ela para mim representava, como *corpo* e como *alma*; como um daqueles variados caminhos que levam do temporal ao eterno, principalmente.

Já pressentira que o livro, não podendo ser de poemas, teria de ser de novelas. E — sendo meu — uma série de Histórias adultas da Carochinha, portanto.

Rezei, de verdade, para que pudesse esquecer-me, por completo, de que algum dia já tivessem existido septos, limitações, tabiques, preconceitos, a respeito de normas, modas, tendências, escolas literárias, doutrinas, conceitos, atualidade e tradições — no tempo e no espaço. Isso porque: na panela do pobre, tudo é tempêro. E conforme aquele sábio salmão grego e André Maurois: um rio sem margens é o ideal do peixe. Aí experimentei o meu estilo, como é que estaria. Me agradou. De certo que eu amava a língua. Apenas, não a amo como a mãe severa, mas como a bela amante e companheira. O que eu gostaria de poder fazer (não o que fiz, João Condé!) seria aplicar, no caso, a minha interpretação de uns versos de Paul Eluard: ... "o peixe avança nágua, como um dedo numa luva"... ... Um ideal: precisão, micromilimétrica.

E riqueza, oh! riqueza... Pelo menos, impiedoso, horror ao lugar-comum; que as chapas são pedaços de carne corrompida, são pecados contra o Espírito Santo, são taperas no território do idioma.

Mas, ainda haveria mais, se possível (sonhar é fácil João Condé, realizar é que são elas...): além dos estados líquidos e sólidos, por que não tentar trabalhar a língua também em *estado gasoso*?! (Rosa *apud* Rosa, 1983, p. 332-333, grifos do autor).

O lugar-comum, sendo execrado como pecado contra o Espírito Santo (= literatura?! Mas a literatura é factível de "borradas" como a sentença do frontispício do cemitério dos Quimbondos, dos que vieram de Angola, em "Os chapéus transeuntes"... Diante do mistério, o escritor escreve: "Que sei, que creio?" Que creio, que sei?" (Rosa, 2009b, p. 729)), sugere um não entendimento para com a escolha definitiva de um corpo de carne ou pão para o Filho de Deus.

"Mundo fantasmo", sem margens, horror do lugar-comum, busca do incomum, literatura em "estado gasoso" (vaporosa, em nuvem? aírica?): lêmures de um gênio que se julgava capaz de controlar a crítica até *post mortem*. Sejamos realistas em relação à metafísica: o que se vai ver no deserto? As sutilezas poéticas e linguísticas, a princípio, são impeditivas para o progresso de um metafísico e místico à católica, um com os pés cravados no chão e com os olhos abertos para o céu.

Os impedimentos para o ascenso místico, perceptíveis no trecho citado, são no fundo um só, o desejo de controle que se manifesta sob a garantia de se poder seguir, sem escolher, os vários caminhos que levam do temporal ao eterno e, sobretudo, manter na subida a própria estética e concepção de mundo. Paradoxalmente, a decisão pelos variados caminhos tomados indiscriminadamente limita-se exclusivamente ao religioso, porque, no terreno da literatura, que tem para Rosa o estatuto de "sagrado", é imperioso o repúdio ao tempero intemperado. Em suma, na religião tudo é permitido, mas na poesia, não. Acrescente-se igualmente a perseguição pela indefinição de margens, o gosto pelo "eu" e "meu" e, finalmente, a obsessão pela milimetragem. Transgressão e obediência convivem no mesmo homem moderno não metafísico.

Tudo isso que afirmamos, ressalvamos com o advérbio "a princípio", pois, de fato e inexpugnavelmente, ninguém é capaz de avaliar e julgar coisas desse teor; concordamos com Riobaldo *apud* Rosa: "Coração da gente — o escuro, escuros" (Rosa, 2009b, p. 25).

Esta conversa sobre o autor da obra é mera ponte para atravessar do Padre Pio para o *GSV*. Há monges intelectuais, evidentemente. Há poetas e escritores metafísicos, sem dúvida. Cremos, porém, que não é o caso desse par. É que se trata de um confessor chagado e de um erudito, sofisticado e viajado, um estável funcionário público. Até agora nada de novo. E não vamos oferecer muita coisa. O paralelo visa apenas, reiteramos, uma introdução ao tema: o chagado, o execrado do *GSV*.

Não duvidamos da devoção ritualística de Rosa, mas questionamos para ele a condição de escritor metafísico.[20] Sem dúvida os testemunhos da religiosidade são muitos, contudo vão sempre na mesma direção, aquela que discutimos no capítulo anterior e que, argutamente, Claudia Soares firmou. A partir daí, temos nova direção. Riobaldo é o herói que não tria seu caminho, não perfaz estrada, não se fixou, não se aconchegou. A suposta escolha obrigatória por Otacília é condição *sine qua non* para sua volta ao passado e sua busca *lemúrica* por Diadorim.

....
20. Já discorremos sobre alguns e para não repetir demasiado, inserimos palavras de Raquel Illescas Bueno que resumem a questão com exatidão: "*Grande sertão: veredas* recebeu diversas leituras que, investigando aspectos metafísicos, procuram revelar uma unidade final no romance, seja identificando no percurso de Riobaldo um roteiro rumo à conversão (é o caso de *O roteiro de Deus*, de Heloisa Vilhena de Araújo), seja interpretando cada passagem desse percurso como avanço nas trilhas da iniciação esotérica (como em *Bruxo da linguagem no Grande sertão*, de Consuelo Albergaria, *Metafísica do Grande sertão*, de Francis Utéza, e *Riobaldo Rosa: a vereda junguiana do Grande sertão*, de Tania Rebelo Costa Serra). Outros textos críticos, por outro lado, demonstram alguma desconfiança em relação a essas leituras, apontando nelas a tendência à 'divinização' de Riobaldo" (Bueno, 1998, p. 38).

Pelo que se tem grifado, sublinhado e garatujado no acervo do IEB, podemos afirmar sem receio que Rosa conhecia intelectualmente o caminho da travessia metafísica dos místicos. Já antes citado, *A dificuldade de orar*, de Boylan (1957), mostra uma página excessivamente penejada. Dela retiramos apenas duas frases, embora somente a segunda esteja grifada, como se verá na foto. Na verdade, reproduzimos as duas, porque a frase não sublinhada prepara o entendimento da que foi destacada pelo escoliasta. Ei-las em simulacro digital:

> A pureza de acção, a que muitas vezes chamam pureza de intenção, consiste numa vigilância contínua sobre os motivos que animam as nossas acções, e num esforço constante para actuar apenas por amor de Deus e de acordo com sua vontade. Requer uma guerra sem tréguas àquele amor-próprio que está sempre à procura de inspirar todos os nossos actos (Boylan, 1957, p. 72).

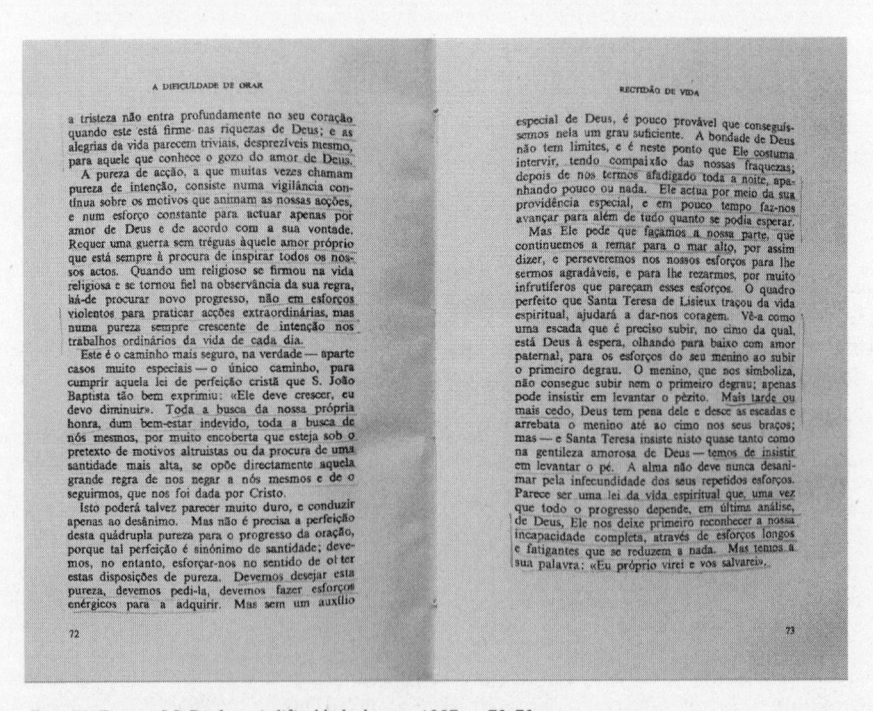

Foto 19. Eugene M. Boylan, *A dificuldade de orar*, 1957, p. 72-73.

Vê-se do mesmo modo que um trecho sem rabisco — frase igualmente importante se articulada com nossa hipótese — harmoniza a mesma ideia. Ele está imediatamente à frente das que citamos há pouco: "Este é o caminho mais seguro, na verdade — aparte casos muito especiais — o único caminho, para cumprir aquela lei de perfeição cristã que S. João Baptista tão bem exprimiu: 'Ele deve crescer, eu devo diminuir'."[21] O caminho singular e seguro recomendado, pelo autor, para a perfeição que leva ao eterno metafísico é o abandono do eu. Em relação a este ponto, pensamos já termos demonstrado a posição de Rosa.

No que diz respeito à não escolha do diplomata, vemo-la novamente de jeito mineiramente macio numa carta do escritor de 16 de maio de 1938 a seu pai:

> Agora, voltando ao Brasil, quero dizer que gostei muito da última carta que o Senhor me escreveu. Principalmente no ponto referente aos sucessos *quasi milagrosos* que obtem quem apella para a proteção de Deus.
> Nesse ponto, estamos absolutamente de acordo. Creio mesmo que só obteem êxito na vida as pessôas que contam com um auxilio sobrenatural e que a ele recorrem *com fé*. Os resultados dependem tão somente da dose de fé e confiança *calma*. O excesso de esforço próprio e a agitação demasiada, em geral, são inúteis e, quando não acompanhados de Fé, até chegam a tornar-se prejudiciaes. A oração é coisa muito mais transcendente do que parece. Apenas, ha mais de uma maneira da gente orar.
> Bem, mais tarde, si o Senhor quiser, continuaremos o assumpto (Rosa *apud* Rosa, 1983, p. 155, grifos do autor).

Escondida nas entrelinhas finais, na horinha de arrematar o assunto, brota uma suave divergência entre pai e filho: "A oração é coisa muito mais transcendente do que parece. Apenas, há mais de uma maneira da gente orar." E anos mais tarde, em 9 de fevereiro de 1956, em carta a Azeredo da Silveira, o transe induzido, a maneira diferente de orar, aparece sob a forma de trabalho poético:

> Conto a Você que, na última semana, antes de entregar ao José Olympio o "Grande Sertão", passei três dias e duas noites trabalhando sem interrupção, sem dormir, sem tirar a roupa, sem ver cama, sem tomar pervitin nem nenhuma outra droga: foi uma verdadeira experiência trans-psíquica, estranho, sei lá, eu me sentia um espírito sem corpo, pairante, levitante, desencarnado — só lucidez e angústia. Daí, entregues os originais, foi uma brusca sensação de renascimento, de completa e incômoda liberação, de rejuvenescimento: eu ia voar, como uma

---
21. Mantivemos a ortografia e os erros da edição fotografada.

folha seca. Imagine, eu passei dois anos num túnel, um subterrâneo, só escrevendo, só escrevendo eternamente... Daí, veio-me uma forte gripe, naturalmente; e, Você sabe bem, a gripe é uma das mães da humildade. Agora, ando ainda estonteado. Tenho de limpar-me dos persistentes fantasmas dos personagens criados, tenho de pouco a pouco o espírito à luz crua da realidade, que sempre é áspera, envolvente e ápoda-acéfala... (...) Deixa que na próxima prometo estar mais "humanizado". (...) Só procuro penumbra, sossêgo, tempo e dinheiro, ócio e inspiração. A política me horroriza agora, a um ponto que Você não pode imaginar. A política é o demônio, suas obras, sua desordem. Vamos ler Platão. Lá está tudo (Rosa *apud* Silveira, [s/d], p. 38-39, grifo do autor).

Sem a preocupação de retomar o *tópos* bíblico e homérico da folha ao vento, destacamos a frase: "Vamos ler Platão." Deveras, em Platão está tudo, inclusive a escolha de Íon. Terminemos por aqui, também, os comentários sobre fé e oração. Passemos de imediato para as questões externas, simples de identificar.

Ao Padre Pio, por exemplo, no convento de Pietrelcina, era vedado cuidado especial para se vestir. As roupas eram comuns: um só padrão,

> quanto ao uso de camisa: creio que, antes de qualquer coisa, as condições especiais de saúde e as circunstâncias da chaga no peito podem exigir o uso de roupas que não são tão comuns. Mas e os outros religiosos? Notei que no convento são usadas roupas de qualidade e cores diversas, as quais podem ser vistas sob o hábito: pelo menos dois padres, também doentes, usavam camisa branca. De resto, são tempos difíceis e todos usam o que têm; os jovens utilizam, precisamente, aquilo que lhes sobrou do serviço militar (Rossi *apud* Castelli, 2009, p. 131).

De outro lado, bem distinto fica Rosa. Nas fotos seu aspecto alinhado denota a elegância de ser de um diplomata: doutor de cabelo bem penteado, barba feita, paletó airoso, gravatinha borboleta e sapatos brilhosos, com, às vezes, um gato ou dois (Boyzinho e Xizinha) e o pequinês Sung, marrom com cara preta (Rosa *apud* Rosa, 1983, p. 187), cuidados em veterinário, para completar.

Se travestido de boiadeiro, sempre de botas chibantes, cavalo bem escolhido e digno chapéu de couro. Acrescente-se: caderneta e lápis no bolso, sempre. O excesso de possibilidades e recursos é seu tom. Em carta a Antonio Azeredo da Silveira, 5 de agosto de 1947, quando lamenta o extravio de sua carta aceitando apadrinhar o filho de Silveira, põe-se a comentar a faina de sua excursão ao Mato Grosso, e nota-se, mesmo na intimidade, seu estilo exuberante e rico:

> Not at all! O extravio deve ter sido com a minha carta — longa, festiva, vulcânica, exultante, espumante de entusiasmo — com a qual respondia ao convite para levar nosso Flávio Ernesto à pia. Que pena! Talvez tenha sido a carta "mais importante" que já enviei a Você; e ela não chegou às suas mãos! E eu, que não conservo cópias! Estou desesperado! Imagina, recebi a esplêndida, a memorável, a formidável comunicação, às vésperas de partir para Mato Grosso, em excursão geográfica, com os alunos do Instituto. Respondi-a longamente, explodidamente, e ainda telefonei para D. Dinah [sogra do Azeredo da Silveira], congratulando-me. Logo depois parti. Rodei, pelo "Pantanal", pelo roteiro (às avessas) da Retirada da Laguna. Vi coisas espantosas. Andei de trem, de automóvel, de camionete, de caminhão, de "jardineira", de avião téco-téco, de carro-de-bois, de vapor fluvial, de lancha, de canôa, de batelão, de prancha, de locomotiva, de pontão, de carreta, a pé, a cavalo em cavalo, em boi, em burro... vestido de caqui com polainas de lona, com mochila, cantil, capacete de explorador. Falei com japoneses, colonos búlgaros, ervateiros, vaqueiros, índios Terenas, chefes revoltosos e legalistas paraguaios, no Paraguai, e aqui chego, de volta, esperando encontrar mais notícias e talvez um retrato do meu Afilhado. E... chega-me a sua carta, contando que não tivera tido resposta. E você teve a paciência amiga de esperar um mês, mais de um mês (um mês durou a minha estada em M. Grosso), e ainda se vê forçado a escrever-me, de novo! Foi uma peça, que as comunicações postais nos pregaram. Perdôem-me, May e Você. Só não telegrafo, agora, porque não poderia dizer tudo isto num reles telegrama. Agora, como vai o meu Afilhado? Quando será batizado? Terei que mandar procuração para alguém representar-me, ou Vocês virão fazer a solenidade aqui? (Rosa *apud* Silveira, [s/d], p. 26).

Abrindo a carta com um anglicismo cultivado, "*not at all*", efusivo, Rosa exibe seu domínio e destreza na lida com um vocabulário abundante e com uma pontuação exclamativa peculiar.

Como pessoa, demonstra disposição incontestável para viagens e estudo de campo.[22] O tom entusiasta alarga-se para a descrição da excursão realizada. Seguem de imediato os pedidos de desculpas que apontam os correios como

....
22. O organizador da correspondência entre Silveira e Rosa, Flávio Azeredo da Silveira, informa que a viagem foi realizada em companhia do professor Hilgard Sternberg. Tratava-se de uma parceria do Itamaraty com a Universidade do Brasil, hoje Universidade Federal do Rio de Janeiro.

culpados pelo mal-entendido e que solicitam informação sobre a data do batizado e a possibilidade de uma "representação" no ato. A hipótese, observe-se, denota falta de traquejo para com o ritual sagrado.

Assim o vibrante Guimarães Rosa — apesar das doenças ordinárias de toda gente humana e da morte súbita por problemas cardíacos, aos 59 anos, em 1967 — viveu seus limitados anos bem vividos e contrasta com o barbarrão longevo, doentio e levitante Pio, falecido após sofridos 81 anos, em 1968, um ano após a passagem do escritor mineiro.

E não apenas nisso se distinguem eles; reafirmando o refinamento do brasileiro, citamos mais uma vez uma carta sua a Azeredo da Silveira, Paris, 29 de maio de 1950:

> Esta carreira é difícil. Daqui a pouco, Vocês estarão no Rio, e quando saírem outra vez eu estarei voltando. Como eu gostaria que Você estivesse em posto aqui na Europa! Para conversar com Você como eu queria, como eu precisava, medirei em quinze dias contínuos, pelo menos, o tempo necessário. Não faz mal, tendo de resumir, aqui, uma completa retomada de contacto, omito muita coisa, e que seria de algum modo supérflua, entrando só no essencial. Nós estamos bem. Gostar de Paris é atitude que não admite excepção, e nós gostamos. Há brasileiros demais por aqui, isto sim, e dos que fazem da Embaixada seu recurso e seu centro turístico, o que torna o posto cansativo e às vezes tantalizante. A vida, caríssima, punge por outro lado. Mas as compensações são tantas, e tão belas, que tudo vale a pena, vale. Sempre que podemos, que há um feriado pegado. A um domingo ou permitindo "ponte", saímos a girar por esta França — Borgonha, Alsácia, Jura, Bretanha, Normandia — e tudo cintila e pulsa, em vinhos, museus, e paisagens. Em outubro do ano passado, fizemos férias na Itália. Ah, Silveira, a Itália! A respeito dela, não acredite em opiniões, em informações, em leituras e descrições, mesmo nas mais exaltadamente elogiosas: a Itália é ainda mais bela, mais séria e maior do que êles cantam. Ela é a minha paixão dos 40 anos, por ela fiquei desvairado, perdido. Se Deus quiser, lá voltamos, nas férias deste ano, e nas férias dos próximos dez ou vinte anos, enquanto houver. Não vou mais a outra parte. Estive em Milano, Como, Stresa, Pallanza, Verona, Pádua, Vicenza, Veneza, Ferrara, Bolonha, FLORENÇA, Siena, Pisa, San Gimignano, Assis, Perúgia, Roma, Nápoles, Cápri, Sorrento, Amálfi, Ravello, Positano e Paestum. (...) A Vocês eu digo, meu gosto seria trocar Paris por Nápoles (...) por quatro anos, pelo menos, no lugar incomparável que os colonos grêgos, deslumbrados e confortados, denominaram Posílipo [παυσίλυπον]: "cessação de tristeza"... (Rosa *apud* Silveira, [s/d], p. 31).

Como se vê, o gosto pelas viagens continua. Não há, contudo, um mínimo de interesse pela vilazinha do recorte de meados de ignorados anos, agora com prestígio místico, encostada em Nápoles. De resto, Assis é mais prestigiosa... Uma vida bem vivida de um lado, uma bem curtida do outro. Ora, por que então resgatar o monge confessor absolutório de católicos atormentados por seus pecados? — É que um lêmure dele aparece no *GSV*. Uma jaculatória antiga, ligada à veneração das cinco chagas de Cristo na cruz, faz a conexão dos dois.

O chagado no *GSV*

Para os cristãos católicos, feridas abertas, chagas — de Cristo ou não — são chave no contexto bíblico, abrem o entendimento para o mistério do sofrimento. Associadas aos crimes, dores e mazelas humanas, vemo-las nas leis antigas do primeiro testamento no episódio de punição de Aarão e Miriâm, em *Números*, 12: 1-13. A narrativa sugere que, à época, qualquer mancha, lesão, ulceração ou ferida de pele era entendida como prova de pecado, pensamento patente em todo o livro de *Jó*[23]; essa conduta, aliás, ainda perdura. Entre os místicos, porém, escandalosamente, o sofrimento é meio de redenção, caso típico do Padre Pio.

A associação pecado e ferida veio, sem dúvida, de longo tempo, e esbarrou no *GSV*, materializada em "lepra". Raquel Illescas Bueno (1998), em artigo dedicado à questão da culpa relacionada ao corpo (e, subsequentemente, à dúvida acerca da existência ou não de Deus e do Diabo e, enfim, sobre o medo da morte na obra de Guimarães Rosa), produzirá boas reflexões em torno do trecho que vamos associar ao recorte de jornal encontrado dentro do *Dicionário de rimas*, de Almerindo Martins Castro, do acervo Guimarães Rosa do

....
23. Tavares (2013, p. 15): "Conhecida desde os tempos bíblicos como lepra, a hanseníase é uma doença infecciosa e crônica, causada pelo *Mycobacterium leprae* ou bacilo de Hansen. Acomete principalmente a pele e os nervos periféricos, mas, também, se manifesta como uma doença sistêmica, comprometendo articulações, olhos, testículos, gânglios e outros órgãos. Tem grande importância para a saúde pública, devido sua magnitude e seu alto poder incapacitante, atingindo, sobretudo, a faixa etária economicamente ativa (Brasil, 2007). Acarreta problemas como a diminuição da capacidade de trabalho, limitação da vida social e problemas psicológicos, o que contribui para o estigma e o preconceito que se lhe imputam. Há registros da lepra no Egito quatro mil e trezentos anos antes de Cristo, segundo um papiro da época de Ramsés II. É considerada uma doença bíblica, ligada à impureza espiritual ou a um castigo divino (Brasil, 1960). Devido a essa impureza, no período medieval, os leprosos tinham que usar um véu cobrindo o rosto desfigurado e um sino que denunciava sua presença; também eram feitas marcas no corpo desses enfermos (Cruz, 2008)."

IEB-USP, a saber, o trecho em que Riobaldo se depara com um "morfético" escondido na folhagem de uma goiabeira. Bueno afirma:

> O episódio, carregado de simbolismo, propicia reflexões acerca dos limites do humano. Riobaldo esboça ponderações de natureza ética e moral sobre os limites do corpo, colocados à prova pela doença: até que ponto um corpo totalmente tomado pela lepra ainda é um corpo de "homem humano"? (Bueno, 1998, p. 36).

Mais curioso ainda é que aquele que convive com a natureza — terra, água, bicho, gente, bruta vida e dura morte — não consegue superar a "morfeia".[24]

> Quando um leproso em fase terminal atravessa uma vereda, fazendo Riobaldo defrontar-se com o nível mais abjeto da existência física, ocorre a ele que interromper aquela vida talvez fosse uma forma de "emendar o defeituoso". Poupar o doente da morte não foi uma decisão totalmente consciente de Riobaldo, mas sim o resultado da escuta de uma voz de advertência que ele identificava como proveniente de Diadorim. O final do episódio trouxe a confirmação da amizade entre ambos, após um período de relativo afastamento, causado pelos excessos que Riobaldo estava inclinado a cometer após o pacto (Bueno, 1998, p. 39).

A reação de Riobaldo não é incomum nem vem às brutas. Reagimos ao diferente. Acreditamos, inclusive, que, simbolicamente, o mesmo ocorreu com o franzino monge chagado de Pietrelcina, caluniado, inquirido, interrogado e silenciado pelo alto escalão clerical. Sem dúvida, a beleza e a glória são requisito convival tanto quanto a possibilidade de uma divindade que não promete poder nem sucesso é escândalo. Quem escolheria a metafísica da crucifixão e da aniquilação senão os loucos? Isso basta para justificar o uso da metáfora "ferida-doença-[é]-pecado". Errou, kardecistamente, pagou. Não à toa Riobaldo, platonicamente, poupa a vida de Constâncio Alves por causa da beleza do mundo: "Assim, noutro repingo: arejei que toda criatura merecia tarefa de viver, que aquele homem merecia viver — por causa de uma grande beleza no mundo, à repentina. Um anjo voou dali? Eu tinha resistido a terceira vez. Agora, nhô Constâncio Alves estava delivrado de perigo" (Rosa, 2009b, p. 307).

....
24. Escolhemos propositalmente um termo politicamente incorreto. *Morfeia*, segundo o *Aulete Digital*, "[F.: Do lat. medv. *morphaea*, prov. calcado no gr. *amorphia*.]", isto é, uma forma sem forma, uma putrefação de forma, ou, em interpretação *lemúrica-fantasmática*, a doença *maior feia*: a morte.

Por tal raciocínio, considera-se absurda e vexatória a associação da derrota e da divindade. Até o próprio Padre Pio se vê constrangido e assim se expressa, segundo Castelli:

> Mesmo na dramaticidade de tudo o que acontece, o Padre Pio é avesso a falar disso. Assim, de modo muito vago, no dia 17 de outubro de 1918, escreveu ao Padre Benedetto: "Quem me libertará de mim mesmo? Quem me tirará para fora desse corpo de morte? Quem me estenderá a mão para que eu não seja envolvido e tragado pelo vasto e profundo oceano? Será necessário que eu me resigne a ser envolvido pela tempestade que cresce cada vez mais? Será necessário que eu pronuncie o *fiat* ao olhar para aquela misteriosa personagem que me chagou todo e não desiste da dura, áspera, aguda e penetrante operação, e que nem dá tempo ao tempo para que cicatrizem as chagas antigas, uma vez que já sobre essas vem abrir outras novas com suplício infinito da pobre vítima? Por amor de Deus, meu padre, vinde em meu auxílio, por caridade! Todo o meu interior "chove" sangue e, por diversas vezes, os meus olhos são obrigados a se resignar a vê-lo escorrer também para fora. Por amor de Deus! Cesse em mim esse suplício, essa condenação, essa humilhação, essa confusão! O meu ânimo não consegue poder e saber resistir." (...) A condenação, a humilhação e a confusão que esses fenômenos lhe provocam são para o seu diretor espiritual motivo urgente para intervir. Por isso, no dia seguinte, com tom paternal, mas simultaneamente de ordem, o Padre Benedetto escreve: "Meu filho, diz-me tudo e claramente, e não por alusões. Qual é a ação da personagem? De onde escorre o sangue e quantas vezes ao dia ou por semana? Que aconteceu às mãos e aos pés? E como? Quero saber tudo de uma ponta à outra e por santa obediência" (Castelli, 2009, p. 350-351).

Esta metafísica crua, penosa, pesada, sem qualquer *glamour* e nada zen está patente no corpo do Padre Pio em 1918, início do século XX, e é coetânea de Rosa. Seu apogeu, entretanto, está longe do modernismo, tem lugar na Idade Média, com alguns dos grandes santos da Igreja Católica que meditaram sobre a paixão de Nosso Senhor Jesus Cristo, o filho de Deus que assumiu em sua carne flagelada os pecados do mundo. Citamos alguns que foram da convivência do mineiro (pelo menos estão presentes no acervo do IEB): Bernardo de Claraval, Francisco e Clara de Assis, Matilda e Gertrudes de

Hackeborn,²⁵ Brígida da Suécia e Thomas de Kempis,²⁶ todos eles dedicaram devoção às chagas de Jesus e a seu sangue derramado na cruz.

Depois disso, a crença atravessou para a Idade Moderna e continuou cara aos escritores do mundo barroco. O relato de uma monja mística católica, de quem não se tem notícia de estigmas, mas de uma transverberação, Teresa de Jesus, mais conhecida como Teresa de Ávila, é contundente, serve de exemplo:

> É que minha alma andava muito cansada e, ainda que quisesse, não a deixavam descansar os maus costumes que eu tinha. Aconteceu-me um dia que, entrando em um oratório, vi uma imagem que haviam colocado ali para guardar, uma que se tinha pegado para uma tal festa que acontecia em casa. Era de Cristo mui chagado e tão devocional que, ao mirá-la, eu toda me perturbei ao vê-lo assim, porque representava bem o que ele passou por nós. Foi tanto o que senti por ter sido tão mal agradecida por aquelas chagas que meu coração pareceu que se partiu e lançando-me a Ele, com grandíssimo derramamento de lágrimas, supliquei-lhe que me fortalecesse de vez para não o ofender mais.²⁷

A imagem a que Teresa se refere é a do *Ecce Homo* do Mosteiro da Encarnação em Ávila. O Cristo flagelado comove tão intensamente a santa, que provoca sua conversão tardia, melhor dizendo, sua conversão radical, porque, nesta ocasião, ela já estava no convento havia bastante tempo.

De qualquer modo, a comoção pelo justo que sofre é quase uma expressão de honestidade, valor moral, em nossa cultura. Ela nos permitiu citar e estudar a trajetória polêmica dos estigmas de Padre Pio. Sua história mostra o horror de muitos — entre eles, eclesiásticos de prestígio — pelo sofrimento físico, moral e espiritual. Para eles seria impossível um justo acolher com alegria o mistério da dor. Por outro lado, o asco que o leproso gera em Riobaldo não está distante do que se faz com os cristãos *à la* Padre Pio.

---

25. *1090 a †1153; *1182 a †1226; *1194 a †1253; *1240 a †1298; *1256 a †1301, respectivamente.

26. *1380 a †1471. A contemplação das chagas de Cristo está em: *Prayers and meditations on the life of Christ*. Cap. XIX, p. 113-116. Brígida da Suécia será comentada à frente.

27. Jesus, Santa Teresa de, *Vida*, cap. IX, 1 (1948, p. 60): ["Pues ya andaba mi alma cansada, y aunque queria, no la dejaban descansar las ruines costumbres que tenía. Acaecióme que entrando un día en ele oratorio, vi una imagen que habían traído allí a guardar, que se había buscado para certa fiesta que se hacía en casa. Era de Cristo muy llagado, y tan devota, que en mirándola, toda me turbó de verle tal, porque representaba bien lo que pasó por nosotros. Fué tanto lo que sentí de lo mal que había agradecido aquellas llagas, que el corazón me parece se me partía, y arrojéme cabe El con grandíssimo derramamento de lágrimas, suplicándole me fortaleciese ya de una vez para no ofenderle."]

A perplexidade diante da dor do outro, diante da coparticipação física ou espiritual assumida através do mistério crístico, materializou-se, no Brasil, sob a fórmula jaculatória "Chagas de Cristo!' ou, também, 'Chagas de Cristo têm poder!". Há nesse refrão orante a ideia de que Jesus Cristo, flagelado e crucificado, assumiu nossas culpas para alcançar-nos, frente a Deus Pai, a superação transformadora, a deificação do corpo por causa do amor divino.

Mas a jaculatória popular tem oficialmente, na língua e cultura portuguesa, um início definido, com o juramento do rei Afonso Henriques, o qual se conserva no Arquivo do Real Mosteiro de Alcobaça, que diz:

> Eu Affonso Rei de Portugal, filho do Conde Henrique, e neto do grande Rei D. Affonso, diante de vós Bispo de Braga, e Bispo de Coimbra, e Theotonio, e de todos os mais Vassallos de meu Reino, juro em esta Cruz de metal, e neste livro dos Santos Evangelhos, em que ponho minhas mãos, que eu miserável peccador vi com estes olhos indignos a nosso Senhor JESU Christo estendido na Cruz, no modo seguinte. (...) e subitamente vi a parte direita contra o Nacente, um raio resplandecente; e indo-se pouco, e pouco clarificando, cada hora se fazia maior; e pondo de propósito os olhos para aquella parte, vi de repente no próprio raio o sinal da Cruz, mais resplandecente que o Sol, e Jesu Christo Crucificado nella (...). O Senhor com um tom de voz suave, que minhas orelhas indignas ouviram, me disse. (...) 'Confia Affonso, porque não só vencerás esta batalha, mas todas as outras em que pelejares contra os inimigos de minha Cruz.' Ditas estas palavras dezapareceu, e eu cheio de confiança, e suavidade me tornei para o Real. E que isto passasse na verdade, juro eu D. Affonso pelos Santos Evangelhos de JESU Christo tocados com estas mãos. E por tanto mando a meus decendentes, que para sempre succederem, que em honra da Cruz e cinco Chagas de JESU Christo tragam em seu Escudo cinco Escudos partidos em Cruz, e em cada um delles os trinta dinheiros, e por timbre a Serpente de Moysés, por ser figura de Christo, e este seja o tropheo de nossa geração.[28]

Camões referenda e honra a recomendação de Dom Afonso n'*Os Lusíadas* (Canto I, 7), quando reproduz o juramento do rei:

> Vós, tenro e novo ramo florescente
> de uma árvore de Cristo mais amada
> que nenhuma nascida no Ocidente,

---
28. Cf. Galvão, 1906, p. 187-190.

cesárea ou cristianíssima chamada;
— Vede-o no vosso escudo, que presente
vos amostra a vitória já passada,
na qual vos deu por armas, e deixou
as que Ele para si na cruz tomou —

E assim a tradição da "Festa das Cinco Chagas", que se realiza em Portugal, no dia 7 de fevereiro de cada ano, cruzou mares e chegou aqui como invocação frequente: "Chagas abertas, ó coração ferido! Sangue de Cristo está entre nós e o perigo!"

A reza — Chagas de Cristo! —, descumprindo a liturgia, aparece apenas quatro vezes no *GSV*. Intrigou-nos uso tão parcimonioso não tanto pela jaculatória — por si só um fantasma de estruturas composicionais antigas, fórmulas poéticas orais à moda de Homero —, nem pela devoção fervorosa — a qual não escondemos, até declaramos ser nossa e de grande parte dos mineiros do sertão.

Nossa inquietação adveio, sobretudo, pelo termo "chagas", afinal, o romance se passa em região de alta incidência de hanseníase[29] e da tripanossomíase americana, a doença de chagas,[30] e, ademais, pelo fato de estarmos,

....
29. Tavares, 2013, p. 34: "Antes da descoberta do Brasil pelos portugueses, o território correspondente ao estado de Minas Gerais era habitado por tribos indígenas. Segundo Maurano (1944), a lepra não existia entre os povos brasileiros, sendo os colonizadores os responsáveis pela chegada da doença. Assim, somente no século posterior à colonização, é encontrado o primeiro registro da moléstia no estado do Rio de Janeiro. Nos anos que se seguiram houve relatos de casos nos estados da Bahia e São Paulo (Brasil, 1960). Devido à comunicação entre São Paulo, Bahia e Minas Gerais, Orsini (1940) afirma que, no século XVIII, já havia a doença no estado mineiro. Para esse autor, mesmo não havendo descrição da lepra nos arquivos públicos, a procura do ouro e pedras preciosas desencadeou o aparecimento da moléstia nas divisas do estado." (...) "Em 1950, além da Colônia Santa Isabel e do antigo Hospital de Lázaros de Sabará, existiam, no estado, a Colônia Santa Fé em Três Corações, a Colônia São Francisco de Assis em Bambuí, a Colônia Padre Damião em Ubá, e o Sanatório Roça Grande em Sabará, com uma capacidade total para 7.300 doentes (Orsini, 1951). Desde o início do Serviço de Profilaxia da Lepra em Minas Gerais, até meados do século XX, foram internados 19.092 doentes. Em todo o estado havia, na mesma ocasião, 52.313 comunicantes em observação. Somente nesse ano, segundo Orsini (1950), foram feitas 658 visitas domiciliares, 1.353.516 medicações em leprosários, 3.230 em dispensários, 3.687 em domicílio e 26.580 exames de laboratório. As verbas votadas pelo governo estadual, para a profilaxia da lepra, e reforçadas pelo governo federal, cresceram de ano em ano, de acordo com o desenvolvimento da campanha de profilaxia. Durante anos, o isolamento foi a forma que a União e o governo mineiro tiveram para combater a lepra" (Tavares, 2013, p. 43).

30. "A história da doença de Chagas se inicia no interior de Minas Gerais com as pesquisas de um jovem médico sanitarista e pesquisador do Instituto Osvaldo Cruz, Carlos Justiniano Ribeiro Chagas (1879-1934, natural de Oliveira-MG), que, em abril de 1909, comunicou ao mundo científico a descoberta de uma nova doença humana. Seu agente etiológico um protozoário que denominou de *Trypanosoma cruzi*, em homenagem ao seu mestre Oswaldo Cruz e o inseto transmissor, o triatomídeo conhecido como 'barbeiro'. Por esta descoberta, Carlos Chagas recebeu indicação para Prêmio Nobel da Medicina. Os

no romance, em um período de guerra de jagunços que se embrenham nas matas e se banham nos rios e, por isso, estariam sujeitos a ataques de cobras, onças, lobos-guará, macacos, capivaras, cachorros-do-mato, antas, piranha serrafina, jacaré e tudo que é bicho, para não falar, ainda, sobre a formação do autor, médico de profissão.

Perscrutamos todo o *GSV* a fim de achar feridas, lesões, bexigas e chagas. Nenhuma ferida, nem na morte do Treciziano, apesar de lá haver um belíssimo ultraje ao cadáver bem no estilo do aedo jônio, com espólio e tudo.[31] Neste universo, porém, há cortes e cortes, rasgos e rasgões, lesões, bexigas, mas feridas, não. Feridas, no *GSV*, são chagas...

Contudo, no que diz respeito à formula jaculatória da tradição católica, só nos foi possível compor as "Cinco Chagas de Cristo" admitindo uma ocorrência ambígua e mutilada da frase formular. Ou seja, levar em consideração a ocasião narrativa em que a palavra "chagas" surge sem Cristo. Seria, acaso, razoável computá-la para completar o número devocional? Não atrelada ao sintagma adjetivador "de Cristo", teria ela alguma importância na rede semântica cogitada?

De qualquer maneira, com ela teríamos, intencionalmente ou não, na obra rosiana em foco, cinco ocorrências do termo "chaga" no plural,[32] como manda a reza. Restou-nos a pergunta: o que significa a ausência do qualificador "de Cristo", para as chagas, no contexto de ocorrência mencionado? Em que situação tão particular o vocábulo "chagas", diferenciado das demais ocorrências, é utilizado sem seu epíteto devocional *formulaico pseudo-homérico*, já que as

....

dados epidemiológicos mais recentes demonstram que a doença de Chagas continua sendo considerada como problema de saúde pública em 19 países americanos de colonização ibérica, nas regiões rurais e nas grandes cidades para onde convergiram pessoas infectadas pelo parasito. Atualmente é a quarta causa de morte no Brasil entre as doenças infecto-parasitárias nas faixas etárias acima de 45 anos" (Andreollo; Malafaia, 2009, p. 189).

31. Rosa (2009b, p. 333-334): "Somente todos me gabaram, com elogios e palavras prezáveis, porque a minha chefia era com presteza. Fosse de tiro, tanto não admiravam a tanto, porque a minha fama no gatilho já era a qual; à faca, eh, fiz! E do outro grupo, longe mas que era o mais perto, da banda da mão esquerda, um escutou ou viu, e veio. Era o Jiribibe, mocinho Jiribibe, num cavalo preto galopeiro. Diadorim tinha disparado tiro, só esmo; de nervosia. Dentro de pouco, todos iam ficar cientes da proeza daquele homem tão morto: das beiras do corte — lá nele — a pele subia repuxada, a outra para baixo tinha descaído tamanhamente, quase nas maminhas até, deixavam formado o buraco medonho horrendo, se aparecendo a toda carnança. Aí Alaripe esclareceu: — 'Ao que sei, este era da Serra d'Umã...' O de tão longe, o sapo leiteiro! Uns estavam remexendo nele — não tinha um pêlo nos peitos. Assim queriam desaliviar aquele corpo, das coisas de valor principais. Do que alguém disse que ele guardava: um dixe, joiazinha de prata; e as esporas eram as excelentes, de bom metal". Estudamos o trecho em 2016 no artigo intitulado "Cru ou cozido, o banquete está servido", cf. Referências.

32. Não há, na obra em foco, ocorrências da palavra no singular nem quaisquer ocorrências que não as citadas aqui: Rosa (2009b, p. 320) (a que estudamos aqui), p. 12, p. 179, p. 271, p. 377.

situações de uso se restringem à expressão congelada na jaculatória? Afora "de Cristo", as chagas o que são?

De tal modo ficamos instigados que não nos dispusemos mais a analisar as circunstâncias da fórmula padrão. Focamos nosso esforço na única vez em que a palavra "chaga" no plural é utilizada fora da expressão jaculatória, ou seja, da fórmula "Chagas de Cristo". Levamos em consideração que, para os cristãos, feridas abertas, chagas, são dado bíblico primordial, litania e meio de santificação, como se viu no caso do Padre Pio, que apresentava a transverberação da quinta chaga (fato mais raro) e, além delas, a chaga escondida do ombro que levou a cruz.

Idas e vindas, por fim, vimos nesse uso um índice de subversão poética, ou melhor, de predileção poética em detrimento da religiosa. Simples e óbvio, no caso de Rosa, que tem horror ao clichê.

Peripécia crística

Recordemos para tanto um uso bíblico invulgar — e das chagas contemporâneas do Padre Pio não nos esqueçamos![33] — entre muitos do antigo e do novo testamentos. Mas busquemos, por ora, um só exemplo do tema no Cristianismo. A 1ª Carta de Pedro 2:24 será este ponto de retomada bíblica: "Ele que, em seu próprio corpo, carregou nossos pecados sobre um madeiro (...) ele de quem as chagas vos curaram." [ὃς τὰς ἁμαρτίας ἡμῶν αὐτὸς ἀνήνεγκεν ἐν τῷ σώματι αὐτοῦ ἐπὶ τὸ ξύλον (...) οὗ τῷ μώλωπι ἰάθητε]. Do versículo se pode perceber uma mudança na relação entre chagas e "pecados", e isso pode ser útil para olharmos melhor a questão do sofrimento na vida humana.

Pois bem, a grande pergunta que fica é: seria o trecho de ocorrência da palavra "chagas" (sem Cristo) um caso de mimetismo do chagado que se associasse com — ou lembrasse — o sofrimento do *ecce homo*? Em outros termos, seria este o momento de aparecer, no meio do sertão, aquele frade meio esquisito do miolo da Apúlia que serviu de nota para um jornal paulista?

Vejamos.

Após recordar-se de Otacília, sentir-se dividido entre a moça da Fazenda Santa Catarina e o belo Diadorim, depois de pensar que não merecia a primeira e que o segundo lhe era impossível possuir, tratando de questões acerca do

---

33. Insistimos em recordar que Padre Pio, em seu depoimento ao inquisidor de 1919, teria dito: "Ouvi esta voz: 'Associo-te à minha Paixão!'. E, a seguir, desaparecida a visão, caí em mim, recobrei a consciência e vi estes sinais, dos quais gotejava sangue. Antes, eu não tinha nada" (Castelli, 2009, p. 257-258).

demo, do bem e do mal, Riobaldo se põe a relatar um novo costume seu: o de pular de repente da rede "num arranco" e, no escuro, montar o cavalo Siruiz e galopar disparado para ver surgirem as alvoradas.

"Baldo" batia em disparada a fim de experimentar o desconhecido até o instante em que o dia ia "acabando de amanhecer" e os gatos deixavam de ser pardos. Depois da galopada excitante, voltava ao acampamento com o "café coado" e os homens prontos para a partida. Foi daí que, um dia, numa corrida dessas, Riobaldo topou — e se assustou — com um leproso.[34] O trecho vem em partes:

> Sair na escuridão, o senhor sabe: aqueles galhos de árvores batendo na cabeça da gente. Sempre eu ia até longe; quando voltava, encontrava o pessoal se aprontando, café já coado, cavalaria em fila para a viagem. Uma vez, inda mais longe fui, do que nas outras. E dei com o lázaro.
> Ele se achava como que tocaiando, no alto duma árvore, por se esconder, feito uma cobra ararambóia. Quase levei o susto. E era um homem em chagas nojentas, leproso mesmo, um terminado. Para não ver coisas assim, jogo meus olhos fora! (Rosa, 2009b, p. 320).[35]

A escuridão noturna abre a cena que se fechará com o amanhecer, com a chegada de alguma lucidez. Em estudo recente sobre Rosa, Marcia Seabra Neves indica que, no conto "Conversa de bois", de *Sagarana*, "a noite surge como um lugar amplo e indiviso, espaço de indiferenciação ideal para o encontro entre humanidade e animalidade" (Neves, 2020, p. 109). Esse ponto é interessante para nós. Acaso a humanidade de Riobaldo se encontrará com a "animalidade" do leproso? Digamos, de início, que sim, voltaremos ao ponto.

Como comentamos, ao ver o leproso, num ímpeto, Riobaldo ameaça matá-lo como se mata cobra. Francis Utéza, sobre o episódio, afirma o seguinte:

> Este leproso, descoberto no cimo de uma árvore no decorrer de umas daquelas corridas solitárias que o chefe costumava fazer antes do sol raiar, é, em primeiro lugar, assimilado a uma serpente — uma *cobra ararambóia* —, e descrito como um ser em decomposição — *coisa desumana, estrago de homem* — em cujo olhar estariam concentrados os últimos restos de vida. Em termos metafísicos, trata-se de alguém que vive na fronteira da existência material; em termos alquímicos,

....
34. Rosa (2009b, p. 320-321).
35. A expressão "um homem (...) terminado" é lêmure de Ésquilo em *Agamêmnon*, v. 972, ἀνδρὸς τελείου.

esta larva purulenta — *lesma grande* — encarna o máximo de *Solve*[36] humano, que o Chefe, imagem do Pai, se prepara para "fixar" com uma bala entre os olhos. E isto com toda "justiça" — como confirma a lembrança do modelo paterno de Medeiro Vaz que, na altura, o protagonista visualiza eliminando sem hesitação, em circunstâncias idênticas, outro desses infelizes (Utéza, 1994, p. 358-359).

Concordamos, em parte, com Utéza: esse leproso tem todas as condições para representar o mal que deve ser extirpado, e Riobaldo, tendo assumido o posto de chefe, para bem, deve proteger os companheiros segundo o modelo de Medeiro Vaz, o que ele próprio declara.[37] Todavia, cremos, o problema não reside aí. Que há algo diferente, isso é patente.

Em direção mais certeira, julgamos, está Bueno:

> A cena do encontro com o leproso, ao contrário daquelas que a antecederam, é quase totalmente silenciosa, o que contribui para o tom elevado da passagem. Riobaldo xinga o doente logo que o vê. O restante é um diálogo imaginado, reunindo trechos de uma fala anterior de Diadorim e palavras que Riobaldo supõe que Diadorim poderia dizer na ocasião. Mesmo no final, Riobaldo evita o diálogo: "(...) eu não consenti, a voz dele era que mais significava." A ausência de palavras e a relativa estaticidade de Diadorim e do leproso, contrastando com a movimentação atormentada do Urutu-Branco montado em Siruiz, colaboram para a atmosfera mística, que culmina na verdadeira epifania pela qual Riobaldo aproxima Diadorim à Virgem. Nessa rede simbólica, destacam-se os motivos religiosos: lazarento, serpente, árvore, fruto maldito, olhos, sangue, Virgem, fogo, vale, escapulário (Bueno, 1998, p. 46).

Mas não é somente Diadorim que se apresenta de modo místico. Se lermos o trecho cuidadosamente, perceberemos a utilização de um léxico bem afinado com aqueloutro bíblico a começar pelo termo "lázaro".[38] Mais curioso entretanto é notar que, ao mencionar, pela primeira vez, essa palavra,

---

36. Termo utilizado por Utéza (1994, p. 40) e definido como: "(...) dois imperativos latinos: *Solve et Coagula*, dissolva os sólidos e condense os fluídos, espiritualize o corpo e materialize o espírito."
37. "Que o que Diadorim dissesse; que dissesse. Que aquele homem leproso era meu irmão, igual, criatura de si? Eu desmentia. Como era que, sabendo de um lázaro assim, eu ia poder prezar meu amor por Diadorim, por Otacília?! E eu não era o Urutú-Branco? Chefe não era para arrecadar vantagens, mas para emendar o defeituoso. Esporeei, voltando. "Não sou do demo e não sou de Deus!" — pensei bruto, que nem se exclamasse; mas exclamação que havia de ser em duas vozes, uma muito diferente da outra. Vim feito. Tornei a empunhar o revólver" (Rosa, 2009b, 321).
38. Cf. *João*, 11: 1-45; 12: 1-8; *Lucas*, 16: 19-31.

o escritor utiliza-a com o artigo determinado "o", o que, para nós, significa que Riobaldo não encontra "um" lázaro qualquer, encontra, de fato, "o" lázaro. A determinação leva a pensar no morto bíblico.

O fato é narrado de tal modo que o Urutu-Branco arranca um dito arcaico que parece ter saído de uma parábola bíblica, "Para não ver coisas assim, jogo meus olhos fora!", basta comparar a frase e o trecho de *Mateus* 18, 9, por exemplo. O uso, porém, vem distorcido, revirado e enviesado, pois é utilizado para dizer o contrário do que propõe o evangelista. O recurso é inteligente e move nossos afetos. O que era bem torna-se mal e vice-versa.

Trata-se, efetivamente, de um estratagema para gerar ambiguidade, pluralidade e incerteza de escolha que, de certo modo, é também a súmula do que atormenta aquele cavaleiro que se depara com o leproso: ele é realmente um mal? A incerteza remete igualmente à novela do Vaticano em relação ao Padre Pio que resumimos no início do capítulo. O fato é que a dúvida dos que o veem (seja o leproso, seja o religioso) divide a opinião, suspende o juízo, apaga a busca da verdade e cria a coisa διαβολή, dúbia, nublada, ambígua, supersticiosa, difamatória ou caluniosa e trágica, pois ficamos entre o *phóbos* e o *éleos* (φόβος καὶ ἔλος).

Focalizemos, desta vez, a semelhança do leproso com a araramboia; *boya* é nome de cobra em língua tupi,[39] cobra arara-papagaio.[40] Araramboia, em corruptela, é Arariboia, o nome de um líder indígena — não desprezemos a interjeição guaimoré no trecho — que foi aliado dos portugueses na luta contra franceses e tamoios pela conquista da Guanabara e que, após a vitória, batizou-se cristão sob o nome de Martim Afonso de Souza. Arariboia Martim tornou-se capitão-mor e cavaleiro da Ordem de Cristo, segundo Fernão Cardim (Duarte, 2011, p. 99 e 101). Em termos de significante, *à la Saussure*, a palavra tem em si o termo "ara", altar, e "boia", cobra. Ara também remete a Araci: Ara

....

39. Cf. Dias, 1858, p. 25: "Boya, cobra: na composição precede ao adjectivo, pospõe-se ao substantivo." Cf. também: Cunha, 1978, p. 63: ararambóia. Cf. também Senna (1910, p. 10), que testemunha o léxico indígena entre os habitantes do interior de Minas: "Com ser a língua mais geralmente entendida e falada pelos selvícolas, com variantes accidentaes de dialectos, o tupi tem ainda enxertado na linguagem popular dos caboclos, mamelucos, caipiras, matutos, cafusos, sertanejos, caribócas e roceiros do interior do Brasil, grande quantidade de termos e locuções indígenas. Há muitas frases, exclamações, figuras, idiotismos e ditados na língua do nosso povo, que vieram, directamente, do tupi-guarani. Nos centros remotos, afastados da civilisação de beira-mar, percebem-se na conversação do caipira brasileiro modos de dizer, construcções de frase inteiramente peculiares ao nheengatú [língua geral] e ao abanéenga [outro termo para guarani]."

40. Instituto Vital Brazil (http://www.vitalbrazil.rj.gov.br/site-antigo/cobras_nao_venenosas.html): "Cobra papagaio (*Corallus caninus*): Serpente arborícola não-peçonhenta, habitante da Floresta Amazônica. Assim como a jiboia e sucuri, mata suas presas por constrição. Pode alcançar dois metros de comprimento. Alimenta-se de roedores e morcegos. Possui hábitos noturnos e é vivípara."

= Aurora, dia; Cei/cejy = grande estrela; estrela da manhã para José de Alencar (*Ubirajara*, 1980, p. 17, nota 12). Aracy é igualmente (e sobretudo) o nome de Aracy Moebius de Carvalho Guimarães Rosa, para quem se dedicou o *GSV*.

É provável, por acumulação de sentidos, que a menção do escritor se possa ligar, inclusive, ao livro do *Gênesis* e à serpente que representa o mal no mito de Adão e Eva. Bueno realça que, se o leproso é cobra, Riobaldo também o é:

> A apresentação do leproso remete ao mito do pecado original. Como a serpente que oferece o fruto proibido e instaura o pecado, o leproso é visto como alguém que pode espalhar o mal pelo mundo. Sedutora, capaz de levar Adão e Eva à luxúria, a serpente bíblica detém o conhecimento, fazendo Adão acreditar que a árvore da morte fosse a árvore da vida. Se o leproso lembrava uma ararambóia, Riobaldo era o Urutu-Branco, incorporando, ele também, algo da natureza da serpente. O encontro de ambos sugere um dos aspectos positivos do simbolismo da serpente: sua "função ctoniana de executor da justiça divina".
> O mal a ser eliminado, no caso, é a lepra, "doença maldita", sobre a qual sempre recaiu grande dose de preconceitos, que motiva a exclusão social dos doentes e de seus familiares. Até pouco tempo, acreditava-se que a lepra era doença altamente contagiosa. O apodrecimento dos tecidos da pele causado pelo bacilo da lepra sempre causou um horror até certo ponto desproporcional à gravidade da doença. Sendo uma infecção visível (ao contrário de tantas outras, muitas delas mais contagiosas), e que exala odores fétidos, a doença impressiona fortemente os sentidos, por isso mete medo (Bueno, 1998, p. 43).

Aqui, porém, deve-se notar que a ararambóia é supostamente mal que vem do alto e se mimetiza em árvore. Coloquemos lupa para ampliar a imagem desse mal. Algumas palavras do escritor para apresentá-lo têm conotação negativa: "Ele se achava como que tocaiando, no alto duma árvore, por se esconder, feito uma cobra ararambóia"; são negativos os termos "tocaiar", "esconder" e "cobra". "Alto" e "árvore", consideremo-los neutros por agora. Mergulhemos mais fundo e indaguemos o que e como é a ararambóia.

A bem da verdade, ela é linda, exuberante mesmo, esmeralda ou marrom, negra ou amarela, vermelha ou cinza e até policromada. Sua classificação, isto é, seu gênero científico, tem, ironicamente, um termo que em português é positivo, "boa," *boa arbórea neotropical*. A mais espetacular, na nossa opinião, é a "boa esmeralda amazônica (*corallus batesii*)", verde no dorso escamado, amarela no ventre. Muito conhecida entre os biólogos pelo nome de "boa", tem também o codinome "píton" (recordemos que este é o nome da guardiã de Delfos morta por Apolo). Costumam ficar nas grimpas das árvores, a 40 ou 50 metros de altura. Do alto, pescoço em "S", olham para baixo. Têm grandes dentes, caninos, mas não são peçonhentas, matam por sufocamento.

É um dado importante não serem venenosas, já que, segundo nossa interpretação, o trecho focaliza a passagem das trevas para a luz e a impossibilidade de indicar com precisão e exatidão o bem e o mal. Também é preciso o seu mimetismo, essas cobras são difíceis de se ver, exigem argúcia, calma, observação. Por outro lado, é bom lembrar que também na Bíblia a serpente, para mais, pode-se ligar à cura, segundo o episódio de *Números*, 21: 8-9; *Sabedoria*,16: 5-7; *João* 3:14-15). Biblicamente, a cruz

> no es solo un instrumento de tortura y muerte ignominiosa, sino también un signo que nos provoca y nos habla de humillación y muerte, pero también de vida y esperanza; un símbolo que podemos contemplar como los israelitas la *serpiente de bronce en el desierto* (cf Jo 3,14-15; Lev. 21,4-9); un signo que congrega y que une el cielo con la tierra, lo humano y lo divino. (...)
> Al mismo tiempo que el evangelio de Juan acentúa la intensidad de la oposición a Jesús, anticipa también el triunfo de la cruz. En la versión de Juan de los anuncios de la pasión, hay una alusión al "levantar" de la serpiente en el desierto, en la historia de Nm. 21,9, donde se ordena a Moisés que levante una serpiente de bronce, que traería la curación a los israelitas que habían sido mordidos por las serpientes venenosas, a causa de sus pecados (cf una referencia explícita en Jo 3,14). Juan usa ese término "levantar" (*hupsóo*), como expresión paradójica del triunfo de Jesús sobre la muerte (cf también 8, 28; 12, 32-33). Jesús es también "levantado" en la cruz, pero precisamente en esto está la última expresión del amor de Dios al mundo y adquiere otra dimensión el "levantar en alto", esto es, la exaltación del Cristo resucitado que retorna triunfalmente a su Padre. Este sentido anticipado de la victoria sobre la muerte capacita a Juan para referirse a la muerte de Jesús como la "hora de gloria" o el momento en el que Jesús sería glorificado (cf por ejemplo, 12, 23. 27-28; 17, 1,4.5) (Merino; Ryan; Lippi, 2015, p. 823 e 887, respectivamente).

Com as referências que acabamos de citar, vê-se que "alto", "árvore" e "cobra", no contexto rosiano, podem funcionar como termos positivos.

Fato seja que, para o bem ou para o mal, o leproso é como uma araramboia e, pela perspectiva de Riobaldo, é o próprio mal encarnado, e, sobretudo, motivo para desencadear a impossibilidade de amar (cf., na nota 36 deste capítulo, a frase: "Como era que, sabendo de um lázaro assim, eu ia poder prezar meu amor por Diadorim, por Otacília?!" (Rosa, 2009b, p. 321)).

Talvez possamos costurar frases-chave para ligar os pontos de uma rede semântica e afirmar a representação da luta do bem e do mal no "nó" da araramboia. Primeiro, a frase já comentada: "Para não ver coisas assim, jogo meus olhos fora!". Segue-se uma outra: "E era um homem em chagas nojentas, leproso mesmo, um terminado" e, por último, a que coloca a questão do amor: "Como era que, sabendo (...)."

A primeira frase estabelece o lázaro de modo ambíguo: reafirma e rechaça, trata-se de um mal com possibilidade de gerar um bem, ou seja, pode ser entendida como "prefiro jogar meus olhos fora a ver este homem" ou "para não ver este homem, assim como o mal, prefiro jogar meus olhos fora". Essa última interpretação se liga à passagem de *Mateus* (18: 9) antes aludida: "E se o teu olho te leva à queda, arranca-o e lança-o para longe de ti; mais vale para ti entrar caolho na vida do que ser lançado com ambos os olhos na geena do fogo!"[41]. As duas orações se colocam como o próprio dilema que aflige Riobaldo: não há distinção clara entre o bem e o mal; estamos no espaço temporal de trevas e luz. Conclusão: o Lázaro encarna a um só tempo o bem e o mal.

Segue-se ainda, com a declaração "homem em chagas nojentas (...) um terminado", a piedade hipócrita, vê-se o doente de uma posição altiva sem coparticipação no seu sofrimento; e por último coloca-se em xeque a demanda do amor.

A narrativa do encontro continua:

> Promovi meu revólver. Aquele de repente se encolheu, tremido; e tremeu tanto depressa, que as ramagens da árvore enroscaram um rumor de vento forte. Não gritou, não disse nada. Será que possuía sobra dalguma voz? Eu tinha de esmagalhar aquela coisa desumana.

Trecho impactante. Demasiado óbvia, nos parece, a eutaxia bíblica: "um rumor de vento forte" e ausência de voz. Nas entranhas do texto vê-se: ao vento fortíssimo segue brisa leve (1*Reis*, 19: 9-13); a visão do desumano (*Isaías*, 52: 14); não tinha graça nem beleza, tomou para si nossas enfermidades (*Isaias*, 53: 2-7). Sobrepaira um Deus silencioso; sob a imagem de um desprezado que não tem aparência humana, homem de dores que mantém a boca fechada; uma serpente curadora levantada no madeiro, árvore da vida redentora. O

....
41. Tradução Ecumênica da Bíblia (TEB).

homem salvador que se confunde com a árvore "da vida" pode também ser visto em *Isaías* 11: 1-4 e *Jeremias* 23: 5.[42] O trecho envolve ainda o salmo da cruz quando o salmista canta *Eli, Eli, láma sabactáni*:

> Cualesquiera que sean las condiciones concretas del sufrimiento, lo que más hace sufrir a esta persona de fe es el silencio de Dios, más todavía que su aflicción o la burla de otros: "Oh Dios mío, yo grito de día, pero no respondes; de noche, pero no encuentro descanso" (v. 2). A pesar de esta experiencia de la lejanía y del silencio de Dios, el salmista recuerda la fidelidad de Dios para con sus antepasados (vv. 3-5). Él llama a Dios "santo" (*kados*) y confiesa que Dios es el objeto de las alabanzas del pueblo de la alianza. Él recuerda que, cuando sus antepasados acudieron a Dios con fe, ellos fueron salvados y que, mientras pusieron su confianza en Dios, nunca se vieron avergonzados. La memoria de la acción salvífica de Dios a favor de Israel es una fuente de consuelo en medio de la adversidad extrema. Sin embargo, el salmista prosigue expresando la humillación que siente cuando los otros se burlan de él: "Pero yo soy un gusano y no un hombre, burlado de otros y despreciado por el Pueblo" (v. 6). Sus detractores interpretan su desgracia como resultado de la falta de favor por parte de Dios (Merino; Ryan; Lippi, 2015, p. 47).

Um verme (gusano). Essa fragilidade ultraja quem a vê. O sofrimento inexplicável provoca a negação absoluta, a extirpação da visão do horror. Diante dela, Riobaldo se arvora em justiceiro:

> Dum fato, na hora, me lembrei: do que tinham me contado, da vez em que Medeiro Vaz avistou um enfermo desses num goiabal. O homem tinha vindo lamber de língua as goiabas maduras, por uma e uma, no pé, com o fito de transpassar o mal para outras pessoas, que depois comessem delas. Uns assim fazem. Medeiro Vaz, que era justo e prestimoso, acabou com a vida dele. Isso contavam, já de dentro do meu ouvido. A quizília que em mim, ânsia forte: o lázaro devia de feder; onde estivesse, adonde fosse, lambuzava pior do que lesma grande, e tudo empestava da doença amaldita.[43] Arte de que as goiabas de todo goiabal viravam fruta peçonhenta... — e d'eu dar no gatilho: lei leal essa, de Medeiro Vaz... (Rosa, 2009b, p. 320).

....
42. Cf. Alves, 1994, p. 12-16.
43. A mardita → Amar – dita?

Com um visual deteriorado, o chagado, estrago de homem — "pior que lesma grande" nas palavras de Utéza — cresce como lenda, monstro imaginado: um enorme bicho de goiaba contaminada. Descomunal, ele apodrece tudo.

A metáfora poderosíssima estimula o olfato de Riobaldo, "devia feder", "fruta peçonhenta", e suscita nojo nele. De fato, a araramboia tem odor fétido, mas o bigato não. A imaginação estimula somente; é lêmure, fantasma (do Padre Pio?), já que o cheiro não se materializa.[44] Em termos de Rosa — comentados por Utéza e citados há pouco — o chagado é a impressão, imagem, marca, reprodução, do "desumano". Só que bigato, "bicho de goiaba, goiaba é", larva, se quebrarmos preconceitos, é fonte de proteína.[45] Conclusão: há outras formas de se ver um chagado, para o bem de todos, e é aqui que se plenifica

....
44. Recuperamos novamente o Padre Pio, o qual exalava perfume de suas chagas, recordem. A impressão causada pela visão das chagas, comenta Castelli (2009, p. 345), intimida o frade, causa-lhe vergonha, talvez porque parecessem nojentas: "A primeira notícia dos estigmas de Padre Pio remonta a uma carta de 8 de setembro de 1911, endereçada ao Padre Benedetto de San Marco in Lamis. Na missiva, o Padre Pio escreve: 'Depois, ontem à noite, sucedeu-me uma coisa que não sei nem explicar nem compreender. No meio da palma das mãos apareceu um pouco de vermelhidão, mais ou menos com a forma de uma moeda, acompanhada também por uma dor forte e aguda no meio daquela vermelhidão. Essa dor era mais sensível no meio da mão esquerda, de tal maneira que ainda perdura. Também debaixo dos pés sinto um pouco de dor. Esse fenômeno já quase há um ano se vai repetindo, mas já fazia algum tempo que havia cessado. Contudo, não se inquiete se só agora lho digo; por que me deixei vencer sempre por aquela maldita vergonha. Também agora se soubesse quanta violência tive de fazer-me para dizer-lho!" e ainda: "mas esses sinais externos que são para mim uma confusão e uma humilhação indescritível e insustentável" (Castelli, 2009, p. 353).

45. Olhar as coisas sobre outras perspectivas incomoda, mas enriquece. "De acordo com a Organização das Nações Unidas para Agricultura e Alimentação, dois bilhões de pessoas no mundo são consumidoras de insetos. Embora seja relatado pela FAO que 1900 espécies podem ser ingeridas, reconhece-se que seu potencial como alimento é pouco explorado no mundo. Para promover a entomofagia, questões nutricionais, outras relacionadas ao meio ambiente e aos aspectos sociais do cultivo poderiam nortear essa ação. Insetos representam importantes fontes de proteína e de minerais de boa qualidade; quando criados em cativeiro, apresentam excelente conversão de ração em carne para consumo (podem converter dois quilos de ração em um quilo de massa); sua produção não requer volume de água excessivo e gera menos gases nocivos ao meio ambiente quando comparada com a de bovinos de corte" (Cheung; Moraes, 2016, p. 503-504). A nota pretende introduzir o tema de que é possível, como no caso do Padre Pio, entender o sofrimento como forma de redenção. Acrescentamos sobre este ponto uma nota de Castelli (2009, p. 47): "Vários testemunhos documentam que o caráter de Padre Pio era o oposto de um carrancudo. Dentre eles, permito-me remeter o leitor a um artigo meu com um testemunho inédito de 1922, escrito pelo Venerável Giocondo Lorgna. Nele se alude à doçura do caráter do capuchinho de modo muito significativo: 'De regresso do Padre Pio - (...) É afabilíssimo - humilíssimo - cordialíssimo - dois olhos luminosos - um sorriso mais que angélico - divino - obedientíssimo - sempre doente desde os 16 anos - curou outros, pedindo para si a doença - come só ao almoço um pouco de hortaliças cozidas e *minestranulla* [sic] [nenhuma minestra - caldo de hortaliça e legumes com arroz ou macarrão], de manhã e à noite, se houver, uma maçã crua - teve os estigmas há três anos [na realidade, já passaram mais de quatro anos], depois de um jejum de quarenta dias [informação até agora completamente desconhecida], só recebendo a Eucaristia (...)'. In: Castelli, F., Una lettera inedita di P. Pio, *Servi della sofferanza*, XVII/4 (2008), p. 23."

o sentido da frase "Como era que, sabendo de um lázaro assim, eu ia poder prezar meu amor por Diadorim, por Otacília?!".

Deveras, esta frase tem trasgos: o verbo "prezar" tem sentido variável, vai de "valorizar e preçar" (Figueiredo, 1913) a "desejar" e "vangloriar". Cheguemos ao limite da fantasmagoria: "Como, sabendo de um *sofredor*[46] assim, eu ia *pôr preço* num amor com exclusividade pela divina humanidade do sofredor?"

À força do mal com a rememoração da lenda da contaminação curadora, ou seja, é preciso "transpassar o mal" (lamber goiabas) para se livrar da doença, contrapõe-se a fragilidade encarnada do bem. Remarque-se o léxico bíblico com o termo "transpassar" que causa estranhamento. Deveras, o termo esperado é a frase "passar" a doença, ou "transmitir". O campo semântico do verbo "transpassar" nos *corpora* católicos está voltado para a figura de Cristo e Maria (*Jo.* 13:4-11; *Jo.* 19: 31-37; *Jo.* 20: 24-29; 1 *Pedro* 2: 24-25; *Isaías* 53:5; e muitos outros).

O desejo simplificador do personagem de eliminar o sofrimento pela morte do que sofre, no entanto, é freado devido à suposta, imaginada e depois real chegada de Diadorim. Mas a cena não se resolve com simplicidade. A rememoração da lenda, a contaminação curadora, é verídica; damos testemunho por parte de um avô materno e de sua filha.[47] Ele foi um dos construtores da Colônia Santa Izabel:[48] sabemo-lo em história oral. Essas testemunhas se

....
46. Estamos, evidentemente, pensando em *Isaías* 42, 1-4 e, simultaneamente, no Padre Pio e seus estigmas. Vale, neste momento, citar Merino; Ryan; Lippi (2015, p. 437): "El principio estigmatizador es el cuerpo llagado de Cristo. La estigmatización del fiel llagado es un efecto inducido por el primero, sin contacto físico, sino por la fuerza del cuerpo glorioso de Cristo que irradia una fuerza especial configuradora con el Crucificado." ["O princípio de formação dos estigmas é o corpo ferido de Cristo. A estigmatização dos fiéis feridos é um efeito induzido pelo primeiro, sem contato físico, mas pela força do corpo glorioso de Cristo que irradia uma força configuradora especial com o Crucificado."]

47. Marinho Olímpio de Aguiar e Tereza Bonifácia Ribeiro, minha mãe.

48. Colônia Santa Izabel, Betim, Minas Gerais. Cf. Carvalho, 2012, p. 22: "A construção da Colônia Santa Izabel estendeu-se por quase uma década, entre os anos de 1922 e 1931, e sua inauguração somente ocorreu em 24 de dezembro de 1931. A principal via de acesso ao lugar eram as estradas de ferro Central do Brasil e a Rede Mineira de Viação. A rede ferroviária dispunha de um vagão exclusivo para transportar os 'passageiros com doenças contagiosas'. Os portadores da lepra eram desembarcados na estação Carlos Chagas, no município de Mário Campos, próximo ao portão principal de entrada da Colônia. A perspectiva médico-sanitária ao adotar o isolamento como medida profilática era, antes de tudo, resguardar a integridade dos 'sadios', posto que não se conhecia um tratamento que, de fato, fosse eficaz no combate à doença." Na nota 3, mesma página da tese citada, vê-se: "Atualmente, a instituição é administrada pela Fundação Hospitalar de Minas Gerais (FHEMIG) em parceria com a Prefeitura Municipal de Betim. A antiga Colônia foi completamente cercada pelo bairro Citrolândia, o qual teve sua origem na aglomeração de parentes de internos. O bairro possui uma população de aproximadamente 20 mil pessoas, a população de hansenianos nessa região é estimada em torno de 1500, número significativo. Segundo dados do site: <http://www.religiosidadepopular.uaivip.com.br/inclusao.htm>. Acesso em: 8 set. 2011." Esta informação, no entanto, não consta mais no site.

deixaram, por muitos anos, reger por essa história, um meio para se proteger dos ditos "morféticos" que, segundo a narrativa, achavam que era preciso "passar o mal" para se livrar da doença.

Muitos fatores, evidentemente, favoreceram toda essa trama metafórica bem tecida, mas um que, em nosso ponto de vista, parece bastante interessante, é que, até hoje, a ciência considera "o homem como o único reservatório natural do bacilo [*Mycobacterium leprae*], apesar do relato de animais selvagens naturalmente infectados (tatus e macacos)."[49] Para além do metafórico, sobrepesa todo um repertório de preconceitos ao "chagado na pele", o leproso:

> O histórico dessa doença no Brasil foi marcado pelo isolamento compulsório que os indivíduos doentes sofreram, sendo extinto apenas após a introdução da poliquimioterapia durante a década de 1980. Após essa sistematização do tratamento, houve a transição do nome lepra para hanseníase com os objetivos de reintegrar socialmente o doente e diminuir o estigma presente nos termos "lepra" e "leproso" (Maciel, Oliveira, & Gallo, 2010). A transição do nome favoreceu a constituição de novas construções culturais sobre a doença, pois o propósito dessa mudança foi retirar a representação presente na lepra, carregada de um caráter estigmatizante, para inserir a hanseníase, uma doença dissociada da noção de estigma e com cura. Porém esse jogo semântico não conseguiu eliminar a lepra da concepção popular nem o estigma associado a ela (Loures; Mármora; Barreto; Duppre, 2016, p. 666-667).

Riobaldo representa bem o preconceito arraigado no interior mineiro, mas, dividido, compunge-se, incrimina-se, arde-se imaginando a presença de Diadorim, que, assim imaginado, é aliado de Deus e poderia carregar no seu nome uma etimologia sugestiva: δία (acusativo de Ζεύς, deus supremo dos gregos) + δῶρον (dom, presente), neste sentido, Diadorim, presente de Zeus, é uma analogia do nome Teodoro. Coincidentemente, no português, "dia" remete igualmente para o diabo, para o "diogo! dianho!... Eh diogo, eh dião...".

Plotinianamente, no português, "dia" remete tanto para luz (se tomarmos o conteúdo) quanto para o diabo (se atentarmos para o som). A duplicidade, ou a ambiguidade, a oscilação entre o mal e o bem, palpita em todo o trecho, para não dizer em todo o romance. Este homem escondido na árvore é, aliás

....
49. Araújo, 2003, p. 373.

e talvez pela mesma razão, cognominado um "guaimoré",[50] um indígena oriundo da temida nação aimoré, um aimboré, um Martim Arariboia, índio cavaleiro da Ordem de Cristo?[51]

— "Ô guaimoré!"[52] — xinguei.[53] E gritei pulhas. Acho que insultava era por de certo modo retardar meu dever? Ele não respondeu. Em ante mim, assim, ninguém não respondesse? Mas fincava de me olhar: ah, ele tinha dois olhos, no meio das folhas da folhagem. Muito coitado ele era — o senhor esteja de acordo. Mas, aí, foi que vi e repeli o quê que é ódio de leproso! Na cabeça daqueles olhos, eu armei minha pontaria (Rosa, 2009b, 320).

Agora, pronto para atirar, Riobaldo antevê a chegada de Diadorim, por isso, enquanto imagina um diálogo entre ele próprio e Reinaldo-Deodorina, engatilha a arma. Para o Urutu-Branco Riobaldo Tatarana, Diadorim falaria, nessa elucubração, tal como Deus a Adão e Eva no paraíso (*Gen.* 3: 9): "Estou aqui, te vejo, é você mesmo, Riobaldo...". Diadorim: representante de Deus ou do diabo?

Continuemos na narrativa,

....
50. Tavares, *op. cit*, p. 20: "A lepra chegou ao Brasil com os colonizadores europeus e se espalhou principalmente nas regiões litorâneas. Os índios não conheciam a doença; as hipóteses de que seja doença autóctone ou pré-colombiana foram descartadas (Opromolla, 2007)."
51. Por outro lado, embaralhando joio e trigo, vemos que, segundo Ribeiro, 2008, p. 46: "Os Aimbirés, Aimborés ou Aimorés, do nordeste de Minas Gerais, que são os mesmos Aimorés da Serra Geral, no vale do Mucuri, em Tupi significa 'gente diversa', 'gente diferente dos costumes Tupi' (...)". De maneira mais larga, Senna (1908, p. 69) informa: "Os Tupis e os seus irmãos de raça e de língua, os Guaranis, formam a grande família brasilio-guarany, do Baptista Caetano, ou o grupo ethnico dos tupys-guaranys, de Martins." Poderíamos também associar a inclusão do "guaimoré" ao mito tupi-guarani da Terra sem mal, do *yvy marã-e'y*, o paraíso dos homens-deuses: "À diferença do paraíso cristão ou muçulmano, que os justos conquistarão somente após a morte, a Terra sem Mal tupi-guarani teria existência geográfica e realização histórica. É um lugar acessível aos vivos, aonde seria possível ir de corpo e alma, sem passar pela morte. Nela estão os ancestrais que morreram, mas a morte não seria condição necessária para atingi-la. (...) Na Terra sem Mal não existe a morte, a terra produz por si mesma os seus frutos, o milho cresce sozinho, as flechas alcançam espontaneamente a casa. Somente opulência e lazer eternos. O trabalho seria proscrito para sempre. Se há alguma semelhança com o Jardim do Éden, há também diferenças profundas. O Jardim do Éden é governado pela vontade de Deus. (...) Já na Terra sem Mal nenhum poder maior limitaria a ação do homem. Na verdade, tudo, sem exceção, ali seria permitido. O mal é a existência da ordem político-social. Danças e bebedeiras seriam ali as ocupações exclusivas" (Navarro, 1995, p. 65 e 66). A nosso ver, a Terra sem Mal se assemelha bastante à Esquéria na *Odisseia* de Homero (cantos VI a XII).
52. "**Guaimoré** — variante n. reg. De guaimuré ou aimoré — gentios que habitavam o nordeste de Minas Gerais". *In:* Castro, 1982, p. 116.
53. A frase elíptica de Riobaldo revela preconceito.

E ouvi o vir dum cavaleiro. Esperei. Não dissessem que eu tinha baleado à traição o maldelazento, com escondidos de não ter testemunhas. Quem vinha? Em já madruga-manhã, tudo clareado, reconheci: Diadorim! Embolsei a arma, sem razão. Diadorim me perseguia? "Vigia, Diadorim: tu pune por este?!" — eu havia de indagar, apontando o esconso do leproso. "Estou aqui, te vejo é você mesmo, Riobaldo..." — ele ia dizer — "... Riobaldo, tem tento!"... A imaginação dessa conversa, eu pensei de relance, como uma brasa chia em dentro de vasilha d'água. Assim estremeci, eu ente. Porque, do bafo mesmo de minha idéia vã, eu estava catando tal anúncio de acusação: — *Tu traz o Arrenegado*... Eu e ele — o Dê?! Então, num sutil, podia mesmo ser que ele quisesse estar tomando conta de mim? — Aí, nem nunca, nem! — eu rosnei, riso. Espinoteei na sela, feito acordado dum cochilo de cão (Rosa, 2009b, p. 320-321).

A presença de Diadorim (cavaleiro da manhã? estrela da manhã? Aracy?) até agora é interna: pensamento, imaginação, pressentimento, mas, se conjecturamos Diadorim como representação da consciência ou valor moral ou até mesmo do divino, no correr da narrativa, a sugestão se delineia com cores mais claras. Sim, realmente agora chega um freio:

E Diadorim tropeava chegando. Mas eu virei rédea e roseteei, com brado, meu animal cumprindo: rompemos em galope que era um abismo...
— Eh, diogo! dianho!... Eh diogo, eh dião... (Rosa, 2009b, p. 321).

A imagem que se forma é a de um pequeno redemoinho, um *spin*, uma pirueta, "roseteei", ou seja, "fiz meu cavalo girar", "virei de lado a rédea com ritmo e cadência", "piquei o bicho com a espora, num pulo, ele girou". Que beleza! "Rosetear", palavra repleta de lêmures: o mesmo que

ro.se.tar. Bras. v. **1.** MG S. Esporear ou picar com as rosetas das esporas [td.: *rosetar o cavalo.*] || **2.** Pop. Brincar muito; divertir-se; FOLGAR [int.: "Não me importa que a mula manque, eu quero é rosetar." (Haroldo Lobo e Mílton de Oliveira, "Eu quero é rosetar")] || **3.** Pop. Divertir-se de forma libidinosa [tr. + com: *Sem pudor, rosetava com várias mulheres.*] (*Aulete Digital*).

Observemos, portanto, todos esses sentidos sem negligenciar o radical "ros[a]". Brasileirissimamente, *aireticamente*, a tensão trágica se transforma em riso ou gargalhada diabólica? Conversão? Riobaldo, o cavalo e o diogo-dianho.

Conversão entre os católicos é termo específico: mudança de direção. Seguir reto no *ortho caminho* ou fugir do diogo?

> Retos, fomos, desabalando, que um quarto-de-légua quase, por doidejo. Nós três? Que eu pensei. E esbarrei, por tanto; meu cavalo sacudiu o pescoço todo. Espiei em roda, até com a mão.
> Não vi o demo... Meu espírito era uma coceira enorme. Como eu ia poder contra esse vapor de mal, que parecia entrado dentro de mim, pesando em meu estômago e apertando minha largura de respirar? Aí eu carecia de negar pouso a ele. A nega. Eu quis! Eu quis? (Rosa, 2009b, p. 321).

Observe o leitor a repetição da frase "Eu quis", sintagma que, transliterado em grego, é εὐχή, com variações de caso e pronúncia, e tem os seguintes significados: "voto, prece; desejo, aspiração; imprecação" (Segundo Liddell-Scott). Eis a ambiguidade materializada na lida com o bicho e no "dentro de si". A partir daqui a figura de Diadorim se faz distinta. A lucidez começa, o dia se abre em luz: *Dia door in*. O dia que avança porta adentro.

> Como olhei, Diadorim estava acolá, estacado parado no lugar, perto da árvore do homem. Por certo ele tinha enxergado a coisa viva, e estava desentendendo meu espaço, esses desatinos. Contemplei Diadorim, daquela distância. Montado sempre, teso de consciência, ele me parecia mais alto de ser, e não bulia, por mim avistado. E o lázaro? Ah, esse, que se espertasse, que fugisse, para não falecer... Que é que adiantava que, àquela hora os passarinhos cantassem, acabando de amanhecer o campo sertão? A enquanto sobejasse de viver um lázaro assim, mesmo muito longe, neste mundo, tudo restava em doente e perigoso, conforme homem tem nojo é do humano.
> Condenado de maldito, por toda lei, aquele estrago de homem estava; remarcado: seu corpo, sua culpa! Se não, então por que era que ele não dava cabo do mal, ou não deixava o mal dar logo cabo dele? Homem, ele já estava era morto. Que o que Diadorim dissesse; que dissesse. Que aquele homem leproso era meu irmão, igual, criatura de si? Eu desmentia (Rosa, 2009b, p. 321).

O dia começa perto da "árvore do homem", "da árvore da vida". Não há como deixar de ver a associação, óbvia para os familiarizados com as leituras metafísicas do Rosa:

Entre los cristianos se vivió un largo itinerario, desde el rechazo (basilidianos, marcionitas), hasta la compasión, el respeto, culminando con la adoración de la Cruz y del Crucificado, porque el rechazo de la cruz y del Calvario fue grande en la primera época. Algunos autores cristianos se esforzaron en presentar pruebas de la necesidad de la crucifixión de Cristo, recurriendo al argumento de que si la muerte entró en el mundo por un árbol (del paraíso), debe ser rechazada por otro árbol (de la cruz). De las dificultades para la aceptación de la cruz entre los cristianos, algunos han deducido que les habría sido prohibida la reproducción de la imagen del crucificado, y que solamente más tarde apareció la cruz más o menos disimulada, decorada, engalanada (Merino; Ryan; Lippi, 2015, p. 318).

Este ponto de confluência — a cruz/árvore — entre o sofrimento e a glória julgamos ser inaceitável para o homem moderno, para quem "é preciso dourar a pílula". Um morfético deve sair de nossa vista, não há ascese para resistir-lhe. Insuportável também — até mesmo dentro da Igreja Católica — um frade chagado que se determinou trancar por três anos, de 1931 a 1934, para que ficasse longe das vistas de todos.

Retomando, com Diadorim o espaço se enche de canto — e encanto — apesar da presença de um doente, nojo humano, condenado. Firma-se e confirma a velha hipótese de que a doença advém de um castigo: "seu corpo, sua culpa!". O léxico bíblico continua sempre presente. Mas é nesse excerto que a frase comentada sobre a possibilidade do amor surge. Riobaldo faz um trajeto de volta em direção ao companheiro amado, insistindo, entretanto, na não escolha:

"Não sou do demo e não sou de Deus!" — pensei bruto, que nem se exclamasse; mas exclamação que havia de ser em duas vozes, uma muito diferente da outra. Vim feito. Tornei a empunhar o revólver (Rosa, 2009b, p. 321).

Não escolha, porém por um átimo. Num brevíssimo, Diadorim invade o homem que titubeia, busca um recurso mais nobre, o crime "olhos nos olhos" tem mais coragem. O tiro de arma ao longe, na mira de um desarmado é desfibrado.

Mas completei, eu mesmo, aquilo que Diadorim decerto ia me responder: "Riobaldo, tu mata o pobre, mas, ao menos, por não desprezar, mata com tua mão cravando faca — tu vê que, por trás do pôdre, o sangue do coração dele é são e quente..." Encostar nele a ponta de minha franqueira de cabo prateante?

— Toma! Tu cai no chão... Agalopando assim, joguei fora meu revólver. Joguei — ou foi um ramo de rompe-gibão que relou arrancando a arma de meu pulso. Cheguei, esbarrei. Meu cavalo, tão airoso, batia mão, rapava; ele deu um bufo de burro. Vi Diadorim. Mas o leprento tinha ganhado para se ir, graças que não assisti à arriação dele: decerto descendo às pressas, se escapando de gatas nas moitas de feijão-bravo. Desse, tive um cansaço enorme; pode que seja por não saber se matava ou não matava, caso ele ainda estivesse lá. Do leproso (Rosa, 2009b, p. 321-322).

E Riobaldo, na covardia do enfrentamento, depõe armas. Para um místico-metafísico, a coragem é dom infuso, é mistura do homem com Deus. O sofrimento — para quem sofre, para quem mata — é faca cravada na carne que deixa ver que, "por trás do pôdre", o sangue do coração "é são e quente". A assunção da miséria que espera força sobrenatural para agir e revelar o perene por detrás do corruptível é condição inegociável de heroísmo. Vejamos como Padre Pio relata sua estigmatização:

(...) e vi nosso Senhor em atitude de quem está numa cruz — não me apercebi de que houvesse a cruz —, lamentando-se pela ingratidão das pessoas, especialmente das consagradas a ele e por ele mais favorecidas. Via-se, por isso, que ele sofria e que desejava associar almas à sua Paixão. Convidava-me a compenetrar-me das suas dores e a meditá-las; ao mesmo tempo, [a] ocupar-me da salvação dos irmãos. Então, senti-me cheio de compaixão pelas dores do Senhor e perguntei-lhe o que podia fazer. Ouvi esta voz: "Associo-te à minha Paixão". Depois disso, a visão desapareceu, caí em mim e vi estes sinais, dos quais gotejava sangue. Antes eu não tinha nada (Pio *apud* Castelli, 2009, p. 88).

Panoramicamente, pode-se inferir que a intervenção de Diadorim — imaginária ou não no contexto narrado — é um apelo à misericórdia. A frase conjecturada de Reinaldo remonta ao *Salmo 38*.[54] Raniero Cantalamessa afirma que o pecado deixa a natureza "ferida", mas não totalmente corrompida.[55] Goffman (2012), um dos principais autores a introduzir a discussão acerca do mistério dos estigmas, remete-nos aos gregos que criaram o termo

....
54. "Senhor, castiga-me sem cólera, / corrige-me sem furor./ Tuas flechas me traspassaram, / tua mão se abateu sobre mim./ Nada há de intacto em minha carne, pela tua ira,/ nada de são nos meus ossos, em razão do meu pecado!/ Pois minhas faltas ultrapassaram minha cabeça,/ como fardo pesado pesam demais sobre mim./ Minhas feridas infectas supuram, devido a minha insensatez."

55. Cf. Cantalamessa, 2013, p. 55.

para se referirem aos sinais corporais que algumas pessoas apresentavam para evidenciar alguma coisa extraordinária ou má sobre o seu status moral. Complementarmente, descreve três tipos de estigma:

> Em primeiro lugar, há as abominações do corpo — as várias deformidades físicas. Em segundo, as culpas de caráter individual, percebidas como vontade fraca, paixões tirânicas ou não naturais, crenças falsas e rígidas, desonestidade, sendo essas inferidas a partir de relatos conhecidos de, por exemplo, distúrbio mental, prisão, vício, alcoolismo, homossexualismo, desemprego, tentativas de suicídio e comportamento político radical. Finalmente, há os estigmas tribais de raça, nação e religião, que podem ser transmitidos através de linhagem e contaminar por igual todos os membros de uma família (p. 14).
> Em todas essas situações, há um indivíduo que poderia ser facilmente recebido em uma relação social, porém ele apresenta um atributo que se pode impor à atenção e afastar os outros, impedindo a atenção a seus outros atributos (Goffman *apud* Loures; Mármora; Barreto; Duppre, 2016, p. 666-667).

Essa linha de raciocínio se vê na fala de Riobaldo já comentada: "Condenado de maldito, por toda lei, aquele estrago de homem estava; remarcado: seu corpo, sua culpa!" (Rosa, 2009b, 321).

Neste instante, sem discutir os detalhes, visto não haver espaço para tal, arrematamos nossa costura dedicando-nos ao ponto das contemplações de Brígida da Suécia,[56] o qual faz cruz com as Chagas de Cristo. Indicamo-lo por dois motivos: primeiro porque são muito conhecidas e populares no Brasil as 15 preces de Santa Brígida em honra das 5.475[57] Chagas de Cristo; segundo, devido a uma comparação que, numa elocução interior em que a Mãe de Deus instrui a santa, o filho de Deus morto é descrito como um

---

....
56. *1302 a †1373: Brígida viveu durante um período marcado por instabilidade, disputas políticas, espirituais e conflitos fratricidas. Casou-se aos 14 anos, foi mãe de oito filhos, tornou-se mística após a morte do marido e ganhou renome como uma visionária prestigiosa entre as muitas outras que se destacavam na Idade Média. Todavia, segundo Morris, em Brígida "há uma consciência feminina que rege o tom e a matéria de muitas das revelações, de suas imagens frequentes ligadas a especificidade do que concerne aos assuntos das mulheres, aos cuidados no dar à luz e nas tarefas domésticas da educação das crianças às receitas de cozinha." ["Birgitta's consciousness of being a woman sets the tone and subject matter of many of the revelations, and her imagery frequently concerns specifically female affairs, ranging from childbirth and domestic chores to the education of children and recipes for the kitchen."] Cf. Morris, "General Introduction". In: *The Revelations of...* 2006, p. 39. Todas as traduções das *Revelações* fizemos a partir da versão inglesa.

57. Este é o total de chagas revelado por Jesus a Santa Brígida, segundo Sven Magnus Gronberger, 1917 (texto não paginado).

leproso. No capítulo 10: 34, das *Revelações*,[58] Maria Santíssima fala a Brígida com as seguintes palavras:

> Assim ia tudo, aí veio um homem e, nele, do lado, cravou uma lança com tanta força que quase vazou outro lado. Quando a lança foi arrancada, sua ponta cobriu-se de sangue vermelho. Quando vi transpassado o coração do meu filho querido, pareceu que o meu próprio coração é que tinha sido transpassado. Depois que o tiram da cruz e eu tomei seu corpo no meu colo, ele, todo pálido, parecia um leproso, seus olhos sem vida, ensanguentados, sua boca fria como gelo, sua barba espessa, seu rosto inchado (Birgitta of Sweden, 2006, p. 69-70).[59]

A comparação do Cristo com um leproso, corpo em chagas, atende-nos na hermenêutica que se propôs no capítulo, a saber, conformar o chagado sofredor ao Cristo. A invocatória "Chagas de Cristo" é arma de defesa e prenúncio de glória e cura. A jaculatória, sem a expressão "de Cristo", manifesta o crime da humanidade que rejeita a própria miséria, do estado abjeto de vileza a que pode um homem — um Riobaldo talvez — incorrer. A ilusão de que o corruptível possa prescindir do sofrimento é lêmure avassalador; a fé de que

---

58. Segundo Bridget Morris, que apresenta, introduz e comenta a tradução do livro das *Revelações* (do latim para o inglês) de Denis Searby aqui utilizada, "as *Revelationes* de Santa Brígida da Suécia são um repositório de volumosos jorros de locuções e visões, recebidas durante um período de trinta anos, desde o tempo de sua viuvez em meados de 1340 até sua morte em 1373. Em linguagem sentenciosa e profética, as *Revelationes* fazem observações sobre a condição humana e exprimem uma crítica à igreja e um apelo para sua reforma. Ao mesmo tempo elas encarnam uma suave devoção para com a humanidade de Cristo e uma identificação pessoal com a Virgem Maria. Por meio de uma prosa um tanto quanto desajeitada emerge a imagem de uma visionária segura e carismática que desenvolve um misticismo contemplativo sempre entrelaçado com um engajamento social e um comprometimento com a salvação do mundo. Enquanto *corpus*, as *Revelationes* são uma corporificação exortativa para uma profunda compaixão interior e para um desejo apaixonado de regeneração e renovação..." ["The *Revelationes* of St. Birgitta of Sweden are the repository of a vast outpouring of locutions and visions, received over a period of thirty years, from the time of her widowhood in the mid-1340s until her death in 1373. In judgmental and prophetic language, the *Revelationes* make observations on the human condition and convey a critique of the church and an appeal for reform. At the same time, they embody a tender devotion to the humanity of Christ and a personal identification with the Virgin Mary. Through the somewhat clumsy prose there emerges an image of a commanding and charismatic visionary who develops a contemplative mysticism that is always interwoven with social engagement and a commitment to the salvation of the world. Collectively, the *Revelationes* are an evocative embodiment of a deep inner piety and a passionate desire for regeneration and renewal; beneath them all beats the Swedish saint's great heart: candid, stern, imaginative, and demanding."] (Morris, "General Introduction". In: *The revelations of...*, 2006, p. 3).

59. ["As everyone was going away, a man came and drove a lance into his side with such force that it almost went out the other side. When the spear was withdrawn, its point appeared red with blood. And it seemed to me as if my own heart had been pierced when I saw my beloved Son's heart pierced. Then he was taken down from the cross. I took his body on my lap; it was like a leper's, all livid. His eyes were lifeless and full of blood, his mouth as cold as ice, his beard like twine, his face grown stiff."]

o incorruptível possa habitar o corruptível é por demais desafiadora, radical e exclusiva; desta forma, urge produzir o mundo fantasma. Neste caso, as veredas se multiplicam, suspendem-se as escolhas e vive-se a mistura.

> Todo assim, o que minha *vocação pedia era um fazendão de Deus*, colocado *no mais tope*, se braseando incenso nas cabeceiras das roças, o povo entoando hinos, até os pássaros e bichos vinham bisar. Senhor imagina? *Gente sã valente, querendo só o Céu*, finalizando. Mas diverso do que se vê, ora cá ora ali lá. Como deu uma moça, no Barreiro-Novo, essa desistiu um dia de comer e só bebendo por dia três gotas de água de pia benta, em redor dela começaram milagres. (...) Porque, num estalo de tempo, já tinham surgido vindo milhares desses, *para pedir cura, os doentes condenados: lázaros de lepra, aleijados por horríveis formas, feridentos*, os cegos mais sem gestos, loucos acorrentados, idiotas, héticos e hidrópicos, de tudo: criaturas que fediam. Senhor enxergasse aquilo, o senhor desanimava. Se tinha um grande nojo. *Eu sei: nojo é invenção, do Que-Não-Há, para estorvar que se tenha dó*. E aquela gente gritava, exigiam saúde expedita, rezavam alto, discutiam uns com outros, desesperavam de fé sem virtude — *requeriam era sarar*, não desejavam Céu nenhum. Vendo assaz, se espantava da seriedade do mundo para caber o que não se quer. *Será acerto que os aleijões e feiezas estejam bem convenientemente repartidos*, nos recantos dos lugares. Se não, se perdia qualquer coragem. O sertão está cheio desses. Só quando se jornadeia de jagunço, no teso das marchas, praxe de ir em movimento, não se nota tanto: o estatuto de misérias e enfermidades. Guerra diverte — o demo acha (Rosa, 2009b, p. 40, grifos nossos).

Vale, portanto, observar que, diante da frase "a guerra diverte", não podemos excluir das interpretações factíveis a ela que "diverte" é antônimo de "converte"; assim, a "guerra espalha, dispersa, distrai, desconcentra...". Aliás, é bom notar que, no trecho citado e noutro sentido — o da sinonímia — céu e saúde se igualam ("Gente sã valente, querendo só o Céu") como se fossem metaplasmos um do outro; os doentes são os condenados; aleijões e feiezas são "convenientemente" distribuídos de acordo com a maldade das pessoas, porque, segundo o excerto, estes estropiados querem cura, mas não querem "Céu nenhum".

Diversamente, a metafísica cristã admite que a compaixão crística é o caminho. Este é o Diadorim do trecho selecionado para análise. Ele, em palavras de Riobaldo, decerto ia responder a questão da seguinte maneira, como vimos: " (...) 'tu mata o pobre, mas, ao menos, por não desprezar, mata com tua mão cravando faca — tu vê que, por trás do pôdre, o sangue do coração dele é são e quente...' Encostar nele a ponta de minha franqueira de cabo prateante?". Aproximar da miséria, ainda que para matá-la, associa o que fere e o ferido. Assim ocorrem os estigmas de Padre Pio, que, como reiteradamente pontuamos, afirmou: "[S]enti-me cheio de compaixão pelas dores do Senhor e perguntei-lhe o que podia fazer. "Ouvi esta voz: 'Associo-te à minha Paixão!'. E, a seguir, desaparecida a visão, caí em mim, recobrei a consciência e vi estes sinais (...)" (Castelli, 2009, p. 257).

Contudo, o Lázaro feito lêmure no *GSV*, em fuga providencial para o Urutu-Branco, desaparece e, no seu lugar, brilha Diadorim. Nítida figuração:

> Mas Diadorim, conforme diante de mim estava parado, reluzia no rosto, com uma beleza ainda maior, fora de todo comum. Os olhos-vislumbre meu — que cresciam sem beira, dum verde dos outros verdes, como o de nenhum pasto. E tudo meio se sombreava, mas só de boa doçura. Sobre o que juro ao senhor: Diadorim, nas asas do instante, na pessoa dele vi foi a imagem tão formosa da minha Nossa Senhora da Abadia![60] A santa... (Rosa, 2009b, p. 322).

....
60. Augusto de Lima Júnior, 2008, p. 215-221, citando Frei Agostinho de Santa Maria, afirma que a devoção a Nossa Senhora da Abadia teria vindo de Braga, do Convento Cisterciense de Bouro, ou Convento de Nossa Senhora da Abadia. Diz o relato que, no ano de 883, alguns religiosos eremitas, fugindo dos sarracenos, esconderam a imagem de Nossa Senhora do Bouro nos penhascos da região; no tempo do conde Dom Henrique, um homem piedoso, que, depois de ingressar em uma ordem religiosa e ganhar o nome de Santo Eremita Pelágio Amado, viu, numa noite, no meio do vale, uma claridade extraordinária que saía de dentro dos penedos. Buscaram ele e seu superior a origem da claridade e, entre uns e outros lugares, encontraram a imagem escondida de Nossa Senhora que "mostrava ser dos tempos antigos". Assim, começou, em Braga, a devoção. Por séculos ficou restrita à região, até que o culto e a devoção chegaram, segundo Lima Júnior, não se sabe como, pelo caminho do mar, passando por Minas, se espalhando por Goiás e se instalando nos "chapadões do triângulo Mineiro": Pitangui; Nossa Senhora da Abadia do Porto Real do São Francisco; Nossa Senhora da Abadia do Bom Sucesso do Monte Alegre; Nossa Senhora da Abadia da Água Suja (hoje Romaria), o mais famoso à época da narrativa do *GSV*. Neste local dizia-se que imperava a jagunçagem, que, segundo narrativa de Padre Venâncio Huselmans para Lima Júnior, tem o enredo assim: um garimpeiro baiano achou excelente pepita de diamante e com ela fugiu não dividindo o lucro com sua turma de trabalho; os colegas, entretanto, perseguiram-no e, sumariamente, o executaram no meio do mato. O crime, embora tal ato tenha provocado revanches sucessivas dos parentes e amigos da vítima, ficou impune. A mortandade cresceu, se espalhou, o povo se acostumou, até que, ainda de acordo com "Padre Venâncio", chegou no lugar outro sacerdote de nome Humberto van Lieshout (1890-1943), conhecido por Padre Eustáquio, este, "com seu esforço e dedicação à cura das almas, transformou a localidade de Água Suja e arredores em centro de paz e trabalho honrado. Nossa Senhora da Abadia, além dos lugares citados, deu seu nome a uma outra vila do Triângulo Mineiro, Abadia de Dourados, tem altares em Patos, Coromandel, Patrocínio, demonstrando uma larga irradiação do seu culto benemérito (...)" (Lima Júnior, 2008, p. 225). Em Minas, citamos, como argumentação, algumas outras cidades que hoje veneram Nossa Senhora da Abadia: Abadia de Dourados; Araxá; Cruz do Monte; Formoso; Iguatama; Ituiutaba; Martinho Campos; Matutina; Patos de Minas; Pirapora; Romaria (Nossa Senhora da Abadia da Água Suja); Sacramento; Santa Juliana; São Gotardo; Tupaciguara; Uberaba; Uberlândia.

Carece repetir: "na pessoa dele vi foi a imagem tão formosa da minha Nossa Senhora da Abadia", em outros termos, com a chegada de Diadorim, que "no rosto reluzia", surge também a imagem da medianeira junto ao Cristo, Nossa Senhora da Abadia. Ela, tal qual *stella matutina* ou *stella maris*,[61] vem como aurora para trazer o Sol. A estrela matutina que desce do divino ao chão é Aracy?

Não se pode desprezar a erudição do Rosa no campo religioso e especificamente no catolicismo; sua rede semântica é bem articulada, não deixa lacunas. Afonso Maria de Ligório, em *Glórias de Maria*, sobre a alcunha de Nossa Senhora como estrela, afirma:

> Sem dúvida não deixará Maria de obter-lhe luzes e força para sair do vício e trilhar pela vereda da virtude. Pelo que graciosamente Inocêncio III lhe chama "lua de noite, aurora de manhã, sol de dia". É lua para quem está cego na noite do pecado, a fim de esclarecê-lo e mostrar-lhe o miserável estado de condenação em que se acha. É aurora, isto é, precursora do sol, para quem já está iluminado, a fim de o fazer sair do pecado e recuperar a divina graça. Para quem já está em graça é finalmente sol, cuja luz o livra de cair em algum precipício. (...) Concluamos, pois, com as palavras de S. Bernardo: "Homem, quem quer que sejas, já sabes que nessa vida vais flutuando entre perigos e tempestades, do que caminhando sobre a terra. Se não queres ser submergido, não apartes os olhos dos resplendores desta estrela [de Maria]. Olha para a estrela, chama por Maria. Nos perigos de pecar, nas moléstias das tentações, nas dúvidas do que deves resolver, considera que Maria te pode ajudar, logo chama por ela, para que te socorra.(...)
>
> Astro precursor do sol é Maria, nas revelações de S. Brígida. Quer isto dizer: Quando em uma alma pecadora desponta a devoção a Maria, é sinal certo que dali a pouco Deus a virá enriquecer com a sua graça (Ligório, 1989, p. 83; 85 e 106, respectivamente).

---

61. Estes são títulos da Santa Virgem Maria; estrela da manhã, estrela que anuncia o sol, isto é, Jesus; estrela do mar. Para os católicos a ladainha se constitui como uma série de "frases breves, definições lapidares, adjetivos e locuções imediatamente perceptíveis. São expressões que giram em torno do mesmo tema, dizem os vários ângulos a partir dos quais se contempla a pessoa, são como peças de mosaico que vão se encaixando para delinear a figura de maneira mais completa, luminosa e rica" (Basadonna; Santarelli, 2000, p. 55).

A perspicácia de Rosa, ao incorporar a devoção a Nossa Senhora da Abadia, redentora dos machos em perigo, padroeira de todo o Triângulo Mineiro,[62] avança para a intuição de uma abordagem da mulher viril, proposta por Teresa de Ávila (Jesus, 1948, p. 293):

> Mejor amistad será ésta que todas las ternuras que se pueden decir, que éstas no se usan ni han de usar en esta casa, tal como "mi vida", "mi alma", "mi bien", y otras cosas semejantes, que a las unas llaman uno y a las otras otro. Estas palabras regaladas déjenlas para su Esposo, pues tanto han de estar con El y tan a solas, que de todo se habrán menester aprovechar, pues Su Majestad lo sufre, y muy usadas acá no enternecen tanto con el Señor; y sin esto, no hay para qué; es muy de mujeres, y no querría yo, hijas mías, lo fueseis en nada, ni lo parecieseis, sino varones fuertes; que si ellas hacen lo que es en sí, el Señor las hará tan varoniles, que espanten a los hombres. ¡Y qué fácil es a Su Majestad, pues nos hizo de nonada!⁶³

O tipo de mulher aqui apregoado tanto se encaixa no papel de Diadorim como também no que a tradição tem guardado para Nossa Senhora. Pensamos que não carece enfatizar o uso do termo "nonada" com o qual Rosa iniciou sua obra-prima imitando o Criador, pois isso seria alongado e estamos encerrando nosso assunto focalizando somente a mulher viril iluminada no fragmento analisado. Neste contexto, julgamos ser inevitável recordar aquela do *Apocalipse*. Sabemos que a "mulher vestida de sol" foge do dragão, deserto afora, e os anjos a protegem. No trecho em foco, no entanto, é o homem Riobaldo quem foge. Foge também o chagado. Observe-se que a ambiguidade entre bem e mal, macho e fêmea, guerreiro e vítima se mantém: o dragão foge ou

---

....

62. A cidadezinha de Romaria foi antes criada como distrito, com a denominação de Nossa Senhora da Abadia da Água Suja, e se estabeleceu por força da Lei Provincial 1.900, em 19-07-1872, e pela Lei Estadual 2, em 14-09-1891. Era grande centro de garimpo subordinado ao município de Monte Carmelo: <https://www.montecarmelo.mg.gov.br/historia>; <https://cidades.ibge.gov.br/brasil/mg/monte-carmelo/historico>. Acesso em: 10 set. 2021.

63. ["Esta será, pois, a melhor amizade: que toda a pieguice que se pode dizer, não se use e nem usada seja nesta casa, tal como 'minha vida', 'minha alma', 'meu bem' e outras coisas do tipo a que umas chamam uns e outras a outros. Deixem essas palavras melindrosas para o seu Marido, pois havereis de estar tão sozinhas e tanto com Ele que de tudo é mister aproveitar, porque Sua Majestade tolera, e, gastando-as demais aqui, já não se comoverão tanto com o Senhor; então, sem essa, não há razão para tanto. É muito mulheril, e eu não quero, minhas filhas, que fôsseis ou parecêsseis em nada assim senão como homens fortes; se se faz o que é capaz, o Senhor as tornará tão varonis que assustarão os homens. E que fácil para Sua Majestade e isto, pois ele nos fez do *nada*!"] Trecho de *Caminho de perfeição*, cap. VII.

o Cristo, encarnado no chagado, se plenifica, vira dia pleno com a chegada da mulher que é homem?

Voltamos à intuição de Claudia Soares comentada no capítulo 3 e aplicada neste estudo. *Airético*, num cavalo airoso, o Riobaldo de Rosa não escolhe, escapa da decisão. Separa-se do rosto iluminado de Diadorim, "foge como o diabo da cruz":

> Mas repeli aquilo. Visão arvoada. Como que eu estava separado dele por um fogueirão, por alta cerca de achas, por profundo valo, por larguez enorme dum rio em enchente. De que jeito eu podia amar um homem, meu de natureza igual, macho em suas roupas e suas armas, espalhado rústico em suas ações?! Me franzi (Rosa, 2009b, p. 322).

Note-se no fragmento o léxico infernal constituído: "fogueirão", "profundo valo", "me franzi". Os termos-chave que abrem esta porta de interpretação são "repeli aquilo". No movimento de abominação da visão de "ar" "voada", "arvorada", tem-se a figuração da Senhora da Abadia. A fuga é como uma "revoada". Essa Maria, símile da Virgem-Mãe de Jesus, é habilmente criada por Rosa e abrange os dois extremos de mundo do romance: o céu e o inferno. A manipulação da tradição católica pelo escritor é surpreendente. De fato, Nossa Senhora não reina somente no céu e sobre os santos, ela é rainha

> também do inferno e dos demônios, porque os venceu valorosamente com suas virtudes. Já desde o princípio do mundo tinha Deus predito à serpente infernal a vitória e o império que sobre ela obteria nossa Rainha. "Eu porei inimizade entre ti e a mulher; ela te esmagará a cabeça" (Gn 3,16). Mas que foi esta mulher, sua inimiga, senão Maria, que com a sua profunda humildade e santa virtude sempre venceu e abateu as forças de Satanás, como atesta S. Cipriano? É para se notar que Deus falou "eu porei" e não "eu ponho" inimizade entre ti e a mulher. Isto faz para mostrar que a sua vencedora não era Eva, que já então vivia, mas uma sua descendente. Esta devia trazer a nossos primeiros pais, como diz S. Vicente Ferrer, um bem maior do que aquele que tinha perdido com o seu pecado. Maria é, portanto, essa excelsa mulher forte que venceu o demônio e, em lhe abatendo a soberba, lhe esmagou a cabeça, conforme as palavras do Senhor: Ela te esmagará a cabeça. Duvidam alguns se estas palavras se referem a Maria ou a Jesus Cristo, porque os Setenta traduzem *autós*, isto é, ele esmagará a tua cabeça. Mas em nossa Vulgata (única versão da Sagrada Escritura aprovada pelo Concílio de Trento) lê-se *ipsa*, ela, e não *ipse*, ele. Assim também o entenderam S.

Ambrósio, S. Jerônimo, S. Agostinho e muitíssimos outros. Mas, como quiserem, é certo que, ou o Filho por meio da Mãe, ou a Mãe por virtude do Filho, venceu a Lúcifer. Este espírito soberbo foi, portanto, para sua vergonha, calcado aos pés por esta Virgem bendita, na frase de S. Bernardo, e como prisioneiro de guerra é obrigado a obedecer sempre às ordens desta Rainha. Diz S. Bruno de Segni que Eva, vencida pela serpente, nos trouxe a morte e as trevas. Maria, porém, vencendo o demônio, nos trouxe a vida e a luz. E de tal modo o atou, que ele não pode mais se mover para causar o menor dano aos seus devotos (Ligório, 1989, p. 114).

Mas não estamos falando da Mãe-Virgem... Voltemos. Trata-se de Maria Deodorina da Fé Bettancourt Marins, e não vamos discorrer sobre ela. É tempo de *stop over* para tomar outros voos. Havemos de ponderar, porém, que o trecho segue, a mistura permanece:

Antes que Diadorim mesmo abrisse boca para me sorrir, me falar, eu tive de fazer uma coisa. A meio em ânsia, meio em astúcia; meio em raiva. Como foi que peguei o vivo de tal idéia, em gesto, como se deu de que me alembrei daquilo? Homem, não sei. Mas enfiei mão: por entre armas e cartucheiras, e correias de mochilas, abri à berra meu jaleco e a minha camisa. Aí peguei o cordão, o fio do escapulário da Virgem — que em tanto cortei, por não poder arrebentar — e joguei para Diadorim, que aparou na mão. Ia me fazer alguma pergunta, que eu não consenti, a voz dele era que mais significava. Isto é, porque eu primeiro falei, como resumo (Rosa, 2009b, p. 322).

Volta a presença da Rainha do Céu e do Inferno na medida em que Rosa resgata Nossa Senhora do Carmo, seu escapulário e o privilégio sabatino que ele traz: quem morrer tendo o escapulário consigo, no primeiro sábado após a passagem estará livre do purgatório, será levado para o céu. O escapulário retornará, como sabemos, no preparo do corpo de Diadorim:

A Mulher lavou o corpo, que revestiu com a melhor peça de roupa que ela tirou da trouxa dela mesma. No peito, entre as mãos postas, ainda depositou o cordão com o escapulário que tinha sido meu, e um rosário, de coquinhos de ouricuri e contas de lágrimas-de-nossa-senhora (Rosa, 2009b, p. 390).

A proteção que tinha estado sobre o peito de Riobaldo, que foi repelida, cortada e lançada fora no episódio do Lázaro, que Diadorim com a mão apanha no "ar", seguirá com Deodorina da Fé. Revestindo-a com este minúsculo avental de pescoço, que tem de um lado a imagem da mulher plena, a Virgem-Mãe, e do outro a imagem do Sagrado Coração de Jesus com seu coração transpassado, lancetado e ferido, ardente de amor, Rosa se despede de Diadorim. Vai com a defunta um terço de lágrimas, lágrimas de Nossa Senhora.

Por fim, se a amarração semiótica que aqui apresentamos foi, ou não, proposital da parte do Rosa, não se pode afirmar. Pode ser, pode não ser. No entanto, ela ocorreu porque ele e nós estivemos mergulhados na literatura mística cristã. Se somos místicos, metafísicos, ah, isso é lá outra coisa. **É e não é**. Conhecemos a letra, a πράξις e a ἀσκήσις ficam no escuro do coração do homem...

Uma coisa a nós é clara e nos parece verdadeira: o tesouro do velho Pio, a fé, é a razão do Rosa. Modernista, ele preferiu ser chefe de si, pelo menos quando espelhado no Baldo: "Eu era o chefe. O sertão não tem janelas nem portas. E a regra é assim: ou o senhor bendito governa o sertão, ou o sertão maldito vos governa..." (Rosa, 2009b, p. 322). Sem porta nem janela estreita para entrar, sem porta larga, nem porteira, esse infinito se fecha em prisão lemniscata, enlace sem solução. Para ele, talvez o deveras metafísico dissesse: "A razão suporta as desgraças, a coragem combate-as, a paciência e a religião superam-nas. Para desprezar o mundo, basta dar ouvidos à razão; para desprezar-se a si mesmo, é necessário ouvir a Deus" (Padre Pio *apud* Castelli, 2009, p. 343-344), mas cuidado com os lêmures, eles levam para veredas incertas e de repente caímos na dispersão indecisa de uma pós-modernidade caduca.

CONCLUSÃO
Pausa: hora do descanso dos guerreiros

A modo de exame da obra produzida, é tempo de afirmar, antes do último respiro, que, sem a bibliografia compulsada, estudada, incorporada ou refutada, jamais teríamos escrito este livro. Curvamo-nos, agora, gratos, a todos — vivos e mortos — que publicaram seus trabalhos para que pudéssemos acessá-los...

Em tempo de pandemia, nossos encontros lemúricos foram felizes, íntimos e sem máscaras. Manuseamos, devoramos e digerimos as palavras de tantos quantos se deram ao exercício de escrevê-las e que hospitaleiramente as disponibilizaram em meios mais ou menos desembaraçados. Rasuramos páginas, colorimos frases, escoliamos margens. Nossa pesquisa nasceu desses encontros.

Suzi Frankl Sperber, com *Caos e cosmos* (1979) — livro esgotado de difícil obtenção — foi um lance importantíssimo, um mergulho no problema. Na perspectiva do χάος e do κόσμος, propusemos gregos caminhos, saímos perseguindo lêmures e organizando-os (nos limites em que se pode organizar o incapturável). Ousamos enfrentar o impalpável da palavra volátil dita, bendita ou maldita, os metaplasmos fecundos, as tranças semânticas e sintáticas que se fazem como um triste infinito fechado e intelectualizado: ∞.

Dentro desse corpus, olhamos para as minúcias materiais que avultam, saindo da área física, e que, supondo-se imateriais, infinitas e divinas, se fixam no texto para simular a ordem da língua corrente e não escrita do Brasil. Em mimetismo, os lêmures tomam a cor, o olor, a forma e o ritmo do meio que habitam, a escrita rosiana, e instauram o que chamamos de *mimese de infinito*, ou, em outros termos, de *pseudometafisismo pragmaticista*. A matéria escrita pulverizada, corporificações lemurosas de letras, frases, sentenças e ideias soltas no ar pelas escritas palavras aladas, simulam ouro em pó, valor de verdade esfacelada. Assim batizamos, portanto, o imponente *pragmaticismo pseudometafísico meio ajagunçado* do escritor mineiro. Com sobrevida longa, o legado dele é demolidor de verdade, modernista e arrivista; nutre a pretensão de um mundo reconstruído em suas possibilidades esperançosas com o negacionismo do real. Eis a dança do **é não é**, ou seja, a opção por uma realidade que não se limita ao mundo atual, mas também se projeta aos mundos possíveis e imaginados nos limites da fantasia humana ou, quiçá, como hoje, computacional, ou mais, *metavérsica*.

Reiteramos, os lêmures, ou seja, virtualidades feitas de letras, são quase inesgotáveis, semelhante a eternidades criadas pelo homem humano. Assomam dos vários modos de falar no miolo das palavras escritas. Com eles a palavra "calma", por exemplo, se exposta no ar (modo oral e aural), pode, eventualmente, se realizar como "carma" ou "caumã" (nome de uma grande ave de rapina também conhecida por acauã[1]; ou a transliteração do grego καῦμα, que significa "calor", "febre", "lenha quente" ou pode ainda evocar suas origens medievais latinas, como "calor" ou "casa coberta de rosas" e até remeter a uma expressão locativa: "cá uma". O fenômeno oscilatório de enunciação, riquíssimo na hermenêutica rosiana, faz igualmente a palavra "alma" surgir potentíssima como "arma", "[h]áuma (há uma)" ou "c' alma/arma". Pensar as muitas possibilidades de execução oral e de audição das palavras enriquece em muito a obra, isso é o que julgamos ter demonstrado. E parece mística... Mas não é.

Em nossa hipótese sustentamos igualmente haver, de fato, um Rosa trágico *à la* grega, livre de dogmas, o qual, mesmo sendo, por formação e cultura, cristão, comportava-se como um *hybristés* à antiga. Assim pensando, depois de ter percorrido parte da biblioteca do escritor sobre os tópicos da mística, da literatura e filosofia gregas e da teologia no recorte restrito ao catolicismo, sugerimos para este estudo que, no âmbito do que se chamou mística, João Guimarães Rosa foi *aírico*, seletivo e despótico, praticante da "liberdade pura" (ἄκρατος ἐλευθερία), que remonta a Platão e Luciano de Samósata.

Por isso, a contrapelo do que o autor repetidamente afirmou, julgamos que considerá-lo como homem "muito religioso" foi indução a erro premeditada, programada e muito bem construída, em vida, pelo diplomata mineiro. Um artigo de Jorge de Melo Castro (1970), "João por dentro: o bem-assombrado", demonstra claramente que a estratégia de Guimarães Rosa para construir a própria imagem funcionou às maravilhas cheias de *glamour*, gl(a)*emurosas*.

....
1. Cf.: <https://dicionario.priberam.org/caum%C3%A3>.

Iniciando seu texto com uma citação de *Tutameia*[2] em "Sobre a escova e a dúvida", e focalizando indiretamente o que discutimos no capítulo 2 sobre a soberba, Melo Castro chama Guimarães Rosa de místico e santo com "caixa-alta".

Sem dúvida, tomar o famoso prefácio do último livro do "Cordisburgo", escrito quase como despedida formal, para abrir o apanágio de santo para Rosa, cremos, é pura ironia (*stricto sensu* do grego εἰρωνεία)[3], pois Rosa nunca precisou da autorização eclesiástica (nem acadêmica nem do círculo literário) para seguir seu caminho pessoal e único.

Mas a menção do artigo publicado no Suplemento Literário do *Minas Gerais* nos servirá somente para reafirmar o que desenvolvemos no nosso capítulo segundo — por outras leituras — acerca da ironia rosiana, presente tanto na crítica teórica a respeito dele, que o vê solapando os padrões da mimese,[4] quanto na elaboração, pelo próprio prosador, de uma "biografia", oculta na obra e em alguns parcos testemunhos nas entrevistas, dirigida aos pósteros.

Neste esquema, defendemos que, no mais alto cume de mineira ironia, Rosa faz ficção de si e, do mesmo modo, da mística católica, nosso foco (que se erigiu a partir da busca da verdade única, distinguindo realidade e "fantasia", certo e errado, e exige exclusividade), e de outras mais (a hindu, a alquímica etc.) que o escritor dizia exercitar. Conclusão: quando Rosa nega, parece haver disposição para entendermos que afirma; e quando afirma, parece dirigir-nos ao entendimento de que nega. Se desconstruiu para si a mística tradicional, desestabilizou também o cânone dos gêneros literários,

....

2. O trecho escolhido por Melo Castro está no prefácio "Sobre a escova e a dúvida". Negritamos, para contextualizá-lo melhor, recuperando o parágrafo inteiro: "Desde o tríduo de noites, no caso meu, e até hoje, nunca mais veio-me a empolgo, fatalmente de fé, a dita experiência. Isto faz parte da tristeza atmosférica? Tento por vãos meios, ainda que cópia, recaptá-la. Aquilo, como um texto alvo novamente, sem trechos, livrado de enredo, ao fim de ásperos rascunhos. Mas tenho de relê-los. O tempo não é um relógio — é uma escolopendra. (**A violeta é humildezinha, apesar de zigomorfa; não se temam as** difíceis **palavras**.)" (Rosa, 2009b, p. 654). *Tutameia*, livro de grande apreço do autor e que sucedeu *GSV*, foi publicado poucos meses antes da morte do mineiro. Inovador e ousado, *Tutameia* mescla ficção e história, principalmente pela engenhosidade do autor de estruturar a obra com quatro "prefácios" intercalados a quarenta e quatro "estórias". "Juntos compõem uma profissão de fé e uma arte poética em que o escritor, através de rodeios, voltas e perífrases, por meio de alegorias e parábolas, analisa seu gênero, o seu instrumento de expressão, a natureza de sua inspiração, a finalidade da sua arte, de toda arte" (Rónai *in* Rosa, 2009a, p. CCXXXI).

3. "εἰρωνεία, ἡ, *dissimulation*, i.e. ignorance purposely affected to provoke or confound an antagonist, a mode of argument used by Socrates against the Sophists, Pl.*R*.337a, cf. Arist. *EN* 1124b30, Cic. *Acad. Pr.* 2.5.15: generally, *mock-modesty*, opp. ἀλαζονεία, Arist. *EN* 1108a22; sarcasm, Hermog. *Id.* 2.8, al.; *understatement*, Phld. *Lib.* p.13 O." (Liddell; Scott, 1968, p. 491)

4. Comentamos, de passagem no capítulo 3, o tema que foi desenvolvido por Luiz Costa Lima.

ainda que o tenha feito recuperando o ouro em pó da Antiguidade e a letra dos teólogos e santos escritores.

Com essa conduta, Rosa, recuperando os modelos clássicos de μίμησις (mimese), contesta-os; ansiando pela verdade total, relativiza-a, e, fazendo "estória", manipula a historicidade do autor (enquanto homem comum com lápis e caderno na mão), o que o alça, em certa medida, a um mito tal qual Homero. Pensamos ter mostrado que ele pratica malabares com o **ser-não-ser** das coisas, dos dogmas, das práticas dos dogmas, das regras literárias e linguísticas dos gêneros, enquanto forja (na obra e na vida) uma personagem poderosa, o diplomata cordial muito religioso e estudioso de todas as religiões, o amistoso e sociável que não obstante fala apenas de si e de sua busca mística pelo infinito sempre.

Para chegarmos a esse resultado, partimos da hipótese de que na obra de João Guimarães Rosa a fusão entre realidade e ficção é técnica meditada, programada e levada a cabo até a quebra de todos os limites, no sentido de que ele, autor, é personagem de si mesmo, seja no *GSV*, seja em entrevistas, conversas, contos e cartas. A estratégia atinge seu clímax, talvez, em *Tutameia*, com seus quádruplos prefácios quiasmáticos e, particularmente, no prefácio mencionado por Melo Castro, em "Sobre a escova e a dúvida". No dito preâmbulo, João Guimarães Rosa, humildezinha borboleta zigomorfa,[5] anjo altaneiro e alterado de duas asas, se desdobra em Roasao, o Rão Radamanto [juiz dos mortos em Platão, *Górgias*, 523e6-524a] e em Zito, o João Henriques da Silva Ribeiro, por exemplo. Julgamos que é dessa forma que o autor se propõe como sendo e não sendo a um só tempo. Mitificou-se?

Pois bem, no livro que aqui encerramos buscamos demonstrar que foi por meio dessa estenografia que Rosa enredou muita gente, inclusive o próprio Jorge de Melo Castro no artigo já citado publicado no *Minas Gerais*. Ao que parece, esse leitor entende ser Rosa um santo humilde e zigomorfo, um τέρας, um prodígio organizado em par: místico e santo. Castro proclama:

> Estou vendo os Técnicos revirarem pelo avesso toda a obra do Rosa, em exaustivas análises formais, sem a mínima atenção ao que me parece essencial: o caráter místico da cosmovisão do Poeta, como explicação total de toda a Novidade do poema. O inefável místico, forçando as cadeias do verbo. (...)

....
5. Do grego "*zygomorpho*, adj. Diz-se dos corpos organizados similhantes, unidos normal ou teratologicamente. || De ζυγός par + μορφή forma" (Galvão, 1994, p. 607).

JOÃO GUIMARÃES ROSA FOI UM MÍSTICO E FOI UM SANTO (Castro, 1970, p. 8, grifos do autor).

Nessa toada, escrevendo antes de Sperber e Utéza, Castro se põe a censurar a filosofia tradicional de base tomista:

> A escolástica manda no misticismo e na santidade que nem o galo manda no nascer do sol. Jacques Maritain não admite misticismo autêntico senão para os santos e só é santo quem êle diz que é. Êle ou aquela algaravia de "distinguos" e "ergos" nêle escarnejada e que ainda agora pretende conjugar forças do absoluto: não nasça o sol, enquanto eu não cantar.
> Ora, muito antes do Escolástico já havia Deus e seu mundo, com seus santos e seus místicos. E a mim parece, eu aqui enrolando meu cigarro de palha que o velho Rosa foi exatamente um desses privilegiados, carente embora — e em muito boa hora — do latinório aprovador dos bolorentos.
> Para quem se alforriou do terror das difíceis palavras, misticismo é a experiência do absoluto. E santidade é amor não despartido (Castro, 1970, p. 8).

Entendendo santidade como amor "não separado", amor *a varia* (amor de varejo?), Castro propõe uma nova condição para os místicos e os santos, os que pegam ideias e brincam com elas como se namoradas fossem. Em seguida, arrola trechos rosianos e demonstra sua tese, a qual, por sua vez, está apoiada, segundo ele, em *A evolução criadora* (1907), de Henri Bergson.

À época, o artigo deve ter sido contundente. Seu pano de fundo vem em consonância com a consolidação de um modernismo — na teologia — que alardeia e inicia a demolição da hipótese da "Verdade" e abraça o "Relativismo", e com um "modernismo exponencial" — na arte — que aponta para um pós. No rés do chão, Castro ataca Jacques Maritain e propõe aos "Mestres um jôgo de avelórios, à moda de Hermann Hesse. Um jôgo de pegar idéias, como brincando de pique antigamente se pegavam namoradas" (Castro, 1970, p. 8).

Para Rosa, Jorge de Melo Castro indica o misticismo dos antigos [os gregos? romanos? indígenas?] e modernos por oposição ao, segundo ele, "grande misticismo da escolástica". Referendamos sua tese neste ponto: Rosa pratica o culto à literatura e, como os gregos, não tem livro sagrado que o reja, assim, tudo é criação humana. Quanto ao fato de ser ou não místico e santo, pensamos que isso não se coloca para os escritores e poetas. Tentamos demonstrar nossas razões no capítulo 3.

Insistindo na tese da santidade, Castro menciona também Jaspers, segundo o qual não há, na mística, "oposição sujeito-objeto" (criador-criatura?). Para o alemão, a partir da interpretação de Castro, na cosmovisão mística, "falta tudo que é racional"; nela tudo deve ser entendido "nunca como conteúdo, mas apenas como experiência" (de fato essa coisa pegou nos anos subsequentes). Discutimos este ponto no livro, não com Jaspers, mas pelos caminhos das leituras rosianas registradas nos escólios de alguns exemplares da biblioteca abrigada no IEB. Vimos que o escritor racionalizou a mística, embora tenha referido, frequentemente, a arrebatamentos criadores na composição das obras. Rosa, um homem feito de letras, eliminou a oposição autor e obra e fez da literatura sua divindade, apesar de saber que a literatura não produz verdade, antes fabrica lêmures, trasgos, almos: "mundo fantasmo".

No prefácio "Sobre a escova e a dúvida", é fácil perceber, com a ajuda de Rónai, felizmente, que o autor do *GSV* (através daquele escrito *prefacional-fictiorreal*) manifesta "o seu primeiro inconformismo de menino em discordância com o ambiente sobre um assunto de somenos, o uso racional da escova de dentes" (Rónai *in* Rosa, 2009a, p. CCXXXIII). Na leitura aqui proposta, pareceu-nos, enfim, que esse inconformismo se manteve vida afora sobretudo na lida com o religioso e o literário. Foi nesse sentido que Guimarães Rosa "adotou" o misticismo social dos "antigos e modernos" preconizando a "liberdade pura" (ἄκρατος ἐλευθερία) que oscila entre a "devoção" de Platão e o "ceticismo" de Luciano, prescindindo, efetivamente, de qualquer outro caminho cumprido plena e exclusivamente (rumo ao divino?). Rosa contentou-se com o belo provisório e sáfico ("belo é tudo que se ama") e, fazendo dele o perene, em todo caso rezou o terço belamente todas as noites, frequentou piedosamente as missas pela manhã e apadrinhou afilhados queridos.

Sabia, entretanto, que há algo maior que a pura liberdade: a verdade, banida pelo modernismo e resgatada na hora da morte. Todos morrem e todos os que morrem são modestos, disse Rosa. Ficar encantado é jogo de palavra; ficamos, antes, é encantados. Não há artifícios capazes de nos fazer doutro modo. Por isso, deixando de lado a lógica das obsolescências programadas, podemos afirmar, sem sombra de dúvida, que a verdade existe e que a literatura trabalha com fantasmas divertidos dessa verdade desconhecida para se aproximar ou para fugir do inevitável encontro. Rosa sabia. A morte de Diadorim, tema almejado por nós em livro próximo, indicou.

A obra de João Guimarães Rosa demonstra a fuga exasperada da mortalidade pela realização literária. Se a vida e o homem findaram modestamente, ainda que tenha sido reservado um mausoléu da ABL para o corpo e um lugar de destaque para o nome no panteão do cânone; se morrendo ele cedeu espaço para outro, então existiu somente o homem humano que se deixou dispersar nas veredas (anagrama de verdade, se duplicarmos o "d"), ou melhor, que mergulhou nos simulacros da verdade. Suas palavras escritas permanecem, mas serão, pela posteridade, (re)interpretadas, nada mais. Aos que quiserem, como no conto "Os chapéus transeuntes" que comentamos no capítulo 3, basta apagá-las com um borrão de tinta vermelha. O homem é mesmo modesto: morre. "E a gente morre é para provar que não teve razão" (Rosa, 2009b, p. 729). E essa é a mais pura verdade, encontro inevitável que pode ser feliz ou infeliz. A vida é mesmo cheia de ironias, a verdade faz falta, não é bom viver à deriva navegando à cabotagem (sabotagem?) na compra e venda de verdades e meias. Confessamos, o capítulo 4 foi a melhor parte dessa escrita. Ele aponta para uma solução.

REFERÊNCIAS

ABDALA Jr, B. *Literatura comparada e relações comunitárias, hoje.* São Paulo: Ateliê Editorial, 2012.

ABREU, Alexandre Veloso de. *Do Sertão ao Ílion*: uma comparação entre *Grande sertão: veredas* e *Ilíada* (tese). Audemaro Taranto Goulart (orientador). Belo Horizonte: Programa de Pós-Graduação em Letras, PUC-Minas, 2006.

ADLER, Mortimer Jerome. *Adler's philosophical dictionary.* New York: Touchstone, 1995.

AGUIAR, Márcia Valéria Martinez de. Metafísica e poética na correspondência de João Guimarães Rosa com seus tradutores. *Manuscrítica: revista de crítica genética*, n. 25, p. 19-30, 2013. Disponível em: https://www.revistas.usp.br/manuscritica/article/view/177723. Acesso em: 23 set. 2020.

AGUILERA, Vanderci. Entrevista para o Projeto Televisando o Futuro (RPC-TV/ Curitiba-Paraná). Disponível em: https://www.youtube.com/watch?v=GNLQdPNkY5U. Acesso em: 20 abr. 2019.

ALENCAR, José de. *Iracema. Ubirajara.* São Paulo: Gráfica e Editora Edigraf S. A. [s/d].

ALENCAR, José de. *Ubirajara.* São Paulo: Ática, 1980.

ALIGHIERI, Dante. *La Divina Commedia.* P. Bonaventura Lombardi. Prato: David Passigli Tipografo Editore, 1847.

ALLEGRI, Renzo. *Padre Pio*: un santo tra noi. Milano: Arnoldo Mondadori Editore, 1999.

ALVES, Herculano. O símbolo da árvore na *Bíblia*. *Bíblica*, v. 40, n. 231, p. 12-16, mar./abr. 1994. Disponível em: http://www.capuchinhos.org/arquivo-da-revista-biblica. Acesso em: 23 set. 2017.

AMARAL, Fernanda Magno. *As estratégias reprodutivas da serpernte* Bothrops alternatus*: influência de fatores ambientais* (tese). Selma Maria de Almeida Santos (orientadora). São Paulo: Universidade de São Paulo, 2015.

AMARAL, Roberto Antônio Penêdo do Amaral. *A teofania* em Grande sertão veredas*: por uma pedagogia dos símbolos* (tese). Adão José Peixoto (orientador); Maria Zaira Turch (co-orientadora). Goiânia: Faculdade de Educação, Universidade Federal de Goiás, 2007.

ANDRADE, Carlos Drummond de. Um chamado João. In: ROSA, J. G. *Sagarana*. Rio de Janeiro: José Olympio Editora, p. X-XII, 1976.

ANDRADE, Mário de. *Poesias completas*. Edição crítica de Diléa Zanotto Manfio. Belo Horizonte: Villa Rica, 1993.

ANDREOLLO, Nelson Adami; MALAFAIA, Osvaldo. Os 100 anos da doença de Chagas no Brasil. *Arquivos Brasileiros de Cirurgia Digestiva*, São Paulo, v. 22, n. 4, p. 189-191, 2009.

ANONYMOUS. *The book of contemplation the which is called The cloud of unknowing, in the which the soul is oned by God*. Preface by Evelyn Underhill. London: John M. Watkins, 1946.

APOLLODORO. *Biblioteca*: Il libro dei miti. Texto a fronte. A cura di Marina Cavalli. Milano: Oscar Modadori, 1998.

ARAÚJO, Gilberto. *Gilka Machado*: corpo, verso e prosa. Ciclo de Conferências A Literatura de Autoria Feminina. Rio de Janeiro: Academia Brasileira de Letras. 10 jun. 2014. Disponível em: https://www.academia.org.br/node/20177. Acesso em: 8 set. 2019.

ARAÚJO, Marcelo Grossi. Hanseníase no Brasil. *Revista da Sociedade Brasileira de Medicina Tropical*, v. 36, n. 3, p. 373-382, 2003.

AREOPAGITA, (Pseudo) Dionísio. Los nombres de Dios. *Obras completas*. Teodoro H. Martín (org.). Tradução de Hipólito Cid Blanco. Madrid: Biblioteca de Autores Cristianos, 2007.

ARISTÓTELES. *Poética*. Tradução de Ana Maria Valente. Lisboa: Calouste Gulbenkian, 2007.

ARISTOTLE. *Poetics*. Introdução, comentários e apêndices de D. W. Lucas. Oxford: Clarendon Press, 1968.

ARRIGUCCI JR., Davi. O mundo misturado: romance e experiência em Guimarães Rosa. *Novos Estudos Cebrap*, n. 40, p. 7-29, 1994.

ARROYO, Leonardo. Paremiologia riobaldiana, além de falas e conceitos. In: *A cultura popular em Grande sertão: veredas*. Rio de Janeiro: José Olympio,1984. p. 252-284.

ÄSOP. Ποιμήν καὶ Θάλασσα. *Fabeln*. Tradução do grego para o alemão de Rainer Nickel. Zurique: Artemis & Winkler, 2004.

ÄSOP. *Fabeln*. Griechisch-deutsch. Herausgegeben und übersetzt Đon Rainer Nickel. Patmos/Düsseldorf/Zürich: Verlag GmbH & Co. K G Úrtemis & Winkler Verlag, 2005.

ASSIS, Joaquim Maria Machado de. Notícia da atual literatura brasileira: instinto de nacionalidade. In: *Obra completa*. Rio de Janeiro: Aguilar, 1986, v. 3. p. 801-809.

AULETE DIGITAL. Disponível em: http://www.aulete.com.br/.

AVELLAR, Júlia Batista Castilho de. *Uma teoria ovidiana da literatura: os* Tristia *como epitáfio de um poeta-leitor* (tese). Matheus Trevizam (orientador). Belo Horizonte: Programa de Pós-Graduação em Estudos Literários da Universidade Federal de Minas Gerais, 2019.

AXOX, Chiara de Oliveira Carvalho Casagrande Ciodarot di. *Solve et coagula: dissolvendo Guimarães Rosa e recompondo-o pela ciência e espiritualidade* (tese). Rosana Kohl Bines (orientadora). Rio de Janeiro, Pontifícia Universidade Católica do Rio de Janeiro, Departamento de Letras, 2013.

AZEVEDO, Ana Inês Pimenta. *Gomes Teixeira e a lemniscata* (dissertação) Maria do Rosário Machado Lema Sinde Pinto (orientador). Porto: Departamento de Matemática Pura, Faculdade de Ciências da Universidade do Porto, 2000.

AZEVEDO, Francisco Ferreira dos Santos. *Dicionário Analógico da Língua Portuguesa.* Rio de Janeiro: Lexicon, 2010.

BACURAU/CURIANGO. Disponível em: https://www.youtube.com/watch?v=yHw830UQsIg. Acesso em: 9 set. 2021.

BAGNO, Marcos. *Gramática pedagógica do português brasileiro.* São Paulo: Parábola Editorial, 2012.

BAGNO, Marcos. *Preconceito linguístico*: o que é, como se faz. São Paulo: Edições Loyola, 2002.

BAILEY, Banks & Biddle Company. *Gems.* Philadephia, 1881.

BARBOSA, Antônio Lemos. *Pequeno vocabulário tupi-português.* Rio de Janeiro: Livraria São José, 1951.

BARBOSA, T. V. R. As chagas de Cristo no Grande Sertão: veredas. *Deus(es) na literatura.* In: PENNA, Heloísa; AVELLAR, Júlia; CARVALHO, Rodrigo (org.). Belo Horizonte: Relicário Edições, 2018. p. 143-158.

BARBOSA, T. V. R. Auroras e manhãs homéricas no sertão de Rosa (I). In: PIMENTEL, Cristina; MOURÃO, Paula (org.). *A literatura clássica ou os clássicos na literatura*: Presenças Clássicas nas Literaturas de Língua Portuguesa. Lisboa: Campo da Comunicação, 2017. p. 269-278.

BARBOSA, T. V. R. Auscultar Rosa e ouvir Homero. *Classica,* São Paulo, v. 32, p. 217-234, 2019.

BARBOSA, T. V. R. Cru ou cozido, o banquete está servido. In: RAVETTI, G.; MONTE ALTO, R. *Literaturas modernas e contemporâneas.* Rio de Janeiro: Jaguatirica, 2016. p. 233-264.

BARBOSA, T. V. R. *Feita no Brasil*: a sabedoria vulgar da tragédia ática para o povo Tupiniquim-Catrumano. Belo Horizonte: Relicário Edições, 2018a.

BARBOSA, T. V. R. Imanências de Safo em João Guimarães Rosa. In: SILVA, Amós Coêlho da; BRAGA, Dulcileide; LIMA, Fernanda; KITAHARA, Satomi. *As fronteiras da antiguidade clássica e da cultura oriental*. Rio de Janeiro: Metáfora Editora, 2017. p. 342-348.

BARBOSA, T. V. R. Ler, ver, reconhecer: *anagnórisis* em "Grande sertão: veredas" de João Guimarães Rosa. *Plural Pluriel*, v. 18, p. 1-12, 2018b.

BARBOSA, T. V. R. Safo 31 Voigt: mil traduções e mais uma. *Revista da Anpoll*, v. 1, série 44, p. 231-245, 2018. Disponível em: https://revistadaanpoll.emnuvens.com.br/revista/article/view/1142.

BARBOSA, T. V. R. Safo 31 Voigt: uma tradução. *Revista Contextura*, v. 9, série 10, p. 7-15, 2017. Disponível em: http://https://seer.ufmg.br/index.php/revistacontextura/issue/view/256/showToc. Acesso em: 13 nov. 2017.

BARBOSA, T. V. R. Uma nação se faz com literatura. *Revista Épicas*. Ano 4, n. 7, p. 1-16, 2020.

BARTUCCI, Leonardo. *Um certo Manoelzão*. Disponível em: https://www.youtube.com/watch?v=oMQ5uGtvAr4&t=2s. Acesso em: 14 out. 2017.

BASADONNA, Giorgio. SANTARELLI, Giuseppe. *Ladainhas de Nossa Senhora*. Tradução de João Resende Costa. São Paulo: Edições Loyola, 2000.

BAUMGRATZ, José Fernando; SOUZA, Maria Leonor. *Catálogo de plantas e fungos do Brasil*. Rio de Janeiro: Jardim Botânico do Rio de Janeiro, 2010. vol. 2.

BAUMGRATZ, José Fernando; SOUZA, Maria Leonor. Notas taxonômicas em *Leandra Raddi* (*Melastomataceae*). *Insula*, n. 33, p. 89-99, 2004.

BEUTLER, Johannes. *Evangelho segundo João*: comentário. Tradução de Johan Konings. São Paulo: Edições Loyola, 2015.

BEZERRA, Cícero Cunha. Carta a Guimarães Rosa. CONTE, Jaimir; BAUCHWITZ, Oscar Federico. *O que é a metafísica*: Atas do III Colóquio Internacional de Metafísica. Natal: EDUFRN, p. 37-42, 2011. Disponível em: https://issuu.com/jaimirconte/docs/jaimir_conte_-_o_que____metaf__sica. Acesso em: 20 mar. 2019.

BIANCHINI, Ingrid. *Kierkegaard e Guimarães Rosa*: ressonâncias. (dissertação). Silvia Saviano Sampaio (orientadora). São Paulo: PUC-SP, 2010.

BÍBLIA. *Tradução Ecumênica da Bíblia* (TEB). São Paulo: Edições Loyola, 1994.

BIRGITTA OF SWEDEN. *The revelations of St. Birgitta of Sweden*. Transl. by Denis Searby; intr. and notes by Bridget Morris. Oxford: University Press, 2006. Vol. I e II.

BIZONI, Alessandra Moura. *A cicatriz do Tatarana*: o sagrado feminino em *Grande sertão: veredas* (dissertação — Mestrado em Teoria da Literatura e Literatura Comparada). Carlinda Fragale Pate Nuñez (orientadora). Faculdade de Letras da Universidade do Estado do Rio de Janeiro. Rio de Janeiro: UERJ, 2013.

BIZZARRI, Edoardo; ROSA, João Guimarães. *João Guimarães Rosa*: correspondência com seu tradutor italiano Edoardo Bizzarri. São Paulo: T. A. Queiroz; Instituto Cultural Ítalo-Brasileiro, 1980.

BLAISE, Albert. *Dictionnaire latin-français des auteurs du moyen-age*. Turnhout, Bélgica: Brepols, 1994.

BLANCHARD, Pierre. *Sainteté aujourd'hui*. Bruges: Desclée de Brouwer, 1953.

BLOOM, André. Contemplation et ascèse: contribution orthodoxe. In: BLOOM, André *et alii*. *Technique et contemplation*. Bruges: Desclée De Brouwer, 1949. p. 49-67.

BLOOM, André *et alii*. *Technique et contemplation*. Bruges: Desclée De Brouwer, 1949.

BOAVENTURA, Santo (Giovanni di Fidanza). *Los dones del Espiritu Santo*. Buenos Aires: Cursos de Cultura Catolica, 1943.

BOCAGE, Manoel Maria Barbosa du. *Queixumes do Pastor Elmano contra a falsidade da Pastora Urselina*. Lisboa: Officina de Simão Thaddeo Ferreira, 1791. Disponível em: https://www.gutenberg.org/ebooks/22970. Acesso em: 15 out. 2016.

BOLLE, Willi. Depoimento de Willi Bolle a Priscilla Vicenzo da Silva. *Informe: Informativo da Faculdade de Filosofia, Letras e Ciências Humanas*, n. 48, p. 20-25, 2008.

BOLLE, Willi. *Grandesertão.br*: o romance de formação do Brasil. São Paulo: Duas Cidades; Editora 34, 2004.

BONOMO, Daniel R. A biblioteca alemã de João Guimarães Rosa. *Pandaemonium germanicum*, v. 2, n. 16, p. 155-183, 2010. Disponível em: https://www.revistas.usp.br/pg/article/view/38092/40820. Acesso em: 8 nov. 2019.

BORSTEL, Clarice Nadir von. A onomástica da língua estrangeira em *Grande sertão: veredas*. Revista Trama. v. 4, n. 8, p. 41-49, 2008.

BORSTEL, Clarice Nadir von. Os empréstimos linguísticos em *Grande sertão: veredas*. Espéculo. Revista de estudios literarios. Universidad Complutense de Madrid, [s/p], 2009. Disponível em: http://webs.ucm.es/info/especulo/numero42/veredas.html.

BOSI, Alfredo. Céu, Inferno. In: *Céu, inferno*: ensaios de crítica literária e ideológica. São Paulo: Duas Cidades, Editora 34, 2003. p. 19-50.

BOSI, Alfredo. *Dialética da colonização*. São Paulo: Companhia das Letras, 1992.

BOYLAN, Eugene Mary. *A dificuldade de orar*. Tradução de Mário Ferraz. Lisboa: Editorial Aster, 1957.

BRANDÃO, Bernardo Guadalupe dos Santos Lins. Pseudo-Dionísio Areopagita: sobre a teologia mística para Timóteo. *Kléos*, n. 5/6, p. 146-165, 2001/2. Disponível em: http://www.pragma.ifcs.ufrj.br/uploads/K5-BernardoGuadalupeSLBrandao.pdf. Acesso em: 7 nov. 2019.

BRANDÃO, Bernardo Guadalupe dos Santos Lins. Só em direção ao só: considerações sobre a mística de Plotino. *Horizonte*, v. 6, n. 11, p. 151-158, 2007.

BRANDÃO, Jacyntho Lins. *A poética do Hipocentauro*: literatura, sociedade e discurso ficcional em Luciano de Samósata. Belo Horizonte: Editora UFMG, 2001.

BRANDÃO, Jacyntho Lins. A "pura liberdade" do poeta e o historiador. *Ágora: Estudos Clássicos em Debate*, n. 9, p. 9-40, 2007.

BRANDÃO, Jacyntho Lins. O narrador tirano: notas para uma poética da narrativa. *Gragoatá*, n. 28, p. 11-26, 2010.

BRIDGMAN, Helen Bartlett. *Gems*. Brooklyn, 1915.

BRUYAS, Jean-Paul. Técnicas, Estruturas e Visão em *Grande sertão: veredas*. *Revista do Instituto de Estudos Brasileiros*, n. 18, p. 75-92, 1976.

BUENO, Raquel Illescas. Urutu-branco e o leproso: corpo e culpa em uma vereda do grande sertão. *Letras*, Curitiba, n. 49, p. 35-51. 1998.

CAIXETA, Maryllu de Oliveira. Ironias da mimese em Tutaméia. *Anais do SILEL*. Uberlândia, EDUFU, v. 3, n. 1, p. 1-9, 2013.

CALLADO, Antonio. *Antonio Callado sobre Guimarães Rosa*. Disponível em: https://blogs.opovo.com.br/leiturasdabel/2017/11/19/guimaraes-rosa-recriador-da-linguagem-literaria-morria-ha-50-anos/. Acesso em: 9 jun. 2020.

CALLADO, Antonio; CANDIDO, Antonio; CAMPOS, Haroldo de; PIGNATARI, Décio; ROCHA, Paulo Mendes da; SANT'ANNA, Sérgio. *Depoimentos sobre João Guimarães Rosa e sua obra*. Rio de Janeiro: Editora Nova Fronteira, 2011.

CAMARGO, Frederico Antonio Camillo. Um ensaio inédito de Guimarães Rosa. *Revista IEB*, n. 55, p. 183-204, 2012.

CAMÕES, Luis Vaz de. *Os Lusíadas de Luis de Camões comentados por Augusto Epiphanio da Silva Dias*. Porto: Companhia Portugueza Editora, 1916. tomo I.

CAMPOS, Augusto de. Um lance de "Dês" do Grande Sertão: veredas (Augusto de Campos). In: CAMPOS, Augusto de; CAMPOS, Haroldo de; XISTO,

Pedro. *Guimarães Rosa em três dimensões*. São Paulo: Conselho Estadual de Cultura, 1970. p. 41-69.

CAMPOS, Haroldo de. A linguagem do Iauaretê. In: CAMPOS, Augusto de; CAMPOS, Haroldo de; XISTO, Pedro. *Guimarães Rosa em três dimensões*. São Paulo: Conselho Estadual de Cultura, 1970. p. 71-76.

CAMPOS, Haroldo de. *Entrevista*. 2003. Disponível em: https://www.youtube.com/watch?v=tVTSZbWiyZA. Acesso em: 20 out. 2015.

CAMPOS, Paulo Mendes. O cafajeste e o transcendente. *Diário Carioca*. Rio de Janeiro, 11 maio 1947, p. 2.

CANDIDO, Antonio. *Literatura e sociedade*: estudos de teoria e história literária. 9. ed. Rio de Janeiro: Ouro sobre Azul, [1965] 2006.

CANDIDO, Antonio. No Grande Sertão. In: *Textos de intervenção*. Seleção, apresentação e notas de Vinícius Dantas. São Paulo: Duas Cidades/Editora 34, 2002. p. 190-192.

CANDIDO, Antonio. O sertão e o mundo. *Diálogo: Revista de Cultura*. São Paulo, Sociedade Cultural Nova Crítica, n. 8 (número especial sobre Guimarães Rosa), p. 5-18, nov. 1957.

CANDIDO, Antonio. O super-realismo de Guimarães Rosa: entrevista a Natalia Engler Prudencio e Paulo Favero para o *Jornal da USP*, ano XXI, n. 763, 2006. Disponível em: www.usp.br/jorusp/arquivo/2006/jusp763/pag14.htm. Acesso em: 10 abr. 2020.

CANTALAMESSA, Raniero. *O canto do Espírito*. Tradução de Ephraim Ferreira Alves. Petrópolis: Editora Vozes, 2013.

CARVALHO, Keila Auxiliadora. *Colônia Santa Isabel*: a lepra e o isolamento em Minas Gerais (1920-1960) (tese). Orientador: André Luiz Vieira de Campos. Niterói: Universidade Federal Fluminense, 2012.

CASCUDO, Luís da Câmara. *Dicionário do folclore brasileiro*. São Paulo: Ediouro, [s/d].

CASCUDO, Luís da Câmara. *Folclore brasileiro*. Ed. anotada por Luís da Câmara Cascudo e ilustrada por Santa Rosa. Rio de Janeiro: J. Olympio, 1954.

CASTELLI, Francesco. *Padre Pio sob investigação*: a "autobiografia" secreta. Tradução: Paulinas-Lisboa. São Paulo: Paulinas, 2009.

CASTRO, Almerindo Martins de. *Dicionário de rimas*. Rio de Janeiro: Editora Moderna, 1944.

CASTRO, Jorge de Melo. João por dentro: o bem-assombrado. *Minas Gerais*, Suplemento Literário, p. 8-9, 19 dez. 1970.

CASTRO, Nei Leandro de. *Universo e vocabulário do grande sertão*. Rio de Janeiro: Achiamé, 1982.

CAVALHEIRO, Maria Thereza. *Nova antologia brasileira da árvore*. São Paulo/ Iracema: Conselho Estadual de Cultura, 1974.

CERVANTES, Miguel de. *El ingenioso hidalgo Don Quixote de La Mancha*. Disponível em: http://www.cervantesvirtual.com/obra-visor/ el-ingenioso-hidalgo-don-quijote-de-la-mancha--13/html/ff0dcf4a-82b1-11df-acc7-002185ce6064_17.html#I_123_. Acesso em: 12 ago. 2019.

CERVANTES, Miguel Saavedra de. *El ingenioso hidalgo don Quijote de la Mancha*. San Pablo: Talleres Gráficos de Prol Gráfica, 2004.

CEZAR, Adelaide Caramuru; SANTOS, Volnei Edson. *O insólito provocado pelo encontro dos jagunços com os catrumanos em* Grande Sertão: veredas, *de João Guimarães Rosa*. Anais do XI Congresso Luso Afro-Brasileiro de Ciências Sociais: Deversidades e (Des)igualdades. Salvador: Universidade Federal da Bahia, 2011.

CHANTRAINE, Pierre. *Dictionnaire étymologique de la langue* grecque: histoire des mots. Paris: Les Éditions Klincksieck, 1968, 1970, 1974, 1977. vols. I, II, III, IV.

CHEUNG, Thelma Lucchese; MORAES, Marília Soares. Inovação no setor de alimentos: insetos para consumo humano. *Interações*, Campo Grande, v. 17, n. 3, p. 503-515, 2016. Disponível em: https://www.scielo.br/pdf/ inter/v17n3/1518-7012-inter-17-03-0503.pdf. Acesso em: 24 set. 2020.

CHISWICK PRESS: *Natural history, a popular introduction to the study of quadrupeds or the class mammalia*. London: Chiswick Press/C. College House, 1833. Disponível em: https://catalog.hathitrust.org/ Record/008423912. Acesso em: 8 out. 2015.

CIRLOT, Juan Eduardo. *A dictionary of symbols*. Translated from the Spanish by Jack Sage. London: Routledge & Kegan Paul Ltd., 1971.

COBRA PAPAGAIO. Disponível em: http://www.vitalbrazil.rj.gov.br/ cobras_nao_venenosas.html. Acesso em: 10 set. 2017.

COLAÇO, Monalisa Barboza Santos. *Do trágico moderno e regional em* Os Mal-Amados, *de Lourdes Ramalho* (dissertação). Diógenes André Vieira Maciel (orientador). Campina Grande: Universidade Estadual da Paraíba, 2018.

COMPAGNON, Antoine. *Les cinq paradoxes de la modernité*. Paris: Éd. du Seuil, 1990.

COMPAGNON, Antoine. *Os cinco paradoxos da modernidade*. Tradução de Cleonice B. Mourão; Consuelo Santiago; Eunice Galéry. Belo Horizonte: Editora UFMG, 1999.

COMPAGNON, Antoine. *Un monde en transitions: de 2020 vers 2050.* ESSEC Business School. Disponível em: https://www.youtube.com/watch?v=2hua_GPqZqM&t=4140s. Acesso em: 30 abr. 2020.

CONDÉ, João. Candidatos à academia. *Correio da Manhã*, p. 4, 22 nov. 1967.

CONDÉ, José. Candidatos à Academia. *Correio da Manhã*, Caderno 2, p. 2, 22 nov. 1962. Disponível em: http://memoria.bn.br/DocReader/docreader.aspx?bib=089842_07&pasta=ano%20196&pesq=%22escritor%20falecido%22&pagfis=87562. Acesso em: 20 abr. 2021.

CORRÊA, Emílio Manuel da Silva. Judaísmo e judeus na legislação portuguesa da medievalidade à contemporaneidade (dissertação — História e cultura das religiões). Paulo Fernando de Oliveira Fontes (orientador). Lisboa: Universidade de Lisboa/Departamento de Letras/Departamento de História, 2012.

CORREIO PAULISTANO. *A história maravilhosa do Santo de San Giovanni Rotondo.* Ano C1, n. 30299, p. 24, 16 jan. 1955. Disponível em: http://memoria.bn.br/DocReader/DocReader.aspx?bib=090972_10&pesq=%22monge%20estigmatizado%22&pasta=ano%20195&pagfis=24481. Acesso em: 20 dez. 2020.

COSTA LIMA, Luiz. *Mímesis e modernidade*: formas das sombras. Rio de Janeiro: Edições Graal, 1980.

COSTA, Ana Luiza Martins Borralho. *João Guimarães Rosa:* viator (tese). Luiz Costa Lima (orientador). Rio de Janeiro: Programa de Pós-Graduação em Letras, Instituto de Letras, Centro de Educação e Humanidades da Universidade do Estado do Rio de Janeiro, 2002.

COSTA, Ana Luiza Martins. Rosa ledor de Homero. *Revista USP*, v. 36, p. 46-73, 1997-1998.

COSTA, Ana Luiza Martins. Veredas de Viator. In: PINTO, Manuel da Costa (org.). *Cadernos de Literatura Brasileira, João Guimarães Rosa.* São Paulo, Instituto Moreira Salles, p. 10-58, 2006. Disponível em: https://issuu.com/ims_instituto_moreira_salles/docs/clb_guimar__es_rosa/1?e=2120050/14027561. Acesso em: 5 out. 2018.

COSTA, Walter Carlos. O Guimarães Rosa holandês de August Willemsen. *Nonada: Letras em Revista*, v. 10, n. 10, p. 179-189, 2007.

CRUZ, João da. *Obras completas.* Petrópolis: Editora Vozes, 2000.

CUNHA, Antônio Geraldo da. *Dicionário etimológico Nova Fronteira da língua portuguesa.* Rio de Janeiro: Nova Fronteira, 1982.

CUNHA, Antônio Geraldo da. *Dicionário histórico das palavras portuguesas de origem tupi*. São Paulo/Brasília: Companhia Melhoramentos/Editora UnB, 1978.

CUNHA, Euclides da. *Os sertões*. São Paulo: Três, 1984. Disponível em: http://www.bibvirt.futuro.usp.br (Biblioteca Virtual do Estudante Brasileiro), [s/p]. Acesso em: 10 out. 2017.

DANTAS, Paulo. *Sagarana emotiva*. São Paulo: Duas Cidades, 1975.

DAVIES, Martin. *Aldus Manutius printer and publisher of renaissance Venice*. Arizona: Arizona Center for Medieval and Renaissance Studies, 1999.

DERRIDA, Jacques. Tímpano. *Márgenes de la filosofía*. Traducción de C. Gonzáles Marín. Madrid: Cátedra, 1998. p. 15-35. Edición digital de Derrida en castellano disponible: https://redaprenderycambiar.com.ar/derrida/textos/timpano.htm. Acesso em: 5 nov. 2019.

DERRIDA, Jacques. Tympan. In: *Margins of philosophy*. Translation of Alan Bass. Chicago: University of Chicago, 1982.

DESCLOT, Bernat. *Crónica del rey En Pere e dels seus antecessors passats*. Ab un prefaci sobre 'ls cronistas cataláns per Joseph Coroleu. Barcelona: Imprenta La Renaixensa, 1885.

DIAS, Antônio Gonçalves. *Diccionário da língua tupy*: chamada lingua geral dos indigenas do Brazil. Lipsia: Brockhaus, 1858.

DIAS, Geraldo Coelho. A devoção do povo português a Nossa Senhora nos tempos modernos. *Revista da Faculdade de Letras*. História, série II, v. 4, p. 227-256, 1987.

DICCIONARIO de La Real Academia Española [em linha]. Disponível em: https://dle.rae.es/airar.

DICIONÁRIO Aulete Digital [em linha], 2006-2020. Disponível em: http://www.aulete.com.br/.

DICIONÁRIO Contemporâneo da Língua Portuguesa Caldas Aulete (impresso em 5 volumes). Rio de Janeiro: Editora Delta, 1986.

DICIONÁRIO Priberam da Língua Portuguesa [em linha], 2008-2020. Disponível em: https://dicionario.priberam.org/her%C3%A9us.

DIEGO, Vicente Garcia de. *Diccionario etimológico espanhol e hispânico*. Madrid: Editorial S.A.E.T.A, 1954.

DONCOEUR, Paul. *Petite vie de Saint Jean Marie Vianney, Curé d'Ars*. Paris: Desclée de Brouwer, 1937.

DUARTE, Marcello Filipe. De Arariboia a Martim Afonso: a metamorfose indígena pela guerra nas águas da Guanabara. *Navigator*, v. 7, n. 14, p.

87-103, 2011. Disponível em: https://portaldeperiodicos.marinha.mil.br/index.php/navigator/issue/view/37.

DUFOUR, Médéric. *Traité élémentaire des synonymes Grecs*. Paris: Librairie Armand Colin, 1910.

ELÍSIO, Geraldo. [s/d]. *Manoelzão e Bananeira* (parte 1). Disponível em: https://www.youtube.com/watch?v=IjleUaQ-Z-o. Acesso em: 22 jan. 2020.

ELÍSIO, Geraldo. *Manoelzão e Bananeira* (parte 2). [s/d]. Disponível em: https://www.youtube.com/watch?v=vv0WKg5paPY. Acesso em: 22 jan. 2020.

ELÍSIO, Geraldo. *Manoelzão e Bananeira* (parte 3). [s/d]. Disponível em: https://www.youtube.com/watch?v=Gm11_9tuZqo. Acesso em: 22 jan. 2020.

ELLAM, John Edward. *Wisdom of the East*: the religion of Tibet (a study of lamaism). London: John Murray, 1927.

ENTREKIN, Alison. *Brasil em todas as línguas*: Guimarães Rosa no inglês. Disponível em: https://www.youtube.com/watch?v=fS58MhS9lYc&feature=youtu.be&fbclid=IwAR2xxqIgMxXOFSEiJASGcjXeukZ5HeCdutgBY1olqrthwQ6lBYki5Uzbryg. Acesso em: 16 out. 2020.

ESOPO. *Esopo — fábulas completas*. Tradução de Maria Celeste C. Dezotti. São Paulo: Cosac Naify, 2014.

ÉSQUILO. *Oresteia* I: Agamêmnon. Estudo e tradução de Jaa Torrano. São Paulo: Iluminuras, 2004.

ÉSQUILO. *Tragédias*: Persas, Sete contra Tebas, Suplicantes, Prometeu candeeiro. Estudos e traduções de Jaa Torrano. São Paulo: Iluminuras, 2009.

FARIA, Ernesto. *Dicionário escolar latino-português*. Rio de Janeiro: Ministério da Educação e Cultura/Departamento Nacional de Educação/Campanha Nacional de Material de Ensino, 1962.

FARIA, Regina Lúcia. Tradição auditiva e mímesis: uma possível aproximação da linguagem de Guimarães Rosa. *Escritos*, n. 11, p. 72-94, 2017.

FERREIRA, Aurélio Buarque de Holanda. *Novo dicionário da língua portuguesa*. Rio de Janeiro: Nova Fronteira, [s/d].

FERREIRA, Raphael Bessa. Como é que posso com este mundo?: a composição do absoluto em Guimarães Rosa. *Ribanceira — Revista do Curso de Letras da UEPA*, v. 1, n. 1, p. 23-32, 2013.

FIDANZA, Giovanni (San Buenaventura). *Los dones del Espiritu Santo*. Introducción J. I. Pearson. Traducción R. P. Francisco M. Ferrando. Buenos Aires: Cursos de Cultura Catolica, 1943.

FIGUEIREDO, Candido de. *Novo diccionário da língua portuguesa*, 1913. Disponível em: http://dicionario-aberto.net/estaticos/about.html. Verbete *lêmures*. Acesso em: 14 maio 2017.

FOLEY, John Miles. "Reading" Homer through oral tradition". *College Literature*, v. 34, n. 2, p. 1-28, 2007.

FOLHA de S.Paulo. Entrevista a Egberto Gismonti, *Ilustrada*, p. 6, 9 nov. 2016.

FONSECA, Maria Augusta. Guimarães Rosa na constelação modernista brasileira. In: HERNÁNDEZ, Ascensión Rivas (org.). *João Guimarães Rosa*: un exiliado del lenguaje común. Salamanca: Ediciones Universidad de Salamanca, 2017 (manuscrito em português cedido pela autora). p. 103-125.

FONTANIER, Jean-Michel. *Vocabulário latino da filosofia*. Tradução de Álvaro Cabral. São Paulo: Martins Fontes, 2007.

FORZZA, R. C. et al (org.). *Catálogo de plantas e fungos do Brasil* [on-line]. Rio de Janeiro: Andrea Jakobsson Estúdio: Instituto de Pesquisa Jardim Botânico do Rio de Janeiro, 2010. vol. 2.

FOX, Emmet. *Power through constructive thinking*. New York and London: Harper & Brothers, 1940.

FRISK, Hjalmar von. *Griechisches etymologisches wörterbuch*. Heidelberg, 1954-1972. Disponível em: http://ieed.ullet.net/friskL.html.

GALVÃO, Duarte. *Chronica de El-Rei D. Affonso Henriques*. Lisboa: Bibliotheca de Clássicos Portuguezes, 1906. vol. LI.

GALVÃO, Ramiz. *Vocabulário etimológico, ortográfico e prosódico das palavras portuguesas derivadas da língua grega*. Rio de Janeiro/Belo Horizonte: Livraria Garnier, 1994.

GALVÃO, Walnice Nogueira. *As formas do falso*. São Paulo: Editora Perspectiva, 1972.

GALVÃO, Walnice Nogueira. Metáforas náuticas. *Revista do Instituto de Estudos Brasileiros*, n. 41, p. 123-131, 1996.

GALVÃO, Walnice Nogueira. *O império do Belo Monte*: vida e morte de Canudos. São Paulo: Fundação Perseu Abramo, 2001.

GALVÃO, Walnice Nogueira. O pai, a venda e o nome. *Revista do Cesp*, v. 22, n. 30, p. 15-24, 2002.

GALVÃO, Walnice Nogueira. Rapsodo do sertão: da lexicogênese à mitopoese. In: PINTO, Manuel da Costa (org.). *Cadernos de Literatura Brasileira, João Guimarães Rosa*. São Paulo: Instituto Moreira Salles, 2006. p. 144-18. Disponível em: https://issuu.com/ims_instituto_moreira_salles/docs/clb_guimar__es_rosa/1?e=2120050/14027561. Acesso em: 22 jan. 2020.

GALVÃO, Walnice Nogueira. Via e viagens: a elaboração de *Corpo de baile* e *Grande sertão: veredas*. In: PINTO, Manuel da Costa (org.). *Cadernos de Literatura Brasileira, João Guimarães Rosa*. São Paulo: Instituto Moreira Salles, 2006. p. 187-220. Disponível em: https://issuu.com/ims_instituto_moreira_salles/docs/clb_guimar__es_rosa/1?e=2120050/14027561. Acesso em: 5 out. 2018.

GAMA, Mônica. Falar sobre si na entrevista: Guimarães Rosa e sua imagem autoral. *Nonada*, Porto Alegre, v. 2, n. 29, p. 232-258, 2017.

GAMA, Mônica. O diário de Guimarães Rosa: estudo e diálogo autoral. *Remate de Males*. Campinas-SP, v. 39, n. 2, p. 768-798, 2019.

GANDARA, Mari. *Atividades ritmadas para crianças*. Campinas: Ed. Atomo, 1999.

GARBUGLIO, José Carlos. Guimarães Rosa, o demiurgo da linguagem. *Scripta*, v. 5, n. 10, p. 158-176, 2002.

GARBUGLIO, José Carlos. Guimarães Rosa, o pactário da língua. *Revista do IEB*, n. 22, p. 167-180, 1980.

GARBUGLIO, José Carlos. Guimarães Rosa: a gênese de uma obra. *Revista Iberoamericana*, v. 43, n. 98-99, p. 183-197, 1977.

GLANZBERG, Michael (ed.). *The Oxford handbook of truth*. Oxford: University Press, 2018.

GOBRY, Ivan. *Vocabulário grego da filosofia*. Trad.: Ivone Benedetti. São Paulo: Martins Fontes, 2007.

GRANDSAIGNES D'HAUTERIVE, Robert. *Dictionnaire des racines des langues europeennes*. Paris: Librairie Larouse, 1949.

GRONBERGER, Sven Magnus. *St. Briget of Sweden*: a chapter of medieval church history. James J. Walsh (ed.). Washington: The writers club of Washington, 1917.

GUIMARÃES, Vicente de Paulo. *Joãozito, memórias*. Rio de Janeiro: José Olympio, INL, 1972.

GUNN, Giles B. (org.). *Literature and religion*. New York: Harper & Row, 1971. p. 1-33.

GUNN, Giles B. *The interpretation of otherness literature, religion, and the american imagination*. New York: Oxford University Press, 1979.

HAMLIN, Augustus Choate. *The tourmaline*. Boston: James R. Osgood and Company, 1873.

HANSEN, João Adolfo. Guimarães Rosa e a crítica literária: Forma literária e crítica da lógica racionalista em Guimarães Rosa. *Letras de Hoje*, v. 47, n. 2, p. 120-130, 2012.

HARLAND, Michael. Plotino e Jung na obra de Guimarães Rosa [Parte 1]. *Colóquio/Letras*, n. 46, p. 28-35, nov. 1978. Disponível em: http://coloquio.gulbenkian.pt/cat/sirius.exe/issueContentDisplay?n=46&p=28&o=p. Acesso em: 1 maio 2020.

HARLAND, Michael. Plotino e Jung na obra de Guimarães Rosa [Parte 2]. *Colóquio/Letras*, n. 49, p. 20-33, maio 1979. Disponível em: http://coloquio.gulbenkian.pt/bib/sirius.exe/issueContentDisplay?n=49&p=20&o=r.

HATOUM, Milton. Guimarães Rosa: o diálogo difícil. *Scripta*, Belo Horizonte, v. 5, n. 10, p. 393-397, 2002.

HAZIN, Elizabeth. De Aquiles a Riobaldo: ação lendária no espaço mágico. *Revista da Anpoll*, v. 1, n. 24, p. 291-303, 2001. Disponível em: http://www.anpoll.org.br/revista/index.php/revista/article/viewFile/29/16. Acesso em: 4 nov. 2016.

HAZIN, Elizabeth. *Os nomes ocultos de Riobaldo e Diadorim*. Anais do III encontro de ecdótica e crítica genética. João Pessoa: Universidade Federal da Paraíba, p. 329-336, 1993.

HEINICH, Nathalie. *The glory of Van Gogh*: an anthropology of admiration. Translated by Paul Leduc Browne. Princeton: University Press, 1996.

HERCULANO, Alexandre. Afonso e Isolina. In: CASTILHO, A. F. de (org.). *A noite do castelo e os ciúmes do bardo, poemas seguidos da Confissão de Amélia traduzida de Mlle. Delfine Gay*. Lisboa: Typografia lisbonense, 1836. p. 117-121. Disponível em: http://purl.pt/28/1/index.html#/25/html. Acesso em: 20 out. 2015.

HESIOD. *Theogony, works and days*. Martin West (ed.). Oxford: Oxford University Press, 1999.

HOCHHEIM, Eckhart de. *Traités et sermons de Maître Eckhart*. Paris: Albier-Montaigne, 1942.

HOISEL, Evelina. *Grande sertão: veredas* — genealogias. *Légua & Meia: revista de literatura e diversidade cultural*, ano 3, n. 2, p. 86-99, 2004.

HOMER. *Iliadis*. Oxford: Oxford University Press, 1989. Tomo I e II.

HOMER. *Odyssey of Homer*. Introd. e comm. W. B. Stanford. London: St Martin Press, 1987. vol. I e II.

HOMERO. *Odisseia*. Tradução de Carlos Alberto Nunes. Rio de Janeiro: Ediouro, 2000.

HOMERO. *Odisseia*. Tradução de Christian Werner. São Paulo: Cosac Naify, 2014.

HOMERO. *Odisseia*. Tradução de Frederico Lourenço. Lisboa: Edições Cotovia, 2003.

HORACE. *Horace vol. II*: The satires, epistles, and de arte poetica. E. C Wickham (comm.). Oxford: Clarendon Press, 1903.

HORÁCIO. *Arte poética*. Introd. trad. e com. de R. M. Rosado Fernandez. Lisboa: Editorial Inquérito, 1984.

HOSSFELD, C. *A new pocket-dictionary of the english and dutch languages*. Leipzig: Otto Holtzes Nachfolger, 1897.

HOUAISS, Antônio. *Dicionário da língua portuguesa*. Rio de Janeiro: Objetiva, 2009.

IHERING, Rodolpho von. *Dicionário dos animais do Brasil*. São Paulo: Editora da UnB, 1968.

JESUS, Santa Teresa de. *Obras completas*. Madrid: M. Aguilar, 1948.

JOHNSON, Maria Amália. A paixão de Diadorim segundo Riobaldo. *Colóquio Letras*, n. 76, p. 10-18, 1983. Disponível em: http://coloquio.gulbenkian.pt/bib/sirius.exe/issueContentDisplay?n=76&p=10&o=p.

JORNAL da Biblioteca Pública do Paraná. *Grande Sertão alemão* (entrevista a Berthold Zilly) — especial de capa. [s/d]. Disponível em: http://www.candido.bpp.pr.gov.br/modules/conteudo/conteudo.php?conteudo=249. Acesso em: 12 ago. 2019.

JUNQUEIRO, Abílio Manuel Guerra. *Pátria*. Porto: Lello & Lello Editores, 1896.

KIRK, G. S.; RAVEN, J. E.; SCHOFIELD, M. *Os filósofos pré-socráticos*: história crítica com seleção de textos. Lisboa: Editora Calouste Gulbekian, 1994.

LACOMBE, Olivier. Technique et contemplation. In: BLOOM, André *et alii*. *Technique et contemplation*. Bruges: Desclée de Brouwer, 1949. p. 11-16.

LALLOT. Jean. L'invention du nom propre dans la tradition grecque ancienne. In: *Études sur la grammaire alexandrine*. Paris: Vrin, 2012. p. 328-340.

LARANJEIRA, Dilce. Ave, Sertão! Aves em *Grande sertão: veredas*. Belo Horizonte: Editora do autor, 2015.

LATORRE, Vanice Ribeiro Dias. *Uma abordagem etnoterminológica de* Grande sertão: veredas (dissertação). BARBOSA, Maria Aparecida (orientadora). São Paulo: Faculdade de Filosofia, Letras e Ciências Humanas da Universidade de São Paulo, 2011.

LAUSBERG, Heinrich. *Elementos de retórica literária*. Tradução de R. M. Rosado Fernandes. Lisboa: Fundação Calouste Gulbenkian, 1972.

LEDERER, R. A light-hearted look at Greek figures of rhetoric. *Word ways*, v. 46, n. 1, p. 57-64, 2013. Disponível em: http://digitalcommons.butler.

edu/cgi/viewcontent.cgi?article=5210&context=wordways.Acesso em: 19 out. 2016.

LEHMANN, Hans-Thies. Das crianças, do teatro, do não-compreender. *Revista Brasileira de Estudos da Presença*. Porto Alegre, v. 1, n. 2, p. 268-285, 2011.

LEITE, Lettícia Batista Rodrigues. Quando a "Décima Musa" inspira *raps* e tambores: dos usos políticos da figura de Safo por vozes lésbicas e feministas no Brasil contemporâneo. *Heródoto*, v. 2, n. 2, p. 564-578, 2017.

LELOUP, Jean-Yves. *Deus e a experiência de quase-morte* (entrevista com Jean-Yves Leloup realizada por Ana Horta). Disponível em: https://www.youtube.com/watch?v=mKb_7IlgVVM&feature=youtu.be. Acesso em: 6 jul. 2020.

LEONEL, M. C. de M.; VASCONCELOS, S. G. T. Arquivo Guimarães Rosa. *Revista do IBE,* n. 24 p. 177-180, 1982. Disponível em: &v=2.1&u=capes&it=r&p=AONE&sw=w&asid=03b767b9de9b148cd2e99b11a4b0abd. Acesso em: 19 out. 2015.

LIBRANDI-ROCHA, Marília. A literatura em trânsito ou o Brasil é dentro da gente (contração, expansão e dispersão). In: MONTEIRO, Pedro Meira (org.). *A primeira aula*: trânsitos da literatura brasileira no estrangeiro. São Paulo: Itaú Cultural, 2014. p. 31-37.

LIBRANDI-ROCHA, Marília. *Grande sertão: veredas* e a defesa do ficcional. *Luso-Brazilian Review*, v. 52, n. 1, p. 95-109, 2015.

LIDDELL, Henry Georg; SCOTT, Robert. *A greek-english lexicon*. Oxford: Clarendon Press, 1968.

LIDDELL, Henry Georg; SCOTT, Robert. *A greek-english lexicon*. Oxford: Clarendon Press, 2003.

LIGÓRIO, Afonso Maria de. *Glórias de Maria*. Tradução de Geraldo Pires de Sousa, C.Ss.R. Aparecida, São Paulo: Editora Santuário, 1989.

LIMA JÚNIOR, Augusto de. História de Nossa Senhora em Minas Gerais: origem das principais invocações. In: ANDRADE, Francisco Eduardo de; ANDRADE, Mariza Guerra de (org.). Belo Horizonte: Autêntica; Ed. PUC Minas, 2008.

LIMA, Alceu D. Coisas que nos fazem recordar (Virgílio e Guimarães Rosa). In: VIEIRA, Brunno V. G.; THAMOS, Márcio (org.). *Permanência clássica*: visões contemporâneas da Antiguidade greco-romana. São Paulo: Escrituras, 2011. p. 203-213.

LOMBARDI, Andrea. *Enquadrando o tradutor*: entrevistado Andrea Lombardi. Disponível em: https://www.youtube.com/watch?v=JBReJXazNp8&fe

ature=youtu.be&fbclid=IwAR0O0N7KptVj-xqGfQ1SHStZbGdHEaGIQ A2KYQkGorKiR9cwXehEgbk2_bQ. Acesso em: 14 set. 2019.

LOPES da COSTA, Lorena. Du héros épique au guerrier du *sertão*: les anciens chez João Guimarães Rosa. *RITA*, v. 12, p. 1-14, 2019.

LOPES, Silvina Rodrigues. Literatura e circunstância. *Scripta*, v. 7, n. 13, p. 162-171, 2003.

LORENZ, Günter; ROSA, João Guimarães. Diálogo com Guimarães Rosa (Congresso de Escritores Latino-Americanos, Gênova, jan. 1965). In: ROSA, João Guimarães. *Ficção completa*. Rio de Janeiro: Nova Aguilar, 2009a. p. XXXI-LXV. vol. 1.

LOURES, Liliany Fontes; MÁRMORA, Cláudia Helena Cerqueira; BARRETO, Jubel; DUPPRE, Nádia Cristina. Percepção do estigma e repercussões sociais em indivíduos com Hanseníase. *Psicologia em Estudo*, Maringá, v. 21, n. 4, p. 665-675, 2016.

MACHADO D'OLIVEIRA, J. J. Vocabulário Elementar da Língua Geral Brasílica. *Revista do Arquivo Municipal*, São Paulo, vol. XXV, 1936.

MACHADO, Ana Maria. *Recado do nome*: leitura de Guimarães Rosa à luz do nome de seus personagens. Rio de Janeiro: Nova Fronteira, 2003.

MACHADO, Gilka. O odor dos manacás. In: CAVALHEIRO, Maria Thereza (org.). *Nova antologia brasileira da árvore*. São Paulo/Iracema: Conselho Estadual de Cultura, 1974. p. 169.

MALHADAS, D.; DEZOTTI, M.C. C.; NEVES, M. H. M. *Dicionário grego-português (DGP)*. Cotia: Ateliê Editorial, 2006, 2007, 2008, 2009, 2010. vols. 1, 2, 3, 4, 5.

MARÇOLLA, Bernardo A. Ritmo em *Grande sertão: veredas. Revista da Anpoll 1908 — Machado de Assis e Guimarães Rosa: aspectos linguísticos e literários*, v. 1, n. 24, p. 229-259, 2008.

MARINHO, Marcelo. João Guimarães Rosa, "autobiografia irracional" e crítica literária: veredas da oratura. *Letras de Hoje*, v. 47, n. 2, p. 186-193, 2012.

MARINHO, Marcelo; SILVA David Lopes da. "Desenredo", de João Guimarães Rosa: prosoema, metapoesia, necrológio prévio ou "autobiografia irracional"? *Remate de Males*, Campinas-SP, v. 39, n. 2, p. 799-829, 2019.

MARQUES, Oswaldino. *A seta e o alvo*. São Paulo: Instituto Nacional do Livro, 1957.

MARRACIUS, Hippolytus. *Polyanthea Mariana* in libros, 20, 1694. Disponível em: http://books.google.com/books?id=Ujz9mEdUL_8C&hl=&source =gbs_api. Acesso em: 2 nov. 2016.

MARTINS, Maria Bernadete Gonçalves; GRAF, Rebeca de René; CAVALHEIRO, Alberto J.; RODRIGUES, Selma D. Caracterização anatômica, química e antibacteriana de folhas de *Brunfelsia uniflora* (manacá) presentes na Mata Atlântica. *Revista brasileira de farmacognosia*, v. 19, n. 1, p. 106-114, 2009.

MARTINS, Nilce Sant'Anna. *O léxico de Guimarães Rosa*. São Paulo: Edusp, 2001.

MARTINS, Wilson. "Mire e veja": a teoria sartrena do olhar utilizada na explicação do drama central de Grande sertão. *Jornal do Brasil*, Caderno B, p. 11, 17 maio 1980.

MAYHEW A. L.; SKEAT, Walter W. *A concise dictionary of middle english*. Oxford: Clarendon Press, 1888.

MENESES, Adélia Bezerra de. *Cores de Rosa*: ensaios sobre Guimarães Rosa. São Paulo: Ateliê Editorial, 2010.

MERINO, Luis Díez; RYAN, Robin; LIPPI, Adolfo. *Diccionario de la pasión de Jesucristo*. Madrid: San Pablo, 2015.

MESCHONNIC, Henri. *Linguagem, ritmo e vida*. Extratos traduzidos por Cristiano Florentino. Revisão de Sônia Queiroz. Belo Horizonte: Fale/UFMG, 2006.

MESSORI, Vittorio. Este Livro. In *Cruzando o limiar da esperança: depoimentos de João Paulo II a Vitorio Messori*. Tradução de Antonio Angonese, Ephraim Ferreira Alves. Rio de Janeiro: Francisco Alves, 1994. p. 7-23.

MESSORI, Vittorio. Prefácio: Sou um mistério para mim mesmo. In: CASTELLI, Francesco. *Padre Pio sob investigação*: a "autobiografia" secreta de Castelli. Tradução: Paulinas Lisboa. São Paulo: Paulinas, 2009. p. 9-28.

MEYER, Augusto. Epístola a Porfírio. *Correio da Manhã*, Caderno 2, Rio de Janeiro, p. 2, 28 dez. 1963.

MEYER, Marlyse. Machado de Assis lê *Saint-Clair das ilhas*. *Literatura e Sociedade*, n. 3, p. 17-33, 1998.

MEYER, Marlyse. O que é ou quem foi *Sinclar das ilhas*. *Revista do IEB*, n. 14, p. 37-63, 1973. Disponível em: http://www.revistas.usp.br/rieb/article/view/69795/72456.

MEYER-CLASON, Hans Curt; ROSA, João Guimarães. *João Guimarães Rosa*: correspondência com seu tradutor alemão Curt Meyer-Clason (1958-1967). Organização de Maria Aparecida F. M. Bussolotti e tradução de Erlon José Paschoal. Rio de Janeiro: Nova Fronteira; Academia Brasileira de Letras; Belo Horizonte: Editora UFMG, 2003.

MILLER, D. Gary. *Ancient greek dialects and early authors*: introduction to the dialect mixture in homer, with notes on lyric and Herodotus. Boston/Berlin: Walter de Gruyter Inc., 2014.

MIRANDA, Wander Melo. *Os olhos de Diadorim e outros ensaios*. Recife: Cepe, 2019.

MONTEIRO, Carlos Augusto de Figueiredo. O espaço iluminado no tempo volteador (*Grande sertão: veredas*). *Estudos Avançados*, v. 20, n. 58, p. 47-64, 2006.

MONTELLO Josué. *Diário do entardecer*: 1967-1977. Rio de Janeiro: Editora Nova Fronteira, 1991.

MORRIS, Bridget. General Introduction. In: *The revelations of St. Birgitta of Sweden*. Oxford: University Press, 2006. p. 3-38. vol. I.

MUNANGA, Kabengele. Aula ministrada no Programa de Educação sobre o Negro na Sociedade Brasileira (PENESB). Núcleo de Estudos Afros da Universidade Federal Fluminense, 2009/2010. Disponível em: https://www.youtube.com/watch?v=7FxJOLf6HCA. Acesso em: 5 out. 2018.

MUSEU Nacional da Universidade Federal do Rio de Janeiro. Disponível em: http://www.museunacional.ufrj.br/hortobotanico/Palmeiras/attaleaspeciosa.html.

NASCENTES, Antenor. *Dicionário etimológico da língua portuguesa*. Rio de Janeiro: Livraria Francisco Alves, 1955.

NASCENTES, Antenor. *Dicionário etimológico resumido*. Rio de Janeiro: Instituto Nacional do Livro, 1966.

NAVARRO, Eduardo de Almeida. A terra sem mal, o paraíso tupi-guarani. *Cultura Vozes*, n. 2, p. 61-71, 1995.

NEVES, Marcia Seabra. Um olhar sobre a ficção animalista de João Guimarães Rosa: devires e metamorfoses. *Caligrama*, v. 25, n. 2, p. 99-115, 2020.

NUNES, Benedito. Literatura e filosofia: *Grande sertão: veredas*. In: COSTA LIMA, Luiz. *Teoria da literatura em suas fontes*. Rio de Janeiro: Civilização Brasileira, 2002. p. 202-219. vol. 1.

OBATA, Regina. *O livro dos nomes*. São Paulo: Nobel, 2002.

OESTERREICHER-MOLLWO, Marianne [nome do autor não informado na edição Cultrix]. *Dicionário de símbolos: Herder Lexikon*. Tradução de Erlon José Paschoal. São Paulo: Cultrix, [s/d].

OLIVEIRA, Luiz Claudio Vieira de. Ave, palavra. *Caligrama*, n. 13, p. 139-153, 2008.

OXFORD Latin Dictionary. Oxford: University Press, 1968.

PACHECO, Ana Paula. Depoimento de Ana Paula Pacheco a Priscilla Vicenzo da Silva. *Informe*: Informativo da Faculdade de Filosofia, Letras e Ciências Humanas, n. 48, p. 25-30, 2008.

PACHECO, Ana Paula. *Grande sertão* a partir de "A terceira margem do rio": uma hipótese de trabalho. In: PASSOS, Cleusa Rios; ROSENBAUM, Yudith; VASCONCELOS, Sandra Guardini (org.). *Infinitamente Rosa*: 60 anos de *Corpo de baile* e de *Grande sertão: veredas*. São Paulo: Humanitas, 2018. p. 153-176.

PADOUX, André. *Tantric mantras*: studies on mantrasastra. New York: Routledge, 2011.

PAREYSON, Luigi. *Verdade e interpretação*. Tradução de Maria Helena Nery Garcez e Sandra Neves Abdo. São Paulo: Martins Fontes, 2005.

PAULA, Adna Candido de. A dimensão da alteridade na poesia de Mário de Andrade: inclusão da diversidade. *Conexão Letras*, v. 2, p. 120-145, 2006.

PAULINO, Sibele; SOETHE, Paulo Astor. Artes visuais e paisagem em Guimarães Rosa. *Revista Letras*, n. 67, p. 41-53, 2005.

PEIRCE, Charles Sanders. Um argumento negligenciado para a realidade de Deus. Tradução de Cassiano Terra Rodrigues. *Cognitio*, São Paulo, v. 4, n. 1, p. 98-133, 2003.

PEREIRA, Marcelo Lopes. *Epidemiologia dos acidentes com animais peçonhentos no estado de Minas Gerais* (dissertação - Mestrado em Enfermagem). Maria Regina Martinez (orientadora). Alfenas: Universidade Federal de Alfenas, 2015.

PERRIN, Bernadotte. Recognition scenes in greek literature. *The American Journal of Philology*, v. 30, n. 4, p. 371-404, 1909.

PETRONIO, Rodrigo. O que é filosofia especulativa? *Cosmos & Contexto*, 45 (online), 2021. Disponível em: https://cosmosecontexto.org.br/o-que-e-filosofia-especulativa/. Acesso em 2 jan. 2022.

PICCOLO, Alexandre Prudente. *O Homero de Horácio*: intertexto épico no livro I das Epístolas (dissertação). Paulo Sérgio de Vasconcellos (orientador). Campinas, SP: Universidade Estadual de Campinas, Instituto de Estudos da Linguagem, 2009.

PINDAR, C. M. Bowra (ed.). *Pindari Carmina cum fragmentis*. Oxford: University Press, 1935.

PINDAR, C. M. Bowra. *The Odes of Pindar*. Introduction and English Translation by Sir John Sandys. Cambridge: Harvard University Press; London: William Heinemann Ltd., 1937.

PINTO, Manuel da Costa. Guimarães Rosa por ele mesmo: o escritor no meio do redemunho. In: PINTO, Manuel da Costa (org.). *Cadernos de Literatura Brasileira, João Guimarães Rosa*. São Paulo: Instituto Moreira Salles, 2006. p. 77-93. Disponível em: https://issuu.com/ims_instituto_moreira_salles/docs/clb_guimar__es_rosa/1?e=2120050/14027561. Acesso em: 5 out. 2015.

PLATÃO. *Górgias*. Introdução, tradução e notas de Manuel de Oliveira Pulquério. Lisboa: Edições 70, 1992.

PLATÃO. *Íon*. Edição bilíngue. Tradução de Victor Jabouille. Lisboa: Editorial Inquérito, 1988.

PLATÃO. *Platone, tutte le opere*: a cura di Enrico Maltese. Roma: Grandi Tascabili Economici Newton, 1997.

PONTES, Hugo. *Guimarães Rosa*: uma leitura mística. Poços de Caldas: Sulminas, 1998. Ensaio publicado inicialmente como: PONTES, Hugo. A simbologia da iniciação maçônica em "O recado do morro" de Guimarães Rosa. *Suplemento Literário Minas Gerais*, v. 22, n. 1.071, 2/5/, p. 5-7, 1987.

QUIGNARD, Pascal. *El ódio a la música*. Santiago de Chile: Editorial Andrés Bello, 1998.

RADHA, Swami Sivananda. *Mantras, words of power*. Kootenay Bay (Canadá): Timeless Books, 2005.

RAGUSA, Giuliana. *Fragmentos de uma deusa*: a representação de Afrodite na lírica de Safo. Campinas: Editora Unicamp, 2005.

RAGUSA, Giuliana. *Safo de Lesbos*: hino a Afrodite e outros poemas. São Paulo: Hedra, 2011.

RAMOS, Pedro. *A economia de Francisco e o futuro do planeta e do homem*. Marília: Lutas Anticapital, 2020.

RIBEIRO, Núbia Braga. *Os povos indígenas e os sertões das Minas do outro no século XVIII*. (tese em História Social). Fernando Antônio Novais (orientador). São Paulo: Faculdade de Filosofia, Letras e Ciências Humanas da Universidade de São Paulo, 2008.

ROCHA, Flávia Aninger de Barros. Esquadro e compasso: modos do pensar criador em "Curtamão" de Guimarães Rosa. *Fólio — Revista de Letras*, v. 2, n. 1, p. 38-50, 2010.

RODRIGUES, Camila. Anedotários nos Cadernos de Anotações: uma vereda espirituosa nos manuscritos de Guimarães Rosa. *Manuscrítica: Revista de Crítica Genética*, n. 29, p. 39-56, 2015.

RODRIGUES, Camila. *Escrevendo a lápis de cor*: infância e história na escritura de Guimarães Rosa (tese). Elias Thomé Saliba (orientador). São Paulo:

Pós-Graduação em História Social do Departamento de História da Faculdade de Filosofia, Letras e Ciências Humanas da Universidade de São Paulo, 2014.

ROMARIA. Nossa Senhora da Abadia da Água Suja. Disponível em: https://biblioteca.ibge.gov.br/visualizacao/dtbs/minasgerais/romaria.pdf.

RÓNAI, Paulo. Apêndice: Os prefácios de *Tutaméia*. In: ROSA, João Guimarães. *Tutaméia*. Rio de Janeiro: J. Olympio, 1976. p. 193-197.

RÓNAI, Paulo. L'Œuvre de J. Guimarães Rosa. *Caravelle* (1963-1965), n. 4, p. 5-21, 1965.

RÓNAI, Paulo. Os vastos espaços. In: ROSA, João Guimarães. *Primeiras estórias*. Rio de Janeiro: Nova Fronteira, 2001, LeLivros, [s/p].

RONCARI, Luiz. A canção de Siruiz/Ziuris. *Teresa: Revista de Literatura Brasileira* [415], São Paulo, p. 283-295, 2004.

RONCARI, Luiz. *Buriti do Brasil e da Grécia*: patriarcalismo e dionisismo no sertão de Guimarães Rosa. São Paulo: Editora 34, 2013.

RONCARI, Luiz. *Lutas e auroras*: os avessos do *Grande sertão: veredas*. São Paulo: Editora Unesp, 2018.

RONCARI, Luiz. Tríade do amor perfeito. *Scripta*, v. 9, n. 17, p. 194-200, 2005.

ROSA, João Guimarães. *Cartas a William Agel de Mello*. São Paulo: Ateliê, 2003.

ROSA, João Guimarães. *Discurso de posse na Academia Brasileira de Letras*. Disponível em: https://www.academia.org.br/academicos/joao-guimaraes-rosa/discurso-de-posse.

ROSA, João Guimarães. *Entrevista Archivo DiFilm* (1964). Código del film: H-00067. Disponível em: http://www.difilm-argentina.com.

ROSA, João Guimarães. *Entrevista com Walter Friedrich Höllerer* (1962). Disponível em: https://ufmg.br/comunicacao/noticias/faculdade-de-letras-promove-seminario-em-cordisburgo-sobre-traducoes-de-guimaraes-rosa. Acesso em: 2 dez. 2017. (a mesma entrevista pode ser vista em: https://www.youtube.com/watch?v=ndsNFE6SP68).

ROSA, João Guimarães. *Ficção completa*. Eduardo F. Coutinho (org.). Rio de Janeiro: Editora Nova Aguilar, 2009. vol. 1 [2009a], vol. 2 [2009b].

ROSA, João Guimarães. *Grande sertão*: veredas. 11. ed. Rio de Janeiro: José Olympio, 1976.

ROSA, João Guimarães. Grande sertão: veredas. *Ficção completa*. Eduardo F. Coutinho (org.). Rio de Janeiro: Editora Nova Aguilar, 2009. p. 7-395. vol. 2 [2009b].

ROSA, João Guimarães. O espelho. *Ficção completa*. Eduardo F. Coutinho (org.). Rio de Janeiro: Editora Nova Aguilar, 2009. p. 446-464. vol. 2 [2009b].

ROSA, João Guimarães. *Tutaméia*. Rio de Janeiro: J. Olympio, 1976.

ROSA, Vilma Guimarães. *Relembramentos*: João Guimarães Rosa, meu pai. Rio de Janeiro: Nova Fronteira, 1983.

ROSENFIELD, Kathrin Holzermayr. *Desenveredando Rosa*: a obra de J. G. Rosa e outros ensaios rosianos. Rio de Janeiro: Topbooks, 2006.

ROSENTHAL, Sandra. Pragmatic Metaphysics: A Pathway for the Future. *Cognitio*, São Paulo, v. 4, n. 1, p. 46-59, 2003.

SADDI, Maria Helena Garrido. *Simultaneidade*: arte e metafísica em Guimarães Rosa (tese). Márcia Marques de Morais (orientadora). Belo Horizonte: Programa de Pós-Graduação em Letras da Pontifícia Universidade Católica de Minas Gerais, Belo Horizonte, 2006.

SAFFO. *Frammenti*. Tradução de Antonio Aloni. Firenze: Giunti Gruppo Editoriale, 1997.

SAFO. *Poemas e fragmentos*. Tradução de Joaquim Brasil Fontes Jr. São Paulo: Iluminuras, 2003.

SANCHEZ-VENTURA, Francisco. *Apelando a Pablo VI en demanda de Justicia*: el padre Pio de Pietrelcina. Zaragosa: Editorial Circulo, 1976.

SANTANA, Leonardo Ferreira; SANTOS Sandra Aparecida. Impressões digitais dos cavalos. *O Globo*. Disponível em: http://www.globo.com/GloboRural/0,6993,EEC1704382-1489-14,00.html. Acesso em: 12 out. 2020.

SANTOS, Alckmar Luiz dos. Saint-Clair of the Isles; or, the outlaws of Barra, de Elizabeth Helme. *Mafuá*, Florianópolis, n. 8, 2008. Disponível em: https://mafua.ufsc.br/2007/saint-calir-of-the-isles/.

SANTOS, Jorge Fernando dos. A linguagem oculta de Guimarães Rosa. Txt: Leituras Transdisciplinares de Telas e Textos, [S.l.], v. 3, n. 5, p. 46-52, jun. 2007. Disponível em: http://www.periodicos.letras.ufmg.br/index.php/txt/article/view/9564. Acesso em: 28 set. 2021.

SARAIVA, Arnaldo. João Guimarães Rosa. *Conversas com escritores brasileiros*. Porto: ECL, 2000. p. 27-32.

SCHAFER, Raymond Murray. *A afinação do mundo*. Tradução de Marisa Trench Fonteterrada. São Paulo: Editora Unesp, 2001.

SCHEEBEN, Matthias Joseph. *Les merveilles de la grace divine*. Introduction et traduction par A. Kerkvoorde, O. S. B. Brugs: Editions du St. Agostin, 1940.

SEARBY, Denis. *The revelations of St. Birgitta of Sweden*. Oxford: University Press, 2006. vol. I: Liber Caelestis, Books I-III.

SEGAL, Charles. Eros and Incantation: Sappho and Oral Poetry. In: GREENE, E. *Reading Sappho*: contemporary approaches. Berkeley/Los Angeles: University of California Press, 1996. p. 58-75.

SENNA, Nelson. Os índios do Brasil (1908), conferência apresentada no 4º Congresso Scientífico, Santiago do Chile. *Discurso*: Seção inaugural da Academia Mineira de Letras. Belo Horizonte: Imprensa Oficial, 1910.

SICHINELI, Leandro. *Cromotricologia em equinos* (monografia). Marcos Roberto Bonuti (orientador). Barretos: Instituto Federal de Educação, Ciência e Tecnologia do Estado de São Paulo — Campus Barretos, 2016.

SILESIUS, Angelus. *Il Viandante Cherubico*. Milano: Fratelli Bocca, 1942.

SILVA, Antonio de Moraes. *Diccionario da lingua portugueza*. Lisboa: Typographia Lacerdina, 1813. Tomo I (A-E).

SILVA, David Lopes da. Um Rosa cor-de-rosa? *Matraga*, v. 27, n. 51, p. 550-568, 2020.

SILVA, Dora Ferreira da. *Às margens de Rosa*. In: PINTO, Manuel da Costa (org.). *Cadernos de Literatura Brasileira, João Guimarães Rosa*. São Paulo: Instituto Moreira Salles, 2006. p. 59-60. Disponível em: https://issuu.com/ims_instituto_moreira_salles/docs/clb_guimar__es_rosa/1?e=2120050/14027561. Acesso em: 5 out. 2015.

SILVA, Teresinha V. Zimbrão da. Guimarães Rosa: "Esta é a minha mística". *Revista Terceira Margem*, v. 19, n. 31, p. 1-4, 2015.

SILVEIRA, Flávio Azeredo da. *24 cartas de João Guimarães Rosa a Antonio Azeredo da Silveira*. Editions Fads: [s/d]. Disponível em: http://www.editionsfads.ch/publications_portugues.html.

SIMÕES, Irene Gilberto. *Guimarães Rosa*: as paragens mágicas. São Paulo: Perspectiva, 1988.

SIMONETTO, Bruno. (Documentari Sampaolo). *Padre Pio il frate delle stimmate*, 1969. Disponível em: https://patrimonio.archivioluce.com/luce-web/detail/IL3000000082/1/padre-pio-frate-stimmate.html?startPage=0. Acesso em: 17 set. 2020.

SKILLING Peter. An Oṃ Maṇipadme Hūṃ. Inscription from South-East Asia. *Aséanie*, n. 11, p. 13-20, 2003. Disponível em: https://www.persee.fr/doc/asean_0859-9009_2003_num_11_1_1770.

SNELLGROVE, David L. *Indo-Tibetan Buddhism*: indian buddhists and their tibetan successors. Boston/New York: Shambhala, 1987.

SOARES, Claudia Campos. *Grande sertão: veredas* e a impossibilidade de fixação do sentido das coisas e da linguagem. *O Eixo e a Roda: Revista de Literatura*

Brasileira, v. 23, n. 1, p. 165-187, 2014. Disponível em: http://www.periodicos.letras.ufmg.br/index.php/o_eixo_ea_roda/article/view/5911.

SOCIÉTÉ de Gens de Lettres et de Savants. *Biographie universelle, ancienne et moderne* (Histoire par ordre alphabétique de la vie publique et privée de tous les hommes qui se sont fait remarquer par leurs écrits, leurs actions, leurs talents, leurs vertus ou leurs crimes). Paris: Michaud Frères, 1811.

SOETHE, Paulo Astor. A imagem da Alemanha em Guimarães Rosa como retrato auto-irônico. *Scripta*, v. 9, n. 17, p. 287-301, 2005.

SOPHOCLIS. *Fabulae*. H. Lloyd-Jones, N. G. Wilson (ed.). Oxford: Oxford University Press, 1990.

SOUZA, Enivalda Nunes Freitas e. "Você é a Dora? Eu sou o Guimarães Rosa": encontros míticos (...). *Em Tese*, Belo Horizonte, v. 22, n. 2, p. 157-174, 2016.

SOUZA, Marisa Giannecchini Gonçalves de. Olhos de ver, olhos de enganar. *Itinerários*, n. 0, p. 113-122, 1995.

SPERBER, Suzi Frankl. As palavras de chumbo e as palavras aladas. *Floema*, ano II, n. 3, p. 137-157, 2006.

SPERBER, Suzi Frankl. *Caos e cosmos*: leituras de Guimarães Rosa. São Paulo: Duas Cidades, 1976.

SPERBER, Suzi Frankl. Mandala, mandorla: figuração da positividade e esperança. *Estudos Avançados*, v. 20, n. 58, p. 97-108, 2006.

SPITZER, Carlos. *Dicionário Analógico da Língua Portuguesa*. São Paulo; Rio de Janeiro; Porto Alegre: Editora Globo, 1962.

STREETER, Edwin & Co., Ltd. *Gems*. London, [1898].

STRZECHMIŃSKI, Błażej. Il fenomeno della sofferenza di padre Pio da Pietrelcina descritto nelle lettere al direttore spirituale padre Benedetto. *Polonia Sacra 18*, v. 34, n. 1, p. 133-180, 2014a.

STRZECHMIŃSKI, Błażej. La sofferenza di padre Pio come partecipazione alla passione di Cristo. *Polonia Sacra 18*, v. 35, n. 2, p. 27-49, 2014b.

SUASSUNA, Ariano. *Romance d'A pedra do reino e o príncipe do sangue do vai-e-volta*. Rio de Janeiro: José Olympio, 2005.

TAUNAY, Visconde de. *Viagens de Outr'ora*. São Paulo: Editora Melhoramentos, 1921.

TAVARES, Amanda P. N. *História social da hanseníase no nordeste de Minas Gerais* (dissertação em Enfermagem e Saúde). Francisco Carlos Félix Lana (orientador). Belo Horizonte: Universidade Federal de Minas Gerais, 2013.

THOMAS (a Kempis). *Prayers and meditations on the life of Christ*. Translated by W. Duthoit. London: Drydkn House, 1908.

TROGO, Sebastião. A travessia da dor no *Grande sertão: veredas*. *Travessia*, v. 7, n. 15, p. 11-39, 1987.

USDA (United States Department of Agriculture). *Plants Database*. Disponível em: https://plants.usda.gov/java/ClassificationServlet?source=display&classid=Rosidae. Acesso em: 25 mar. 2020.

UTÉZA, Francis. *JGR*: Metafísica do *Grande sertão*. São Paulo: Edusp/PULM, 2016.

UTÉZA, Francis. *JGR*: Metafísica do *Grande sertão*. Tradução de José Carlos Garbuglio. São Paulo: Edusp, 1994.

VIANA, Wellistony C. A metafísica de C. S. Peirce: do pragmatismo ao idealismo objetivo. *Síntese — Rev. de Filosofia*, v. 41, n. 129, p. 55-79, 2014.

WARD, Teresinha Souto. O discurso oral em Grande sertão: veredas. São Paulo: Duas Cidades; Brasília: Fundação Nacional Pró-Memória; Rio de Janeiro: Instituto Nacional do Livro, 1984.

WERNER, Christian. Afamada estória: *Famigerado (Primeiras estórias)* e o canto IX da *Odisseia. Nuntius Antiquus*, vol. VIII, p. 29-50.

WILMSHURST, Walter Leslie. *The meaning of masonry*. London: Rider & Co., 1932.

WINOWSKA, Maria. *Padre Pio, o estigmatizado*. Tradução de Maria Henriques Osswald. Porto: Editora Educação Nacional, 1956.

WISNIK, José Miguel. O recado do morro [João Guimarães Rosa]. *Grandes cursos de Cultura na TV*. Disponível em: https://www.youtube.com/watch?v=BE64BrBt52E. Acesso em: 5 out. 2018.

WOJTYLA, Karol. *Cruzando o limiar da esperança*: depoimentos de João Paulo II a Vitorio Messori. Tradução de Antonio Angonese e Ephraim Ferreira Alves. Rio de Janeiro: Francisco Alves, 1994.

XISTO, Pedro. À busca da poesia. In: CAMPOS, Augusto de; CAMPOS, Haroldo de; XISTO, Pedro. *Guimarães Rosa em três dimensões*. São Paulo: Conselho Estadual de Cultura, 1970. p. 7-39.

ZILLY, Berthold. "Procuro chocar e estranhar o leitor" *Grande Sertão: Veredas* — a poética da criação e da tradução. *Fronteiraz: Revista do Programa de Estudos Pós-Graduados em Literatura e Crítica Literária da PUC-SP*, n. 19, p. 4-31, 2017. Disponível em: https://revistas.pucsp.br/index.php/fronteiraz/article/view/33340. Acesso em: 8 nov. 2018.

ZILLY, Berthold. Especial de capa: *Grande sertão* alemão (entrevista de Berthold Zilly a Luiz Rebinski Junior). *Cândido: Jornal da Biblioteca Pública do Paraná.* Edição 105. Abr. 2020. Disponível em: http://www.bpp.pr.gov.br/Candido/Pagina/Especial-Capa-Grande-sertao-alemao Acesso em 20/04/2020.

ZILLY, Berthold. Uma antologia sui generis: sete faces do "Poema de sete faces", de Carlos Drummond de Andrade. In: TORRES, Marie-Hélène Catherine; FREITAS, Luana F.; COSTA, Walter C. (orgs.). *Literatura Traduzida*: antologias, coletâneas e coleções. Fortaleza: Substânsia, 2016. vol. 1.

1ª EDIÇÃO [2022]

Esta obra foi composta em Crimson Text e Lato e impressa sobre papel Pólen Natural 80 g/m² para a Relicário Edições.